哲学的目光

我的思想人生

張世英 著

天津出版传媒集团
天津人民出版社

图书在版编目(CIP)数据

哲学的目光：我的思想人生 / 孙正聿著. -- 天津：天津人民出版社, 2024.5
ISBN 978-7-201-20201-3

Ⅰ. ①哲… Ⅱ. ①孙… Ⅲ. ①哲学—研究 Ⅳ. ①B0

中国国家版本馆CIP数据核字(2024)第043975号

哲学的目光：我的思想人生
ZHEXUE DE MUGUANG:WO DE SIXIANG RENSHENG

出　　版　天津人民出版社
出 版 人　刘锦泉
地　　址　天津市和平区西康路35号康岳大厦
邮政编码　300051
邮购电话　(022)23332469
电子信箱　reader@tjrmcbs.com

策划编辑　纪秀荣　黄　沛　王　康
责任编辑　王佳欢
装帧设计　李　一

印　　刷　天津新华印务有限公司
经　　销　新华书店
开　　本　710毫米×1000毫米　1/16
印　　张　29.25
插　　页　2
字　　数　300千字
版次印次　2024年5月第1版　2024年5月第1次印刷
定　　价　98.00元

我常常在房间里踱步——被思想激动得不能安坐；

我常常在窗台前眺望——以思想窥见澄澈的天光；

我常常在书桌上疾书——让思想在笔端自由流淌。

——题记

我和老伴儿及外孙

目录

自序

追求和传播真善美

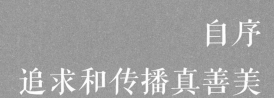

（一）

我的人生，大体上是与哲学为伴、与思想同行的人生。

青年时代，我特别喜爱三句格言：俄国诗人普希金说，“跟随伟大人物的思想，是一门最引人入胜的科学”；美国诗人朗费罗说，“伟人的生平昭示我们，我们也能够生活得高尚”；德国哲人黑格尔说，“人应当尊重他自己，并应自视能配得上最高尚的东西”。也许，就是送给自己的这些格言，使我走进了哲学，开启了反思思想的人生旅程。

四十初度，我曾这样感悟自己的人生：

年过不惑亦有惑，爱智求真敢问真。
是是非非雕虫技，堂堂正正方为人。

七十有五，我又这样表达了对哲学的期许：

也许，你会喜爱哲学：
因为你珍视生活——
你要追问人生的奥秘，
你要让自己在大地上“诗意地栖居”。

也许，你会喜爱哲学：

因为你尊敬自己——
你要窥见自我的奥秘，
你要为自己的安身立命奠基。

也许，你会喜爱哲学：
因为你仰望星空——
你要探究宇宙的奥秘，
你要让“地球上最美的花朵”无限美丽。

也许，你会喜爱哲学：
因为你脚踏大地——
你要洞察文明的奥秘，
你要让“诗和远方”成为理想的现实。

也许，你会喜爱哲学：
因为你追求真理——
你要体悟创造的奥秘，
你要以“个人的名义”讲述“人类的故事”。

既是以“个人的名义”讲述“人类的故事”，又是以“人类的名义”讲述“个人的故事”，这就是我与哲学为伴、与思想同行的人生。

（二）

说不清为什么，我从小就喜爱读书，还特别喜爱读富有思想性的书籍。上初中的时候，我读了李卜克内西和拉法格的《回忆马克思恩格斯》，还读了梅林的《马克思传》和科尔纽的《马克思恩格斯传》。上高中的时候，读了恩格斯的《反杜林论》和艾思奇主编的《辩证唯物主义历史唯物主义》。1966年高中毕业，我报考了哲学专业，然而“文革”开始了。在既无学可上又无工可做的几年中，我在尚未关闭的图书馆里逐篇地阅读了《鲁迅全集》，翻阅了心向往之却无力卒读的《马克思恩格斯全集》。

1977年，当进入大学学习的机会终于到来时，我又一次报考了哲学专业，从此开始了真正的哲学专业学习。1982年初，大学本科毕业，我选择留校讲授马克思主义哲学。1986年，我又考取马克思主义哲学专业博士研究生，并于1990年以《理论思维的前提批判——记辩证法的批判本性》的学位论文获得哲学博士学位。

在四十余年教书、研究、写作生涯中，我以哲学基础理论为主要方向撰写并出版了《理论思维的前提批判》《崇高的位置——世纪之交的哲学理性》《哲学通论》《思想中的时代》《人类文明的哲学表征》《辩证法与现代哲学思维方式》《哲学修养十五讲》《哲学：思想的前提批判》等著作，以马克思主义哲学为研究对象撰写并出版了《马克思主义辩证法研究》、《马克思主义哲学智慧》、《为历史服务的哲学》、《马克思主义基础理论研究》（合著)、《当代中国马克思主义哲学专题研究》(合著)、《〈资本论〉哲学思想的当代阐释》(合著)等著作，还以马克思主义哲学大众化为目的撰写并出版了《理想信念的理论支撑》《人的精神家园》《有教养的中国人》《马克思与我们》《掌握“看家本领”》等读物，并先后出版了九卷本的《孙正聿哲学文集》和四卷本的《孙正聿作品系列》。

乐于每日学习，志在终生探索，这就是我的思想人生。

(三)

我的专业是哲学，我的事业则是马克思主义哲学。

在研究和讲授马克思主义哲学的过程中，我的头脑中总是涌现出青年时期喜爱的那几句格言，并越来越强烈地形成这样的论断：我们所要跟随的“伟大人物的思想”，最为重要的不就是马克思的关于“人类解放”的思想吗？我们所要效仿的“伟人的生平”，最为重要的不就是马克思的“为全人类而工作”的人生吗？我们所要追求的“最高尚的东西”，最为重要的不就是马克思为之奋斗终生的共产主义理想吗？由此，我发出这样的体悟和感慨：

走进马克思，我总是有一种强烈的感动——被马克思的伟大人格和崇高理想所感动。马克思是人而不是神，但他是自觉地为全人类而工作的人，自觉地为人类解放而献身的人。他像恩格斯所说的那样，“可能有过许多敌人，但未必有一个私敌”，因此他是真正的“大写的人”。

走进马克思，我总是有一种强烈的震动——被马克思的博大精深的理论和睿智通达的思想所震动。马克思的“两大发现”，揭示了人类历史的发展规律，揭示了现实的历史，即资本主义的运动规律，为人类的历史活动提供了坚实的理论支撑，为人类文明的形态变革提供了规律性的道路指引，以他的名字命名的马克思主义不仅是“时代精神的精华”，而且是“文明的活的灵魂”。

走进马克思，我总是有一种强烈的激动——让马克思的伟大思想成为人民的自觉追求的激动。人是寻求意义的存在，是实现价值的存在。生活要有理想，人生需要选择，理想和选择必须有思想的指引和理论的支撑。马克思说：“理论只要说服人，就能掌握群众；而理论只要彻底，就能说服人。”马克思的理论，是最为“有理”的理论、最为“讲理”的理论、最为“彻底”的理论，因而是最能说服人的理论。

走进马克思，我们不仅会被马克思的伟大人格和崇高理想所感动，被马克思的伟大思想及其世界意义所震动，被马克思掌握群众的理论魅力和思想力量所激动，而且会把马克思的伟大思想作为照亮生活和指引未来的“普照光”。跟随马克思的伟大思想，效仿马克思的伟大人生，实现马克思的伟大理想，这是我们共同的使命和担当。

（四）

在跟随马克思的思想人生中，我并不是一位确有建树的学问家，只是一个执着坚定的思想者。在2007年出版的《孙正聿哲学文集》的后记中，我曾以下面的文字表达对“思想者”的体悟和期许：

> 选择一种职业，就是选择一种生活方式；不同的生活方式，构成特殊的生活意义。科学家为人们揭示宇宙的奥秘，艺术家为人们激发生命的活力，政治家为人们开辟生活的方式，思想家应当为人们提供真实的思想。真诚地研究，真切地求索，真实地思想，应当是每一个以“思想”为生的“思想者”的存在方式。
>
> 在编辑这套文集的过程中，审视自己写过的这些文字，仿佛也在重温自己逝去的生活，那种难以言表的兴奋与激动，也许是只有自己才能体会到的。逝去了的是无法重复的生活，存留下来的是仍然使自己激动的思想。如果这些让我激动起来的思想，也能够真实地激动读者，那当然就是我的最大的欣慰、最大的幸福了。

1998年出版的《哲学通论》的后记，积淀和升华了我对哲学的追问，真切地表达了我对哲学的理解：

哲学，它不是抽象的名词、枯燥的条文和现成的结论，而是人类思想的批判性的反思的维度、理想性的创造的维度。它要激发而不是抑制人们的想象力、创造力和批判力，它要冲击而不是强化人类思维中的惰性、保守性和凝固性，它要推进而不是遏制人们的主体意识、反思态度和创造精神。

哲学，它既是人类的光辉灿烂而又迂回曲折的文明史的理论表征，它本身也是人类精神的庄严崇高而又艰苦卓绝的不尽追求的理论表现。古往今来的伟大哲人，无不具有巨大的、崇高的使命感和强烈的、执着的主体自我意识。对人类进步的关注，对人类命运的深思，对人类未来的憧憬，这是哲学家的不可或缺的人文情怀；对自己所从事的哲学事业的挚爱，对自己所承担的历史使命的自觉，对自己所进行的哲学探索的自信，这是哲学家的极为重要的心理品质；对流行的思维方式、价值观念和审美意识进行前提的追问，对人类的哲学理念进行创造性的重构与再建，对自己所承诺的哲学理念进行前提的批判，则是哲学家的永无止境的求索。

在2016年出版的《哲学：思想的前提批判》的长篇附录中，我讲述了自己的生活经历和心路历程，表述了那些仍然使自己激动的思想，表达了学问之道的自我领悟；而这部著作的正文则集中地阐述了我对哲学的理解——思想的前提批判，并展开了哲学的思想前提批判的理论空间——哲学对构成思想的基本信念、基本逻辑、基本方式、基本观念和哲学理念的前提批判。

在对思想的前提批判中，赋予五个基本范畴以新的思想内涵，集中地表达了我对哲学的理论性质、思维方式、反思对象、存在方式和工作方式的理解：哲学的世界观，并不是“关于整个世界的根本观点”，而是“人生在世和人在途中的人的目光”，因而作为理论化的世界观的哲学是“理论形态的人类自我意识”；哲学的本体，并不是“构成世界的本原”，而是“规范人的全部思想和行为的根据和标准”，因而作为世界观理论的哲学是基于人类实践本性的“形上追求”；哲学的反思，并不是对思想内容的“反复思考”，而是对“规范人的思想和行为”的本体的追究，因而作为世界观理论的哲学是“对思想的前提批判”；哲学的存在，既不是表述经验事实，也不是表达情感意愿，而是表征时代精神，因而作为世界观理论的哲学的存在方式是存在论、真理论、价值论的三者一致；哲学的批判，既不是徒然的否定，也不是玄思的内省，而是以“术语的革命”塑造和引领人类文明。时代精神主题化、现实存在间距化、流行观念陌生化、基本理念概念化，这是作为世界观理论的哲学的工作方式。

在2020年出版的《孙正聿作品系列》的总序中，我在概述自己的学术历程后提出，学者的学术研究，离不开两个东西：一是特殊的生存境遇和独特的生命体验，二是特定的理论资源和独特的理论想象。学者的独特生命体验与独特理论想象的融合，构成了具有个体性的哲学思想。这种哲学思想，既是以个人的名义讲述人类的故事，又是以人类的名义讲述个人的故事。

作为人类的故事，即作为社会自我意识，哲学的巨大的生活价值，就在于它把人类文明聚焦为照亮人的生活世界的“普照光”，从而成为“文明的活的灵魂”。正是基于这样的理解，我对哲学作出这样的阐释：哲学探究的是人生在世的“大问题”，哲学构建的是范畴文明的“大逻辑”，哲学提供的是睿智通达的“大智慧”，哲学传承的是启迪思想的“大手笔”。

塑造新的生命意义，引领新的时代精神，创造新的人类文明，这是哲学在人类的全部社会生活中不可或缺和不可替代的意义之所在。人类的哲学活动，就是对真理、正义和更美好生活的追求，就是追求和传播真善美。

人类正在途中，哲学正在路上。

孙正聿

2022年10月20日

一、我的“专业”与“事业”

（一）
生活经历与心路历程（上）

1946年11月30日，农历丙戌年冬月初七，我出生在松花江畔的吉林市。自1950年迁居长春，我一直生活在这座“北国春城”。

父亲是旧社会的职员，家里一直很穷，买不起课本之外的书籍。说不清为什么，我从小就喜欢看书，哥哥的课本，特别是语文、历史、地理一类的课本，不知道看了多少遍。儿时的最大乐趣，就是读“小人书”。在那时的“小人书”店里，厚一些的两分钱看一本，其余的一分钱看一本。我的许多知识都是从“小人书”中看来的。上中学的时候，每周两元钱的伙食费，常常是母亲在周日向邻居借来的。在那么艰难的日子里，我居然订阅了两本杂志——《世界知识》和《文学评论》。工作以后，填写的各种个人材料中，常常有“爱好”或“特长”一栏，想来想去，唯一可以填写的，就只有“读书”这一项了。

大约是在上初二的时候，我读了李卜克内西和拉法格的《回忆马克思恩格斯》，后来又读了梅林的《马克思传》和科尔纽的《马克思恩格斯传》。高中二年级的时候，读了恩格斯的《反杜林论》、艾思奇主编的《辩证唯物主义历史唯物主义》。1966年高中毕业的时候，我报考了哲学专业，然而“文革”开始了。在既无学可上又无工可做的几年中，在尚未关闭的图书馆里，我认真地阅读了《鲁迅全集》，并翻阅了《马克思恩格斯全集》。在翻阅这些著作的日子里，我的头脑中常常浮现出美国诗人朗费罗和俄国诗人普希金的两句格言：“伟人的生平昭示我们，我们也能够生活得高尚”；“跟随伟大人物的思想，是一门最引人入胜的科学”。在到农村当知青的日子里和在回城当工人的日子里，我始终没有放弃读书和思考。我也希望自己像马克思那样，为全人类而工作。

1977年，当进入大学学习的机会终于到来时，我又一次报考了哲学专业，从此开始了我的真正的哲学专业学习。1982年初，大学本科毕业，我选择留校讲授马克思主义哲学。1986年，我又有机会攻读博士学位，并在1990年以《理论思维的前提批判——论辩证法的批判本性》这篇论文通过博士学位论文答辩。有朋友问我，为什么会想到以“辩证法的批判本性”作为学位论文的选题？为什么会想到哲学是对理论思维的前提批判？我想，这不仅是专业研究的成果，而且是我从生活中体悟出的对哲学的理解。

我喜爱读书，还特别喜爱书籍中那些简洁、明快、深刻、睿智的格言。它们所蕴含的哲理，让我为之动容、为之感奋，乃至受益终生。

人生在世，悠悠万事，何事为大？“人应当尊重他自己，并应自视能配得上最高尚的东西。”这是德国哲人黑格尔的格言。我曾把它写在《现代教养》一书的扉页上，作为自己的座右铭。“尊重自己”，就是自己把自己当成“人”，以“人”的标准规范自己的思想和行为。而人之为“人”的标准，则是人类文明所达到的最高尚的东西，也就是自己生活的时代所达到的真善美。一个人只有“尊重自己”，只有“自视能配得上最高尚的东西”，才能成为真正的“人”。哲学，它所要给予人的，正是引导人们“尊重自己”，“能配得上最高尚的东西”。

中外哲人真是不谋而合。现代中国哲学家冯友兰说，哲学就是“对人生的有系统的反思”，哲学之“用”就在于“使人作为人能够成为人”。于是冯先生提出他的“境界”之说和“觉解”之说。人本来是源于自然、遵循必然的存在，然而源于自然的人类却创造了超自然的特性——改变自然而发展自身的特性，遵循必然的人类却创造了自由的特性——掌握必然而融入自然的特性。因此，人生就有了不同的“境界”：凭借自然本性而生存的“自然境界”，超越自然而专注个人的“功利境界”，超越自我而关怀他人的“道德境界”，超越自然而又融入自然的“天地境界”。每个人对人生的“觉解”不同，因而其人生“境界”各有不同。哲学，就是“觉解”人生而升华其“境界”之学。这样的学问，当然也就是黑格尔所说的“尊重自己”以“配得上最高尚的东西”的学问。

然而超越自然的人类，并不是超然“世”外的存在。人是“在世”之在，是人给自己构成的“世界”——社会——的存在。“人的本质并不是单个人所固有的抽象物，在其现实性上，人是一切社会关系的总和。”这是马克思关于人的“格言”。人的社会存在，就是人的现实的生活过程。因此恩格斯断言，他和马克思所创建的哲学，就是“关于现实的人及其历史发展”的哲学。这是与“人”最亲近的哲学，与“我们”最亲近的哲学。

我的专业是哲学，我的事业则是研究和讲授马克思主义哲学。

我是在高中毕业十二年之后才有机会到大学学习，人们经常惋惜地说被“耽误”了十二年。但是每当听到这种说法的时候，我总是开玩笑地说，把“耽误”打上引号。我为什么这样说呢？

1978年中国开始改革开放，我们入学后，适逢解放思想，既能够阅读各种书籍，又可以独立思考，而此前十二年的生活阅历和知识储备，又为这种阅读和思考奠定了比较坚实的基础，因而能够较快地在学术上成长起来。在我们入大学之前，在极左思潮的环境中，想在人文社会科学方面有所造诣是十分不易的。这正如我所崇敬的鲁迅先生所说："如履薄冰，发抖尚且来不及，还谈何创造？"我和我的同辈所取得的成果，其实是时代给予的。

我的导师高清海先生在庆祝他执教五十周年的盛会上，曾经非常感慨地说，他的一生有两大幸事：一是遇到了好的老师，二是遇到了好的学生。在我年届古稀的时候，对此深有同感。我像自己的导师一样，也遇到了好的老师，首先就是高清海先生。先生的言传身教，使我受益终生。还是在大三的时候，我怀着惴惴不安的心情，把我的哲学习作《试论黑格尔〈逻辑学〉的开端概念》送给先生。令我吃惊的是，先生竟在这篇学生的习作上写下了密密麻麻的批语。先生认同之处，画上了重重的波浪线，写下了诸如"有思想""有见地"的字样；先生不以为然之处，画上了重重的横线，写下了诸如"想一想""是否如此"等字样。先生的鼓励增强了我的学术自信，1986年我考取先生的博士研究生，在先生的指导下，我在学术上逐渐成熟起来。

吉林大学哲学学科的科研团队，是一个富有思想的学术群体，特别是我所在的马克思主义哲学学科的科研团队，更是一个充满思想活力的群体。我的几位在吉林大学任教的同窗好友，既是我生活中相互帮助的挚友，又是学术上相互切磋的诤友。从1982年毕业留校任教，直到1996年任哲学社会学院院长，我几乎每天都与孙利天教授在一起交谈，许多想法都是在这种思想交流中激发出来的。21世纪初，张盾教授到吉大任教，在我的学术生涯中又有了一位相互欣赏的挚友。自20世纪90年代以来，由于有机会参加各种学术活动，又结识了许多学界朋友。我在2005年的“第五届马克思哲学论坛”上的致辞中说，学者之间要“在人格上相互尊重，在学问上相互欣赏”，这并不是一句套话，而是我的感慨与期待。

人生活在世界中，生活在社会中，生活在家庭中。朋友和学生对自己的理解、信任和支持，使我生活在友情之中；父母对自己的培养，兄弟对自己的关怀，妻子对自己的体贴，子女对自己的依恋，使我一直生活在亲情和爱情之中。父亲性格温和，母亲性格刚烈。在我的记忆中，母亲总是为我们吃上“下一顿饭”而奔波。然而她从不抱怨，从不气馁，她的“格言”是“人要有志气”。她走起路来风风火火，办起事来干脆利落。也许就是这“志气”二字，激励我走到了今天。母亲去世后的好长时间里，我总是浮现出一个想法——“妈妈不能吃饭了”，眼睛便不由自主地湿润了。

在我儿子的结婚典礼上，车文博教授在祝词中提到：“没有璐玮，正聿不会有那么大成就。”对此，有谁会比我自己有更真切的体会呢？在人生的路上，我与妻子李璐玮携手走过半个多世纪了。如果用“相濡以沫”来形容，是不为过的。那么艰苦的日子，她从不抱怨；那么坎坷的岁月，她从未灰心。她把两个孩子一手培养成人，她把我的事业当成她自己的生命。她自己是一个热爱事业的人，热爱工作的人，既不喜欢穿着打扮，更不喜欢“家长里短”。2020年，我获得“杰出教学奖”，向妻子提出把奖励的一百万元捐赠给学校，她毫不犹豫地说：“捐吧。”也许正是她内在的教养，使她成为我的终生恋人。我在自己的一生中，最大的幸运，莫过于有一个欣赏我的为人、理解我的事业的爱人。我所发表的论著，几乎都是她一个字、一个字打出来、校对出来的。在以前出版的著作中，我很少提到她的名字，因为她总是说“没有必要”。现在，集结了我大半生的文字出版了，我终于写上了这样几句话。写到这里，我已经无法抑制自己的泪水。

（二）
生活经历与心路历程（中）

2007年，应吉林人民出版社之约，我选编了自己九卷本的《孙正聿哲学文集》。在文集的总序中，我讲述了自己的生活经历和心路历程，概述了自己的专业与事业，阐发了自己的前提批判的哲学理论，说明了文集的主要内容和编排体例，特别是由衷地表达了自己的感谢与期待。重读这篇总序，常常是感慨万千，唏嘘不已。

从出版这套文集至今，又一个十年过去了，我已从花甲之年步入了古稀之年。最令人感慨的，莫过于许多前辈已逝，一些同辈也先我而去。他们的音容笑貌，英姿勃发，如在眼前。人生苦短的感叹，令我油然而生。回顾一下这十年的生命历程，梳理一下这十年的所思所想，总结一下这十年的研究心得，再写一下“古稀之年的自我解说”。

从1982年留校任教算起，这后半辈子的学者生涯大体上是在读书、写作、讲课、谈话和开会中度过的。从60岁到70岁的这又一个十年，与前二十五年相比，主要是上述五项生活内容在排序上发生了变化。前二十五年，从占用时间的多少上看，依次是读书、写作、讲课、谈话和开会；这又一个十年，则依次是写作、开会、谈话、讲课和读书。其中最大的变化，就是开会多了，读书少了。

开会多了，意味着参与社会活动多了。作为一个书斋里的学者，一个学校里的教师，在从花甲之年到古稀之年的十年中，我偏得了一些未曾想到的头衔，还偏得了一些恐难名副其实的荣誉。对我个人来说，这些偏得的头衔和荣誉，以及由此而参与的各项社会活动，丰富了自己的人生阅历，诱发了对生活的领悟，也激发了对哲学新的求索和理解。

从2003年起，我当了三届全国政协委员。每次开会，有关人士总要提醒：全国政协委员不只是一种荣誉，更是一种责任。但是就我的个人生活说，除了荣誉和责任之外，我的更大的收获是阅历：见识了许多场面，结识了一些朋友，议论了不少话题，开阔了生活的视野。

我是社会科学界的政协委员，这个界别的委员，有的是经济学、法学、政治学、社会学、文学、史学、哲学等领域的学者，有的是中国社会科学院、中央党校、中央政策研究室、中央党史研究室、中央文献研究室、中央编译局，以及“高法”“高检”和国防大学的“副职”。我所在的小组召集人说，政协的小组会既是“学校”又是“讲坛”，每位委员既是“教师”又是“学生”，既是“讲演者”又是“听众”。但是在这个小组中，我特别愿意当一个“学生”和一名“听众”，听人家专业性的思考，听人家对现实的分析，听人家对“国是”和“国事”的议论。当了十五年的全国政协委员，最大的收获就是学到了不少的东西，懂得了多方面看事情、想问题的道理。

从2004年到2013年，在近十年的时间里，我作为课题组主要成员参与了两本教材的编写工作：一本是《马克思主义哲学》，用于高等院校的哲学专业；一本是《马克思主义哲学十讲》，作为党员干部读本。这两本教材，都属于“马克思主义理论研究和建设工程”的重点教材，其基本要求是“三满意”：一是领导满意，二是学者满意，三是学生满意。领导最为重视的是“正确”，学者最为关切的是“学术”，学生最为关心的是“爱听”。达到都满意，其中的甘苦，未参与其中是很难体会的。

在撰写教材的过程中，我参与了三次由袁贵仁教授带队的调研活动：一次是到深圳、贵州和重庆，了解了“特区”的变化，参观了遵义会议旧址、白公馆等久闻其名之处；一次是到河南、湖北，参观了三峡大坝等浩大工程；一次是到我所在的吉林和辽宁，参观了沈阳铁西区及飞机制造厂、鞍山钢铁公司等工业基地。对于一个常年居于校园之中的学者来说，这三次调研活动，确实是引发了不少的感慨，也激发了不少的思考，对中国改革开放以来的深刻变革有了许多切身的体会。这应当是参与这项“工程”的一大收获。

对我个人来说，参加这项“工程”的另一大收获，则是从未如此密切地结交了多位学界朋友。袁贵仁教授、杨春贵教授、李景源教授是《马克思主义哲学》项目的三位首席专家；陈先达教授名为“课题组主要成员”，实则发挥其对课题组的指导作用；王南湜、丰子义、吴晓明、杨耕、吴向东和我本人，则是作为名副其实的主要成员参加教材的撰写工作。近十年的时间里，差不多每个月都要聚会一次，拟定提纲，听取意见，撰写书稿，参观访问，真可以说是朝夕相处。大家“在人格上相互尊重，在学问上相互欣赏”，同时又在讨论中相互批评，在写作中相互帮助，学者之间的情谊自然而然地形成，历久弥坚地洋溢在大家心中。

在这十年中，我不仅与马克思主义哲学教材编写组的各位结下了深厚的情谊，还与哲学界的一些同辈学者成为亲密的学界朋友。曾经在吉林大学学习和工作的刘少杰、李景林、宋继杰、邹诗鹏、徐长福、田海平、马天俊等虽然分别执教于北京、上海、广州等高校，但一直与我保持密切交往。直接由我指导的博士生们，无论是留校任教，还是去外地工作，始终关注我的工作，关心我的生活，使我一直保持着青年人一样的活力。

2005年底，教育部高等教育司给我打来一个电话，说是由我担任新一届高等学校哲学学科教学指导委员会的主任委员，并通知我接收一份传真。收到传真一看，真的是由我来负责这项工作。上两届的主任委员分别是曾任武汉大学校长的陶德麟教授和时任北京大学哲学系主任的叶朗教授。我从未担任过高校的领导，又不在北京工作，由我来主持这项工作，这实在是出乎意料的。为了做好这项工作，我花费了不少心思。首先是创办了一个内部刊物，名字叫作《中国哲学教育通讯》，确认的办刊宗旨是“推进哲学教育改革，构建教学交流平台”，设计的几个专栏是“教学成果交流”“教学名师风采”“精品课程推介”“课程体系介绍”“教学改革论坛”和“学界动态报道”。这个内部刊物每年出版两期，在哲学学科的教学交流中发挥了作用。

在此期间，教育部社会科学司约我参加《中国高校哲学社会科学发展报告》的编写工作，并主编其中的哲学部分。按照现有的学科分类，作为一级学科的哲学，其二级学科分为马克思主义哲学、中国哲学、外国哲学、逻辑学、伦理学、美学、宗教学和科学技术哲学。这就促使我广泛地了解、梳理和分析这些学科的研究状况，以撰写每个年度的发展报告。2008年是庆祝改革开放30周年，按照社会科学司的要求，我又组织几位博士研究生共同撰写了1978—2008年的《中国高校哲学社会科学发展报告》的哲学卷，并作为一部独立著作出版。这促使我更为具体地梳理和阐述了改革开放以来的当代中国哲学史，引发我比较深入地思考当代中国哲学发展的历史与逻辑，发表了一系列的相关论文，并在2019年出版了《改革开放以来的当代中国哲学史》。

2013年底，中宣部理论局打来电话，让我到中央政治局集体学习会上讲解“辩证唯物主义基本原理和方法论”，主要内容是辩证唯物主义基本原理，唯物辩证法的基本范畴和辩证唯物主义的实践论、认识论、价值论，主要目的则是提高辩证思维和战略思维能力。从这个目的和内容出发，我在2014年初撰写了提纲和初稿，经过三次试讲，2015年1月23日在中南海怀仁堂讲解了这一课。讲解之后，一些报刊约稿，一些部门约讲，我从不同的角度撰写了几篇稿子，针对不同的听众做了多次讲座。应人民出版社之约，还撰写了《辩证唯物主义党员干部读本》。无论是讲解，还是写稿和讲座，我的总体感受是，讲清道理是要下功夫的，理论联系实际尤其是要看真功夫的，下功夫讲出的道理是会引起共鸣的。

从2005年到2019年，我有机会参加了几次国外的学术活动。2005年，学校组织几位文科院长和基地主任到欧洲访问，先后到奥地利、德国、意大利、荷兰、比利时和法国的多所高校和研究机构进行学术交流。在此之前，欧洲所代表的西方文明，主要是我从文学、艺术、科学和哲学中所了解的文明，身临其境地走进罗马竞技场、巴黎卢浮宫、科隆大教堂，目睹比萨斜塔、卢森堡大桥，参观歌德、莫扎特故居，文明的庄严感和历史的沧桑感，使我受到深深的震撼。2007年，参加由张一兵教授组织的在日本东京召开的中日马克思主义哲学论坛，粗浅地了解了日本学者的马克思主义哲学研究，也走马观花地看到了东京、大阪的日本现代文明和京都的日本古代文明。2011年，首次由我组团到美国进行学术交流，参观了哈佛大学、耶鲁大学、麻省理工学院、普林斯顿大学、杜克大学、纽约大学等著名高校，还目睹了美国式的现代文明。2013年到雅典参加世界哲学大会，或多或少地领略了古希腊文明，也引发了对文明变迁的思考。2014年，参加由张一兵教授组织的在韩国晋州召开的中韩马克思主义哲学论坛，又有机会了解韩国学者的焦虑和思考，看到了作为“亚洲四小龙”之一的韩国的状况。2019年，由我率团去俄罗斯进行学术交流，到莫斯科和圣彼得堡的一些大学和研究机构了解俄罗斯哲学的状况。自青少年时起，我一直喜爱俄罗斯的文学、美术和音乐，在这次访问中使我身临其境地感受到了俄罗斯文化。

由于几次出访的时间都比较短暂，虽然增添了一些阅历，弥补了一些缺憾，引发了一些思考，但没有深入的交流，也没有深切的体验，更无法写出切实的感受。文明的“世界地图”，对我来说主要是阅读中的理性思考，感性的“国际视野”，对我来说还是模糊的、肤浅的。

在这十余年中，我大约每年都要参加多次学术会议，参加几次评审会议，参加几次论文答辩，许多时间是在会议中度过的。参加的会议多了，见识的场面就多了，结识的朋友就多了，议论的话题就多了，思考的问题就多了。从个人的生活阅历看，这大概也是难得的。遗憾的是，无论是参与社会活动，还是参加学术活动，总是挤占了看书的时间。买的书多了，看的书少了，总觉得心里不大是滋味。除了被这些活动挤占的时间之外，坚持每天读书、思考、写作，这构成了我的“又一个十年的哲学研究”。

（三）

生活经历与心路历程（下）

年逾七十，我觉得自己很幸运，也很欣慰。幸运，是因为“得其所哉”；欣慰，是因为“问心无愧”。得其所哉和问心无愧，让自己感到这七十多年很有意思，也挺有意义。

从很小的时候起，我就喜爱看书，愿意想问题；初中时，就偏好文科，喜欢琢磨道理；到了高中后，常常写一些读后感、观后感，谈论一些思想、理论问题。1966年高中毕业的时候，我就把“哲学”确定为自己要研究的“专业”，把“思想”确认为自己的“事业”。十二年后，也就是1978年初，我终于有机会学习自己所喜爱的专业。十六年后，也就是1982年初，我终于留校任教，把研究哲学和阐述思想作为自己的事业。有学生问我：“什么是幸福？”我的回答是：“一辈子从事自己喜爱并且做得好的工作，这大概就是幸福吧。”

2009年，吉林大学聘任我为资深教授。在聘任仪式上，我说了自己的感言，也讲了自己的感悟。我说，一个人选择了一种职业，也就是选择了一种生活方式。我把学者的生活方式概括为四句话：一是乐于每日学习，志在终生探索；二是平常心而异常思，美其道而慎其行；三是忙别人之所闲，闲别人之所忙；四是人格上相互尊重，学问上相互欣赏。这就是“得其所哉”吧。

“得其所哉”，首先是乐于斯且志于斯。乐不在此，志不在此，就与“得其所哉”背道而驰了，就不是人生的幸运，而是人生的不幸了。一个学者，总是觉得有读不完的书，有想不完的道理，有写不完的思想，就会乐此不疲。2000年5月，我被授予“全国劳模”称号，既激动，也很惭愧。自己做自己喜欢做的事情，自己在喜欢做的事情中获得乐趣，而不是做自己不喜欢的事情，更不是在做自己不喜欢的事情中感到痛苦，这种“劳动者”大概不必称为“模范”，而应当称之为幸福的或幸运的劳动者。我觉得自己是一个幸运的劳动者。

学者的“得其所哉”，既要有平常心，又要有异常思，既要美其道，又要慎其行。没有平常心，总想一鸣惊人、出人头地，就静不下心、沉不住气，就既不能“苦读”，也不能“笨想”，就丢掉了形成思想的大气和从容。有了平常心，读出人家的好处，发现人家的问题，才会悟出自家的思想。这个“自家的思想”，就是具有启迪和震撼力量的异常之思。阐发和论证“自家的思想”，就是美其道；体会悟道之不易，就会慎其行。

学者的“得其所哉”，是认同学者的生活方式，这就是忙别人之所闲，闲别人之所忙。学者之外的生活，大体上是有节奏的生活：什么时候上班，什么时候下班；什么时候工作，什么时候休息；什么时间是属于公家的，什么时间是属于个人的；该干活就干活，该娱乐就娱乐，不能没白天没黑夜地就想一件事、就干一件事。然而学者的生活不是这样。学者没有节日和假日，又随时可以给自己“放假”。拿起一本好书，想到一个问题，撰写一篇文章，大概是不会问自己今天是不是节日或假日。读书、写作之余，听听歌，散散步，下下棋，游游泳，聊聊天，就是给自己“放假”了。

学者的“得其所哉”，是在学界如鱼得水，在与其他学者的交往中成就自己。这就需要学者在人格上相互尊重，在学问上相互欣赏。相互尊重和相互欣赏，对于学者之间的交往，是相辅相成、不可或缺的。相互尊重基于相互欣赏，相互欣赏源于相互尊重。“闻道有先后，术业在专攻。”人家有人家的特长，自家有自家的特色；人家有人家的见地，自家有自家的思想。相互尊重和相互欣赏，才能交换思想和收获友情。如果对“人家”不是“棒杀”（常常看到的所谓商榷），就是“捧杀”（常常看到的所谓推介），或是“抹杀”（更是常常看到的“集体沉默”），学者就很难长进，学术就很难繁荣。

在资深教授的聘任仪式上，我还说了一句话：别人不拿你当回事的时候，你千万拿自己当回事；别人拿你当回事的时候，你千万别拿自己当回事。后来，在一些场合，我还发挥式地解释了这两句话：别人不拿你当回事，你也不拿自己当回事，你就永远不会“成事”；别人拿你当回事，你也拿自己当回事，你可能就会“出事”。对于学者来说，没有谁能一下子就有思想、有创见，也没有谁能一下子就成名、就著名。学者的成名和著名，大体上是水到渠成的，是“钻研”出来的，而不是“钻营”出来的。有了名气之后，真的把自己“当回事”，不光是学问做不大，还可能在忘乎所以中出点儿让自己悔恨终生的事。

从青少年时起，我就喜爱鲁迅。爱看他的小说，爱读他的诗歌，更爱引用他的杂文。鲁迅说：“捣鬼有术，也有效，然而有限，所以以此成大事者，古来无有”就这么几个字，道出了人生成败的真谛，特别是“当官”“经商”和“做学问”的成败的真谛。投机钻营，“捣鬼有术”，或可“爬得高一些”“赚得多一些”“吹得响一些”，但终究是爬不高或摔得重，赚不多或赔得惨，吹不响或得骂名，总之是“有效”但“有限”。认认真真地做事情，老老实实地做学问，真心实意地对待他人，问心无愧地尊重自己，就会活得大气、从容，也会有所成就。在年届古稀之时，我还以一首《读鲁迅》的小诗，表达了对先生的感悟：

世间多《彷徨》，愤怒出《呐喊》。
俯仰作《钩沉》，古今皆《新编》。
辗转阅《二心》，醉眼看《三闲》。
有志续《野草》，无力秀《花边》。

我在自己的哲学文集的后记中说：“科学家为人们揭示宇宙的奥秘，艺术家为人们激发生命的活力，政治家为人们开辟生活的方式，思想家应当为人们提供真实的思想。真诚的研究，真切的求索，真实的思想，应当是每一个以‘思想’为生的‘思想者’的存在方式。”我的七十余年，主要是后四十余年，就是研究和讲授哲学，所以我对人生的感悟与对哲学的理解是分不开的。哲学所表征的是人的超越的、理想的、形上的存在，引发的是人的无尽的向往、憧憬和追求。在无尽的追求中展现自己的形上本性，并以个人的名义讲述人类的故事，这大概就是我的哲学的人生。

（四）
“认识”的困惑

在学者生涯中，我的哲学思考一直沉浸于“为己的学术焦虑”之中。我自己的学术焦虑，首先是从对“认识”的反思开始的，并把这个反思写成《认识的内容和形式的二重性》这篇文章，发表于1985年第7期的《哲学研究》。这也是我在这个核心期刊发表的第一篇文章。

通行的教科书总是把人的认识表述为主观形式与客观内容的统一。这种表述，往往使人们产生两方面的误解：或者把认识的内容理解为纯粹的客观性，或者把认识的形式理解为纯粹的主观性。这就从认识论上提出了相互联系的两个问题：一是如何理解认识内容的客观性？二是怎样看待认识形式的主观性？把这两个问题合起来，就是认识的内容与形式的对立统一问题。它是解决全部认识论问题的出发点，也是我的哲学研究的出发点。

关于辩证思维，列宁提出：“辩证的东西=‘在对立面的统一中把握对立面’。”认识作为内容与形式的对立统一，这个对立统一就表明了二者之间是双向的而不是单向的改造关系：一方面，形式改造了内容，对象变成了映象，认识内容具有了二重性；另一方面，内容改造了形式，形式积淀了内容，认识形式具有了二重性。认识内容的二重性，决定人的认识只能是思维向客体的接近、逼近，而不可能达到完全、彻底的一致；认识形式的二重性，又决定人的认识能够实现思维向客体的接近和逼近，而不只是对客体的臆想和猜测。由此，我分别探讨了认识的内容和形式的二重性。

首先是认识内容的二重性。在人和人类的意识中，有没有纯粹客观性的内容？没有。因为“意识在任何时候都只能是意识到了的存在”，“观念的东西总是移入人的头脑并在人的头脑中改造过了的对象”。“意识到了”“改造过了”，客体就深深地打上了主体的印记，内容就牢牢地受到了形式的束缚。设想纯粹客观性的内容，就是幻想内容摆脱形式而独立。

客观世界是不依赖于人和人类的意识而独立存在的。爱因斯坦说：“在我们之外有一个巨大的世界，它离开我们人类而独立存在。”客观世界是可以被人认识的。但是当它作为自在之物，在其未转化为人和人类的意识界的存在之前，只能是一个未知的世界；客观世界作为认识内容，它已经在观念上被人脑所改造，成为人所理解和把握的世界。可见，作为认识内容的映象与作为认识客体的对象是既相互联系又相互区别的。这是分析认识内容二重性的前提。

映象并不是与它所反映的对象并列存在的东西，而是“移入人的头脑并在人的头脑中改造过了的对象”。这表明，映象的存在必须具有缺一不可的两个条件：其一，映象是对象的映象，没有对象就没有映象；其二，映象是主体认识活动的产物，没有主体的认识活动也就没有映象。映象作为对象的反映，它具有客观性；映象作为主体活动的产物，它又具有主观性。作为认识内容的映象是客观性与主观性的对立统一。这就是认识内容的二重性。

认识内容的二重性，构成了人类认识内在的矛盾性。自在之物是世界的本来面目，但它未转化为人的意识界的存在，就不是现实的认识内容；认识内容具有现实性，但它作为人的意识界的存在，已经成为在人的头脑中改造了的东西。仅从认识内容的二重性看，人类的认识就陷入了不可解脱的“二律背反”：人类要达到自在之物，就必须“吾丧我”，即不作为认识的主体而存在；人类失去了自己的主体地位，就不是与对象作为关系而存在，也就谈不上对世界的认识。

这种深刻的矛盾引起了许多人类优秀头脑深沉的哲学反省。作为一种产生深远影响的哲学回答，康德通过对人的认识能力的批判考察所得出的基本结论：人的认识只能达到“现象”，永远不可能达到“物自体”。康德的结论是错误的，但是它启发人们辩证地看待人类的认识。作为对康德不可知论的批判，我们可以说，现象与本质并不是互相割裂的存在，人类能够通过实践的发展和科学的进步不断深入地揭露对象的本质，因此，“物自体”并不是彼岸的存在。但是仅仅这样回答，并没有真正解决康德所提出的问题。

问题的实质在于：如果把认识形式看作纯粹主观性的东西，那么作为形式所改造了的内容，也就只能是主观创造的产物，永远达不到“物自体”。康德之所以作出不可知论的结论，并不是他从客体方面把现象和本质截然分开，而是因为他把主体的“统觉能力”“感性形式”“先验范畴”等都看作只具有主观逻辑的意义，而否认其具有客观逻辑的意义。简洁地说，康德把思维的规律与存在的规律对立起来，就得出了“物自体”不可知的结论。对于康德的不可知论，黑格尔曾以其唯心主义的思维与存在的同一学说予以批判。但是黑格尔“完全是而且纯粹是从更彻底的唯心主义观点”（列宁语）来批判康德和论证思维与存在的同一性的。这就要求我们必须深入考察认识形式的二重性，真正解决康德所提出的问题。

揭示和阐释认识形式的二重性，是我思考和讨论的重点。我提出的看法是，“认识的形式是主观的”，这只能是指如下两层含义：其一，认识形式是属于主体方面进行认识活动的形式；其二，主体在运用认识形式的过程中具有自主性。超出这两层含义，把认识形式看作纯粹的主观性，则会导致唯心论和不可知论。这里的关键问题在于，认识形式虽然是属于主体方面进行认识活动的形式，但它本身却具有客观基础和客观意义。对于认识形式的客观性，我作出具体的分析，并且分四个层次予以论证。

第一个层次，认识形式的物质基础。认识形式作为人类认识机能的表现形式，它具有先天性，是一种遗传性的获得。人脑是认识机能及其表现形式的物质承担者。大脑的结构和功能是物质自身长期进化过程的产物，它的运动规律受到物质运动一般规律的支配。大脑在自己的运动过程中，实现其特殊的功能——达到物质的自我认识。正是由于我们的主观的思维与客观的世界在本质上服从同一规律，我们的主观的认识形式首先是高度发达的物质——人脑的机能和属性，所以我们的认识活动才能具有客观意义。这就是认识形式的自然根基。它构成了人类进行认识活动的不自觉的和无条件的前提。唯物主义的认识论，就是以这个不自觉的和无条件的前提为基础的。把认识形式理解为纯粹的主观性，就背离了唯物主义认识论这个最坚实的基础。

第二个层次，认识形式的实践基础。人类本身，包括各种感觉器官和思维器官，不仅是自然界长期发展的产物，而且是在其自然根基的基础上，历史地发展着的社会实践的产物。人的五官感觉就是在以往的全部世界历史中形成和发展起来的。同样，“人的实践经过千百万次的重复，它在人的意识中以逻辑的格固定下来。这些格正是（而且只是）由于千百万次的重复才有着先入之见的巩固性和公理的性质”。瑞士心理学家和哲学家皮亚杰的发生认识论，以大量的观察材料和实验材料为基础，揭示了认识形式的实践基础。事实上，马克思主义哲学所特别强调的实践是认识的基础，也绝不仅仅是从客体方面说明实践提供认识的对象、认识的物质手段和检验认识的真理性的标准，而且是从主体方面揭示出人类智力（包括认识形式）发展的现实根据。对于这后一方面，是需要我们结合皮亚杰的发生认识论以及其他科学成果深入研究的。从总体上看，正是感性实践的逻辑不断地内化为思维运演的逻辑，思维本身才具有愈来愈宽广和深化的把握现实的力量。在实践活动中，一方面是主观付诸于客观，主体改造了客体，主观目的取得了现实性；另一方面，则是客观改造了主观，主观形式获得了把握现实的客观意义。

第三个层次，认识形式的科学基础。人类对于世界的认识，是通过在其前进的发展中所创造的全部科学共同实现的。科学理论不仅以自己所提供的关于世界的规律性的认识指导人类扩展和深化对世界的改造，而且历史地扩展和深化了人类用以把握世界的认识系统。认识形式的现实力量根植于科学。列宁说：“辩证法是活生生的、多方面的（方面的数目永远增加着的）认识，其中包含无数的各式各样观察现实、接近现实的成分。”就现代而言，我们不仅具有多层次的归纳和演绎、分析和综合、抽象和概括、假说和证明等逻辑方法，而且具有诸如系统方法、信息方法、功能模拟法、数学模型法、概率统计法、思想实验法等极其丰富多彩的认识形式。这表明，人类用以把握世界的认识形式，绝不是抽象的和空洞的，而是一个各种各样的认识成分相互制约、相互渗透、相互贯通、相互转化，具有一定层次结构而又变化不息的开放系统。

正是科学的发展，不断地增添了人类认识系统的要素，改善了人类认识系统的结构，提高了人类认识系统的功能。不仅如此，科学对于认识系统的另一重大意义，还在于它为人类提供了把握世界历史发展着的概念之网。爱因斯坦说："物理学是从概念上掌握实在的一种努力。"海森堡也说："物理学的历史不仅是一串实验发现和观测，再继之以它们的数学描述的序列，它也是一个概念的历史。"整个的科学发展史，都可以说是一个科学概念的形成和确定、扩展和深化、更新和革命的历史。科学理论所编织的概念之网，构成了人类"认识世界的过程中的小阶段，是帮助我们认识和掌握自然现象之网的网上纽结"。人类运用这些科学概念反映世界，认识形式本身就具有客观意义。

现代科学所展现的世界图景，是一个具有多序列、多结构、多层次的纵横交错的整体网络。如果我们像马克思所要求的那样，不是仅仅从客体的或者直观的形式去理解我们今天所把握到的世界，就可以反省到一个意义极为重大的问题：世界所呈现给我们的图景，与我们反映这个图景的认识系统是一致的；客体图景与认识系统的一致，是通过科学进步的中介而实现的。科学的发展历史地改变了人类用以反映和把握世界的认识系统，呈现给人类的世界图景也历史地扩展和深化了。

第四个层次，认识形式的自我调整。人类的思维在本质上与客观世界服从同一规律，但在表现上是不同的——思维的规律是通过对世界的自觉反映而表现出来的。这就是主体运用认识形式的自主性。这种自主性，造成了认识运动的更为深刻的内在矛盾：一方面，主体在反映活动中，可能由于概念所具有的隔离性和僵化性而把事物变成孤立的、僵死的存在，从而使认识脱离事物；另一方面，主体则可以通过思维的能动性去克服概念的隔离性和僵化性，达到思维与存在的统一。列宁认为，黑格尔逻辑学的真实意义，就在于它“研究了客观世界的运动在概念的运动中的反映”。他还说，“问题不在于有没有运动，而在于如何在概念的逻辑中表达它”；“这些概念必须是经过琢磨的、整理过的、灵活的、能动的、相对的、相互联系的、在对立中是统一的，这样才能把握世界”。运用辩证的思维方式在僵死的概念中燃起一团火，使它燃烧起来、流动起来，就可以用概念的辩证运动去反映、把握、描述和表达事物的辩证运动和辩证发展，达到思维与存在在规律层次上的统一。这就是认识形式自我调整的客观意义。

以上，我从认识形式的物质基础、实践基础、科学基础和自我调整四个层次说明了认识形式的客观意义。但是同认识内容一样，认识形式自身也是客观性与主观性的对立统一。

在认识形式客观基础的四个层次中，都包含着自我否定的方面，即主观性的一面。认识形式的物质基础，是其客观性的基石，但是这个基石本身就存在主观性的缝隙。因为思维规律与存在规律在表现上是不同的。认识形式的实践基础，是其客观性的土壤，但是这块土壤本身也会滋生主观性的杂草。因为实践本身总是具有历史的局限性，特别是主体自觉地将实践的逻辑内化为思维的逻辑，更不可避免地掺杂很大的主观随意性。认识形式的科学基础，是其客观性的养料，但是这些养料本身就是主体认识世界的成果，具有毋庸置疑的主观成分。至于认识形式的自我调整，它自身就具有两种相反的可能性。

认识形式的客观性，使得它所把握的认识内容具有客观意义；认识形式的主观性，又使得它所把握的认识内容具有主观意义。随着实践的发展和科学的进步，以及与此相适应的辩证思维方式的深化，人类就在其认识的固有矛盾的展开中，不断地实现思维向客体的接近和逼近。

在对认识的内在矛盾的追问中，我不仅深化了对认识本身的思考，而且引发了我对一系列哲学问题的追问。更为重要的是，在这种追问中，我养成了学术研究的一种习惯，这就是在“为己的学术焦虑”中，以批判的态度去探讨学术问题。

（五）
何谓“现代哲学”

为什么人们总是以非此即彼的思维方式去看待认识的主观性和客观性？进言之，为什么人们总是从两极对立的思维方式去看待各种哲学问题？现代哲学是否变革了这种非此即彼、两极对立的思维方式？在20世纪80年代中后期的学术研究中，我的一个重要的“学术焦虑”，就是怎样概括和阐述现代哲学所实现的哲学革命。我把自己的思考写成《从两极到中介——现代哲学的革命》一文，发表于1988年第8期的《哲学研究》，并被1988年第11期《新华文摘》全文转载。

我在文章中提出，传统的唯物主义哲学和唯心主义哲学，分别从对立的两极去思考自然界与精神的关系问题，因而始终僵持于本原问题的自然本体与精神本体的抽象对立，并以还原论的思维方式去说明二者的统一。旧唯物论以自然界为精神的本原，力图把精神还原为自然，用自然来解释人类的精神活动，从而把物的尺度当作人类全部行为的根据，这就是旧唯物论的自然本体论；唯心论则以精神为自然界的本原，试图把自然还原为精神，用人类的精神活动来解释自然，从而把精神的尺度当作人的全部行为的根据，这就是唯心论的精神本体论。

由于旧唯物论以自然为本体，只是从被动的观点去理解人与世界的关系，取消了人的能动性，因此它所坚持的是一种单纯的、自在的客体性原则；由于唯心论以精神为本体，只是从能动的观点去理解人与世界的关系，抽象地发展了人的能动性，因此它所坚持的是一种单纯的、自为的主体性原则。这样，旧唯物论和唯心论就不仅固执于本原问题上的自然本体与精神本体的抽象对立，而且造成了思维方式上的客体性原则与主体性原则的互不相容。它们把这种本原问题上的抽象对立和思维方式上的互不相容扩展到全部哲学问题，就使它们自身成为片面夸大两极的哲学理论。马克思在《关于费尔巴哈的提纲》中对全部旧哲学的批评，正是精辟地揭露了这种两极对立的哲学的根本缺陷，指出了在其原有的思维方式内无法解决的内在矛盾。

18世纪末到19世纪初的德国古典哲学，曾试图克服本原问题上的自然本体与精神本体的抽象对立，扬弃思维方式上的客体性原则与主体性原则的互不相容，以新的思维方式去开拓新的哲学道路。这种探索的积极成果就是自觉形态的辩证法理论。康德充分地意识到，与人无关的自然，对人来说只能是一种“有之非有”“存在着的无”，因而他把与人无关的自然设定为“自在之物”或“物自体”。于是他提出人对世界的认识必有自己的根据，这就是提供时空观念的感性形式和提供判断形式的知性范畴。感性形式和知性范畴使世界对人生成为“现象”，即人所把握到的世界；而“物自体”则作为消极的界限而限定人类认识的可能性。由此康德就承诺了两种“本体”的存在：既把“自然本体”作为认识的对象性前提和认识的消极界限而承诺下来，又把“精神本体”作为认识的主体性根据和认识的积极界限而承诺下来。在认识领域内，与其说康德是消解了自然本体与精神本体的对立，毋宁说他是在证明这种对立的不可克服。然而康德哲学的真实意义在于他证明了：不仅两极对立的本体（自然本体和精神本体）都是不可或缺的，而且它们之间是不能简单还原的；人的认识只能成立于对立两极的统一，统一的结果是使自在的世界变成自为的世界即属人的世界；属人的世界是实践理性领域，在这个领域中，人类行为所服从的“绝对命令”就是人类自我约束的“自律”，因而是人类的自由领域。这样，康德就把实践理性作为人类全部行为的根据而确立为哲学的新出发点。

这个新出发点对于自觉形态辩证法理论的发展具有实质性意义。它要求从主体的活动出发去体认自然与精神、客体与主体的交互作用，阐发其中的辩证转化。费希特的“自我”就是作为一种能动性的活动，而实现为建构“非我”的过程。黑格尔则把实践理性的意义扩展到认识领域，实现了辩证法理论的本体论、认识论和逻辑学的统一。黑格尔认为，消解自然本体与精神本体的抽象对立，克服客体性原则与主体性原则的互不相容，必须诉诸把它们统一起来的中介环节——概念的世界。概念是自在的客观世界对自为的主观世界的生成，即外部世界转化成思维规定；同时，概念又是自为的主观世界对自在的客观世界的生成，即以观念的形态构成思维中的客观世界。自在的自然与自为的精神、单纯的客观性与单纯的主观性统一于自在自为的概念世界之中。

概念作为自然与精神双向生成的中介，既是物的尺度与人的尺度的和解，又是合规律性与合目的性的统一，因此它首先是具有客观意义的主观目的性，即以“真”为根基的“善”的要求。这种“善”的要求是在思维中所达到的自然与精神、客观与主观的统一，它通过概念的“外化”“对象化”即外部现实性活动而生成人所要求的世界。列宁说，在黑格尔逻辑学的概念论中包含着历史唯物主义的萌芽。这个萌芽就在于，在黑格尔对概念的实践理解中，具有把实践活动作为自然与精神、客观与主观统一的中介，并通过这个中介来说明世界对人的生成的天才猜测。正是这种天才猜测使黑格尔哲学成为“聪明的”即辩证的唯心主义理论，并构成传统哲学向现代哲学转化的中介环节。它不自觉地为现代哲学指出了一条本体中介化的现实道路。开辟这条道路，则是现代哲学所实现的哲学革命。

马克思和恩格斯坚定不移地承认外部自然界对人及其精神的优先地位，并以是否承认这种优先地位作为划分唯物主义哲学和唯心主义哲学的标准。但他们认为：①在自然界与精神谁为本原的意义上区分的唯物主义和唯心主义，不能“在别的意义上”使用；②抽象的、孤立的、与人分离的自然界，对人来说也是无，关于自然界优先地位的证明，必须诉诸实证科学和人类的全部实践活动；③包括科学活动在内的人类实践活动，以自身为中介而扬弃了自然与精神的抽象对立，并实现为人类历史发展中的具体统一；④正是由于旧唯物论和唯心论离开人类的实践活动和人类的历史发展去解决自然界与精神的关系问题，才把二者在本原问题上的抽象对立夸大、扩展和膨胀为整个哲学理论的互不相容，从而造成了各自无法克服的局限性（旧唯物论无法容纳能动性，唯心论则只能抽象地发展能动性）；⑤其结果是造成了自然本体与精神本体、客体性原则与主体性原则的抽象对立和互不相容，并构成了非此即彼的形而上学的思维方式；⑥因此必须拯救和改造德国古典哲学，特别是黑格尔的概念辩证法理论，在对实践的重新理解中创建新的哲学。

在马克思看来，黑格尔仅仅把概念作为客观主观化和主观客观化的中介环节，以概念自身的生成和外化去实现思维与存在、主观与客观、真与善的统一，就把概念发展变成了“无人身的理性”的自我对峙、自我运动，从而也就把人与世界的现实的辩证关系神秘化了。因此，必须把被黑格尔哲学神秘化了的概念辩证法扬弃为实践辩证法的内在环节，不是用概念的辩证运动去说明人类的实践活动，而是用人类的实践活动去解释概念的辩证发展。

概念规定作为实践的内在环节，既是实践主体对实践客体的规律性认识的结晶，又是实践主体对实践客体的目的性要求的体现，因而它才是合规律性与合目的性的统一。正是在这种统一中，物的尺度与人的尺度才熔铸成人给自己构成的客观世界的图画，才升华出人在观念中所创造的、要求世界满足自己的、对人来说是真善美相统一的新客体。所谓概念的“外化”“对象化”，在其现实性上，也只能是实践作为外部现实性活动，把观念中的新客体（概念规定）转化成现实的新客体（满足主体需要的劳动产品）。因此，马克思不仅以实践范畴去扬弃旧哲学中的自然本体与精神本体、客体性原则与主体性原则的抽象对立，而且把实践活动本身视为人与世界对立统一的根据，用实践的观点去解决全部哲学问题。这就是马克思所创立的实践辩证法理论，即实践哲学。

马克思的实践哲学并不是离开人类文明发展大道的宗派主义的东西，具体地说，并不是超然于自己的时代和哲学自身发展的逻辑之外的东西，而是自己时代精神的精华，因此它与自己同时代的哲学不能不具有广泛而深刻的一致性。这种一致性，首先集中地表现在本体中介化这个现代哲学革命的共同出发点上。

在对黑格尔哲学的讨伐中而形成的现代西方哲学各主要流派，尽管其旨趣不同、观点各异，但在其理论出发点和发展趋向上，都没有离开黑格尔哲学所提示的本体中介化的道路。特别是面对现代科学日益严峻的挑战（把哲学从传统的世袭领地驱逐出去），以及现代社会生活对哲学的新的渴求（寻找人类现代社会生活的新的支撑点和人类对世界的新观念），它们都试图找到某种扬弃自然与精神、客观与主观抽象对立的中介环节，并以这个中介环节作为统一性原理而提供现代人类的安身立命之本。

现代西方哲学的突出特征之一，是高度重视从哲学上研究语言。它们认为：虽然世界在人的意识之外（不依赖于人的意识而存在），但世界却在人的语言之中（人只能在语言中表述世界）；语言既是人类存在的消极界限（语言之外的世界是存在着的无），又是人类存在的积极界限（世界在语言中对人生成为有）；正是在语言中才凝聚着自然与精神、客观与主观、真与善的深刻矛盾，才积淀着人类思维和全部人类文化的历史成果。因此，他们试图通过语言分析来消解传统哲学或重建哲学理论。但是对于语言本身，现代西方哲学的各主要流派有迥然不同的理解。科学哲学认为，只有科学才是人性的最高表现和最高成果，只有科学理论（科学语言）才是构成人类活动支撑点的真理性认识。因此，逻辑实证主义试图用自然科学的理论和方法去改造哲学，并把哲学归结为科学的逻辑。自波普的批判理性主义以来，包括托马斯·库恩、伊姆雷·拉卡托斯的历史主义，又把科学哲学的视野集中在科学知识增长的问题上。他们认为，哲学作为认识论和方法论，主要的使命是研究知识的增长和思维方式的变革；而研究知识的增长，最好莫过于研究科学知识的增长；研究人类思维方式的变革，最好莫过于研究科学理论（科学问题、科学范式、科学研究纲领）的转换，因此他们又把科学哲学归结为科学发展的逻辑。瓦托夫斯基则认为，科学哲学的真正使命并不是建构科学理论的逻辑模型或历史模型，也不是提供科学研究的认识论和方法论，而是要批判性地反思科学思想的概念基础，对科学理论的概念框架作出深层的哲学解释。为此，科学哲学就必须超越科学对自身的理解，而达到对科学理解的理解，即对科学的人文学理解。

那么究竟怎样从人文学的角度去理解科学理解？如何把握自然科学和人文科学中的人性统一性？卡西尔的文化哲学（符号哲学）是一种颇有启发意义的尝试。卡西尔提出，不应该从实体性的角度，而应该从功能性的角度去理解人性。因此，在对人性的理解中，必须用活动的统一性去代替结果的统一性，用创造过程的统一性去代替产品的统一性。这样，就可以用人类活动的体系规定和划定“人性的圆周”。作为这个圆的组成部分，以及各个扇面的语言、神话、宗教、艺术、科学和历史，就成为人的普遍功能的“同一主旋律的众多变奏”，从而使我们把人的全部活动理解为一个有机整体。如是，卡西尔就把科学哲学所强调的科学本体扩展成人类活动的文化本体。

如果说卡西尔为哲学研究提供了一个超越物理自然世界的“文化世界”，那么自海德格尔以来的存在主义，特别是伽达默尔的哲学解释学，则进一步为哲学研究提供了一个“意义世界”。海德格尔指出，哲学一直在探索“如何理解存在”的问题，特别是近代以来的哲学，更把哲学变成关于如何理解存在的认识论和方法论；但是由于我们总是已经活动在对存在的某种领悟之中，因此真正的问题在于“理解”是一种怎样的存在。伽达默尔的回答是：人作为历史性的存在，不是个人占有历史文化，而是历史文化占有个人；不是个人选择某种理解方式，而是理解构成人的存在方式；理解首先不是个人的主体意识活动，而是历史文化进入个体意识的方式。理解作为历史文化对个人的占有和个人正在展开的可能性，它实现了“历史视野”与“个人视野”的融合。这就是“意义世界”。

科学哲学把自然与精神的抽象对立扬弃为“科学世界”中的思想与实在的统一；文化哲学则把科学世界中的人性实现扩展成人性活动的圆周，构成扬弃人与自然抽象对立的“文化世界”；哲学解释学进而从历史文化对个人的占有出发，以理解作为人的存在方式而提出“意义世界”。可见，现代哲学在其发展进程中愈来愈深入而具体地显现了人类存在的三重时-空世界：人作为自然存在物，同其他存在物一样生存于“自然世界”；人作为超越自然的社会存在物，生活于自身所创造的“文化世界”；人作为社会-文化存在物，既被历史文化所占有，又在自己的历史活动中展现新的可能性，因而生活于历史与个人相融合的“意义世界”。这表明，人类不是以自己的自然存在而是以自己的历史活动所创造的社会存在为中介，而构成与世界的对立统一关系。现代哲学的根本特征，就是以人类的社会存在为中介而扬弃了自然与精神、客观与主观的抽象对立，并把社会存在本身作为哲学所追寻的本体。

这样，从对立的两极出发，并以抽象的两极对立关系为基础而形成的旧唯物论和唯心论，就被探索两极融合、过渡和转化的中介哲学——现代哲学——所取代了。这种取代，是迄今为止最深刻的哲学革命。它改变了哲学的提问方式和追求方式，从而改变了人类的致知取向、价值取向和审美取向，即从深层改变了人类的思维方式。

传统哲学在两极对立的思维方式中，总是力图获得一种绝对的、确定的、终极的真理性认识，即关于支配宇宙的最普遍原则的知识。因此，它把哲学所追求和承诺的“本体”视为某种超出人类或高于人类的本质，把“本体”当作一种自我存在的、与人类状况（历史、科学、文化、语言、利益、需要和物质生产条件等）无关的实体。它向自己提出的问题是：“什么是绝对的真？”“什么是至上的善？”“什么是最高的美？”在传统哲学看来，只有当哲学为人类揭示出这种绝对的真、至上的善和最高的美，人类才能得到关于世界的完整而正确的科学知识，才能在伦理社会生活中进行真实而有效的实践活动。这在致知取向上，就是执着于对绝对之真的追求；在价值取向上，就是执着于对至上之善的向往；在审美取向上，就是沉湎于对最高之美的幻想。而从根本的思维方式上看，则是把世界分裂为真与假、善与恶、美与丑的非此即彼、抽象对立的存在。这就是反历史（反现实）的形而上学的思维方式。

本体中介化的现代哲学，则站在历史主义的立场，排斥对绝对确定性的追求。马克思提出，辩证法在其合理的形态上，就是在对现存事物的肯定的理解中，同时包含着对它的否定的理解，对它的必然灭亡的理解。因此，辩证法对每一个已经生成的形态，都在运动的流中，从它的暂时经过的方面去理解。人类在自身的历史发展中所形成的具有时代特征的关于真善美的认识，既是一种历史的进步性，又是一种历史的局限性，因而它孕育着新的历史可能性。就其历史的进步性而言，人们在自己的时代所理解的真善美，就是该时代的人类所达到的人与世界的统一性的最高理解，即该时代人类全部活动的最高支撑点，因此具有绝对性；就其历史的局限性而言，人们在自己的时代所理解的真善美，又只是特定历史时代的产物，它作为全部人类活动的最高支撑点，正是表现了人类作为历史的存在所无法挣脱的片面性，因而具有相对性；就其历史的可能性而言，人们在自己的时代所理解的真善美，正是人类在其前进的发展中所建构的阶梯和支撑点，它为人类的继续前进提供现实的可能性。真善美永远是作为中介而自我扬弃的。它既不是绝对的绝对性，也不是绝对的相对性，而是相对的绝对性——自己时代的绝对，历史过程的相对。

现代哲学所提供的辩证思维方式提醒人们：在致知取向上，

不是追求绝对的终极之真，而是探索时代的相对之真，把真理理解为过程；在价值取向上，不是追求绝对的至上之善，而是探索时代的相对之善，把价值尺度理解为过程；在审美取向上，不是追求绝对的最高之美，而是探索时代的相对之美，把审美活动理解为过程。诉诸人类历史活动的现代辩证法理论，以中介的观点去对待现存的一切事物，这就是它的革命的、批判的本质之所在。它把人类对自身全部活动最高支撑点的探索，由传统哲学对终极真善美的追求，改变为时代水平的相对性理解。

由此，我们既可以正视现代哲学所显示的广泛而深刻的一致性，又能够把握现代哲学所存在的重大分歧和尖锐斗争，在当代的水平上坚持和发展马克思主义哲学。以人的历史活动为中介而探索人与世界的关系问题，这是整个现代哲学的共同特征。但是人的历史活动是以多种多样的中介环节而构成人与世界的对立统一关系的。从语言、科学、艺术、宗教、伦理等中介环节出发，都可以构成某种统一性原理去说明人与世界的统一。然而正是由于现代西方哲学的各流派分别抓住某一环节并加以片面地夸大，才使之成为现代的唯心主义哲学。马克思的实践辩证法理论，则不仅在于它把人与世界对立统一的诸种关系扬弃为人类实践活动的内在环节，而且在于它揭示了人类最基本的实践活动——物质生产活动——在人与世界关系中的基础地位。它以物质生产活动为基础去说明科学、文化、艺术、宗教和语言的历史，说明由它们的交互作用而构成的人类历史存在的进步性、局限性和正在展开的可能性，从而为人类找到了真正的安身立命之本。

（六）

探寻“崇高的位置”

在对现代哲学的追问中，我提炼和概括了其“革命”的真实意义——变革了传统哲学两极对立的思维方式。由此，我力图以辩证思维反思人类对真善美的求索，并进而阐发哲学的寻求“崇高”的历史。

人类所寻求的真善美，如果可以用一个词来概括，那就是“崇高”。在人类的精神坐标上，崇高与渺小是对立的两极。黑格尔所说的引导人们“尊重自己”的哲学、冯友兰所说的“使人作为人能够成为人”的哲学、恩格斯所说的“关于现实的人及其历史发展”的哲学，在其价值目标上，不都是对“崇高”的追求吗？那么为什么哲学的历史又是黑格尔所说的“厮杀的战场”呢？为什么现代西方哲学要“终结哲学”呢？为什么恩格斯说马克思主义哲学已不再是“哲学”而只是“世界观”呢？

诉诸哲学史，我所形成的基本看法是：哲学的历史，在其价值追求的意义上，就是寻求崇高的历史；哲学在寻求崇高的过程中，却使自己变成了被异化的崇高；因此，哲学的历史又是自我批判的历史，即不断地“消解”那种变成了“异化的崇高”的哲学的历史；哲学的当代使命，就是重新确认崇高的位置，也就是重新规划“哲学”。哲学与崇高之间的这种“四重化”关系，构成了我的以“崇高”为核心范畴的哲学求索，并著成了《崇高的位置——世纪之交的哲学理性》这本书。1997年，该书由吉林人民出版社出版。

在探索寻求崇高的哲学的过程中，我碰到了一个巨大的理论难题。这就是：为什么20世纪的西方哲学要"拒斥形而上学"和"终结哲学"，也就是拒绝哲学对崇高的承诺和追求呢？逻辑实证主义代表人物卡尔纳普关于"语言"的两种职能的论证，为我揭开了"终结哲学"的谜底：语言具有陈述经验事实的"表述"职能和表现情感意愿的"表达"职能。科学是以"表述"的方式陈述经验事实，艺术则是以"表达"的方式表现情感意愿。如果哲学履行语言的"表述"职能而又不能像科学那样陈述经验事实，那么哲学就是"给予知识的幻想而实际上不给予任何知识"，因而必须拒斥哲学的形而上学，并因此封闭了哲学的"科学化"道路；如果哲学履行语言的"表达"职能而又不能像艺术那样震撼人的心灵，那么哲学就是某种"蹩脚的诗"而不具有任何真理的意义，因而同样必须拒斥哲学的形而上学，并因此封闭了哲学的"文学化"道路。正是对哲学的"表述"与"表达"的双重否定，对哲学的"科学化"和"文学化"两条道路的双重封闭，引发了我对哲学的存在方式的新的理解。这就是，作为存在论、真理论和价值论相统一的哲学，作为求索真善美即追寻崇高的哲学，它既不是像科学那样"表述"经验事实及其规律，也不是像艺术那样"表达"人的情感和意愿，而是以"表征"的方式构成理论形态的人类自我意识，构成"思想中所把握到的时代"，构成"时代精神的精华"和"文明的活的灵魂"。"表征"，是哲学的存在方式。哲学在自己的"表征"的存在方式中实现了对真善美即崇高的求索，实现了自己的存在论、真理论和价值论的统一。这就是我在《崇高的位置——世纪之交的哲学理性》一书中所体现的另一个基本思想：关于哲学的“表征”的存在方式的思想。

哲学寻求崇高的历史，在其现实性上，是以理论的方式表征了人类存在方式的变革，表征了人类历史的文化内涵。马克思说：“人的自我异化的神圣形象被揭穿以后，揭露非神圣形象中的自我异化，就成了为历史服务的哲学的迫切任务。于是对天国的批判就变成对尘世的批判，对宗教的批判就变成对法的批判，对神学的批判就变成对政治的批判。”这样，我就从三个角度把握到哲学的历史，即哲学反思“思维和存在的关系问题”的历史，就是以理论的方式表征人的存在形态变革的历史，揭示历史的文化内涵即寻求和重构崇高的历史，也就是以理论方式表征人类文明及其形态变革的历史。由此，我感到可以比较系统地阐述我对哲学的理解了，并撰写了我的代表性著作《哲学通论》。这部著作于1998年由辽宁人民出版社出版。

（七）
追究哲学的“生活价值”

在探究现代哲学的革命和反思寻求崇高的哲学史的过程中，我的头脑中总是萦绕一个人们最为关注的问题：哲学的用处何在？特别是在现代科学技术深刻变革人们的社会生活的背景下，当代哲学的合法性何在？正是在这种追问中，我撰写了《寻找“意义”：哲学的生活价值》一文，并发表于1996年第3期的《中国社会科学》上。

我的总体看法是，20世纪哲学的思想果实，从根本上说，是消解种种被异化了的崇高的思想果实；20世纪哲学的精神焦虑，在其最深层上，是失落了被消解的崇高的精神焦虑；20世纪哲学的理性期待，就其根本指向而言，则是寻找意义和重建崇高的理性期待。

在人类历史的精神坐标上，崇高与渺小一向是对立的两极：崇高象征着真善美，渺小则意味着假恶丑。追求崇高的理想，献身崇高的事业，完善崇高的人格，臻于崇高的境界，一向被视为人生最大的意义和最高的价值。哲学作为理论形态的人类自我意识，即以理论的形态表达人类关于自身的意义与价值的自我意识，它一向以阐扬崇高和贬抑渺小作为自己的追求目标和理论使命。无论是从先秦到明清的中国传统哲学，还是从古希腊罗马到近代欧洲的西方传统哲学，无不把象征真善美的崇高作为哲学理性的真谛。然而20世纪的哲学理性却在反省崇高及其种种对象化存在的百年来的精神历程中，既消解着种种被异化了的崇高，又承受着失落了崇高的种种精神困倦。世纪之交的哲学理性正徘徊于对崇高的沉思之中。

从哲学发展史上看，哲学理性曾经以惶惑的耻辱感告别19世纪——它被驱逐出了自己的世袭领地，又以某种惊讶的喜悦跨进20世纪——它似乎找到了使自己“科学化”的途径与方式。然而这种哲学的“科学化”是以“消解哲学”及其所表征的崇高为代价的。因此，在探寻哲学对崇高的追求之前，我们需要认真地反思现代哲学的自我理解。

近代以来的科学发展及其技术应用，日益深刻地变革着人与世界的相互关系，从而也日益深刻地改变着人对自己与世界相互关系的理解，即日益深刻地改变着人们的世界观。其中一个特别尖锐的问题是：人所把握到的或人所理解的世界，能否离开科学的中介？或者反过来说，离开科学的中介，人们能否形成现代的世界图景？

这个问题所诱发的哲学争论和哲学后果是多重的，其中一个最直接也是最严峻的哲学后果，恰恰是对哲学自身合法性的诘难：如果人类有效地解释世界的方式只能是科学，如果人类的现代图景只能是科学的世界图景，如果人类满足自己需要的实践活动只能用科学来指导，那么人们对世界的种种哲学解释不都是“理性的狂妄”吗？人们所描绘的种种哲学图景不都是“语言的误用”吗？这样的哲学不是应当（而且必须）予以“治疗”甚至“消解”吗？正是这个问题本身的尖锐性和严峻性，迫使现代的哲学家们殚精竭虑地追问“究竟什么是哲学”，并绞尽脑汁地为哲学的生存权利进行辩护。其中，具有代表性的几种观点是：

其一，“对象说”。认为科学是以世界的各种不同的领域、不同的方面、不同的层次或不同的问题为对象，而哲学是以整个世界为对象，因此科学所提供的是关于具体对象的特殊规律，而哲学所提供的则是关于整个世界的普遍规律。对于这种观点，人们要追问的是：如果哲学所提供的是有效的、准确的、可验证的而不是猜测的、含混的、不可验证的普遍规律，这样的哲学不就是科学吗？

其二，“副产品说”。这种观点认为，既然科学的发展取代了哲学“发现规律”的使命，哲学就只能是对科学命题进行逻辑分析，即作为科学的“副产品”的“科学的逻辑”而存在。对于这种观点，人们要追问的是：如果现代科学只不过是狭义的（甚至只能是以科学命题为对象的）逻辑学，它又在什么意义上被称为“哲学”呢？

其三，“方法论说”。这种观点认为，科学在自身的发展过程中获得了愈来愈显著的世界观意义，与此同时哲学则愈来愈弱化了其世界观职能而强化了其方法论职能，因此现代哲学主要是作为方法论而存在。对于这种观点，人们要追问的是：方法能否与理论相分离而存在？弱化了世界观职能的哲学方法论与科学方法论是何关系？

其四，“对话说”。这种观点认为，哲学既不是“科学的科学”，也不是各种文化样式的“第一原理”，而只是一种文化样式，一种“倾听”和“协调”各种文化的“活动”。对于这种观点，人们要追问的是：“对话”中的哲学有没有自己的理论内容和理论形式？或者说，哲学凭借什么进行“对话”？

其五，“人学说”和“价值说”。这种观点认为，科学不能解决人的问题，特别是人的价值问题，因此哲学在被驱逐出包括自然界在内的各种世袭领地之后，还保留了对人，特别是对人的价值的研究领地。对于这种观点，人们要追问的是：哲学如何研究人以及人的价值？如果哲学要科学地而不是思辨地研究人及其价值，它不是也应该成为“人学科学”和“价值科学”吗？

综观上述各种观点，我们不难看出，在迅猛发展的现代科学以及咄咄逼人的科学主义思潮面前，人们总是聚焦于哲学与科学的相互关系去寻找哲学的出路：或者区分二者的对象，或者剥离二者的职能，或者划清二者的领地。由此提出的问题是：能否跳出这种思路，在更广阔的视野中去理解哲学呢？

马克思曾经提出，人类是以包括哲学在内的多种基本方式来把握世界的。那么人类把握世界的任何一种基本方式——无论是常识的还是科学的、艺术的还是伦理的、宗教的还是哲学的——其存在的最终根据是什么？显然，它们之所以能够相互区别和各自独立地构成人类把握世界的各种基本方式，是因为它们对于构成人的世界具有不可或缺的独特价值，并且各自的独特价值是不可替代的。由此我认为，在现代哲学的自我理解和自我辩护中，应当超越单纯的哲学与科学的二元关系，而从人与世界的现实关系中，以及人类把握世界各种基本方式的相互关系中提出这样的问题：哲学对于构成人的世界的不可或缺和不可替代的独特价值是什么？回答这个问题，既是现代哲学对自身存在合法性的根本性辩护，也是现代哲学对自身如何把握世界的根本性解释。

人的世界，是人类的全部活动历史性地创造的有意义的生活世界；人与世界的相互关系，人类把握世界的各种基本方式，都应当从人类创造的有意义的生活世界去理解。在与非生命物质相区别的意义上，人类的存在是一种生物性的存在，即“生存”；而在与其他生物相区别的意义上，人类的存在则是一种特殊的人类性存在，即“生活”。“生存”与“生活”都是生命的存在方式，二者的根本区别则在于“生活”是创造生存意义的生命活动。

生活世界是有意义的世界。生活世界的意义，在于它是人类创造的、实现人类自身发展的世界。马克思在区分动物的“生命活动”与人的“生活活动”的基础上，进一步指出：“动物只是按照它所属的那个物种的尺度和需要来进行塑造，而人则懂得按照任何物种的尺度来进行生产，并且随时随地都能用内在固有的尺度来衡量对象；所以，人也按照美的规律来塑造。”在这里，马克思对动物的“生命活动”与人的“生活活动”的区别提出了实质性内容，这就是：动物的“生命活动”只有一个“尺度”，即它所属的那个物种的尺度；人的“生活活动”则有两种“尺度”，即“任何物种的尺度”和人的“内在固有的尺度”。动物只是按照它所属的那个物种的尺度进行“生命活动”，因此动物永远只能是一代又一代地复制自己，而没有自己的“历史”和“发展”。人则不像动物那样只是在“生命活动”中一代又一代地复制自己，而是在人类特有的“生活活动”中一代又一代地发展自己。人类的自我发展，是人的“生活活动”及其所创造的人的生活世界的全部意义。

人类以其把握世界的全部方式和世世代代的“生活活动”创造自己的生活世界的意义；意义是人类的生活世界的“普照光”。然而人类生活的历史与现实却告诉我们：意义本身正是渗透于人的全部生活并贯穿于人类生活始终的最大问题，因而也是困扰人类理性并激发人类理性不倦求索的永恒主题。

寻求和反思意义的自我意识，对人类具有特殊重要的生活价值。人的存在是创造意义的生活活动，人的世界是有意义的生活世界。“有意义”是人类生活的肯定，“无意义”则是人类生活的否定。然而在人（和人类）的关于“意义”的自我意识中，却总是不可遏止和不可逃避地提出这样的问题：究竟什么是有意义的，什么是无意义的？怎样做是有意义的，怎样做是无意义的？什么是人的尺度？什么是美的规律？怎样达到真善美的统一？如何实现人的全面发展？评价真善美的标准是什么？实现人的全面发展的根据是什么？自我意识到的意义问题，永恒地伴随着人类创造意义的全部过程，从而深刻地影响着人类历史的进程和人类自身的命运。

人的自我意识中的意义问题，根源于人类生活本身的矛盾。具体地和深入地分析人类生活世界的矛盾，可以使我们比较亲切地体会到生活世界的意义问题，也会使我们比较深切地理解哲学与意义的关系。

人类改造世界的活动，是把人的非现实性（目的性要求及其所构成的世界图景）转化为现实性（人的生活世界），而把世界的现实性（自在的或者说自然的存在）转化为非现实性（满足人的需要的世界）。这就是人与世界的矛盾。

人类创造生活世界的过程，是把人的“生存”变成人所向往和追求的人的“生活”的过程，也就是把非现实的理想变成理想的现实的过程。这就是人的理想与现实的矛盾。

人类自我发展的过程，既是个体的独立化过程，又是个体的社会化过程；既是社会规范个人的过程，又是社会解放个人的过程。这就是人类的个体与社会的矛盾。

在人类历史的发展过程中，任何进步都要付出相应的代价，任何正效应都会伴生相应的负效应，任何整体利益的实现都意味着某些局部利益的牺牲，任何长远利益的追求都意味着某些暂时利益的舍弃。这是历史本身的进步与退步的矛盾，也是评判历史的“大尺度”与“小尺度”的矛盾。

人的个体生命是短暂的、有限的，面对死亡这个人所自觉到的归宿，人又力图以生命的某种追求去超越死亡，实现人生的最大的意义和最高的价值。这是人的生命的有限与无限的矛盾，也是人的现实存在与终极关怀的矛盾。

由人类生活本身的矛盾所形成的人生的困惑与奋争，理想的冲突与搏斗，社会的动荡与变革，历史的迂回与前进，价值的扬弃与重建，既造成了生活意义的色彩斑斓，又造成了生活意义的扑朔迷离。因此，人类社会的历史发展过程，也是人类寻求和反思生活的意义的过程。

寻求和反思生活的意义，既是每个人的个体性的自我意识，又是全人类的社会性的自我意识。分析个体性的自我意识与社会性的自我意识之间的关系，对于理解哲学与自我意识之间的关系是十分重要的。通过这种分析我们可以发现，哲学作为“主体的自我意识”，它是“意义的社会自我意识”。

个体性的关于生活意义的自我意识，在其直接性上，总是呈现出不可穷尽的差别性和难以捕捉的任意性；在其现实性上，则深深地烙印着“意义”的社会自我意识的普遍性和规范性。这突出地表现在：其一，个体所寻求和反思的“意义”，总是具有社会内容的人生价值、社会正义、伦理道德、法律规范、政治制度、历史规律和人类未来等问题；其二，个体对“意义”的寻求和反思，总是对具有社会性质的真理标准、价值尺度、审美原则和人的本性、文化传统、时代精神等规范人的思想与行为的理论化、系统化的观念体系的肯定或否定、认同或拒斥；其三，个体所形成的关于生活“意义”的自我意识，总是通过具有社会形式的社会自我意识而构成其稳定性、系统性、自觉性、传播性、可分析性、可解释性和可批判性。

“意义”的个体自我意识所具有的社会内容、社会性质和社会形式，以及“意义”的个体自我意识所发生的变革与发展，在现实的而非抽象的人类历史过程中，总是受到“意义”的社会自我意识的制约与规范。因此，“意义”的社会自我意识，不仅仅在发生学的意义上是“意义”个体自我意识的结晶和升华，在其现实性上，又成为“意义”个体自我意识的前提条件、真实内容和基本形式，从而以观念形态制约和规范着人的全部生活活动及其所创造的人的生活世界。

在人类文明史上，这种既超越于个体自我意识之外，又内在于个体自我意识之中，具有自己的意识特质、意识内容和意识形式的“意义”的社会自我意识，构成了人类把握世界的一种具有特殊作用和独特价值的基本方式——哲学。

人类的全部生活活动的指向与价值，在于使世界满足人类自身的需要，把世界变成对人来说是真善美相统一的世界，即实现人的自我发展的有意义的世界。因此，哲学所寻求的“一”，并不是某种统一性的“存在”，而是判断、解释和评价“有意义”与“无意义”，“真善美”与“假恶丑”的根据、标准和尺度；哲学的生活价值，并不是直接地创造人的生活世界，而是以其对“一”的求索、解释和回答，批判性地反思人类的全部生活活动及其所创造的生活世界，使人类形成作为生活“最高支撑点”的“意义”的社会自我意识。

哲学所寻求的“意义”，最普遍地、最深层地制约、规范和引导人的全部生活活动，但它又是作为“看不见”“摸不着”的“前提”——判断、解释和评价“意义”的根据、标准和尺度——而隐含在人的全部生活活动之中。因此，哲学作为“意义”的社会自我意识，它的理论方式是批判的反思。法兰克福学派的领袖人物霍克海默说：“哲学认为，人的行动和目的绝非盲目的必然性的产物。无论科学概念还是生活方式，无论是流行的思维方式还是流行的原则，我们都不应盲目接受，更不能不加批判地仿效。哲学反对盲目地保守传统和在生存的关键性问题上的退缩。哲学已经担负起这样的不愉快任务：把意识的光芒普照到人际关系和行为模式之上，而这些东西已根深蒂固，似乎已成为自然的、不变的、永恒的。”超越“表象式”的思维，反思“自明性”的存在，对“假设”质疑，向“前提”挑战，这就是哲学的批判性反思的理论方式。正是通过这种方式，哲学实现自身对“意义”的寻求，并把“意义”的社会自我意识（哲学）实现为“意义”的个体自我意识（哲学意识）。

哲学的巨大的生活价值，莫过于用马克思所说的“时代精神的精华”来表达。然而究竟什么是“时代”“时代精神”和“时代精神的精华”？为什么唯有哲学（而不是人类把握世界的其他方式如科学、艺术、宗教等）才是“时代精神的精华”？

尽管人们对“时代”“时代精神”及“时代精神的精华”有各种不同的理解和解释，但是如果从人类的全部生活活动及其所创造的生活世界的历史发展去思考，我们就会比较清楚地看到：所谓“时代”，就是人类的全部生活活动及其所创造的生活世界具有相对的质的区别的社会发展阶段；所谓“时代精神”，就是标志社会不同发展阶段的、具有特定历史内涵的生活世界的“意义”；所谓“时代精神的精华”，则是时代“意义”的社会自我意识，即对时代性的生活世界的“意义”的理论把握。

一般地说，任何时代的“时代精神”都以三种基本方式存在：其一，人类把握世界的各种方式所创造的具有时代内涵的生活世界的“意义”；其二，该时代普遍性的“意义”的个体自我意识；其三，该时代的理论形态的“意义”的社会自我意识。由此可见，哲学之所以是时代精神的精华，就在于它是对该时代所创造的生活世界的意义及其个体自我意识的理论把握，并以社会自我意识的理论形态批判性地反思和表征时代的意义。

任何时代的生活世界的意义，都是人类以其把握世界的全部方式创造出来的。“意义”既不是某种先验的规定，也不是某些抽象的原则，而是生活自身对人的价值。然而这种创造活动的结晶——生活世界的意义——却像经过三棱镜的太阳光，被这些不同的方式分解为赤、橙、黄、绿、青、蓝、紫的“七色光谱”，“意义”的“普照光”反而黯然失色了。

哲学作为“意义”的社会自我意识，它的巨大的生活价值，首先就在于它把人类以各种方式所创造的“意义”聚焦为照亮人的生活世界的“普照光”。作为文化哲学家的卡西尔，尽管他是从符号-功能的统一性去阐述哲学的特性与作用，然而他对哲学与人类把握世界其他方式的关系的论述却是颇为精彩的。他说：“我们全神贯注于对种种特殊现象的丰富性和多样性的研究，欣赏着人类本身的千姿百态。但是哲学的分析给自己提出的是一个不同的任务。它的出发点和工作前提体现在这种信念上：各种各样表面上四散开的射线都可以被聚集起来并且引向一个共同的焦点。”他还具体地指出：“它能使我们洞见这些人类活动各自的基本结构，同时又能使我们把这些活动理解为一个有机整体。语言、艺术、神话、宗教决不是互不相干的任意创造。它们是被一个共同的纽带结合在一起的。”“在神话想象、宗教信条、语言形式、艺术作品的无限复杂化和多样化现象之中，哲学思维揭示出所有这些创造物据以联结在一起的一种普遍功能的统一性。神话、宗教、艺术、语言，甚至科学，现在都被看作同一主旋律的众多变奏，而哲学的任务正是要使这种主旋律成为听得出的和听得懂的。”

哲学作为“意义”的社会自我意识，它对当代人类的巨大的生活价值，就是对时代性的“意义危机”作出全面的反应、批判的反思、规范性的矫正和理想性的引导。因此，真正的哲学，绝不能“封闭一切价值通道”“中止所有是非判断”“从情感的零度开始”，而必须以炽烈的社会自我意识的使命感去求索生活世界的意义。真正的哲学，也绝不仅仅是时代精神的反映和表达、总结和概括，更重要的是时代精神的反思和表征、塑造和引导。它以自己提出的新的问题、新的提问方式，以及对新问题的新的求索，批判性地反思人类生活的时代意义，理论性地表征人类生活的矛盾与困惑、理想与选择，重新寻求和确立崇高在人类生活坐标上的位置，从而塑造和引导新的时代精神。这是哲学作为“意义”的社会自我意识和时代精神的精华的真义之所在，也是哲学在人类把握世界的全部方式中的不可或缺和不可替代的生活价值之所在。对于当代哲学来说，寻找“意义”和重建“崇高”，已经成为它的时代性主题。

（八）
探索人的“生命意义”

人的生活世界，是有意义的世界；有意义的世界，是人类在自己的生活活动中创造出来的。在人类的历史性的生活活动中，意义的创造与意义的自觉，是互为前提和相互制约的：没有生活意义的创造，就没有生活意义的自觉；没有生活意义的自觉，也就没有生活意义的创造。对“生命意义”的反思，始终伴随着人类创造意义的全过程，并因此深刻地影响着人类历史的进程和人类自身的命运。

个人的关于“生命意义”的自我意识，总是呈现出不可穷尽的差异性和难以捕捉的任意性，然而却深层地烙印着“意义”的社会自我意识的普遍性和规范性。

正是以揭示和分析“生命意义”的个体自我意识中所包含的社会自我意识为立足点和出发点，我在自己的“生命意义”研究中，具体地论述了人的生活世界、人的精神世界、人的文化世界和人的意义世界，进而论述了现代人的生活世界、现代人的思维方式、现代人的价值观念、现代人的审美意识和现代人的终极关怀，并从教育、科学、艺术、哲学、理论、心态和理想等侧面，较为系统地论述了精神家园的培育、精神家园的真理、精神家园的陶冶、精神家园的升华、精神家园的支撑、精神家园的张力和精神家园的源泉。构建充实的人的精神家园，构成了我的《生命意义研究》。

生命意义研究，既是揭示人无法忍受无意义的人生，又是阐释人对有意义的人生的向往。人无法忍受有限的人生，无法忍受自我的失落，无法忍受现实的苦难，无法忍受冷峻的理性，无法忍受彻底的空白，因此人生的意义总是表现为有限对无限的向往、渺小对崇高的向往、此岸对彼岸的向往、存在对诗意的向往。

人是生理的、心理的和伦理的存在，因而人总是渴望从生理的苦难（生、老、病、死）、心理的苦难（压抑、孤独、空虚、无奈）、伦理的苦难（被压迫、被歧视、被抛弃、被凌辱）中挣脱出来，达成“诗意的栖居”。然而人在以自然经济为基础的“人对人的依附性”的存在方式中，又只能是人在“神圣形象”中的自我异化，总是承受着“没有选择的标准的生命中不能忍受之重的本质主义的肆虐”；人在以市场经济为基础的“人对物的依赖性”的存在方式中，又只能是人在“非神圣形象”中的自我异化，总是承受着“没有标准的选择的生命中不能承受之轻的存在主义的焦虑”。有意义的生活，是人类思考的永恒主题，也是人类追求的伟大理想。

人类的历史，是追求和实现自己目的的历史，也就是追求和实现人类生命意义的历史，追求和实现人所向往的幸福的历史。人是生理的、心理的和伦理的存在，就一般意义而言，幸福就是对人的生理需要、心理需要和伦理需要的满足。因此，不管人们对文明的进步或历史的发展予以怎样的解释和赋予怎样的内涵，进步和发展对于人类来说，总是体现为比较富裕的物质生活对人的生理需要的满足，比较充实的精神生活对人的心理需要的满足，比较和谐的社会生活对人的伦理需要的满足。追求这三个方面的满足，构成了追求自己的目的的人类的历史。

历史的进步和发展的最深层的根基，在于“人们自己创造自己的历史”的“历史的辩证法”。这个“历史的辩证法”就在于：人既是历史的经常的“结果”，又是历史的经常的“前提”；人作为历史的经常的“结果”，使自己获得了作为创造历史的“前提”的“条件”；人作为历史的经常的“前提”，又改变了自己得以创造历史的“条件”，从而为自己的历史活动提供了新的“结果”；人在自己的作为历史的“前提”与“结果”的历史活动中，构成了历史发展的客观规律，形成了生命意义的历史性内涵；人在自己的作为“前提”与“结果”的辩证运动中，不断地提升和满足了自己的生理的、心理的和伦理的需要，从而实现了文明的进步和历史的发展，也就是不断地实现了人对生命意义的追求。

个人的历史，就是每个个体的生命历程。个人的生命历程，既是不可重复的，又是难以预测的。生命历程的不可重复，这是人生的无奈；生命历程的难以预期，这又是人生的魅力。个人生命的意义，就是在这不可重复的无奈和不可预期的魅力中实现出来的。对于过去的经历，每个人都可以设想种种不同的“如果”和“假如”，但是人生本身却无法再造和重来；对于人生的未来，每个人也可以“设计”和“设想”，甚至“求神问卜”，但未来却仍然是期待中的“可能的现实”。然而经历又不只是永逝的过去，预期也不只是幻想的未来。经历是人生的力量。它不只是“亲切的怀恋”，而且是人生的最可珍贵的财富——它成为人生的航标，成为追求的动力，成为意志的源泉，成为情感的深度，成为理性的沉思，成为价值的诉求，成为审美的尺度，成为行动的根据，成为生活的境界。经历构成人生的意义，经历引领人生的意义。变为回忆的经历，造就了人的精神家园，造就了人的意义世界。

个人的经历，总是与国家、民族乃至人类的经历密切相关的；个人关于自身的记忆，总是与国家、民族乃至人类的集体记忆水乳交融的。在一个国家、一个民族的集体经历和集体记忆中，饱含着这个国家、这个民族的苦难、奋斗和希望，并构成这个国家、这个民族的文化传统和精神家园。整个人类文明的集体经历和集体记忆，承载着整个人类的苦难、奋斗和希望，并构成整个人类的文明血脉和精神家园。正是个体的经历与记忆同国家的、民族的乃至人类的经历和记忆相互融合，才构成了个体生命意义与人类生命意义的相互融合，构成了个体的关于生命意义的自我意识与人类的关于生命意义的自我意识的相互融合。

哲学作为理论形态的人类自我意识，哲学家们既是以个人的名义讲述人类的故事，又是以人类的名义讲述个人的故事——既是基于个人的体验和思辨去讲述个人对生命意义的理解，又是基于个人对人类文明的体悟和反思去讲述人类对生命意义的理解。个人的体验与思辨同对人类文明的体悟和反思熔铸为哲学家们所构建的哲学，也就是理论形态的关于人类生命意义的自我意识。以个人对生命意义的理解而丰富人类对生命意义的理解，又以人类对生命意义的理解而引导个人对生命意义的理解，从而实现黑格尔所指认的“个体理性”与“普遍理性”的辩证融合，即人的“现实自我意识”，这是哲学之于人类的最真实的意义之所在。

对于生命意义的困惑，莫过于对死亡的自觉。每个个体的生命，都是短暂的、有限的，而不是永恒的、无限的。死亡，是人这种生命个体自觉到的不可逃避的归宿。面对死亡这个不可逃避而又是自觉到的归宿，构成了对生命意义的最严峻和最冷酷的挑战：死亡消解了欢乐也消解了苦难，消解了肉体也消解了灵魂，以这种连灵魂都不复存在的空白为归宿，还有什么生命的意义可言呢？还有什么生命的意义值得追求呢？的确，短暂之于永恒，是微不足道的；有限之于无限，是无法企及的；人生之于死亡，是不可逃避的。然而既然生命是短暂的、有限的，又何妨“重思”人对永恒和无限的向往呢？人不能改变自然的规律，但是人可以改变苦难的现实；人不能获得终极的真理，但是人可以追求美好的生活；人不能达到生活的完满，但是人可以追求精神的充实；人不能超越生命的有限，但是人可以提升人生的境界。人的生命面对着死亡，自觉到死亡，却以自己的生命的追求直面死亡，在生与死的撞击中，燃烧起熊熊的生命之火，这不正是生命意义的自我实现吗？大文豪苏轼泛舟长江，夜游赤壁，既“自其变者而观之”，感叹于“寄蜉蝣于天地，渺沧海之一粟”，又“自其不变者而观之”，清风明月“耳得之而为声，目遇之而成色，取之无禁，用之不竭”，又何必“哀吾生之须臾，羡长江之无穷”呢？如果人生放弃了瞬间和有限，只苦求永恒和无限，那么人生真的就失去了意义。哲学作为理论形态的人类自我意识，就是以理论的方式引导人们“向死而思生”，以创造意义的人生而实现生命的意义。

人的生活世界的意义，是人类以其把握世界的全部方式创造出来的。哲学作为意义的社会自我意识，它的巨大的生活价值，就在于它把人类把握世界的各种方式所创造的“意义”，聚焦为照亮人的生活世界的“普照光”。哲学探究的是人生在世的大问题，哲学构建的是范畴文明的大逻辑，哲学提供的是睿智通达的大智慧，哲学传承的是启迪思想的大手笔。哲学的最为真实的意义，就在于它“使人作为人而成为人”。哲学对于人类的当代的生活价值，就在于它对时代性的“意义危机”作出全面的反应、批判的反思、规范性的矫正和理想性的引导，从而塑造新的生命意义，引领新的时代精神，创造新的人类文明。这是哲学在人类把握世界的全部方式中的不可或缺和不可替代的意义之所在。

（九）

哲学何以具有“思想力”？

哲学的意义，在于反思人的存在和人的生命意义，从而引领时代精神和创新人类文明，而哲学的力量则在于它规范人的思想和行为的“思想力”。由此提出的重大问题就是：哲学何以具有“思想力”？

思想力，首先是以某种背景知识和概念框架去把握现实和研究问题的洞察力。用什么样的背景知识和概念框架把握现实和研究问题，直接决定思想的广度、深度和力度。任何一种真正的哲学理论，都是人类文明的思想总结和理论升华，都具有深厚的和深刻的文明内涵。在系统总结和深切反思全部哲学史的基础上，恩格斯明确地提出，所谓的“辩证哲学”，就是一种“建立在通晓思维的历史和成就的基础上的理论思维”。

哲学的“思想力”，首先就在于它的理论思维所具有的深厚的和深刻的文明内涵。在论述黑格尔的“辩证哲学”时，恩格斯就特别强调，黑格尔的辩证法是以最宏伟的形式总结了全部哲学发展，是两千五百多年的哲学发展所达到的成果，黑格尔的每个范畴都是哲学史上的一个阶段，黑格尔哲学的思想力量就在于它的“巨大的历史感”。同样，列宁也特别指出，黑格尔的辩证法是思想史的概括，黑格尔是把他的概念、范畴的自己发展和全部哲学史联系起来了，因此他才能把世界理解为一个过程，从而形成了自觉形态的辩证法理论。读罢黑格尔的主要著作——《精神现象学》《逻辑学》和《哲学史讲演录》，我们就会发现，黑格尔的“辩证哲学”，正是在人的精神历程、人类的文明进步和哲学的概念发展的三者一致中，构筑了理论形态的“现实自我意识”——作为“法国革命的德国理论”的“关于时代的真理”。黑格尔的“关于时代的真理”，深层地蕴含了他对文明史的思想总结和理论升华，具有深厚的和深刻的文明内涵。

哲学作为理论形态的人类自我意识，它的思想内涵，直接地取决于人类关于自身存在的自我意识，深层地则是取决于现实的人的历史性存在。离开对“现实的人及其历史发展”的理论把握，哲学思想的文明内涵就失去了真实基础。马克思的哲学革命，首先就在于马克思不是以“抽象的人”而是以“现实的人”为立足点和出发点，从“人的历史活动”所构成的“人的历史形态”去看待人类的文明史，构成了超越黑格尔的“思想的内涵逻辑”的“历史的内涵逻辑”，从而使马克思主义哲学具有最为真实的文明内涵，展现出了最为真实的哲学思想力量。

关于人类存在的历史形态，马克思从宏阔的文明史视野，将其概括为“人的依赖关系”“以物的依赖性为基础的人的独立性”和“建立在个人全面发展和他们共同的社会生产能力成为他们的社会财富这一基础上的自由个性”这三大历史形态。人类存在的三大历史形态，不仅具有深刻的文明史内涵，而且从根本上规定了哲学的历史任务。哲学的思想力，首先就在于它在何种程度上揭示了人的历史形态的文明内涵。从整个哲学史看，正是以表征人类存在的三大历史形态及其文明史内涵为使命，哲学经历了从表征“人的依赖关系”的“确立神圣形象”，到表征“以物的依赖性为基础的人的独立性”的“揭露神圣形象”，再到表征“人的自由个性”的“揭露非神圣形象”的历史演进。对于表征人的历史形态及其文明内涵的哲学史，马克思作出如下精辟论断：“真理的彼岸世界消逝以后，历史的任务就是确立此岸世界的真理。人的自我异化的神圣形象被揭穿以后，揭露具有非神圣形象的自我异化，就成了为历史服务的哲学的迫切任务。于是，对天国的批判变成对尘世的批判，对宗教的批判变成对法的批判，对神学的批判变成对政治的批判。”这既是马克思以人类存在的历史形态及其文明史内涵为基础所描述的哲学史，也是马克思以哲学史的文明内涵为根据所提出的哲学使命。

哲学是历史性的思想，哲学史则是思想性的历史。在哲学的思想性的历史中，不仅承载着文明的历史性内涵，而且构成了人类认识发展的阶梯和支撑点。哲学的思想力，从根本上说，就在于它的具有文明史内涵的“概念”“范畴”“理念”，为人类扩展和深化对世界的理解，提供了新的阶梯和支撑点。这个阶梯和支撑点，就是恩格斯所说的“建立在通晓思维的历史和成就的基础上的理论思维”。与此相反，如果离开对文明史的思想总结和理论升华，离开把握现实和研究问题的阶梯和支撑点，把哲学当作“可以用来套在任何议题上的刻板公式”“可以用来在缺乏思想和实证知识的时候及时搪塞一下的词汇语录”，这样的哲学就只能是恩格斯尖锐批评的“坏的时髦哲学”，因此也就失去了哲学的思想力。

思想力，是穿透现实的表象和问题的迷雾的洞察力。具有思想力的哲学，总是形成于两个基本向度的统一，即“向上的兼容性”与“时代的容涵性”的统一。

“向上的兼容性”即哲学的文明内涵，是以巨大的历史尺度和恢宏的历史内容去观照哲学所面向的时代；“时代的容涵性”即哲学的时代内涵，则是以敏锐的洞察力和高度的概括力去审度时代的重大问题。哲学的文明内涵规范着自己在何种程度上把握到现实的本质和趋势，哲学的时代内涵则规范着自己在何种程度上成为“思想中所把握到的时代”。哲学的文明内涵由于其时代内涵而获得把握和表征时代的意义和价值，哲学的时代内涵则由于其文明内涵而获得把握和表征时代的力度和深度。离开文明内涵的时代内涵，只能是一种外在的、浅薄的、时髦的赝品；离开时代内涵的文明内涵，也只能是一种烦琐的、经院的、教条的说教。只有以文明内涵奠基时代内涵，而又以时代内涵活化文明内涵，哲学才能既成为“时代精神的精华”又成为“文明的活的灵魂”，才能真正地、真实地显示其塑造和引导新的时代精神的思想力。

在评论黑格尔的思辨哲学时，马克思深刻地指出，黑格尔是以“最抽象的形式”表述了“最现实的人类状况”，即“个人现在受抽象统治，而他们以前是相互依赖的。但是，抽象或观念，无非是那些统治个人的物质关系的理论表现”。这表明，黑格尔的“思辨”和“抽象”，既不是他个人的“偏好”，更不是他个人的“编造”，而是根源于哲学所把握的时代——现实被“抽象”统治。在这个意义上，黑格尔的思辨哲学就不是远离了时代，而是以抽象的哲学表征了受抽象统治的现实。这是黑格尔哲学的时代内涵，也是黑格尔哲学以理论的方式洞察和把握时代的思想力。

黑格尔以抽象的哲学表征了受抽象统治的时代，然而黑格尔并没有自觉到他的抽象的哲学“无非是那些统治个人的物质关系的理论表现”，因而并没有本质地揭示出真正的时代内涵。与此相反，马克思是从现实的人及其现实的历史出发，深刻地揭示了

"统治个人的物质关系"，即资本与劳动的关系。在现实的历史即资本主义社会里，资本是"支配一切的经济权力"，并以"物和物的关系"掩盖了资本主义社会的"人和人的关系"。在资本主义社会里，现实的人就是受资本支配的人，现实的历史就是受资本支配的历史，人的存在就是"以物的依赖性为基础"的存在，资本主义时代就是受抽象（资本）统治的时代。这是马克思所揭示的现实的历史的最深刻的时代内涵，显示了马克思主义哲学透视和揭示资本主义时代本质的最深刻的思想力。

哲学作为"思想中所把握到的时代"，它不仅理论地表征了自己的时代，而且理论地表现着哲学家对时代的不同的理解和要求。作为"法国革命的德国理论"，黑格尔的哲学使命是以"普遍理性"为资本主义的合理性奠基，因此只能是以最抽象的形式表达人的最现实的存在——"以物的依赖性为基础"的存在，而不是致力于把人从对物的依赖性中解放出来。与此相反，以人类解放为价值诉求的马克思主义哲学，则不仅致力于揭示个人受抽象（资本）统治的现实，而且要求把个人从抽象（资本）的统治中解放出来，把资本的独立性和个性变为人自己的独立性和个性。这就是马克思主义哲学塑造和引领新的时代精神的伟大的思想力。

哲学思想的文明内涵和时代内涵，实现于哲学的逻辑化的概念发展体系之中，实现于哲学理论的各个环节的必然性之中，实现于哲学的"内涵逻辑"之中。哲学的思想力，在其现实性上，体现为它的理论的逻辑力量、理论的说服力量、撞击人的理论思维的征服力量。这正如马克思所说："理论只要说服人，就能掌握群众；而理论只要彻底，就能说服人。"以理论的彻底性为内容的逻辑力量，是哲学思想力的最为直接和最为现实的生动体现。

哲学思想的逻辑力量，是一种源于现实而又超越现实的思想力量。任何重大的哲学问题都源于重大的现实问题，任何重大的现实问题都深层地蕴含重大的哲学问题。哲学以其逻辑化的概念体系去观照现实，才能超越感觉的杂多性、表象的流变性、情感的狭隘性和意志的主观性，全面地反映现实、深层地透视现实、理性地反观现实、理想地引导现实，把现实升华为“思想中所能把握到的时代”。用现实活化哲学的概念体系，又用活化了的哲学概念体系去照亮现实，既生动地体现了哲学思想的力量源泉，又深刻地实现了哲学理论的思想力量。马克思在对现实的历史即资本主义社会的研究中，首先是把资本主义社会作为“完整的表象蒸发为抽象的规定”，然后又把资本主义社会整体的“多样性的统一”和“许多规定的综合”以《资本论》的概念发展体系再现出来。这个以理论的方式再现资本主义社会的概念发展体系，就是马克思在“思想中所把握到的时代”，就是《资本论》所照亮的现实的历史。哲学洞察和把握时代的思想力，在《资本论》的逻辑化的概念体系中生动地展现出来。

哲学思想的逻辑力量，不仅深刻地体现在它的逻辑化的概念体系之中，而且更为深刻地体现在它以“术语的革命”而实现观念变革的理念创新之中。在《资本论》英文版序言中，恩格斯明确地指出：“一门科学提出的每一种新见解都包含这门科学的术语的革命。”“术语的革命”，是赋予“术语”以具有革命性的新的思想内涵，是赋予概念、范畴以具有创新性的理论内容，是实现人的世界图景、思维方式和价值观念的变革，因而是改变人的基本观念的思想力量。马克思的《资本论》，不是以“商品”“货币”“资本”等术语去描述“物和物的关系”，而是从这些“物和物的关系”中去揭示“人和人的关系”，从而实现了真正的“术语的革命”，赋予这些术语以具有革命性的新的思想内涵，实现了具有真正的革命性的观念变革。在《资本论》中，马克思以商品的二重性来探究劳动的二重性，又以劳动的二重性来深究商品的二重性；从作为“特殊的商品”的货币的二重性来探究“作为资本的货币”，又以“作为资本的货币”来深究“剩余价值的生产”，不仅实现了“商品”“货币”“资本”的“术语革命”，而且深刻地揭示了“以物的依赖性为基础”的人的现实存在方式，进而揭示了“资本运动的逻辑”和人类解放的现实道路。《资本论》的“术语的革命”及其内蕴的逻辑力量，显示了马克思主义哲学以理论照亮现实的强大的思想力。

在“历史转变为世界历史”的程度发生质的飞跃的我们的时代，正在形成以信息社会化、经济全球化、政治多极化、文化多元化为主要标志的新的时代特征。在我们的时代，“发展”已经成为“后殖民时代”的核心理念，“信息”已经成为“后工业文明”的主要标志，“对话”已经成为“后哲学文化”的基本方式。作为思想中所把握到的我们的时代，哲学正在形成源于我们的时代的“术语的革命”，赋予哲学及其基本范畴以新的时代内涵，展现了哲学塑造和引领新的时代精神的思想力。

一是对于“哲学”，我们不仅将其视为“理论形态的人类自我意识”，也不仅将其视为“时代性的理论形态的人类自我意识”，而且将其视为“对时代性的理论形态的人类自我意识的前提批判”，因而致力于以哲学的理念创新而变革人的现实自我意识和塑造新的时代精神。

二是对于哲学的“世界观”，我们不仅将其视为“关于整个世界的根本观点”，而且将其视为人生在世和人在途中的人的目光，既肯定其时代性的绝对性，又承认其历史性的相对性，因而致力于世界图景、思维方式和价值观念的“世界观变革”，不断地推进社会的解放思想和哲学的思想解放。

三是对于哲学的“反思”，我们不仅将其视为“对思想的思想”，而且将其视为“对思想的前提批判”，在对构成思想的基本信念、基本方式、基本逻辑、基本观念和哲学理念的“前提批判”中，开拓当代哲学无限开阔的思想空间。

四是对于哲学所指向的“本体”，我们不仅将其视为世界的本原，而且将其视为规范人的思想和行为的根源、标准和尺度，从“标准”与“选择”的实践观点去看待当代哲学的本体论追求，为构建当代人类的精神家园寻找安身立命之本，从而超越“没有选择的标准的生命中不堪忍受之重的本质主义的肆虐”和“没有标准的选择的生命中不能承受之轻的存在主义的焦虑”。

五是对于哲学所提出的“理念”，我们不仅将其视为哲学家们的各异其是的基本观念，而且将其视为不同时代的哲学家所形成的关于时代的真理，既从其广泛而深刻的一致性中透视哲学思想中的时代，又从其广泛而深刻的矛盾性中洞察时代的重大问题和发展趋向，进而以哲学的理念创新去引领人类文明形态的变革，展现哲学在我们的时代的思想力量。

任何真正的哲学，不仅是“时代精神的精华”，而且是“文明的活的灵魂”。哲学的“活的灵魂”，就是在对既有文明的肯定的理解中，又包含对它的否定的理解；就是不仅反映和表达自己时代的时代精神，而且塑造和引领新的时代精神。由此构成的就是哲学“范畴文明”的思想力。

哲学“范畴文明”具有双重含义：其一，哲学以自己的范畴反映和表达时代精神，从而构成“思想中所把握到的时代”；其二，哲学以自己的范畴塑造和引领时代精神，从而构成“文明的活的灵魂”。哲学“范畴文明”的双重含义，深刻地体现了哲学是在对文明的肯定的理解中同时包含对它的否定的理解。

哲学对既有文明的否定的理解，实现于“对时代性的理论形态的人类自我意识的前提批判”。每个时代的文明，都有构成其文明形态的基本范畴，这些基本范畴都有其规范文明形态的时代内涵。马克思把以自然经济为基础的农业文明，从人的历史形态上确认为“人的依赖关系”，并从其文化内涵上确认为人在“神圣形象”中的“自我异化”；马克思又把以商品经济为基础的工业文明，从人的历史形态上确认为“以物的依赖性为基础的人的独立性”，并从其文化内涵上确认为揭露人在“神圣形象”中的“自我异化”，并同时揭示其所构成的人在“非神圣形象”中的“自我异化”；马克思还从“资本的逻辑”所造成的“以物的依赖性为基础”的人的现实的历史出发，提出了创造文明新形态的历史任务：以揭露人在“非神圣形象”中的“自我异化”为引导，超越“资本的逻辑”，建设“自由人的联合体”。马克思对“文明形态”的“前提批判”，既显示了辩证法的“革命的、批判的本质”，又构成了“文明的活的灵魂”——塑造和引导新的时代精神。

哲学对既有文明的否定的理解，集中地体现在对“思想中所把握到的时代”——哲学的“关于时代的真理”——的前提批判。在揭示和论证哲学史之所以是“发展史”时，黑格尔就提出：哲学史上的每一种哲学所提出的“每一原则在一定时间内都曾经是主导原则”，因此“那被推翻了的并不是这个哲学的原则，而只不过是这个原则的绝对性、究竟至上性”。黑格尔对哲学“发展史”的理解，深切地揭示了哲学作为“思想中所把握到的时代”的二重性：其一，每一种哲学“原则”作为“时代性的理论形态的人类自我意识”的核心理念，都有其历史的合理性，因而不仅需要对其肯定的理解，而且必须将其作为“环节”而“保存”在“思想性的历史”之中；其二，每一种哲学“原则”作为“时代性的理论形态的人类自我意识”的核心理念，又有其历史的局限性，因而不仅需要对其否定的理解，而且必须推翻其“原则”的绝对性，以新的哲学“原则”塑造和引导新的时代精神。诉诸哲学史，从哲学所表征的“信仰的时代”“冒险的时代”“理性的时代”再到“启蒙的时代”和“分析的时代”，每个时代的哲学“原则”都既具有其历史的合理性，又蕴含了其历史的局限性。马克思的哲学革命，从根本上说，就是推翻了包括黑格尔哲学在内的“原则”，创立了以“历史”作为解释原则的新世界观——以现实的人作为出发点、以人的历史形态作为理论内涵、以现实的历史作为反思对象、以历史的辩证法作为批判武器、以人类解放作为价值诉求的“现代唯物主义”。

哲学对既有文明的否定的理解，深刻地体现了哲学“清理地基”的批判精神。人类文明的不同时代，各有构成其自身的根据、评价其自身的标准和规范其自身的尺度，这是各种文明大厦得以构建的地基。哲学的批判活动，就是批判地反思作为文明地基的根据、标准的尺度。它追求生活信念的准则，探索存在方式的根据，问寻真善美的标准，反思文明进步的尺度，它反对人们对既定的世界图景、流行的思维方式、时髦的价值观念和僵化的哲学理念采取现成接受的态度，反对人们躺在“不证自明”“天经地义”“无人质疑”的温床上睡大觉，它启迪人们以更高的合理性、目的性和理想性去反思自己时代的文明，把现实变成更为理想的现实。这就是作为“文明的活的灵魂”的哲学的思想力。

“清理地基”的哲学并不是对文明的徒然地否定，而是对文明的创造性地塑造和引导。哲学的创造性，从根本上说，就是哲学家从新的视野、以新的方法、用新的综合为人类展现新的文明。因此，哲学的创造性的思想力，就是以辩证法的理论思维去对待人类文明，揭示既有文明的内在否定性；以辩证法的理论思维去检讨时代性的哲学理念，揭示已有哲学理念的内在否定性；在对既有文明和既定理念的双重批判中，以新的哲学理念塑造和引导新的时代精神，实现和推进人类文明形态的变革。这就是“范畴文明”的哲学最为根本的思想力。

（十）

“大问题”“大逻辑”“大智慧”“大手笔”

对哲学本身的追问，使我逐渐地形成了对哲学的总体性理解。2018年，在第24届世界哲学大会的启动仪式上，我在自己的主题发言中，以“哲学何以使人‘学以成人’”为题，比较集中地讲述了我对哲学的理解。

哲学何以使人“学以成人”？我的回答是四个“大”字：哲学探究的是人生在世的“大问题”，哲学构建的是范畴文明的“大逻辑”，哲学提供的是睿智通达的“大智慧”，哲学传承的是启迪思想的“大手笔”。以启迪思想的“大手笔”而不断地探究人生在世的“大问题”，从而为世世代代的人们提供范畴文明的“大逻辑”和反省人生的“大智慧”，这就是使人“学以成人”的哲学。

1. 哲学探究的是人生在世的“大问题”

人生在世，最大的问题，莫过于“学以成人”的问题。这是因为，“人”不是纯粹的“自然而然”的存在，而是社会的、历史的、文化的存在，是在历史文化的传承中“自己创造自己”的存在，也就是在学习中造就自己的存在。如何“学以成人”，始终是人类面对的根本问题。作为理论形态的人类自我意识，哲学所关切的根本问题，正是“人之为人”的问题、“何以成人”的问题。

人何以“为人”？人和动物都是生命活动，二者的本质区别则在于，动物的生命活动是“生存”，人的生命活动是“生活”。“生存”的生命活动是本能的生命活动，“生活”的生命活动则是有意识的生命活动。有意识的生命活动，是有目的的生命活动，是寻求意义的生命活动。寻求意义和实现目的，构成“人之为人”的“生活”。哲学作为理论形态的人类自我意识，它所关切的既不是孤立的“人之为物质”的“物理”和“人之为动物”的“生理”，也不是孤立的“人之为精神”的“心理”和“人之为群体”的“伦理”，而是“人之为人”的生活的意义和价值。正是以探究生活的意义和价值为己任，哲学才成为“使人作为人而成为人”的“大学问”，也就是使人“学以成人”的“大学问”。

人何以“成人”？人的“生活”与动物的“生存”，不仅是两种不同的维持生命的活动，而且是两种不同的延续生命的活动。动物的生命活动是以其本能的方式复制种类的存在，因而是一种“非历史”的延续方式；人的生命活动则是以创造文化和文化遗传的方式发展种类的存在，因而是一种“历史”的延续方式。正是在历史的延续中，构成了个人与人类文明的辩证融合：一方面，个人在历史的延续中接受和认同人类文明，从而把自己造就为具有文化内涵的特定时代的个人；另一方面，历史又在个人的创造活动中形成新的文化内涵，从而形成具有新的文明形态的新的历史时代。在个人与人类文明的辩证融合中，人既是历史的经常的“前提”，又是历史的经常的“结果”，正由于人是历史的经常的“结果”，因而才成为创造新的历史的经常的“前提”。正是在这种人作为历史的经常的“前提”和“结果”的辩证运动中，人创造了历史，也造就了具有特定时代内涵的个人。哲学作为理论形态的人类自我意识，它以理论的方式探究和揭示人的历史文化内涵，引导个人在传承和创生历史文化的生活活动中，思考人生的困惑和奋争、理想的冲突与搏斗、社会的动荡与变革、文明的传承与创生、历史的迂回与前进，进而反思“人之为人”的意义与价值，从而使哲学成为“使人作为人而成为人”的“大学问”。

哲学问题总是“人生在世”的大问题。求索天、地、人的人与自然之辨，探寻你、我、他的人与社会之辨，反省知、情、意的人与自我之辨，追究真、善、美的人与生活之辨，构成了哲学的世界观、人生观、历史观、真理观、价值观、自由观。这些“大问题”引导人们认识自我、反思自我、尊重自我、涵养自我、教化自我，“自视能配得上最高尚的东西”，从而觉解人生的意义、提升人生的境界，“使人作为人而成为人”。哲学以外的学科，之所以是使人成为“某种人”，就在于它们是使人掌握某种专门知识，学会某种专门技能，从事某种专门职业，扮演某种专门角色，也就是成为某种专门人才。成为某种专门人才，当然是“学以成人”的不可或缺的内容和途径，然而无论成为何种专门人才，总要有“对人生的有系统的反思”，才会觉解人生的意义和提升人生的境界，才会“使人作为人而成为人”。正是在这个意义上，探究人生在世的大问题的哲学，才是作为理论形态的人类自我意识而成为使人“学以成人”的“大学问”。就此而言，哲学作为人类把握世界的一种基本方式，其特有的理论性质和特有的社会功能，就在于使人“学以成人”。

2. 哲学构建的是范畴文明的“大逻辑”

黑格尔把他的哲学命名为“逻辑学”，这不仅是颇具深意的，而且是耐人寻味和发人深省的。他在《小逻辑》中说，哲学的意义就在于引导人们“尊重他自己，并应自视能配得上最高尚的东西”，学习哲学就是使“心灵沉入于这些内容，借它们而得到教训，增进力量”。

读过黑格尔的主要著述，我们会看到三个并行不悖的阐释路径和三个彼此规定的理论内容：人类精神现象诸环节的自我展开（《精神现象学》），人类文明进步诸环节的自我发展（《哲学史讲演录》），人类概念运动的诸环节的自我深化（《逻辑学》）。黑格尔所追求的“全体的自由性与环节的必然性”的统一，构成了哲学的范畴文明的“大逻辑”。这个范畴文明的“大逻辑”，是黑格尔意义上的个体理性与普遍理性的辩证融合的历程，也就是黑格尔意义上的使“心灵沉入这些内容，借它们而得到教训，增进力量”的历程。因此，哲学所构建的范畴文明的“大逻辑”，就不仅是关于文明本身的逻辑，而且是使人“学以成人”的最真实的哲学内容。

在黑格尔看来，“哲学史所昭示给我们的，是一系列的高尚的心灵，是许多理性思维的英雄们的展览，他们凭借理性的力量深入事物、自然和心灵的本质”，“为我们赢得最高的珍宝，理性知识的珍宝”，因此“在哲学史里，它归给特殊个人的优点和功绩愈少，而归功于自由的思想或人之为人的普遍性格愈多，这种没有特异思想本身愈是创造的主体，则哲学史就写得愈好”。深思这些论证，不仅有助于我们深化对《精神现象学》《逻辑学》和《哲学史讲演录》这三部著作及其所蕴含的三种阐释路径的理解，而且能引导我们从“精神历程”“概念发展”和“文明进步”三者的关系中深化对哲学使人“学以成人”的理解。

首先是概念规定的文明史内涵。黑格尔说：“我们之所以是我们，乃是由于我们有历史。”“我们在现世界所具有的自觉的理性，并不是一下子得出来的，也不只是从现在的基础上生长起来的，而是本质上原来就有的一种遗产”，是“人类所有过去各时代工作的结果”。但是“这种传统并不仅仅是一个管家婆”，“毫不改变地保持着并传给后代”，“它也不像自然的过程那样”，“永远保持其原始的规律，没有进步”，而是“生命洋溢的，有如一道洪流”。因此，一方面，“每一世代对科学和对精神方面的创造所产生的成绩，都是全部过去的世代所积累起来的遗产”，这些遗产“构成下一代习以为常的实质、原则、成见和财产”；另一方面，“当我们去吸收它、并使它成为我们所有时，我们就使它有了某种不同于它从前所有的特性”，“那经过加工的材料因而就更为丰富，同时也就保存下来了”。人的“学以成人”，就是在文明的传承与创生中造就自己的。

其次是概念规定的时代性问题。黑格尔把哲学史视为“发展史”，就必须具体地阐释哲学的人类性与时代性、绝对性与相对性的关系问题。对此，黑格尔的回答是："每一哲学曾经是，而且仍是必然的，因此，没有任何哲学曾消灭了，而所有各派哲学作为全体的诸环节保存在哲学里。"在这里，黑格尔深切地、辩证地阐明了哲学发展的绝对性与相对性：一方面，每一种哲学"原则"的绝对性、至上性都会被推翻，这显示了哲学的历史性、时代性和相对性；另一方面，每一种哲学"原则"又会作为"环节"而保存在哲学中，这又显示了哲学的人类性、超时代性和绝对性。马克思说：任何"真正的哲学"，都既是"时代精神的精华"，又是"文明的活的灵魂"。哲学使人"学以成人"，最为重要的就是使人把握自己时代的"时代精神"和变革文明的"活的灵魂"。

最后，最为重要的是概念规定的"现实自我意识"内涵。在黑格尔看来，具有文明史内涵和时代性内涵的概念规定，不仅决定人的"现实自我意识"，而且构成人的"现实自我意识"的真实内容，并且成为人"尊敬他自己"的现实力量。这是黑格尔哲学的最根本的、最深层的哲学指向和价值诉求。黑格尔认为，"在哲学史里，我们所了解的运动仍是自由思想的活动，它是思想世界理智世界如何兴起如何产生的历史"。"人的一切文化所以是人的文化，乃是由于思想在里面活动并曾经活动。"因此，他的哲学史所要表明的，从根本上说，就是"精神的进展是合乎理性的"。这种"合乎理性"的"精神进展"之所以能够成为"人的文化"，并且能够成为作为"历史性的思想"的哲学和作为"思想性的历史"的哲学史，就在于哲学并不是普遍认为的"只从事研究抽象的东西和空洞的共性"，就在于"哲学是最敌视抽象的，它引导我们回复到具体"。黑格尔深切地指出："健康的人类理性趋向于具体的东西"；"如果真理是抽象的，则它就不是真的"。由精神历程、概念发展和文明进步所构成的“现实自我意识”，就是“具体的”“健康的”人类理性，它具有黑格尔所说的“实践性”。这种“实践性”，就是个体理性与普遍理性辩证融合的过程，就是个体理性认同普遍理性并从而构成“现实自我意识”的过程，就是普遍理性取得社会性并从而构成时代精神的过程。哲学的范畴文明的“大逻辑”，不仅为人的“学以成人”构建了理性思维的根基，而且为人的“学以成人”提供了最为深切的思想内容。

3.哲学提供的是睿智通达的“大智慧”

哲学之所以能够使人“学以成人”，不仅在于它是一种博大精深的思想力量，而且在于它是一种睿智通达的辩证智慧。贺麟先生说：“哲学贵高明。”哲学的辩证智慧，既是理性的反思的智慧、批判的智慧、超越的智慧，更是一种实践的权衡利弊的智慧、趋利避害的智慧、“自主于行止进退之间”的智慧。正是哲学的辩证智慧使人活得“大气”，使人活得“从容”，从而“使人作为人而成为人”。

哲学的辩证智慧，首先是最为“切己”的“大智慧”。李大钊说：“人们每被许多琐屑细小的事压住了，不能达观，这于人生给了许多苦痛。哲学可以帮助我们得到一个注意于远大的观念，从琐屑的事件解放出来，这于人生修养上有益。”社会人生纷繁复杂，利害、是非、祸福、毁誉、荣辱、进退，扑朔迷离，纷至沓来。人们总是感到“得不到想要的，又推不掉不想要的”。哲学的辩证智慧，就是使人葆有高举远慕的心态、慎思明辨的理性、体会真切的情感、执着专注的意志和洒脱通达的境界，“注意于远大的观念，从琐屑的事件解放出来”，成为尊重自己的人，“自视能配得上最高尚的东西”的人。

哲学的辩证智慧，又是关乎人类的“大智慧”。趋利避害，这是一切生物的本能，也是一切生物存在的根基。人以外的生物的所趋之利和所避之害，不是有意识的选择，而是无意识的本能。人的有意识的生活活动，不仅构成了人类特有的趋利避害的实践的活动方式，而且使趋利避害成为人类始终面对的最为严峻的难题：对于人类来说，究竟何为“利”、何为“害”？人类如何解决整体的、长远的、根本的“利”与局部的、暂时的、非根本的“利”之间的关系？人类如何忍受局部的、暂时的、非根本的“害”而避免整体的、长远的、根本的“害”？费孝通先生倡言“各美其美、美人之美、美美与共”。这种关乎人类生死存亡的根本理念，应当是每个人“学以成人”的“大智慧”。

贺麟先生说，古今中外的真正的哲学，都是“人性的最高表现”，都是“提高人类精神生活的努力”，都“应该把它们视为人类的公共精神产业”。每个时代的哲学，都集宗教的信仰功能、艺术的陶冶功能、伦理的规范功能和科学的认知功能于一身，为人类的理性思维、价值观念、审美意识和终极关怀提供总体性的和根本性的支撑作用和导向作用，从而为整个人类和每个个体提供权衡利弊的“自主于行止进退之间”的“大智慧”。正是这种“大智慧”，使人成为真正的人——“配得上最高尚的东西”的人。

4. 哲学传承的是启迪思想的“大手笔”

哲学是历史性的思想，哲学史是思想性的历史。以思想性的历史而传承历史性的思想，这是哲学使人“学以成人”的基本方式。

作为历史性的思想，任何一种哲学，都是具体的哲学家思考人类性问题的思想结晶。哲学家个人的体悟和思辨，与人类的思想和文明，熔铸于各异其是的哲学思想之中。在这个意义上，我们可以说，哲学既是哲学家以个人的名义讲述人类的故事，又是哲学家以人类的名义讲述个人的故事。作为社会的自我意识，哲学所讲述的当然是人类的故事，但它又只能是哲学家以个人的体悟与思辨所讲述的人类故事。哲学是经由哲学家思维着的头脑创造出来的理论。哲学创造，从根本上说，就是哲学家从新的视角、以新的方式、用新的综合为人类展现新的世界，提示新的理想。这是启迪人类思想、震撼人类心灵的“大手笔”。

作为思想性的历史，哲学史是“高尚心灵的更迭”和“思想英雄的较量”的历史。这里的每一次更迭和每一种较量，都蕴含着呕心沥血的理性的思辨和洗涤灵魂的心灵的体验。哲学作为“建立在通晓思维的历史和成就的基础上的理论思维”，它犹如一位饱经风霜的老者，不仅是在讲述那些真理，而且是在讲述这些真理所包含的全部生活和整个世界。作为历史性的思想，哲学不仅诉诸人的慎思明辨的理性，而且诉诸人的体会真切的情感。按照冯友兰先生的看法，哲学作为“对人生的有系统的反思”，它的根本方法是“觉解”，它的根本目的是“境界”。学习哲学，并不是掌握某种永恒真理，而是更好地生活。人生在世，就要协调人与自然、人与他人、人与社会、人与自我的关系，这就需要把这些关系从“名称”性的把握上升为“概念”性的理解。这种对人生在世的“概念”性的理解，就是以内含着“全部生活和整个世界”的历史性的思想去理解人的生活和人所创造的世界，就是把“文明”内化于人的“心灵”。

哲学熔铸着哲学家对人类生活的挚爱，对人类命运的关切，对人类境遇的焦虑，对人类未来的期待。高清海先生说，每个民族的哲学都深层地蕴含着整个民族的“生命历程、生存命运和生存境遇”，都饱含着整个民族的“苦难与希望、伤痛与追求、挫折与梦想”。哲学绝不是超然于人类社会生活之外的玄思和遐想，更不是远离生活的僵死的教条和冰冷的逻辑。哲学是求索生活的意义和阐发人生的价值的渴望，是追求理想的生活和阐发生活的理想的渴望。哲学作为人类心灵的最深层的伟大创造，其主旨是使人的精神境界不断升华。哲学给予人以理念和理想，从而使人在精神境界的升华中不断地崇高起来。学习哲学的过程，就是人追求崇高的过程，就是使人崇高起来的过程，因而也就是使人“学以成人”的过程。

二、

“跟随马克思”的学术人生

（一）

怎样理解马克思的哲学革命？

我的专业是哲学，我的事业则是马克思主义哲学。研究和讲授马克思主义哲学，我面对的首要问题，就是究竟怎样理解和阐述马克思的哲学革命。

1.关于“解释世界”与“改变世界”的关系问题

关于马克思的哲学革命，人们经常引证马克思本人在《关于费尔巴哈的提纲》中的一句名言，即“哲学家们只是用不同的方式解释世界，问题在于改变世界”，因而断言马克思主义哲学之外的哲学都是“解释世界”的哲学，而马克思主义哲学则是“改变世界”的哲学。

在这种通常的理解与解释中，显而易见地包含了两个方面的悖论性问题：一方面，对马克思主义哲学而言，作为“改变世界”的哲学，是否也是“解释世界”的哲学？或者说，马克思主义哲学是否是以“解释世界”为前提的“改变世界”的哲学？另一方面，对马克思主义哲学之外的哲学而言，作为“解释世界”的哲学，是否也以“改变世界”为目的？或者说，马克思主义哲学之外的各种哲学是否也是以“改变世界”为目的的“解释世界”的哲学？

从对马克思主义哲学的理解来说，哲学作为人们最容易理解和接受的说法，即“理论化、系统化的世界观”，是一种理论形态的存在，它的直接的社会功能是对“世界”“社会”“历史”和“人生”的理论解释，因而在它的直接的存在形态和社会功能上，都不是“改变世界”，而只能是“解释世界”。这正如马克思本人在《〈黑格尔法哲学批判〉导言》中所说：“批判的武器当然不能代替武器的批判，物质力量只能用物质力量来摧毁；但是理论一经掌握群众，也会变成物质力量。”因此，人们往往是从马克思主义哲学掌握群众和批判现实的角度去说明马克思主义哲学是“改变世界”的哲学。但是这种解释，已经不自觉地模糊了关于马克思主义哲学不再是“解释世界”而只是“改变世界”的哲学的基本观点，已经不自觉地把马克思主义哲学视为以“解释世界”为前提的“改变世界”的哲学。

从对马克思主义哲学之外的哲学的理解来说，没有一个哲学家不是以“改变世界”为己任的，或者说没有一个哲学家是满足于“解释世界”的。恩格斯曾经这样评论“以最宏伟的形式概括了哲学的全部发展”的黑格尔哲学：“他的哲学因为对他的思维来说是正确的，所以也就是唯一正确的；而思维和存在的同一性要得到证实，人类就要马上把他的哲学从理论转移到实践中去，并按照黑格尔的原则来改造整个世界。这是他和几乎所有的哲学家所共有的幻想。”黑格尔本人就是这样看待哲学的。他曾饱含激情地盛赞哲学：“真理的王国是哲学所最熟习的领域，也是哲学所缔造的，通过哲学的研究，我们是可以分享的。”“举凡一切维系人类生活的，有价值的，行得通的，都是精神性的。而精神世界只有通过对真理和正义的意识，通过对理念的掌握，才能取得实际存在。”显然，黑格尔是把学习和研究哲学视为对真理的占有并从而使之获得现实性的事业。正因如此，马克思和恩格斯把黑格尔哲学视为“法国革命的德国理论”，也就是以理论的方式所表达的寻求自由的哲学。对此，科尔纽曾作出这样的论证，即在黑格尔看来，法国大革命代表了理性和真理的胜利，代表了精神自由的原则。这场大革命意味着从两个方面改造了世界：其一，作为人民意志的反映，这场大革命超越了当时的现实，即摆脱了旧的经济社会制度。其二，这场大革命，通过宣扬国民的理想而超越了人的利己主义的特性，使人们将自己的私人利益从属于公共利益，即要求人们为了更高尚、更崇高的生活方式而抛弃利己主义。这种使个人同国家和民族相结合、从而使人崇高起来的思想，在法国大革命中，是以具体的社会、经济和政治问题的方式提出来的，而在德国古典哲学中，则是以哲学问题的方式提出来的。德国古典哲学家把行动变成思想，把要求变成原则，从而构成了马克思所说的“法国革命的德国理论”。1803年，黑格尔在致尼特梅尔的信中就提出：“现在我越来越确信理论工作比实际工作对世界的影响更大；我们的观念领域一旦革命化，现实就必然会随着前进。”这样的哲学，为什么说它只是“解释世界”而不是“改变世界”的哲学呢？这才是值得我们深长思之的。

在我看来，以“解释世界”与“改变世界”的对立来标志马克思主义哲学与其他各种哲学的根本区别，来说明马克思的哲学革命，既不是由于马克思主义哲学排斥自身所具有的“解释世界”的基本功能，也不是由于马克思主义哲学之外的哲学不期待或不具备“改变世界”的基本功能，而是因为马克思在革命的意义上改变了哲学，这就是恩格斯所说的，马克思的学说“已经根本不再是哲学，而只是世界观”，“哲学在黑格尔那里完成了”。

关于哲学，当代哲学家理查德·罗蒂在《哲学和自然之镜》

一书中曾作出这样的划界性的论断："自希腊时代以来，哲学家们一直在寻求一套统一的观念……这套观念可被用于证明或批评个人行为和生活以及社会习俗和制度，还可以为人们提供一个进行个人道德思考和社会政治思考的框架。"那么哲学如何保证它所寻求和提供的这套观念或框架的合法性与有效性呢？罗蒂说："作为一门学科的哲学，把自己看成是对由科学、道德、艺术或宗教所提出的知识主张加以认可或揭穿的企图。它企图根据它对知识和心灵的性质的特殊理解来完成这一工作。哲学相对于文化的其他领域而言，能够是基本性的，因为文化就是各种知识主张的总和，而哲学则为这种主张进行辩护。"正是基于对整个西方传统哲学的这种理解，罗蒂提出了哲学理性的当代任务："摈弃西方特有的那种将万物万事归结为第一原理或在人类活动中寻求一种自然等级秩序的诱惑。"由此，罗蒂提出了反表象主义、反本质主义和反基础主义的"后哲学文化"。

我国学者在反思整个西方传统哲学时，亦作出了大体相似的理论概括。例如，高清海、孙利天在《马克思的哲学观变革及其当代意义》一文中就提出："经过20世纪西方哲学对传统哲学的批判，西方传统哲学的理论性质、思维方式和功能作用等元哲学或哲学观问题更为清晰可见。简单地说，西方传统哲学是追求绝对真理的超验形而上学，其思维方式是以意识的终极确定性为基础或目标的逻各斯中心主义或理性主义，其功能和作用是以最高真理和人类理性名义发挥思想规范和统治作用的意识形态。"因此，西方传统哲学"本质上是一种脱离现实而又统治现实的颠倒的世界观"，而马克思给自己提出的历史任务则是"把这种颠倒的世界观再颠倒过来，以使人们正视真实的现实世界"。正因为马克思主义哲学不是以“绝对真理”之名去充任规范人的全部思想与行为的“意识形态”，而是从“现实的人及其历史发展”出发而展开“意识形态批判”，因而马克思主义哲学才不再是“解释世界”的旧哲学，而是“改变世界”的新哲学。

诉诸哲学史，我们可以发现，近代以来的西方哲学，在“上帝人本化”的哲学演进中，一直致力于寻求和论证“人的自由何以可能”；然而以康德、黑格尔为代表的“法国革命的德国理论”，它为人的自由所提供的根据，是“绝对理念”即“无人身的理性”的“自己运动”，也就是“个人受抽象统治”的现实。马克思的哲学革命，则是要求把人从抽象的统治中解放出来，从“物”的普遍统治中解放出来，也就是从资本的普遍统治中解放出来，把资本的独立性和个性变为人的独立性和个性。马克思明确地提出：“对实践的唯物主义者即共产主义者来说，全部问题都在于使现存世界革命化，实际地反对并改变现存的事物。”这样，马克思就把关于“人的自由何以可能”的理性思辨，革命性地变革为关于“人类解放何以可能”的实践的唯物主义。“实践”，成为马克思主义哲学的基本理念和核心范畴。这就是“改变世界”的马克思主义哲学。

2.“实践唯物主义”与“实践观点的思维方式”的关系

以“改变世界”来标志马克思的哲学革命，是同以“实践唯物主义”来解释马克思主义哲学密不可分的。在作为根本性的解释原则的意义上，兴起于20世纪80年代的“实践唯物主义”这个口号或旗帜，以“实践”为核心范畴重新理解马克思主义哲学并重新建构马克思主义哲学的概念发展体系，并不仅关系到马克思主义哲学的称谓问题，而且关系到马克思主义哲学的定位问题，也就是如何理解马克思主义哲学的问题。正因如此，关于“辩证唯物主义”“历史唯物主义”“现代唯物主义”与“实践唯物主义”的哲学论争迄今非但未见减弱，反而有愈演愈烈之势。

在这里，我想讨论的也许是一个更为值得关注的问题。

自20世纪80年代以来，中国的马克思主义哲学界在新的历史条件下重新探索马克思的哲学革命，形成了某些具有“研究范式”或“解释原则”意义的理论观点。作为批评和超越传统哲学原理教科书的产物，“实践唯物主义”和“实践观点的思维方式”是两种最具代表性的研究范式。我在这里讨论的，就是这两种研究范式或解释原则。在我看来，厘清这两种研究范式或解释原则，对于深入理解马克思的哲学革命和推进马克思主义哲学研究是重要的和必要的。

“实践唯物主义”所强调的是以“实践”为核心范畴重新理解和重新建构马克思的“现代唯物主义”。在这种研究范式中，“实践”不仅作为认识的基础而成为马克思主义认识论的核心范畴，也不仅作为人的历史活动而成为马克思主义历史观的核心范畴，而且作为人与世界的现实基础而成为马克思主义世界观的核心范畴。就此而言，“实践唯物主义”并不是关于马克思主义哲学如何称谓的问题，而是关于马克思主义哲学如何定位的问题，也就是如何理解马克思的哲学革命的问题。

“实践观点的思维方式”这种研究范式或解释原则，同“实践唯物主义”一样，也是在批评和超越传统哲学原理教科书的解释模式的过程中形成的，也是以实践为核心范畴重新理解马克思主义哲学的哲学理论。但是超越传统哲学教科书的这两种解释模式，在对实践范畴的不同理解中，却蕴含着值得深入研究的学理上的重要区别。

首先，对实践范畴哲学意义的不同理解。在人们经常引证的《关于费尔巴哈的提纲》中，马克思曾经这样提出问题：“全部社会生活在本质上是实践的。凡是把理论引向神秘主义的神秘东西，都能在人的实践中以及对这个实践的理解中得到合理的解决。”从实践出发去理解人的社会生活，并以人的实践活动的观点去批判“把理论导致神秘主义方面去的神秘的东西”，这是“实践唯物主义”和“实践观点的思维方式”两种解释模式的共同之处；但是“实践唯物主义”所理解的实践和所强调的实践，是人的实践活动本身，也就是从人的实践活动的特性——诸如实践的客观性、历史性、能动性、目的性等——出发去解释各种哲学问题。这就是说，在“实践唯物主义”这里，实践是一个被描述的对象，是一个实体性的哲学范畴，尚未构成一种哲学意义的解释原则。正因如此，“实践唯物主义”既试图把实践作为核心范畴而贯穿于各种哲学问题之中，又无法把实践作为解释原则而重新解释全部哲学问题。

与“实践唯物主义”不同，所谓“实践观点的思维方式”所理解的实践和所强调的实践，是马克思所说的“对这个实践的理解”，也是把“实践观点”作为一种思维方式来理解人、理解人与世界的关系，从而构成一种可以称之为实践论的世界观。正因为是把实践的哲学意义理解为“实践观点的思维方式”，所以这里的实践既不是一种“实体”范畴，也不是客体意义上的“关系”范畴，而是哲学意义上的解释原则。这种解释原则，就是从人的内在矛盾，以及由此构成的人与世界之间的内在矛盾出发，去理解和解释全部哲学问题。正因为“实践观点的思维方式”是一种具有革命意义的解释原则，因而才构成了哲学史上的马克思的哲学革命。

其次，对实践范畴的本体论意义的不同理解。由于实践唯物主义是从“实体”意义上理解实践范畴，因而合乎逻辑地认为，马克思的哲学革命“首先在于把实践引进了本体论，把实践提升到世界本原的行列中去”。这种解释表明，实践唯物主义作为一种解释原则，尚未跳出传统哲学寻求世界本原的形而上学窠臼，只不过是把作为世界本原的“物质”或“精神”替换为“实践”而已。正是这种本质上属于传统哲学的解释原则，使得实践唯物主义陷入了难以自拔的困惑和窘境之中。这就是：如果把作为人的存在方式的实践视为世界的本原，那么如何解释人类产生之前的世界的存在？传统哲学教科书解释模式正是以此向实践唯物主义提出挑战和诘难，而实践唯物主义则迫不得已地作出这样的解释：“马克思并没有用实践把物质从本体论中排除出去，并没有用实践本体论去取代物质本体论。”这种解释，使得作为解释原则的实践唯物主义显露了其内在的理论的不彻底性。这就是：在马克思主义的哲学革命中，实践范畴的哲学意义到底是什么？如果可以用“实践”和“物质”这两种本体论解释马克思主义哲学，又如何解释马克思实现了哲学史上的革命性变革？

与实践唯物主义不同，“实践观点的思维方式”不是把实践当作世界本原的本体，恰恰相反，是从“实践观点”作为思维方式的反本体论的哲学革命来阐释马克思主义哲学。这应当是“实践观点的思维方式”与“实践唯物主义”这两种解释模式的原则区别。

在“实践观点的思维方式”看来，寻求世界本原的本体论，其哲学意义并不在于把某种存在视为本体，而在于它以寻求本原或本体的方式而构成一种哲学意义上的思维方式。具体言之，这种寻求世界本原的本体论的思维方式有三个根本性的思想前提：其一，就其思想本质来说，是把存在本身同存在的现象割裂开来、对立起来，把本体视为隐藏在经验现象背后的超验的存在；其二，就其思想原则来说，是把主观和客观割裂开来、对立起来，把本体视为排除掉主观性的纯粹客观性；其三，就其追求目标来说，是把绝对与相对割裂开来、对立起来，把本体视为排除掉相对性的纯粹绝对性。

与这种思维方式相反，马克思的哲学革命则是从“现实的人及其历史发展”出发去理解人与世界的关系，彻底变革了这种把本质与现象分离开来、把主观与客观割裂开来、把绝对与相对对立起来的本体论的思维方式，从而构成了重新理解人及其与世界关系的“实践观点的思维方式”。如果我们仍然以寻求本原的思维方式去解释马克思的实践范畴，并把“实践”解释成作为世界本原的本体，就不是在马克思的哲学意义上终结形而上学，而是难以避免地从马克思这里倒退回传统哲学意义上的形而上学。

在这里，我还想提出的是，把“实践观点的思维方式”贯彻到底，我们就可以对哲学意义的本体和本体论获得新的理解和解释。我在《终极存在、终极解释和终极价值——作为终极关怀的本体论》一文中说：“人类作为改造世界的实践主体，其全部活动的指向与价值，在于使世界满足人类自身的需要，把世界变成对人类来说是真善美相统一的世界。具有历史展开性的实践活动是人类思维的最本质最切近的基础。基于人类实践本性的理论思维，总是渴求在最深刻的层次上或最彻底的意义上把握世界、解释世界和确认人在世界中的地位与价值。理论思维的这种渴求，是一种指向终极性的渴求，或者说，是一种终极性的关怀，这种终极性的渴求或关怀的理论表达构成贯穿古今的本体论。”“本体论作为一种追本溯源式的意向性追求，作为一种对人和世界及其相互关系的终极关怀，它的可能达到的目标，并不是它所追求的‘本’或‘源’；它的真实的意义也不在于它是否能够达到它所指向的终极存在、终极解释和终极价值；本体论追求的合理性是在于，人类总是悬设某种基于现实而又超越现实的理想目标，否定自己的现实存在，把现实变成更加理想的现实；本体论追求的真实意义就在于，它启发人类在理想与现实、终极的指向性与历史的确定性之间，既永远保持一种必要的张力，又不断打破这种微妙的平衡，从而使人类在自己的全部活动中保持生机勃勃的求真意识、向善意识和审美意识，永远敞开自我批判和自我超越的空间。”在这个意义上，本体论即辩证法。因此在我看来，正是本体论批判的辩证法构成了哲学意义上的“实践观点的思维方式”。

由对“实践观点的思维方式”的理解，我们还能够深化对马克思所实现的“实践转向”的理解。近二十年来，学界通常是以“实践转向”来标志马克思的哲学革命。那么“实践转向”的真实内涵和真实意义是什么？是指马克思把哲学的对象转向人类的实践活动吗？如果把“实践转向”理解成哲学对象的改变，那么这里作为哲学对象的实践，就仍然是实践唯物主义所指认的实践活动本身，而不是理解人与世界关系的思维方式；如果把“实践转向”理解为思维方式的转向，则会以“实践观点”的思维方式去理解人与世界的关系，从而形成具有革命意义的马克思主义哲学的世界观。

这种“实践观点的思维方式”即“实践论的世界观”，它以实践自身的矛盾性为基础，深刻地揭示了人对世界的否定性统一关系。在人对世界的否定性统一关系中，显现了现实世界的自然性与属人性的二重化、人类自身的自然性与社会性的二重性，以及社会历史的创造性与规律性的二象性。由“实践观点的思维方式”或“实践论的世界观”所构成的马克思主义哲学，正是恩格斯所说的“关于现实的人及其历史发展”的哲学理论。由此我们可以更深层地发现，“实践观点的思维方式”并非仅仅是一种思维方式，而是马克思用以揭示人类历史发展、探索人类解放的世界观和方法论。

3. 马克思学说的“哲学性”与“科学性”的关系问题

在关于马克思哲学的学术论争中，最大的问题莫过于马克思是否把自己的学说视为哲学，因而最大的分歧莫过于把马克思的学说理解为科学还是哲学。在这里，我从探讨恩格斯的《在马克思墓前的讲话》入手，回应对马克思思想的不同理解。

1883年3月14日，马克思与世长辞，“最伟大的思想家停止思想了”。他最亲密的战友恩格斯发表了著名的《在马克思墓前的讲话》，对这位“最伟大的思想家”及其思想作出了最为简洁而精辟的总结与评价。从学术研究的角度看，这篇讲话应当是研究马克思这位“最伟大的思想家”及其思想的最宝贵的文献。但是在我看来，如果说学界一直比较重视恩格斯在这篇讲话中对马克思的思想的评价，并把这个评价作为马克思一生的伟大贡献而构成阐释马克思及其思想的重要出发点，那么学界并未像重视恩格斯对马克思的思想的评价那样而关注恩格斯在这篇讲话对这位“最伟大的思想家”本人的评价。这种状况直接影响到对这位“最伟大的思想家”的思想的理解。

在这里提出这个问题，是因为我们在阐释马克思的哲学观时，遇到的一个更为深层的、更为重要的问题，即马克思的学说与哲学和科学的关系问题，或者说是马克思学说的“哲学性”或“科学性”问题。如果更为尖锐地提出问题，这就是：马克思是哲学家还是科学家？马克思的学说或思想是哲学还是科学？

对于这个问题，国外学者曾进行过长期的争论。西方马克思主义的重要代表人物卡尔·柯尔施在《马克思主义和哲学》一书中，对于否认马克思主义有自己的“哲学内容”这一现象，曾作过这样的描述：“资产阶级的哲学教授们一再互相担保，马克思主义没有任何它自己的哲学内容，并认为他们说的是很重要的不利于马克思主义的东西。正统的马克思主义者们也一再互相担保，他们的马克思主义从其本性上来讲与哲学没有任何关系，并认为他们说的是很重要的有利于马克思主义的东西。”前南斯拉夫实践派的重要人物米·坎格尔卡在《马克思哲学的含义》一文中，也对否认马克思是哲学家的思潮作出这样的概括：“马克思根本就不是哲学家而只是个科学家，譬如是个经济学家、社会学家等等；他从来就没有建立过自己的任何哲学；他根本就一点儿也不重视哲学；他否认哲学并把哲学排除于自己的学说体系之外；他对哲学家采取讥讽和嘲弄的态度；在他的思想范围里和思想前提下不可能有什么哲学。”

与这种否定马克思是哲学家、马克思主义理论有哲学内容的思潮相反，另一种耐人寻味的思潮则是认为马克思只是一位哲学家而并不是真正意义上的科学家，马克思的理论只是一种哲学而并不是严格意义上的科学。例如悉尼·胡克在《对卡尔·马克思的理解》一书中，就以马克思主义的阶级性、革命性、战斗性而否定其科学性。胡克提出，“就马克思主义是一种旨在达到一个阶级目的的思想和行动的方法而论，它是某种高于或低于科学的东西；因为科学虽然可以被用于各种阶级目的，但其本身却不具阶级特性”，“在马克思的理论中，却预先假定着一种阶级倾向和一个阶级目的。不仅他的学说描写阶级社会和阶级斗争的现象，而且这些学说还是被当作进行阶级斗争的工具，被当作一种他信以为将从社会生活中最终消灭阶级斗争的行为方式的指导而提供出来的”。“马克思的哲学，就是这些客观要素和主观要素的辩证的综合。”另一名美国学者宾克莱在其所著的《理想的冲突》中，针对马克思所发现的历史规律和马克思所承诺的社会理想，作出这样的评论：“如果我们把他首先看作自称为‘发现了’历史发展的自然规律的社会科学家的话，那他简直是弄错了。”“马克思是一位民主社会主义者，一位现世的人道主义者，并且是一位争取人类自由的战士。”“马克思对于我们今天的吸引力乃是一个道德的预言，人们如果根据人类价值考察现在社会上的种种事实，然后根据自己的发现而行动，以使我们的世界成为一个一切人都能变成更有创造性和更为自由的地方，这样我们就是忠于马克思了。”

对于这种截然相反的理解和评价，米·坎格尔卡在《马克思哲学的含义》中作出这样的解释：“我们看到，这里形成了两个相距很远的极端：一曰何谓马克思哲学已是众所周知，一曰根本就没有马克思哲学。两种主张都是从马克思的立场出发的（至少是被说成这个样子的）。或者起码都自称如此便是对马克思的思想观点作出了‘正确的’解释。”“马克思的著作中包含了可能对他的思想作出极为不同的解释的前提，这是无可辩驳的事实。”

那么我们究竟应当怎样理解和评价马克思是哲学家或科学家？又应当怎样理解和评价马克思的学说是哲学或科学？在关系到对马克思这位“最伟大的思想家”及其思想的理解和评价问题上，我们应当且必须回到马克思的最亲密的战友——恩格斯——对这位“最伟大的思想家”及其思想的理解和评价。

《在马克思墓前的讲话》中，对于这位“最伟大的思想家”的评价，恩格斯是这样作出的：“马克思首先是一个革命家。”“革命家”，这对于马克思具有“首要性”，因而也是我们理解和评价马克思及其思想的根本出发点；反之，离开这个根本出发点，我们对马克思及其思想的理解和评价就会本末倒置或不得要领。

“马克思首先是一个革命家。”那么马克思是怎样的革命家？他所从事的是什么样的革命？恩格斯《在马克思墓前的讲话》中作出了高度概括性的明确回答：“他毕生的真正使命，就是以这种或那种方式参加推翻资本主义社会及其所建立的国家设施的事业，参加现代无产阶级的解放事业，正是他第一次使现代无产阶级意识到自身的地位和需要，意识到自身解放的条件。”

为了更为具体地理解马克思所从事的革命，我们需要从1883年恩格斯的《在马克思墓前的讲话》拉回到1847年底至1848年初马克思和恩格斯合著的《共产党宣言》（以下简称《宣言》）。《宣言》明确地论证了作为革命家的马克思所从事的革命的丰富内涵。在恩格斯1883年为《宣言》所写的德文版序言、1888年所写的英文版序言中，他都一再地“明确地申述”《宣言》中始终贯彻的基本思想，即“每一历史时代的经济生产以及必然由此产生的社会结构，是该时代政治的和精神的历史的基础；因此（从原始土地公有制解体以来）全部历史都是阶级斗争的历史，即社会发展各个阶段上被剥削阶级和剥削阶级之间、被统治阶级和统治阶级之间斗争的历史；而这个斗争现在已经达到这样一个阶段，即被剥削被压迫的阶级（无产阶级），如果不同时使整个社会永远摆脱剥削、压迫和阶级斗争，就不再能使自己从剥削它压迫它的那个阶级（资产阶级）下解放出来”。恩格斯还特别强调：“这个基本思想完全是属于马克思一个人的。”

《宣言》的这个基本思想，大体上可以概括为三层思想：其一，历史唯物主义的根本思想，即人类历史发展中的经济、政治和精神的基本关系；其二，这种基本关系表现为阶级社会中的阶级斗争；其三，这种阶级斗争表现为无产阶级反对资产阶级的斗争，而这种斗争的特殊性在于，无产阶级只有“同时使整个社会永远摆脱剥削、压迫和阶级斗争”，才能“使自己从剥削它压迫它的那个阶级（资产阶级）下解放出来”。

如果说这里的第一层思想是马克思为自己所从事的革命提供的基本的理论前提，那么第三层思想则是马克思对自己所从事的革命的根本性理解。因此在《宣言》中，马克思和恩格斯对他们所从事的革命运动作出这样的评论：“过去的一切运动都是少数人的或者为少数人谋利益的运动。无产阶级的运动是绝大多数人的、为绝大多数人谋利益的独立的运动。”

作为从事“绝大多数人的、为绝大多数人谋利益的独立的运动”的革命家，马克思认为，“在实践方面，共产党人是各国工人政党中最坚决的、始终起推动作用的部分；在理论方面，他们胜过其余无产阶级群众的地方在于他们了解无产阶级运动的条件、进程和一般结果”。马克思对于自己所从事的革命运动的理论自觉，已经向我们展现了马克思作为革命家与理论家或思想家的统一：作为革命家，他自觉地担当“各国工人政党中最坚决的、始终推进运动前进的部分”；作为理论家或思想家，则是为“无产阶级运动的条件、进程和一般结果”作出理论方面的论证。这表明，马克思首先是作为革命家而进行他的理论研究，因此不能离开革命家的马克思去理解和评价理论家的马克思。正是这个根本的出发点表明，马克思的思想、理论、学说，是关于无产阶级和人类解放的思想、理论、学说。同时，我们也只有从马克思给自己提出的从理论方面论证“无产阶级运动的条件、进程和一般结果”的使命，才能真正理解和评价作为革命家的马克思究竟是哲学家还是科学家，马克思的思想、理论和学说究竟是哲学还是科学。

《在马克思墓前的讲话》中，恩格斯这样概括和评价马克思的思想：“正像达尔文发现有机界的发展规律一样，马克思发现了人类历史的发展规律，即历来为繁茂芜杂的意识形态所掩盖着的一个简单事实：人们首先必须吃、喝、住、穿，然后才能从事政治、科学、艺术、宗教等等；所以，直接的物质的生活资料的生产，从而一个民族或一个时代的一定的经济发展阶段，便构成基础，人们的国家设施、法的观点、艺术以至宗教观念，就是从这个基础上发展起来的，因而，也必须由这个基础来解释，而不是像过去那样做得相反。”“不仅如此，马克思还发现了现代资本主义生产方式和它所产生的资产阶级社会的特殊的运动规律。由于剩余价值的发现，这里就豁然开朗了，而先前无论资产阶级经济学家或者社会主义批评家所做的一切研究都只是在黑暗中摸索。”“一生中能有这样两个发现，该是很够了。即使只能作出一个这样的发现，也已经是幸福的了。但是马克思在他所研究的每一个领域（甚至在数学领域）都有独到的发现，这样的领域是很多的，而且其中任何一个领域他都不是浅尝辄止。”

对马克思思想的概括和评价，是恩格斯《在马克思墓前的讲话》的主体部分。人们通常把恩格斯的这个概括和评价表达为“马克思的两大发现”。这表明，如何理解“马克思的两大发现”，就成为把马克思的思想解释为哲学或科学的基本依据。

在通常的学科分类中，人们是把马克思所发现的“人类历史的发展规律”称作“唯物史观”或“历史唯物主义”，并因而视之为哲学；人们又把马克思发现的“现代资本主义生产方式和它所产生的资产阶级社会的特殊的运动规律”即“剩余价值”规律作为经济学理论而视之为科学。这样，恩格斯《在马克思墓前的讲话》中所概括的“两大发现”，似乎就构成了作为哲学家和科学家的马克思，以及作为哲学家的马克思所创建的哲学和作为科学家的马克思所创建的科学（经济学）。

然而在把马克思的“两大发现”作为学术对象而展开的研究过程中，人们一方面质疑历史唯物主义的哲学性而力图论证其为科学，另一方面质疑马克思的政治经济学的科学性而力图论证其为哲学。这样，由“两大发现”而构成的哲学家与科学家的马克思，似乎又模糊了其哲学家与科学家的双重身份，因而由“两大发现”而构成的哲学与科学的马克思思想也就模糊了其哲学性与科学性。

质疑历史唯物主义的哲学性，其出发点是论证历史唯物主义的科学性。这种论证，可以从马克思和恩格斯的文献中得到有力的支持。在《德意志意识形态》中，马克思和恩格斯明确地提出：“在思辨终止的地方，在现实生活面前，正是描述人们实践活动和实际发展过程的真正的实证科学开始的地方。关于意识的空话将终止，它们一定会被真正的知识所代替。对现实的描述会使独立的哲学失去生存环境，能够取而代之的充其量不过是从对人类历史发展的考察中抽象出来的最一般的结果的概括。”《德意志意识形态》这部通常被称为关于历史唯物主义的系统性文献，正是“从对人类历史发展的观察中抽象出来的最一般的结果的综合”，也就是马克思和恩格斯在这里所说的“真正实证的科学”或“真正的知识”。对此，马克思和恩格斯强调：“我们的出发点是从事实际活动的人”，“是处在现实的、可以通过经验观察到的、在一定条件下进行的发展过程中的人”。因此，马克思和恩格斯认为，他们的“历史观就在于：从直接生活的物质生产出发阐述现实的生产过程，把同这种生产方式相联系的、它所产生的交往形式即各个不同阶段上的市民社会理解为整个历史的基础，从市民社会作为国家的活动描述市民社会，同时从市民社会出发阐明意识的所有各种不同理论的产物和形式，如宗教、哲学、道德等等，而且追溯它们产生的过程。这样当然也能够完整地描述事物了（因而也能够描述事物的这些不同方面之间的相互作用）”。由此，马克思和恩格斯认为：“这种历史观和唯心主义历史观不同，它不是在每个时代中寻找某种范畴，而是始终站在现实历史的基础上，不是从观念出发来解释实践，而是从物质实践出发来解释观念的形成。”正是从这种根本区别出发，马克思和恩格斯批判“哲学家”及其构建的“独立的哲学”。这就是说，在《德意志意识形态》中，马克思和恩格斯已经抛弃了“独立的哲学”及其“哲学家”的幻想，而把他们所创立的历史观视作关于历史的科学。

1886年，恩格斯在他的晚年写下了《路德维希·费尔巴哈和德国古典哲学的终结》这部讨论马克思和他怎样从黑格尔哲学出发并且怎样与它脱离进行“简要而有系统的说明”的著作，对于哲学的历史作出这样的总结：“哲学在黑格尔那里完成了：一方面，因为他在自己的体系中以最宏伟的形式概括了哲学的全部发展；另一方面，因为他（虽然是不自觉地）给我们指出了一条走出这个体系的迷宫而达到真正地切实地认识世界的道路。”哲学的“终结”是因为哲学“要求一个哲学家完成那只有全人类在其前进的发展中才能完成的事情”。因此，恩格斯认为，新的哲学应当是“把沿着这个途径达不到而且对每个个别人也是达不到的‘绝对真理’撇在一边，而沿着实证科学和利用辩证思维对这些科学成果进行概括的途径去追求可以达到的相对真理”。

恩格斯的这个思想，《在马克思墓前的讲话》中是这样阐述的。恩格斯说：“在马克思看来，科学是一种在历史上起推动作用的、革命的力量。任何一门理论科学中的每一个新发现，即使它的实际应用甚至还无法预见，都使马克思感到衷心喜悦，但是当有了立即会对工业、对一般历史发展产生革命影响的发现的时候，他的喜悦就完全不同了。例如，他曾经密切地关注电学方面各种发现的发展情况，不久以前，他还注意了马赛尔·德普勒的发现。”在这里，恩格斯明确地把“两大发现”的马克思称作“科学巨匠”，并强调在马克思看来，“科学是一种在历史上起推动作用的、革命的力量”，因而表现一位革命家对具有“革命力量”的科学的深切认同。

与质疑历史唯物主义的哲学性而强调其科学性的思潮相并行的，是质疑马克思的经济学。宾克莱在《理想的冲突》中提出：“马克思对于我们今天的吸引力乃是一个道德的预言，人们如果根据人类价值考察现在社会上的种种事实，然后根据自己的发现而行动，以使我们的世界成为一个一切人都能变成更有创造性和更为自由的地方，这样我们就是忠于马克思了。”因此，他认为：“作为我们选择世界观时的一位有影响的预言家的马克思永世长存，而作为经济学家和历史必然道路的预言家的马克思则已经降到只能引起历史兴趣的被人遗忘的地步。”

阿尔都塞在《读〈资本论〉》这部名著中，从我们如何阅读它并因而构成我们所理解的《资本论》入手，讨论了他对问题的理解。阿尔都塞提出：“毫无疑问，我们都读过《资本论》，而且仍在继续阅读这部著作。近一个世纪以来，我们每天都可以透过人类历史的灾难和理想，论战和冲突，透过我们唯一的希望和命运所系的工人运动的失败和胜利，十分清楚地阅读它。可以说，自从我们‘来到这个世界上’，我们从未停止透过那些为我们阅读《资本论》的人的著作和演说来阅读《资本论》。他们为我们所作的阅读有好有坏，他们中间有些人已经死去，有些人还活着。这些人有恩格斯、考茨基、普列汉诺夫、列宁、罗莎·卢森堡、托洛茨基、斯大林、葛兰西、各工人组织的领导人、他们的追随者或者他们的论敌：哲学家、经济学家和政治家。我们阅读了形势为我们‘选择’的《资本论》的片段和章节。”这就是说，人们对《资本论》的理解，是同人们对它的期待密切相关的，又是同别人对《资本论》的解说密切相关的。由此，阿尔都塞提出问题——我们属于哪一种阅读？在阿尔都塞看来，作为哲学家、经济学家或逻辑学家来阅读《资本论》，是大不一样的，而“我们都是哲学家”，“我们是作为哲学家来阅读《资本论》的”，而“我们在对《资本论》进行哲学的阅读时所犯的错误是，我们用马克思阅读古典政治经济学时给予我们深刻印象的那种方法来阅读马克思的著作。我们要承认的错误就是，固执地囿于这些方法，在这些方法中停滞不前，死死地抓住它们并希望有朝一日完全依靠这些方法来认识马克思著作的狭小的空间中所包含的无限领域即马克思的哲学领域”。阿尔都塞提出：“如果认为整个马克思的哲学包含在《关于费尔巴哈的提纲》中的几个短短的命题中，或者包含在《德意志意识形态》的否定的论述中，也就是包含在断裂的著作中，那么就严重误解了一个全新的理论思想生长所必不可少的条件，而这种思想的成熟、界定和发展是需要一定时间的。”阿尔都塞引证恩格斯的话：“我们这一世界观，首先在马克思的《哲学的贫困》和《共产党宣言》中问世，经过了二十余年的潜伏时间，到《资本论》出版以后……”因此阿尔都塞提出：“我们可以读到马克思真正哲学的地方是他的主要著作《资本论》。”

关于对《资本论》的“哲学阅读”，阿尔都塞还耐人寻味地提出：“只有应用马克思的哲学才能对《资本论》进行哲学的阅读，而马克思的哲学又是我们的研究对象本身。这个循环之所以可能，只是因为马克思的哲学存在于马克思主义的著作之中。”阿尔都塞的上述观点是值得我们深入思索的。从此出发，我想讨论如下问题。

人们阅读《资本论》是同阅读目的密切相关的；而阅读《资本论》的目的，是同对社会主义和共产主义的渴望和追求密切相关的。因此，人们从《资本论》中能够读到的最重要的是它对社会主义取代资本主义的承诺，即远远超过其经济学研究的哲学价值观。这种阅读效果，不仅源于阅读目的，更源于被阅读的对象。恩格斯说：“《资本论》经常被称为‘工人阶级的圣经’。本书所得的结论，一天多似一天的，成了工人阶级伟大运动的基本原理。”作为“工人阶级的圣经”,《资本论》并不是一般意义的理论著作，而是关于无产阶级和人类解放的学说，它要研究的是“物和物的关系掩盖下的人和人的关系”，它要揭示的是“资本的独立性和个性”如何代替了“个人的独立性和个性”。马克思在《资本论》中所揭示的，不仅是资本主义的特殊规律，而且是人类发展的现实根基。马克思提出:“时间实际上是人的积极存在，它不仅是人的生命的尺度，而且是人的发展的空间”,“时间是人类发展的空间”。马克思对“必要劳动时间”与“剩余劳动时间”的分析，不仅具有揭示“剩余价值”生产的特定的政治经济学含义，而且包含着实现人类自身发展的深刻的哲学内涵。因此，马克思说:“政治经济学所研究的材料的特殊性质，会把人心中最激烈最卑鄙最恶劣的感情，代表私人利益的仇神，召唤到战场上来反对它。”《资本论》所蕴含的这种根本性的价值理想和伦理要求，名副其实地构成马克思的最主要的哲学著作。

把《资本论》视为马克思的最重要的哲学著作，还与它“应用的方法”即辩证法密切相关。辩证法是马克思主义的“活的灵魂”，而《资本论》则是列宁所说的“大写的逻辑”，即马克思辩证法的具体体现。马克思说:“辩证法，在其神秘形式上，成了德国的时髦东西，因为它似乎使现存事物显得光彩。辩证法，在其合理形态上，引起资产阶级及其空论主义的代言人的恼怒和恐怖，因为辩证法在对现存事物的肯定的理解中同时包含对现存事物的否定的理解，即对现存事物的必然灭亡的理解；辩证法对每一种既成的形式都是从不断的运动中，因而也是从它的暂时性方面去理解；辩证法不崇拜任何东西，按其本质来说，它是批判的和革命的。”正是《资本论》体现了这个本质上是批判的、革命的辩证法，辩证法正是在《资本论》中展现了自己的批判的、革命的本质；离开《资本论》，马克思并没有为我们提供现成的辩证法著作，而研究马克思的辩证法，最基本和最重要的文献就是《资本论》；《资本论》已经构成马克思的哲学与科学、哲学反思与科学研究的水乳交融。就此而言，我同意阿尔都塞所说的对《资本论》的“哲学阅读”或“经济学阅读”，但我更倾向于认为，阅读《资本论》，乃至阅读马克思的全部著作，都只能是一种我称之为“双重化”的阅读，即哲学阅读与科学阅读的统一，因为马克思首先是作为革命家的哲学家和科学家，马克思的思想是把哲学反思和科学研究融为一体的关于人类解放的学说。

在这个意义上，我比较赞同葛兰西在《狱中札记》中表达的看法：“一个大人物表现他思想的较有创造力的方面，并不是在从表面的分类的观点来看显然应当是最合乎逻辑的形式中，而是在别处，在表面上看来可以被认为是与之无关的部分中。一个搞政治的人进行哲学写作：情况可能是，他的‘真正的’哲学反倒应该在他的政治论著中去寻找。每个人都有一种占支配地位的活动，正是必须从这里去寻找他的思想，这种思想处在一种往往不是暗含在，而且甚至经常是同公开表达的东西相互矛盾的形式中。”跳出我们现行的体制化、职业化、学院化、科层化的思考方式，也就是跳出现在通行的关于学科分类的思考方式，不再用哲学、经济学或各种学科分类的视域去阅读和研究马克思这个“最伟大的人物的思想”，我们才能更深切地理解马克思的哲学革命，理解马克思关于人类解放的学说。

（二）

为什么是“历史唯物主义”?

在对“马克思的哲学革命”的追问中，我的最大的学术焦虑，就是如何称谓和定位我所研究的马克思主义哲学，如何阐释和论证马克思的哲学革命及其开辟的哲学道路。我现在的总体看法是：马克思主义哲学就是恩格斯所指出的“关于现实的人及其历史发展”的哲学，因此应当以“历史唯物主义”来称谓和定位马克思主义哲学，并以“历史唯物主义”来阐释和论证马克思的哲学革命及其开辟的哲学道路。为此，我先后撰写了《历史的唯物主义与马克思主义的新世界观》《历史唯物主义的真实意义》《历史唯物主义与哲学基本问题》等系列论文，先后发表于2007年第3期、2007年第9期、2010年第5期的《哲学研究》上，并于2018年出版《为历史服务的哲学》，较为系统地阐述了我的理解。

1.怎样理解“历史唯物主义”?

什么是“历史唯物主义”？它是把“历史”作为解释原则而变革了唯物主义，从而实现了一场世界观革命，还是把“唯物主义”作为解释原则而变革了历史理论，从而实现了一场历史观革命？这表明，在对“历史唯物主义”的理解和阐释中，隐含着两条不同的解释路径和两种不同的解释原则：一是把历史作为解释原则所构成的“历史”唯物主义的解释路径，二是把唯物主义作为解释原则所构成的历史“唯物主义”的解释路径。这两条不同的解释路径和两种不同的解释原则，直接关系到如何理解和阐释马克思主义的新世界观。

关于历史唯物主义，长期以来人们主要是从两个方面予以阐释和论证：其一，从唯心主义历史观与唯物主义历史观的对立出发，说明历史唯物主义所实现的历史观变革；其二，从旧唯物主义历史观与新唯物主义历史观的对立出发，说明旧唯物主义历史观的唯心主义性质，从而深化对历史唯物主义所实现的历史观变革的理解。这两方面阐释与论证的深层的共同之处在于，都是在“历史观”的视域中来阐释和论证历史唯物主义，都是把历史唯物主义的理论内涵限定为唯物主义的历史观，都是从历史观变革来确认历史唯物主义的真实意义，而不是把历史唯物主义视为马克思主义的新世界观。这就是把历史唯物主义归结为以唯物主义说明历史而构成的历史观的解释路径。

关切这条把历史唯物主义归结为历史观的解释路径，是因为这条解释路径包含着一个极为重要的理论前提：如果历史唯物主义仅仅是一种历史观，如果历史唯物主义的创立仅仅是一场历史观变革，那么就应当且必须有一种超越于唯物主义历史观的世界观，就应当且必须有一种超越于历史观变革的马克思的世界观革命。正是这个超越于历史观的世界观前提，正是这个超越于历史观变革的世界观革命前提，合乎逻辑地引导人们去寻找区别于历史唯物主义的马克思的世界观，寻找区别于创建历史唯物主义的马克思的世界观革命。其结果就是，把马克思的世界观界说为区别于历史唯物主义的“辩证唯物主义”，把马克思的哲学革命解释为创建“辩证唯物主义”，而把历史唯物主义解释为“辩证唯物主义”在历史领域的推广和应用。

针对这条把历史唯物主义归结为历史观的解释路径，特别是针对这条解释路径所包含的把马克思的世界观归结为“辩证唯物主义”的理论前提，应当提出的最根本的问题是：历史唯物主义的创立是变革了全部哲学，从而实现了从“解释世界”到“改变世界”的哲学革命，还是仅仅变革了历史观，从而实现了历史观的革命？这就是把历史唯物主义理解为“历史”的唯物主义与历史的“唯物主义”这两种解释原则、两条解释路径的根本分歧。

在把历史唯物主义阐释为历史观的解释原则和解释路径中，其理论内涵是把唯物主义原则贯彻到历史领域，其重大意义是把“半截”的唯物主义变成“完整”的唯物主义，也就是把自然观的唯物主义而历史观的唯心主义的旧唯物主义，变成自然观和历史观相统一的唯物主义。由此便产生一个理论难题：为什么“从前的一切唯物主义”只能是自然观的唯物主义，而不能实现历史观的唯物主义？回答这个理论难题，通常主要是从世界观和历史观两个方面作出解释：其一，从世界观作出解释，认为马克思创建了不同于旧唯物主义的“辩证唯物主义”，从而以“辩证唯物主义”的世界观去观察和分析历史，实现了历史观的变革；其二，从历史观作出解释，认为马克思在历史领域贯彻唯物主义的解释原则，揭示了生产劳动对包括人的精神生活在内的全部社会生活的决定作用，实现了历史观的革命。在这种解释中，后者是从属于前者的，即历史观的唯物主义是以“辩证唯物主义”的世界观为前提而形成的，历史观的唯物主义是作为“辩证唯物主义”的世界观的理论内容而存在的。这就不难理解，为什么长期以来总是把“历史唯物主义”解释成“辩证唯物主义”在社会历史领域推广和应用。然而在这种推广论的解释框架中，把马克思主义哲学称之为“辩证唯物主义和历史唯物主义”，显然是不合逻辑的。在形式逻辑的意义上，这种称谓是把概念之间的包含关系变成了概念之间的并列关系。正是为了解决这个逻辑矛盾，在通常的关于“辩证唯物主义和历史唯物主义”的论证中，总是从强调旧唯物主义的根本问题是“半截”的唯物主义来予以解释，也就是从把唯物主义原则贯彻到历史领域的重大意义来予以解释。然而这种“弱”的解释并不能真正克服这个逻辑矛盾：如果“辩证唯物主义”是世界观，而“历史唯物主义”只是“辩证唯物主义”的世界观所包含的历史观，二者不仍然是包含关系吗？有什么真实的根据把二者确认为并列关系呢？

由此我们可以看到，把马克思主义哲学称为“辩证唯物主义和历史唯物主义”，表面上看是一种概念关系上的逻辑困难，其实质是一种哲学意义上的理论困难。这个深层的理论困难就是：是否存在一种不是“历史唯物主义”的“辩证唯物主义”？“历史唯物主义”是马克思主义哲学的世界观，还是仅仅是马克思主义哲学的历史观？“历史唯物主义”是马克思主义的哲学革命，还是仅仅是马克思主义的历史观变革？

恩格斯在其晚年即1888年撰写的《路德维希·费尔巴哈和德国古典哲学的终结》单行本序言中，曾经这样评价马克思写于1845年春的《关于费尔巴哈的提纲》：它是“包含着新世界观的天才萌芽的第一个文件，是非常宝贵的”。这就是说，探索马克思的新世界观，应当把《关于费尔巴哈的提纲》作为研究的最重要的出发点。正是在这里，我们可以发现，“历史唯物主义”是作为新世界观而诞生的。

《关于费尔巴哈的提纲》的第一段话是：“从前的一切唯物主

义（包括费尔巴哈的唯物主义）的主要缺点是：对对象、现实、感性，只是从客体的或者直观的形式去理解，而不是把它们当作感性的人的活动，当作实践去理解，不是从主体方面去理解。因此，和唯物主义相反，能动的方面却被唯心主义抽象地发展了，当然，唯心主义是不知道现实的、感性的活动本身的。”这段主题式话语的理论内涵是极为丰富的，理论意义是极为重大的——它是对马克思主义哲学革命即新世界观的自我揭示和自我证明。

面对《关于费尔巴哈的提纲》，非常耐人寻味的是，马克思的“包含着新世界观的天才萌芽的第一个文件”，并不是从批判与唯物主义相对立的唯心主义入手，而是从揭示“从前的一切唯物主义”的“主要缺点”入手。这表明了马克思对自己的哲学革命及其新世界观的理论自觉：只有准确地揭示“从前的一切唯物主义”的“主要缺点”，变革这种旧唯物主义的世界观，才能真正批判唯心主义的世界观，并在基础上创建新世界观。这表明，马克思对“从前的一切唯物主义”的批判，与对唯心主义的批判一样，在其所实现的哲学革命的意义上，都是一种世界观批判。

马克思明确指出，“从前的一切唯物主义”的“主要缺点”就在于，它不是把“对象、现实、感性”当作“感性的人的活动，当作实践去理解，不是从主体方面去理解”，而“只是从客体的或者直观的形式去理解”。这就是说，“从前的一切唯物主义”的“主要缺点”，就在于它不理解人与世界的真实关系，就在于它不理解人对世界的关系是“感性的人的活动”即实践所形成的现实关系，就在于它不理解这种现实关系而把人与世界的关系当作人对世界的“直观”关系。这表明，“从前的一切唯物主义”的“主要缺点”，是不理解人对世界的真实关系的世界观问题；而这个世界观问题的实质，就在于如何理解“感性的人的活动”，以及由此构成的人对世界的现实关系。马克思的哲学革命，正是从“感性的人的活动”出发去理解人对世界的关系，从而构成了实现哲学史上的伟大革命的新世界观。

在《关于费尔巴哈的提纲》中，马克思是以揭示“从前的一切唯物主义”的“主要缺点”——“只是从客体的或者直观的形式”去理解人对世界的关系——为前提，进而揭露和批判唯心主义的世界观。马克思说：“和唯物主义相反，能动的方面却被唯心主义抽象地发展了，当然，唯心主义是不知道现实的、感性的活动本身的。”这里，马克思是把对“从前的一切唯物主义”的批判，直接地过渡为对唯心主义的批判，也就是从对旧唯物主义“只是”以“直观”的方式看待人与世界关系的批判，过渡为对唯心主义“只能”以“抽象”的方式看待人的“能动的方面”的批判。马克思对唯心主义的批判，是超越“从前的一切唯物主义”的批判，是立足“感性的人的活动”即实践所进行的批判，因而深切地揭露了唯心主义哲学的世界观本质——“抽象”地发展了人的“能动的方面”。这表明，马克思是以超越了“从前的一切唯物主义”的新世界观而实现了对唯心主义世界观的批判；没有这个以“感性的人的活动”为立足点的新世界观，马克思就不可能超越旧唯物主义对唯心主义的批判，也就不可能实现对唯心主义的真正的批判。而这个以“感性的人的活动”为立足点的新世界观，就是马克思和恩格斯所创建的以“现实的人及其历史发展”为内容的“历史唯物主义”。

通过对“从前的一切唯物主义”的批判，并通过以这个批判为基础而实现的对唯心主义的批判，马克思在他的“包含着新世界观的天才萌芽的第一个文件”中得出了两个最基本的结论：其一，“全部社会生活在本质上是实践的。凡是把理论引向神秘主义的神秘东西，都能在人的实践中以及对这个实践的理解中得到合理的解决”；其二，“哲学家们只是用不同的方式解释世界，问题在于改变世界”。这里的第一个结论，明确地表述了马克思的新世界观的理论内涵，即这个新世界观是“在人的实践中以及对这个实践的理解中”来看待人与世界的关系。正是以这个新世界观去揭示旧唯物主义和唯心主义的世界观，马克思尖锐而深刻地提出，全部旧哲学的世界观，都是“把理论引向神秘主义的神秘东西”。这就不难理解，为什么恩格斯说马克思主义哲学已经根本不再是“哲学”，而只是“世界观”。由此，我们就可以更加深刻地理解人们广为引用的第二个结论：“哲学家们只是用不同的方式解释世界，问题在于改变世界。”

“历史唯物主义”，是把“历史”作为解释原则或理论硬核的唯物主义，而不是把“历史”作为研究领域或解释对象的唯物主义。在前者的意义上，历史唯物主义是马克思的唯物主义的世界观；在后者的意义上，历史唯物主义则只是马克思的唯物主义的历史观。马克思的“包含着新世界观的天才萌芽的第一个文件”，表明马克思所创建的新哲学是以“历史”作为解释原则或理论硬核的唯物主义，这就是“历史唯物主义”。“历史唯物主义”不仅是以“历史”为其解释原则的唯物主义，也是以“历史”为其解释原则的辩证法。“历史”是“追求自己的目的的人的活动过程”，也就是实现人对世界的否定性统一的过程，即把理想变为现实的过程。在“历史”的“过程”中，蕴含并展现了人与世界的全部矛盾关系，并不断地实现了“人的尺度”与“物的尺度”及“合目的性”与“合规律性”的统一，也就是人与自然、人与社会、人与他人、人与自我的矛盾运动中的统一。离开人对世界的否定性统一过程的“历史”，就没有马克思的唯物主义，也没有马克思的辩证法。在马克思的新世界观中，辩证法和唯物主义是以“历史”为其解释原则或理论硬核而实现的统一。“历史唯物主义”所实现的辩证法与唯物主义的统一，既不是在旧唯物主义基础上引入了辩证法，也不是把唯心主义的辩证法建立在旧唯物主义的基础上，而是由“现实的人及其历史发展”所构成的辩证法与唯物主义的统一。因此，在马克思主义哲学中，并不存在独立于“历史唯物主义”之外或超然于“历史唯物主义”之上的辩证唯物主义。

《历史的唯物主义与马克思主义的新世界观》一文发表后，得到学界的关注，我感到有些理论问题进一步凸显出来，其中的一个重大问题，仍是关于历史唯物主义的世界观意义问题。

当人们把哲学定义为“理论化、系统化的世界观”时，人们对“世界观”这个概念本身的理解是有歧义的，而且正是由于这种歧义构成对哲学的不同理解。这就是说，在对世界观的理解中，蕴含着各不相同的解释原则；只有揭示这些不同的解释原则，才能澄明各种不同的哲学世界观。

在《关于费尔巴哈的提纲》中，马克思明确地揭示了由三种不同的解释原则所构成的世界观理论：一是以客体的或直观的解释原则所构成的旧唯物主义的世界观，二是由抽象的能动的解释原则所构成的唯心主义的世界观，三是以人的感性活动为解释原则所构成的马克思主义的新世界观。这三种解释原则，构成了三种世界观，亦即构成了三种不同的哲学。马克思主义的哲学革命，从根本上说，是关于世界观的解释原则的革命。正是以人的感性活动为解释原则，马克思主义哲学才超越了“把理论引向神秘主义”的全部旧哲学，实现了从“解释世界”到“改变世界”的哲学革命。

马克思主义的新世界观，是在马克思的哲学革命中诞生的，是作为马克思主义哲学的理论硬核或解释原则而彪炳于世并与其他哲学区别开来的。因此，只有在马克思所实现的哲学革命的意义上，才能深刻理解马克思主义的新世界观。在我看来，马克思的哲学革命具有双重内涵：一是理论旨趣和理论使命的革命，二是理论硬核和理论内容的变革。就前者说，马克思主义哲学不是沿着旧哲学的逻辑追寻“世界何以可能”，而是从“创立新世界”的历史任务出发追寻“解放何以可能”，因此把马克思主义的新世界观分解为“本体论、自然观、社会观、实践观”，就不仅是模糊和冲淡了马克思所实现的哲学革命，而且会把追寻“解放何以可能”的马克思主义哲学等同于追寻“世界何以可能”的旧哲学；就后者说，马克思主义哲学不是以“客体的或直观的”解释原则描述“世界究竟怎样”，而是以“人的感性活动”的解释原则反思“现实的人及其历史发展”，因此仅把“历史”作为历史唯物主义的研究对象，不仅模糊和冲淡了历史唯物主义的世界观意义，而且直接导致以旧唯物主义的“客体的或直观的”解释原则去解读马克思主义的新世界观。因此，问题的实质既不是自然观、历史观、社会观、实践观是否具有世界观意义的问题，也不是辩证唯物主义与历史唯物主义孰先孰后的问题，而是如何理解马克思的哲学革命所蕴含的新世界观的解释原则问题。

从解释原则的角度重新反省世界观，特别是从解释原则的角度重新探索马克思主义的新世界观，这是在21世纪研究马克思主义哲学的重大的前提性、基础性问题。作为一家之言，我提出的问题和作出的论证是，马克思主义的新世界观，不仅是对唯心主义世界观的根本性批判，也是对旧唯物主义世界观的根本性超越。“无论是‘从前的一切唯物主义’以‘直观’的方式解释人与世界的关系，还是全部的唯心主义哲学以‘抽象’的方式解释人与世界的关系，它们的‘世界观’都不是人与世界的现实的（真实的）关系，因而都只能是‘把理论引向神秘主义的神秘东西’，都只不过是以其‘神秘东西’来‘解释世界’，而无法‘改变世界’。只有超越这些‘神秘东西’，‘在人的实践中以及对这个实践的理解中’来回答人与世界的关系，才是真正的‘改变世界’的马克思主义哲学。马克思主义哲学的创立是真正意义的哲学革命，它在唯物主义的历史上实现了从‘直观’的唯物主义到‘历史’的唯物主义的革命，从旧唯物主义的‘世界观’到历史唯物主义的‘新世界观’的革命。”历史唯物主义关于世界观的解释原则，集中地、深切地体现了马克思的“解放何以可能”的哲学使命和马克思的“现实的人及其历史发展”的哲学内涵，因而是马克思主义的新世界观。

2.怎样理解“历史唯物主义”的“历史”?

在关于马克思主义新世界观的理解中，最为突出的问题是如何理解作为世界观的“历史唯物主义”的“历史”观念。关于“历史”，马克思曾明确地指出：“‘历史’并不是把人当作达到自己目的的工具来利用的某种特殊的人格。历史不过是追求着自己的目的的人的活动而已。”在马克思这里，“历史”并不是某种“过程性的抽象原则”，而是“追求着自己的目的的人的活动”，即人的存在方式以及由这种存在方式所构成的人的全部的“人的关系和人的世界”。以“历史”的解释原则而构成的世界观，就是以追求自己的目的的人的活动为解释原则而构成的世界观。

“历史”作为追求着自己的目的的人的活动，深刻地揭示了人的独特的存在方式的思想内涵，也就是深刻地揭示了人与世界的独特关系的思想内涵，深刻地揭示了人的现实世界（生活世界）的思想内涵。在马克思这里，“历史”不是外在于人的活动的抽象过程，“历史观念”也不是脱离人的活动的抽象原则；恰恰相反，“历史”就是人的活动，“历史观念”就是以人的活动来揭示人的存在方式、揭示人与世界的关系、揭示人的现实世界（生活世界）的哲学理念即关于世界观的解释原则。

作为人的活动的“历史”，是人的存在方式。人与动物的根本区别，在于人是“历史”的存在。人类不是以动物的本能适应自然而维持自身的存在，而是以人的活动改变自然而维持自身的存在；人类不是以物种的自我复制而延续本物种的存在，而是以人的活动发展自身而延续自身的存在。马克思说：“人的存在是有机生命所经历的前一个过程的结果。只是在这个过程的一定阶段上，人才成为人。但是一旦人已经存在，人，作为人类历史的经常前提，也是人类历史的经常的产物和结果，而人只有作为自己本身的产物和结果才成为前提。”人自身作为历史的前提和结果，以自己的活动构成自己的历史，以自己的历史构成自身的存在。离开人的“历史”，就会把人的存在方式抽象化，把人与世界的现实关系抽象化。只有从人的存在方式去理解“历史”，才能理解“历史”观念的世界观意义。

“历史”作为人的存在方式，构成人与世界的现实的（真实的）关系。人对世界的独特关系，是以人的独特的存在方式即人的活动为前提的；离开人的独特的存在方式即人的活动，就不存在人与世界的独特关系。人的存在就是人们的现实的生活过程，就是在历史的进程中所构成的人与自然、人与社会、人与他人、人与自我的无限丰富和不断变革的关系。作为世界观理论的哲学，每个时代向它提出的首要问题，都是人与世界关系的时代性变革问题，也就是人的实践的存在方式的时代性变革问题。这包括：人的存在方式是历史性变革的，人的世界图景是历史性变革的，人对自己与世界的关系的自我意识是历史性变革的，人们的思维方式、价值观念、审美意识和终极关系是历史性变革的。肯定人对世界关系的历史性，我们才会自觉地提出马克思主义哲学所关切的世界观问题：以人的当代的实践活动为基础的人对世界的当代关系是怎样的？以当代科学为中介的人的当代世界图景是怎样的？以人的当代社会生活为基础的当代人的思维方式、价值观念、审美意识和终极关怀是怎样的？其中，最为重要的是，市场经济所构成的“以物的依赖性为基础的人的独立性”的存在方式，在当代人的世界观、人生观、价值观中具有什么样的地位和作用？在建设社会主义市场经济的过程中怎样追求和实现人的全面发展？只有充分理解马克思主义哲学世界观的历史唯物主义的解释原则，才能永葆马克思主义哲学作为“时代精神的精华”和“文明的活的灵魂”的永不枯竭的生命力。

“历史唯物主义”的“历史”观念，是人类思想史的结晶和升华。作为德国古典哲学的集大成者，黑格尔对哲学思维的理论自觉，深切地体现在他所说的“哲学是最具体的”，“哲学是最敌视抽象的”。在黑格尔看来，哲学对“世界何以可能”“认识何以可能”“自由何以可能”的追问，都不应该停留于对“世界”“认识”“自由”的抽象追问，而必须诉诸对人类思想史的考察，诉诸对“世界”“认识”“自由”的思想内涵的概念式把握，从而达到“全体的自由性”与“环节的必然性”的统一。这是黑格尔的“历史”观念，也是黑格尔以“历史”观念所构成的概念辩证法——人类思想运动的内涵逻辑、人类争取和实现自由的思想内涵逻辑。在黑格尔这里，作为思想的内涵逻辑的辩证法，既不是与“理论”相分离的“方法”，也不是与“内容”相分离的“形式”，因而并不是某种“抽象的原则”，而是关于“具体的普遍性”的逻辑——概念展现自身的丰富性的“历史”。马克思的“历史”观念及其辩证法，是以黑格尔的内涵逻辑为理论资源和理论前提形成的。离开黑格尔的内涵逻辑以及对这个内涵逻辑的深刻理解，就无法理解马克思的“历史”观念及其辩证法，也就无法理解历史唯物主义的解释原则及其所构建的马克思主义的新世界观。长期以来，人们之所以把“辩证法”当作可以随意套用的抽象原则，从根本上说，就在于以“非历史”或“超历史”的观念去看待和运用辩证法，把作为内涵逻辑的辩证法变成与“理论”相分离的“方法”、与“内容”相分离的“形式”。“历史”的观念是黑格尔的内涵逻辑的辩证法的灵魂，也是马克思和恩格斯从黑格尔哲学那里汲取的思想精华。

在黑格尔的意义上，“历史”是思想自己运动的历史，“辩证法”是思想构成自己的逻辑，因此黑格尔的“历史”和“辩证法”，是马克思深刻地揭示的“无人身的理性”的自我运动。这就是黑格尔以其“历史”观念所构成的唯心主义的世界观。这个唯心主义世界观，以思维规定感性的解释原则，颠倒了人与世界的现实（真实）关系。然而黑格尔的“历史”观念的真实意义在于，这种观念颠覆了对“世界何以可能”“认识何以可能”“自由何以可能”的抽象追问，把哲学从“抽象的普遍性”升华为“具体的普遍性”，以其“天才的猜测”表达了人与世界的现实关系——历史的关系，因而包含了“历史唯物主义的萌芽”。马克思和恩格斯则是以黑格尔的历史观念——思想的内涵逻辑——为重要的理论资源，以现实的（真实的）“历史”——追求自己的目的的人的活动——作为自己的新世界观的解释原则，揭示了人自身的存在方式、人以自己的存在方式所构成的人与世界的无限丰富的矛盾关系、人以自己的存在方式所实现的人自身的发展。这就是以唯物主义的“历史”观念所构成的存在论、真理论和价值论相统一的马克思主义哲学的内涵逻辑——历史的内涵逻辑。这个历史的内涵逻辑（不是黑格尔的思想的内涵逻辑），以“现实的人及其历史发展”为内容而实现了唯物主义与辩证法的统一，这就是历史唯物主义的新世界观。

3.怎样理解“历史唯物主义”的理论内涵？

马克思和恩格斯创建的历史唯物主义，从感性的人的活动或历史中行动的人出发去解决思维和存在的关系问题，形成了以“历史”为解释原则、以“生活决定意识”为核心理念、以“历史的内涵逻辑”为基本内容、以“人类解放”为价值诉求、以“改变世界”为理论指向的历史唯物主义的世界观。这个“不再是哲学”的世界观具有极其深刻和丰厚的理论内涵。

第一，历史唯物主义的世界观，是以“历史”作为解释原则的世界观。

在《关于费尔巴哈的提纲》中，马克思明确地揭示了由三种不同的解释原则所构成的世界观：一是以客体的或者直观的解释原则回答思维和存在的关系问题的旧唯物主义的世界观，二是以抽象的能动性的解释原则回答思维和存在关系问题的唯心主义世界观，三是以感性的人的活动的解释原则回答思维和存在关系问题的现代唯物主义的世界观。对于后一种解释原则，恩格斯明确地表述为以“现实的人及其历史发展”为出发点的“现代唯物主义”的世界观。

“历史”是追求着自己的目的的人的活动，是人们的现实生活过程，是现实的人及其历史发展。马克思说，人“作为人类历史的经常前提，也是人类历史的经常的产物和结果，而人只有作为自己本身的产物和结果才成为前提”。人自身作为历史的前提和结果，以自己的活动构成自身的存在、自身的历史。历史是人的存在的现实，是人的现实的世界。正是在“历史”即人们的现实生活过程中，才形成现实的思维与存在的关系，因此只有从“历史”即人们的现实生活过程出发，才能合理地提出和回答作为哲学基本问题的思维和存在的关系问题。

关于“历史”，值得深入思考的一个重大问题是，历史不只是一个过程，即不只是感性的人的活动，而且是一种结果，即感性的人的活动或历史中行动的人所创造的文明。文明凝结着人的历史活动，体现着人与世界的现实关系，并规范着人类社会的趋势与未来。因此，历史唯物主义的历史概念远不止是活动或过程的概念，更是文明的概念。以历史作为解释原则的历史唯物主义，从根本上说，是以文明为其内涵而实现的对思维和存在关系问题的回答，也就是以文明为其内涵构成的世界观。这正如马克思和恩格斯所说：“历史不外是各个世代的依次交替。每一时代都利用以前各代遗留下来的材料、资金和生产力；由于这个缘故，每一代一方面在完全改变了的环境下继续从事所继承的活动，另一方面又通过完全改变了的环境来变更旧的环境。”这才是具有革命意义的、以历史作为解释原则的马克思主义的世界观。然而通常所说的“实践唯物主义”，则只是把“实践”解释为“感性的人的活动”，而没有凸显人的实践活动所构成的历史的文明内涵。正因如此，我们不赞同以辩证唯物主义和历史唯物主义来称谓和定位马克思主义哲学，也不认同以实践唯物主义来称谓和定位马克思主义哲学，而把马克思主义哲学称谓和定位为历史唯物主义。

第二，以“历史”为解释原则的世界观，是以“生活决定意识”为核心理念的世界观。

关于意识与存在的关系问题，马克思和恩格斯在《德意志意识形态》中十分明确地提出：“意识在任何时候都只能是被意识到了的存在”，而“人们的存在就是他们的现实生活过程”。这表明，马克思和恩格斯所指认的“存在”，并不是某种超验的、与人无关的神秘的东西，而是人的现实生活过程，所谓的自然界则是“在人类历史中即在人类社会的产生过程中形成的自然界是人的现实的自然界”；马克思和恩格斯所指认的“意识一开始就是社会的产物，而且只要是人们存在着，它就仍然是这种产物”。马克思和恩格斯认为，由“纯粹动物式的意识”发展为真正的人的“意识”，这是“被历史的进程所改变”的结果。这表明，与“被意识到了的存在”一样，意识本身也是历史的产物。因此，意识与存在的关系，在其现实性上，就是社会意识（现实的人的意识）与社会存在（现实的人的生活过程）在历史的进程中所形成的关系。在历史的进程中所形成的意识与存在的关系，就是社会意识与社会存在的关系；在这种现实的社会意识与社会存在的关系中，从根本上说，“不是意识决定生活，而是生活决定意识”。这是历史唯物主义的世界观的核心理念和根本观点。

离开现实的人的意识与现实的人的生活过程，并不存在抽象的意识与存在的关系；离开“历史的进程”去说明意识与存在的关系，只能是“把理论引向神秘主义的神秘东西”；只有从“历史的进程”提出和回答意识与存在的关系问题，才能“在人的实践中以及对这个实践的理解中得到合理的解决”。由此可以明确：离开“历史的进程”而提出意识与存在的关系问题，这是马克思主义以前的全部旧哲学；以“历史的进程”为出发点而提出意识与存在的关系问题，这才是马克思和恩格斯的世界观——历史唯物主义的世界观。

第三，以“历史”为解释原则的世界观，是以“历史的内涵逻辑”为内容的世界观。

历史唯物主义的“唯物主义”，是唯物主义发展史上的马克思主义的唯物主义；历史唯物主义的“辩证法”，是辩证法发展史上的马克思主义的辩证法。因此，历史唯物主义的世界观，并不是一般意义的唯物主义与辩证法的统一，而是马克思主义的唯物主义与辩证法的统一，这就是以历史为解释原则的唯物主义与辩证法的统一。它的最为重要的理论问题，并不是抽象的思维和存在的关系问题，而是解决“思维和存在的关系问题”中的历史与逻辑的关系问题、理论与实践的关系问题。它的主要的和直接的批判对象，是黑格尔以唯心主义辩证法所构成的“历史与逻辑的一致”；它的真实的理论内容，是作为历史的内涵逻辑的历史唯物主义。

在《资本论》的第二版跋中，马克思明确地提出："我的辩证方法，从根本上说，不仅和黑格尔的辩证方法不同，而且和它截然相反。在黑格尔看来，思维过程，即他称为观念而甚至把它转化为独立主体的思维过程，是现实事物的创造主，而现实事物只是思维过程的外部表现。我的看法则相反，观念的东西不外是移入人的头脑并在人的头脑中改造过的物质的东西而已。"马克思由此提出："辩证法，在其合理的形态上"，是"在对现存事物的肯定的理解中同时包含对现存事物的否定的理解，即对现存事物的必然灭亡的理解；辩证法对每一种既成的形式，都是从不断的运动中，因而也是从它的暂时性方面去理解；辩证法不崇拜任何东西，按其本质来说，它是批判的和革命的"。在这里，马克思提出了关于辩证法的两个根本性论断：其一，是观念决定现实，还是现实决定观念，这是黑格尔的辩证法与马克思的辩证法的根本区别；其二，"合理形态"的辩证法，不仅是肯定现实决定观念，而且"按其本质来说"，是"批判的和革命的"。马克思的这两个论断表明，"现代唯物主义"的世界观是"对现存的一切进行无情的批判"的世界观，是"实际地反对并改变现存的事物"的世界观。这个世界观，既变革了以"客体的或者直观的"方式看待人与世界关系的旧唯物主义的世界观，也变革了把思维看作"现实事物的创造主"的唯心主义的世界观。

黑格尔辩证法的唯心主义本质，深刻地体现为"历史屈从逻辑"。在《哲学的贫困》中，马克思就揭露了黑格尔的历史与逻辑的一致的唯心主义本质："黑格尔认为，世界上过去发生的一切和现在还在发生的一切，就是它自己的思维中发生的一切。因此，历史的哲学仅仅是哲学的历史，即它自己的哲学的历史。""它以为它是在通过思想的运动建设世界，其实，它只是根据绝对方法把所有人头脑中的思想加以系统的改组和排列而已。”不仅如此，马克思还深刻地揭示了形成黑格尔唯心主义辩证法的认识论根源：“在最后的抽象（因为是抽象，而不是分析）中，一切事物都成为逻辑范畴，这用得着奇怪吗？”“正如我们通过抽象把一切事物变成逻辑范畴一样，我们只要抽去各种各样的运动的一切特征，就可得到抽象形态的运动，纯粹形式上的运动，运动的纯粹逻辑公式。”因此，马克思关于历史与逻辑的关系的基本观点是：“不是在每个时代中寻找某种范畴，而是始终站在现实历史的基础上，不是从观念出发来解释实践，而是从物质实践出发来解释观念的形成。”

马克思肯定历史决定逻辑，不是否认以逻辑的方式把握历史，而是把逻辑视为对历史的理论把握。在《〈政治经济学批判〉导言》中，马克思对逻辑与历史的一致作出这样的论述：“比较简单的范畴可以表现一个比较不发展的整体的处于支配地位的关系或者一个比较发展的整体的从属关系，这些关系在整体向着以一个比较具体的范畴表现出来的方面发展之前，在历史上已经存在。在这个限度内，从最简单上升到复杂这个抽象思维的进程符合现实的历史过程。”“比较简单的范畴，虽然在历史上可以在比较具体的范畴之前存在，但是，它在深度和广度上的充分发展恰恰只能属于一个复杂的社会形式，而比较具体的范畴在一个比较不发展的社会形式中有过比较充分的发展。”在《资本论》中，马克思正是通过分析“比较具体的范畴”而把握“比较简单的范畴”，通过考察“比较发展的整体”而透视“比较不发展的整体”，通过揭示“一个复杂的社会形式”即资本主义的社会形式而实现对全部

“人类生活形式”（历史过程）的揭示，从而发现了人类历史的发展规律。

历史与逻辑的关系问题，从根本上说，是人的活动与历史规律的关系问题。黑格尔辩证法的真实意义，在于它在批判抽象理性的过程中，构成了以概念的辩证运动所展现的人类思想运动的逻辑，即“思想的内涵逻辑”。然而在黑格尔的历史与逻辑一致的“思想的内涵逻辑”中，却把历史的规律视为“无人身的理性”的自我实现过程，从而把历史视为逻辑的自我展开，而把人的历史活动本身当作这种逻辑的外在表现。这是黑格尔辩证法的唯心主义实质。与此相反，马克思是把历史的规律视为人作为历史的前提和结果的辩证运动，而把逻辑视为关于人的历史活动的理论把握，从而把黑格尔作为“思想的内涵逻辑”的辩证的唯心主义扬弃为作为“历史的内涵逻辑”的历史的唯物主义。马克思说：“人们自己创造自己的历史，但是他们并不是随心所欲地创造，并不是在他们自己选定的条件下创造，而是在直接碰到的、既定的、从过去承继下来的条件下创造。”以理论的方式把握人的历史活动及其所形成的历史规律，这就是马克思的唯物论与辩证法相统一的“历史的内涵逻辑”，即存在论、认识论和逻辑学相统一的历史唯物主义。

第四，以“历史”为解释原则的世界观，是以“人类解放”为其价值诉求的世界观。

哲学作为理论形态的人类自我意识，既不是单纯的存在论，也不是单纯的认识论，而是具有存在论、认识论和价值论的三重内涵，即一方面是为了确立某种价值理想而诉诸对真理的追求和对存在的反思，另一方面则是以对真理的追求和对存在的反思而确立某种价值理想。价值诉求，是哲学的根本旨趣，是哲学的基本理念，是哲学的主要功能。一种哲学理论的价值诉求，从根本上决定该种哲学对“存在”和“真理”的理解，也就从根本上决定该种哲学的世界观。历史唯物主义的世界观，是以“人类社会或社会的人类”为落脚点、以人类解放为价值目标的世界观。这是“已经不再是哲学”的马克思主义世界观的最具革命性的根本特质。

推翻使人“被侮辱”“被奴役”“被遗弃”“被蔑视”的一切关系，是马克思和恩格斯创建自己的全部学说的真正出发点，也是马克思和恩格斯全部学说所承诺的最高的价值理想——以人的全面发展为内容的人类解放。正是从这个价值理想出发，马克思批判一切把理论引向神秘主义的神秘的东西，从揭露“人的自我异化的神圣形象”转向揭露“具有非神圣形象的自我异化”，把“对天国的批判变成对尘世的批判，对宗教的批判变成对法的批判，对神学的批判变成对政治的批判”，从而实现“对现存的一切进行无情的批判”，并在这种批判中形成了以人类解放为价值目标的历史唯物主义的世界观。离开这个价值目标，就会像马克思和恩格斯所批判的“独立的哲学”一样，不了解“革命的、实践批判的活动的意义”，“至多也只能达到对单个人和市民社会的直观”，而不可能“在人的实践中以及对这个实践的理解中”去对待“人的思维是否具有客观的真理性”问题，也就是不可能以历史为解释原则而实现哲学的存在论、真理性和价值论的统一。

第五，以“历史”为解释原则的世界观，是以“改变世界”为其理论指向的世界观。

正如恩格斯《在马克思墓前的讲话》中所说，马克思“首先是一个革命家”。马克思反对“哲学，尤其是德国哲学的爱好宁静孤寂，追求体系的完满，喜欢冷静的自我审视”的理论态度，认为哲学应当是“自己的时代、自己的人民的产物”，“任何真正的哲学都是自己时代精神上的精华，因此，必然会出现这样的时代：那时哲学不仅在内部通过自己的内容，而且在外部通过自己的表现，同自己时代的现实世界接触并相互作用”。“改变世界”，这是马克思的哲学革命的根本理念——把哲学变革为指向实践的世界观。

关于理论与实践之间的关系，马克思在《〈黑格尔法哲学批判〉导言》中提出一系列值得特别关切的重要论述：其一，“理论在一个国家实现的程度，总是决定于理论满足这个国家需要的程度”；其二，“光是思想力求成为现实是不够的，现实本身应当力求趋向思想”；其三，“理论只要说服人，就能掌握群众；而理论只要彻底，就能说服人。所谓彻底，就是抓住事物的根本。但是，人的根本就是人本身”。马克思的这些论述告诉人们：首先，理论不仅源于实践，而且其实现的程度同样取决于实践需要的程度，离开实践既不会形成理论，也不会实现理论；其次，源于实践的理论并不是消极地反映现实，而是以其既“合目的”又“合规律”的思想对现实进行批判性的反思、规范性的矫正和理想性的引导，从而使“现实趋向思想”；最后，引导现实的思想必须是具有彻底性的思想，即抓住事物的根本也就是人本身的思想，因此只有从感性的人的活动或历史中行动的人出发，才能构成真正具有实践意义的世界观。

马克思关于理论与实践关系的论述，凸显了以“历史”为解释原则的世界观对哲学的基本问题——思维和存在的关系问题——的扬弃：无论是解释世界的“哲学”，还是改变世界的“世界观”，都是作为理论形态存在的，都是以思维和存在的关系问题为其重大的基本问题的；二者的根本区别，不仅在于如何看待思维与存在的关系，而且在于如何对待理论与实践的关系。思维和存在的关系问题是理论与实践的关系问题中所蕴含的基本问题，而理论与实践的关系问题则是思维和存在的关系问题的现实内容。历史唯物主义的世界观，以“历史”的解释原则回答了哲学的基本问题——思维和存在的关系问题；以“历史”的解释原则论证了人与世界的关系——人在自己的实践活动及其历史发展中所实现的人对世界的否定性统一关系；以“历史”的解释原则最深切地体现了哲学的批判本质——“对现存的一切进行无情的批判”；以“历史”的解释原则升华了哲学对自由和崇高的追求——历史作为“追求自己的目的的人的活动过程”所指向的人类解放和人的全面发展的崇高理想。因此，历史唯物主义的世界观，不只是改变了对思维和存在的关系问题的理解，更在于改变了对理论与实践的关系问题的态度。正是在理论与实践的关系问题中，深刻地体现了历史唯物主义的“改变世界”的世界观。

（三）

从历史唯物主义到《资本论》的哲学思想

马克思和恩格斯所创建的“关于现实的人及其历史发展”的历史唯物主义，与马克思“毕生研究”的“伟大成果”《资本论》

究竟是何关系?《资本论》是“运用”还是“构建”了马克思主义哲学?这是由对历史唯物主义的探索所引发的重大理论问题。

在通常的理解和阐释中,都以认定《资本论》是“马克思毕生研究政治经济学的伟大成果”为前提,认为“马克思在这部著作中运用辩证唯物主义和历史唯物主义的世界观和方法论”,从而“创立了马克思主义政治经济学”。正是由于认定《资本论》是政治经济学而不是哲学,认定《资本论》是“运用”而不是“构建”了马克思主义哲学,因此长期以来,或者离开《资本论》而阐释马克思主义哲学,或者把研究《资本论》的哲学思想限定为《资本论》如何“运用”了马克思主义哲学。其直接后果,不仅是影响到对《资本论》哲学思想的阐释,而且深刻地影响到对马克思主义哲学的理解。与这种把马克思主义哲学“运用”于《资本论》的思路不同,我的总体思路是:如何在马克思主义哲学与《资本论》的“互释”中,既阐释《资本论》的哲学思想,又重新理解马克思主义哲学。

关于马克思主义哲学,马克思和恩格斯各有一句不容回避的振聋发聩的论断。马克思说:“哲学家们以不同的方式解释世界,而问题在于改变世界”;恩格斯说,马克思和他所创建的哲学“已经根本不再是哲学,而只是世界观”。这两个论断的令人警醒之处在于,马克思和恩格斯都断言他们的哲学已经“不再是哲学”;这两个论断的振聋发聩之处在于,马克思和恩格斯都对他们的哲学作出最为明确的指认:马克思说他们的哲学是“改变世界”,恩格斯说他们的哲学只是“世界观”。这两个论断告诉我们并要求我们,已经“不再是哲学”的“改变世界”的“世界观”是马克思主义的哲学革命,因此我们必须以“哲学革命”去理解马克思主义哲学，并以“哲学革命”去阐释《资本论》的哲学思想。离开对马克思和恩格斯的“哲学革命”的合理阐释，就无法合理地阐释马克思主义哲学和《资本论》的哲学思想。

马克思的哲学革命不是一蹴而就的。1842年，马克思在提出“任何真正的哲学都是自己时代的精神上的精华”的著名论断时，就对新哲学提出这样的期待：“那时哲学不仅在内部通过自己的内容，而且在外部通过自己的表现，同自己时代的现实世界接触并相互作用。”1843年，在《〈黑格尔法哲学批判〉导言》中，马克思明确地提出，理论的彻底性，在于抓住事物的根本；而“人的根本就是人本身”。正是从这个“根本”出发，马克思对新哲学的使命又作出这样的概括：“真理的彼岸世界消逝以后，历史的任务就是确立此岸世界的真理。人的自我异化的神圣形象被揭穿以后，揭露具有非神圣形象中的自我异化，就成了为历史服务的哲学的迫切任务。”把人从非人的存在中解放出来，这就是马克思为新哲学提出的使命。“解放何以可能？”这构成了马克思哲学的“活的灵魂”。在《1844年经济学哲学手稿》中，马克思又从“人的本质”和“异化劳动”去探索“解放的根据”。在马克思这里，人的解放的根据是双重的：一方面，人的“自由自觉活动”的“类的特性”构成人的解放的可能性的根据；另一方面，人的“类的特性”的“异化”状态则是人的解放的必要性的根据。正是从人的解放的可能性与必要性的双重根据出发，马克思不断地深化自己对“解放何以可能”的求索。

1845年春，马克思写出了被恩格斯称作“包含着新世界观的天才萌芽的第一个文件”的《关于费尔巴哈的提纲》。这个“宝贵文件”凝聚了马克思对全部哲学史的高度概括性总结，熔铸了马克思对哲学自身的深切反思，表达了马克思对全部旧哲学的根本性批评，升华了马克思探索人类解放的理论成果，构成了以实践为核心范畴的对人的解放何以可能的理论回答。因此，以这份“宝贵文件”为标志的哲学史上的实践转向，也标志着把“解释世界”的旧哲学与“改变世界”的新哲学区别开来的马克思的“天才世界观萌芽”。人们都承认，实践是这份“宝贵文件”的核心范畴；问题在于，对马克思来说，他把实践作为核心范畴所要回答的哲学问题是什么？在《关于费尔巴哈的提纲》的第一条中，马克思明确地提出，以往的全部哲学的根本问题，就在于不是从人的实践的感性活动去理解人与世界的关系，因而不能真实地理解人与世界的真实关系。在这里，马克思已经把“人的解放何以可能”的根据，从《1844年经济学哲学手稿》中关于人的“自由自觉活动”的“类的特性”，确认为人的实践活动。这在马克思的哲学思想演进的过程中具有重大意义。在《关于费尔巴哈的提纲》的第二条中，马克思针对整个传统哲学，特别是整个西方近代哲学所思考和论争的根本性问题——思想的客观性问题——进一步地明确了实践范畴的意义。“人的思维是否具有客观的真理性，这不是一个理论的问题，而是一个实践的问题。”在《关于费尔巴哈的提纲》第三条中，马克思又针对关于“人”与“环境”的相互关系的争论，明确地把人的存在的根据归结为“革命的实践”。在《关于费尔巴哈的提纲》的第八条中，马克思把上述思想凝结为一个根本性的论断：“全部社会生活在本质上是实践的。凡是把理论引向神秘主义的神秘东西，都能在人的实践中以及对这个实践的理解中得到合理的解决。”在《关于费尔巴哈的提纲》的第九、十两条中，马克思又把这种“实践转向”的根据诉诸实现这种“转向”的主体，即“人类社会或社会的人类”。在《关于费尔巴哈的提纲》的最后一条即第十一条中，马克思以其“实践转向”为根据，把以往的旧哲学归结为“用不同的方式解释世界”，而把他所开拓的新的哲学道路归结为“问题在于改变世界”。

关于“改变世界”的世界观，在写于1845—1846年的《德意志意识形态》中，马克思和恩格斯醒目地强调研究的出发点问题，即“我们的出发点是从事实践活动的人”，而人的“第一个历史活动就是生产满足这些需要的资料，即生产物质生活本身”。因此，“任何历史观的第一件事情就是必须注意，上述基本事实的全部意义和全部范围，并给予应有的重视”。就历史事实而言，人已经从总体上实现了从“人的依赖关系”转化为“以物的依赖性为基础的人的独立性”。因此，马克思的理论聚焦点，就是揭示这个“以物的依赖性为基础的人的独立性”所造成的人的异化状态及其为人类走出这种异化状态所提供的前提条件。正是基于对人的存在和发展的现实理解，在发表于1848年的《共产党宣言》中，马克思和恩格斯以他们在《德意志意识形态》中所提出的历史唯物论思想为基础，明确提出“代替那存在着阶级和阶级对立的资产阶级旧社会的，将是这样一个联合体，在那里，每个人的自由发展是一切人的自由发展的条件”。

马克思的思想历程表明，在马克思这里，人类解放并不是某种状况，而是一个过程，是一个“使现存世界革命化”的过程。“共产主义对我们来说不是应当确立的状况，不是现实应当与之相适应的理想。我们所称为共产主义的是那种消灭现存状况的现实的运动。”因此，“实际上，而且对实践的唯物主义者即共产主义者来说，全部问题都在于使现存世界革命化，实际地反对并改变现存的事物”。马克思对共产主义和“实践的唯物主义者”的这种阐释，对于我们理解马克思的新世界观是至关重要的。实现人类解放的共产主义，它是一个否定性的过程，即一个消灭现存状况，实际地反对和改变事物的现状的过程。把这个否定性的过程视为解放的根据，从否定性的过程去理解解放的根据，这就是马克思的革命的、批判的辩证法。由此我们可以看到，马克思的哲学革命主要包括三个方面：一是把哲学对“世界何以可能”的追问变革为对“人类解放何以可能”的寻求；二是把对“人类解放何以可能”的寻求诉诸对人的历史活动的理解；三是把对“人类解放何以可能”的寻求诉诸人对自己既定状态的扬弃，实现了唯物主义的历史观与革命的、批判的辩证法的统一。

追溯马克思的哲学革命的思想历程，我们可以看到，马克思为构建自己的新世界观，提出了一系列重大问题：把“真正的哲学”视为“时代精神的精华”，那么现代社会的时代精神究竟是什么？把现代哲学的历史任务定位为“揭露人在非神圣形象中的自我异化”，那么这个“非神圣形象”究竟是什么？人是如何在“非神圣形象”中构成自我异化、人又如何挣脱在“非神圣形象”中的自我异化？把人的自我异化的实质解释为异化劳动，那么构成异化劳动的现实基础和真实内涵又是什么？把人与世界的关系归结为实践关系，那么怎样从人的实践活动去理解现实的人及其历史发展？马克思把人的实践首先理解为人的物质生活资料的生产，那么物质生活资料的生产如何构成历史的发展规律，特别是如何构成资产阶级社会的特殊的运动规律？把人类解放的价值诉求定位为“以每个人的自由全面发展为条件的一切人的自由而全面的发展”，那么实现这种价值诉求的现实根据和现实道路又是什么？正是对这些根本性问题的回答，构成了作为马克思毕生研究的伟大成果的《资本论》。《资本论》不是“运用”了马克思主义哲学，而是以回答人类解放问题而构成的系统化、理论化的新世界观。

人类解放何以可能的新世界观与哲学的本质性区别到底是什么？马克思和恩格斯在《德意志意识形态》中已经作出明确回答：“德国哲学从天国降到人间；和它完全相反，这里我们是从人间升到天国。这就是说，我们不是从人们所说的、所设想的、所想象的东西出发，也不是从口头说的、思考出来的、设想出来的、想象出来的人出发，去理解有血有肉的人。我们的出发点是从事实际活动的人，而且从他们的现实生活过程中还可以描绘出这一生活过程在意识形态上的反射和反响的发展。”这明确地告诉我们，马克思主义的世界观与以往的全部哲学的根本性区别就在于，作为世界观的马克思主义哲学是以“实际活动的人”为自己的出发点，而以往的哲学则是以“想象出来的人”为出发点。

正是以“实际活动的人”而不是以“想象出来的人”为出发点，马克思和恩格斯进一步明确地指出：“在思辨中止的地方，在现实生活面前，正是描述人们实践活动和实际发展过程的真正的实证科学开始的地方。关于意识的空话将中止，它们一定会被真正的知识所代替。对现实的描述会使独立的哲学失去生存环境，能够取而代之的充其量不过是从对历史的发展的考察中抽象出来的最一般的结果的概括。这些抽象本身离开了现实的历史就没有任何价值。”这就更为明确地告诉我们，区别于“独立的哲学”的马克思主义哲学，它的实质内容是“从对历史的发展的考察中抽象出来的最一般的结果的概括”，也就是关于历史规律的理论。正因如此，恩格斯在晚年所著的《路德维希·费尔巴哈和德国古典哲学的终结》中，对马克思主义哲学作出这样的论断：“关于现实的人及其历史发展的科学。”

恩格斯的这个论断，不是一般性的论断，而是关于马克思主义哲学的根本性论断，也是关于《资本论》哲学思想的根本性论断。《在马克思墓前的讲话》中，恩格斯明确地提出，马克思的一生有两个伟大的发现：一是“发现了人类历史的发展规律”，二是“发现了现代资本主义生产方式和它所产生的资产阶级社会的特殊的运动规律”。这两大发现，是马克思毕生研究的伟大成果，并凝结为马克思的《资本论》。因此，如何看待马克思的两大发现与恩格斯所指认的“关于现实的人及其历史发展的科学”的关系，特别是如何看待马克思所研究的“资本”与“关于现实的人及其历史发展的科学”的关系，就成为如何理解马克思主义哲学与《资本论》的关系的根本性问题。

关于《资本论》所研究的“资本”，马克思明确地指出：“资本不是物，而是一定的、社会的、属于一定历史形态的生产关系，它体现在一个物上，并赋予这个物以特有的社会性质。”对于为何必须以“资本”为对象，马克思说：“在一切社会形式中都有一种一定的生产关系决定其他一切生产的地位和影响，因而它的关系也决定其他一切关系的地位和影响。这是一种普照的光，它掩盖了一切其他色彩，改变着它们的特点。这是一种特殊的以太，它决定着它里面显露出来的一切存在的比重。”“资本是资产阶级社会的支配一切的经济权力。它必须成为起点又成为终点。”正因为“资本”是决定现代生产关系以及由此构成的人的全部社会关系的“普照的光”“特殊的以太”和“支配一切的经济权力”，所以必须以“资本”为对象而构建“关于现实的人及其历史发展的科学”。

在马克思这里，从“物和物的关系”中揭示“人和人的关系”，就是从“资本”的逻辑中揭示“现实的人及其历史发展的”逻辑。由此，我们可以得出相互规定的两个结论：马克思主义的“关于现实的人及其历史发展的科学”就集中地、系统地体现为《资本论》，《资本论》所揭示的“人类历史的发展规律”和“资产阶级社会的特殊的运动规律”就集中地、系统地展现了马克思主义的“关于现实的人及其历史发展的科学”。离开马克思主义的“关于现实的人及其历史发展的科学”就不能真正理解和把握《资本论》，离开《资本论》就不能真正理解和把握“关于现实的人及其历史发展的科学”。作为“关于现实的人及其历史发展的科学”，《资本论》就是“改变世界”的世界观，“改变世界”的马克思主义的世界观就集中地体现在《资本论》。以“运用”的思路来看待马克思主义哲学与《资本论》的关系，并按照这种思路来阐释《资本论》的哲学思想，就从根本上割裂了马克思主义哲学与《资本论》的真实关系；与此相反，从“构建”的思路看待马克思主义哲学与《资本论》的关系，并按照这种思路阐释《资本论》的哲学思想，就会在马克思主义哲学与《资本论》的互释中重新理解马克思主义哲学，也就是把马克思主义哲学定位为“关于现实的人及其历史发展的科学”。

首先，“关于现实的人及其历史发展的科学”从根本上改变了哲学研究的出发点：不是从“抽象的人”出发，而是从“现实的人”出发。因此，如何理解和阐释“现实的人”，就成为对马克思主义哲学与《资本论》进行互释的根本性问题。什么是“现实的人”？马克思在《关于费尔巴哈的提纲》中提出：“人的本质不是单个人所固有的抽象物，在其现实性上，它是一切社会关系的总和。”那么马克思所指认的人的本质即“一切社会关系的总和”体现在哪里？就体现在《资本论》所揭示的“商品”“货币”“资本”的“物和物的关系”中的“人和人的关系”。离开这些经济范畴，离开这些经济范畴所体现的人的社会关系，人就是“抽象的人”，而不是“现实的人”。不是以“现实的人”而是以“抽象的人”作为哲学研究的出发点，当然就不是“改变世界”的马克思主义哲学。因此，不是《资本论》运用了马克思主义哲学，而是《资本论》构建了马克思主义哲学。

关于“现实的人”，恩格斯《在马克思墓前的讲话》中指出，这个“现实”在于“人们首先必须吃、喝、住、穿”，因此“直接的物质的生活资料的生产”，构成“现实的人及其历史发展”的基础。反映并把握这个基础的经济范畴，就成为把握“现实的人”的最为根本和最为重要的哲学范畴。对此，马克思在《〈政治经济学批判〉导言》中作出这样的说明：“抛开构成人口的阶级，人口就是一个抽象。如果我不知道这些阶级所依据的因素，如雇佣劳动、资本等等，阶级又是一句空话。而这些因素是以交换、分工、价格等等为前提的。比如资本，如果没有雇佣劳动、价值、货币、价格等等，它就什么也不是。因此，如果我从人口着手，那么，这就是关于整体的一个混沌的表象，并且通过更切近的规定我就会在分析中达到越来越简单的概念；从表象中的具体达到越来越稀薄的抽象，直到我达到一些最简单的规定。于是行程又得从那里回过头来，直到我最后又回到人口，但是这回人口已不是关于整体的一个混沌的表象，而是一个具有许多规定和关系的丰富的总体了。”马克思的论述表明，从人本身出发而考察人，只能是从抽象的人出发而形成对人的抽象的理解；只有从关于人的各种规定——首先是最重要的经济范畴——出发，才能形成对人的具体的理解；只有展现经济范畴所构成的具体，才能揭示“现实的人”的本质，即“一切社会关系的总和”。

众所周知，构成《资本论》的出发点的经济范畴是商品，而《资本论》所揭示的商品的本质是商品的二重性。“商品首先是一个外界的对象，一个靠自己的属性来满足人的某种需要的物。”“物的有用性使物成为使用价值”，因此“商品体本身”就是使用价值。商品的使用价值是其交换价值的物质承担者，而交换价值则表现为“一种使用价值同另一种使用价值相交换的量的关系或比例”。由此就构成了商品的使用价值与交换价值如下的矛盾：“作为使用价值，商品首先有质的差别；作为交换价值，商品只能有量的差别。”商品作为用来交换和出卖的劳动产品，它的使用价值与交换价值的二重性的根据何在？它的使用价值的质的差别和交换价值的量的差别的根据何在？这就是《资本论》所揭示的“理解政治经济学的枢纽”，即劳动的二重性。正是这个枢纽点，构成《资本论》破解“现实的人及其历史发展”的秘密的切入点。

马克思提出：“如果把商品体的使用价值撇开，商品体就只剩下一个属性，即劳动产品这个属性。”“随着劳动产品的有用性质的消失，体现在劳动产品中的各种劳动的有用性质也消失了，因而这些劳动的各种具体形式也消失了。各种劳动不再有什么差别，全都化为相同的人类劳动，抽象人类劳动。”在马克思对商品的分析中，人类的现实的历史——劳动——在商品的二重性中凸显了自己的二重性，这就是创造商品使用价值的“具体劳动”和商品作为劳动产品的“抽象劳动”。正是《资本论》所揭示的劳动的二重性，为理解“现实的人”提供了现实的而不是抽象的切入点——人自身的自然性与社会性的二重性。

人首先是自然的存在。作为自然的存在，人需要自然的满足，而这种自然的满足是通过人自身的对象化活动——劳动——实现的。商品的使用价值，就在于商品是“靠自己的属性来满足人的某种需要的物”。人的具体劳动，就是以各种具体形式创造出满足人的各种需要的“物”，也就是把外部自然变成合目的性的存在。因此，商品的使用价值和人的具体劳动，正是在现实的历史中体现了人是“对象性的存在物”。这表明，在商品中所体现的人的自然性，已经不再是抽象的与历史无关的自然性，而是以劳动创造使用价值的自然性。由商品的二重性和劳动的二重性而形成的对人的存在的理解，其重大的理论意义在于：那种“把人对自然界的关系从历史中排除出去”因而“造成了自然和历史之间的对立”的旧哲学，在《资本论》的烛照下，它对“存在”（包括人和自然）的理解的非现实性被暴露出来；与此同时，人的自然性的历史性即“现实的人及其历史发展”的真实基础，也在《资本论》的商品分析中被确定下来。这是马克思的经济范畴的深刻的哲学内涵。

人的自然的历史性或人的历史的自然性，表明人既是自然的存在，又是社会的存在。这就是人的存在的二重性。人的存在的二重性，即人的自然性和社会性，深刻地体现为商品的二重性及其所蕴含的劳动的二重性。从商品的交换价值上看，商品只是表示“在它们的生产上耗费了人类劳动力，积累了人类劳动”，商品价值就是“作为它们共有的这个社会实体的结晶”。“把劳动产品表现为只是无差别人类劳动的凝结物的一般价值形式，通过自身的结构表明，它是商品世界的社会表现。因此，它清楚地告诉我们，在这个世界中，劳动的一般的人类的性质形成劳动的独特的社会的性质。”劳动的社会性质表明，人的社会性与人的自然性一样，并不是抽象的存在，而是首先体现在商品的交换价值及其所蕴含的人的抽象劳动之中。商品的交换，本质上是劳动的交换；劳动的交换，则构成人的全部社会关系的基础。由此我们可以看到，马克思在《关于费尔巴哈的提纲》中所提出的关于“人的本质不是单个人所固有的抽象物，在其现实性上，它是一切社会关系的总和”这个著名论断，正是并且只是在《资本论》所阐述的“理解政治经济学的枢纽”——劳动的二重性——这一点上才获得了真实的思想内涵。《资本论》的劳动二重性理论为破解“现实的人及其历史发展”的秘密奠定了现实的基础。

马克思破解“现实的人及其历史发展”秘密的现实基础是劳动，而马克思破解劳动的秘密的直接对象却不是劳动，而是劳动所创造的商品。通过阐发商品的二重性而揭示劳动的二重性，通过揭示劳动的二重性而凸显人的存在的二重性，从而揭示物和物的关系中所掩盖的人和人的关系，这深切地体现了马克思的睿智的哲学思想：“感性具体”只是“关于整体的一个混沌的表象”，从“感性具体”出发无法直接达到把握现实的“理性具体”；与此相反，只有从“理性抽象”即“最简单的规定”出发，才能达到“理性具体”，即“具有许多规定和关系的丰富的总和”。因此，只有通过对具体的经济范畴的分析去理解全部的历史，才能真实地展现物和物的关系掩盖下的人和人的关系，从而破解“现实的人及其历史发展”的秘密。这深刻地体现了马克思的存在论、认识论和逻辑学相统一的理论自觉，并深刻地体现了经济范畴的哲学内涵。对此，西方马克思主义的重要人物之一科西克在其所著《具体的辩证法》一书中指出："如果经济范畴是社会主体的'存在形式'或'生存的决定因素'，那么对这些范畴的分析和辩证的系统化就能揭示社会存在，就能在经济范畴的辩证展开中把社会存在精神地再现出来。这又从另一个角度也说明，《资本论》的经济范畴不能以事实性历史的演进或形式逻辑推衍的方式加以系统化，说明辩证的展开是社会存在的唯一可能的逻辑结构。"

从存在论、认识论和逻辑学的三者一致看，《资本论》直接呈现给人们的是由一系列经济范畴所构成的理论体系，离开这些经济范畴及其逻辑关系，就不存在《资本论》的理论体系；构成《资本论》的经济范畴及其逻辑体系，又是马克思自觉地以思维的规定把握现实的规定的产物，离开思维对现实的认识论自觉，就不可能真正地理解和把握《资本论》的经济范畴及其逻辑体系；《资本论》以思维的规定所把握的现实的规定，是在商品、货币、资本、地租、利润等的"物与物"的关系中所掩盖的"人和人"的关系，它的"经济范畴只不过是生产的社会关系的理论表现"，离开"人们的现实生活过程"，就不可能真正地理解商品、货币、资本、地租、利润等全部经济范畴及其逻辑关系。这是《资本论》所实现的存在论、认识论和逻辑学的统一，也是《资本论》所实现的历史与逻辑的统一。正是在这种统一中，马克思以对经济范畴的分析而把旧哲学的"抽象的人"转化成作为"一切社会关系的总和"的"现实的人"。这表明，以经济范畴构成的《资本论》，本质上是关于"现实的人及其历史发展的科学"，也就是马克思主义的"改变世界"的世界观，即马克思主义哲学。

其次，"关于现实的人及其历史发展的科学"不仅从根本上改变了哲学研究的出发点，而且以“现实的人”为出发点变革了哲学研究的基本内容：不是“抽象的人”“抽象的观念”和“抽象的存在”，而是“现实的人及其历史发展”。由“现实的人”所构成的历史是马克思主义哲学的真实对象，由“现实的人”的实践活动所形成的历史规律是马克思主义哲学的真实问题，创建“关于现实的人及其历史发展的科学”是马克思主义哲学的根本任务。那么马克思主义所揭示的“人类历史的发展规律”在哪里？这就是《资本论》。

关于历史，马克思指出：“人们自己创造自己的历史，但是他们并不是随心所欲地创造，并不是在他们自己选定的条件下创造，而是在直接碰到的、既定的、从过去承继下来的条件下创造。”“每一代都利用以前各代遗留下来的材料、资本和生产力；由于这个缘故，每一代一方面在完全改变了的环境下继续从事所传承的活动，另一方面，又通过完全改变了的活动来变更旧的环境。”在“现实的人”的历史发展中，人既是历史的经常的前提，又是历史的经常的结果，而人只有作为历史的经常的结果才能成为历史的经常的前提。人作为历史的前提与结果的辩证运动，就构成了“人们自己创造自己的历史”的“人类历史的发展规律”。因此，马克思和恩格斯明确指出，他们的“历史观就在于：从直接生活的物质生产出发阐述现实的生产过程，把同这种生产方式相联系的、它所产生的交往形式即各个不同阶段上的市民社会理解为整个历史的基础，从市民社会作为国家的活动描述市民社会，同时从市民社会出发阐明意识的所有各种不同理论的产物和形式，如宗教、哲学、道德等等，而且追溯它们产生的过程”。“这种历史观和唯心主义历史观不同，它不是在每个时代中寻找某种范畴，而是始终站在现实历史的基础上，不是从观念出发来解释实践，而是从物质实践出发来解释观念的形成。”

在《〈政治经济学批判〉导言》中，马克思具体地论证了经济范畴与历史过程之间的关系：“比较简单的范畴可以表现一个比较不发展的整体的处于支配地位的关系或者一个比较发展的整体的从属关系，这些关系在整体向着以一个比较具体的范畴表现出来的方面发展之前，在历史上已经存在。在这个限度内，从最简单上升到复杂这个抽象思维的进程符合现实的历史过程。”“比较简单的范畴，虽然在历史上可以在比较具体的范畴之前存在，但是，它在深度和广度上的充分发展恰恰只能属于一个复杂的社会形式，而比较具体的范畴在一个比较不发展的社会形式中有过比较充分的发展。”由此，马克思提出：“资产阶级社会是最发达的和最多样性的历史的生产组织。因此，那些表现它的各种关系的范畴以及对于它的结构的理解，同时也能使我们透视一切已经覆灭的社会形式的结构和生产关系。”

马克思所阐释的经济范畴之间的关系，以及经济范畴与历史过程之间的关系，对于把握历史规律的重大意义在于：“对人类生活形式的思索，从而对这些形式的科学分析，总是采取同实际发展相反的道路。这种思索是从事后开始的，就是说，是从发展过程的完成的结果开始的。”在《资本论》中，马克思正是把“人体解剖”作为“猴体解剖”的钥匙，通过分析“比较具体的范畴”而把握“比较简单的范畴”，通过考察“比较发展的整体”而透视“比较不发展的整体”。因此，关于资本的《资本论》，不仅是揭示资本主义的发展规律，而且是通过揭示“一个复杂的社会形式”即资本主义的社会形式，而实现对全部“人类生活形式”即“历史过程”的揭示，也就是对“人类历史的发展规律”的揭示。

“现实的人”是在劳动的过程中形成的，“现实的历史”是在劳动的历史中展开的，人的全部社会关系是在用以交换的劳动产品——商品——的历史性的交换过程中构成发展的。商品价值的实现方式及其历史发展，在对人的存在及其历史发展的理解中具有重大意义。商品的使用价值与交换价值的二重性表明，作为“制造使用价值的有目的的活动”，劳动“是为了人类的需要而对自然物的占有，是人和自然之间的物质变换的一般条件，是人类生活的永恒的自然条件，因此，它不以人类生活的任何形式为转移，倒不如说，它为人类生活的一切社会形式所共有”。这就是说，创造使用价值的具体劳动，是构成一切社会形式的自然条件；与创造使用价值的具体劳动的性质相反，形成交换价值的抽象劳动，则是构成各种不同的社会形式的基础。因此，只有揭示抽象劳动的交换得以实现的存在方式及其历史转换，才能揭示人的存在方式及其历史形态的变革。正是《资本论》对交换方式及其历史的揭示，构成“关于现实的人及其历史发展的科学”的重要内容。

关于交换方式与“现实的人及其历史发展”的内在关联，马克思在《政治经济学批判（1857—1858年手稿）》的“货币”章中作出深刻的论证。他说：“毫不相干的个人之间的互相的和全面的依赖，构成他们的社会联系。这种社会联系表现在交换价值上，因为对于每个个人来说，只有通过交换价值，他自己的活动或产品才成为他的活动或产品；他必须生产一般产品——交换价值，或本身孤立化的，个体化的交换价值，即货币。另一方面，每个个人行使支配别人的活动或支配社会财富的权力，就在于他是交换价值的或货币的所有者。他在衣袋里装着自己的社会权力和自己同社会的联系。”这表明，“不管活动采取怎样的个人表现形式，也不管活动的产品具有怎样的特性，活动和活动的产品都是交换价值，即一切个性，一切特性都已被否定和消灭的一种一般的东西”。这也表明，货币的秘密就在于，它不是一般的商品，而是特殊的商品，即固定地充当一般等价物的特殊商品。由此所形成的商品社会的现实是，“其他一切商品只是货币的特殊等价物，而货币是它们的一般等价物”，货币成为“每个个人行使支配别人的活动或支配社会财富的权力”。这深刻地表明，人们的普遍联系在普遍交换中被异化为物与物的关系，由此便构成了马克思所指认的“以物的依赖性为基础的人的独立性”的人的存在方式。这就是市场经济中的“现实的人”。

正是基于对价值形态的历史性的考察与分析，马克思对人的存在的历史形态作出如下的著名论断：“人的依赖关系（起初完全是自然发生的），是最初的社会形式，在这种形式下，人的生产能力只是在狭小的范围内和孤立的地点上发展着。以物的依赖性为基础的人的独立性，是第二大形式，在这种形式下，才形成普遍的社会物质变换、全面的关系、多方面的需要以及全面的能力的体系。建立在个人全面发展和他们共同的、社会的生产能力成为从属于他们的社会财富这一基础上的自由个性，是第三个阶段。第二个阶段为第三个阶段创造条件。”由此我们可以看到，马克思所揭示的人的存在，绝不是“独立的哲学”所说的“抽象的人”的存在，而是“现实的人及其历史发展”的存在。正因为马克思关于人的历史形态的论断是基于对“最发达的和最多样性的历史的生产组织”，即资本主义社会的“元素形式”——商品——的价值实现方式的分析，即对货币所表现的“人的社会关系转化为物的社会关系”的分析，因此马克思关于人的存在的历史形态的论断，不仅描述性地概括了人的存在的历史，而且反思性地揭示了人的现实存在的秘密：人的社会关系体现为物的社会关系，因此人的存在成为“以物的依赖性为基础的人的独立性”的存在。这就是“现实的历史”的存在，即现代社会的人的存在。

对于“以物的依赖性为基础的人的独立性”，马克思不仅作出上述论断，而且对这个论断作出如下哲学阐释：“个人现在受抽象统治，而他们以前是互相依赖的。但是，抽象或观念，无非是那些统治个人的物质关系的理论表现。”正是在这个意义上，马克思指出，作为“思想中所把握到的时代”的黑格尔哲学，其“绝对精神”的哲学理念并不是超然于时代之外的玄思和遐想，而是以“最抽象的形式”表达了人类“最现实的生存状况”——“个人现在受抽象统治”，即“人的独立性”以“对物的依赖性为基础”。值得深思的是，哲学界经常引证的马克思关于人的存在的历史形态的论断及其解释，并不是在某些被认定的“哲学著作”中作出的，而恰恰是在似乎与哲学风马牛不相及的《资本论》手稿的“货币”章中作出的。这表明，离开马克思的“对现实的描述”的《资本论》，离开《资本论》的“政治经济学批判”，就不可能真正地理解马克思的哲学批判，以及在这种批判中所构成的马克思主义的世界观；同样值得深思的是，离开马克思的“关于现实的人及其历史发展”的世界观，就不可能真正理解马克思的“政治经济学批判”所构成的《资本论》。由此我们可以进一步理解，马克思和恩格斯为什么强调他们的哲学只是“从对人类历史发展的考察中抽象出来的最一般的结果的概括”，也就是“关于现实的人及其历史发展的科学”。这深刻地表明，马克思的政治经济学批判和哲学批判不可分割地统一在他的毕生研究的伟大成果《资本论》之中。

马克思对“资本”的批判，既不是单纯的哲学批判，也不是孤立的政治经济学批判或孤立的空想社会主义批判，而是以“资本”为对象的三大批判的统一。这突出地表现在：马克思的哲学批判，是从思想中透视出现实，以现实来揭示思想，“不是意识决定生活，而是生活决定意识”，构成了马克思的历史唯物主义的根本命题，并由此把黑格尔对“抽象理性”的批判转变成对“抽象存在”即资本的批判；马克思的经济学批判，是从“物与物的关系”中揭示其掩盖的“人与人的关系”，通过对“把人变成帽子”的英国古典经济学家李嘉图和“把帽子变成观念”的德国古典哲学家黑格尔的批判，把对“抽象存在”的批判展现为对“死劳动”（资本）的批判；马克思的空想社会主义批判，是从人的异化中揭示劳动的异化，并从劳动的异化揭露人的异化，把对现实的不合理的批判转化为对不合理的现实的批判。这种批判，真正地洞见到了现实与思想的矛盾、活劳动与死劳动的矛盾、现实的批判与思想的批判的矛盾，把对“资本”的批判展现为“关于现实的人及其历史发展的科学”，从而揭示了人类自身解放的历史规律和现实道路。这表明，《资本论》不仅是反映和表达“时代精神的精华”，而且是塑造和引导新的时代精神的“文明的活的灵魂”。

在现代的学科分类中，人们可以把马克思的学说分述为哲学、政治经济学和科学社会主义理论，然而就马克思学说的实质而言，就是关于人类解放的学说、关于人的自由全面发展的学说，就是“关于现实的人及其历史发展的科学”。这个学说既表达了人类解放的旨趣，即对人的全面发展的价值理想的承诺；又表达了人类解放的历程，即对人的全面发展的实现过程的揭示；也表达了人类解放的尺度，即以人的自由全面发展的价值标准观照人类全部的历史活动和整个的历史进程。以人类解放何以可能为灵魂的“改变世界”的新世界观，就是马克思主义的“关于现实的人及其历史发展的科学”，并凝结为马克思的毕生研究的伟大成果《资本论》。离开《资本论》，就不能从根本上把握到我们时代的时代精神，就不能塑造和引导新的时代精神。

（四）
马克思主义辩证法研究

辩证法是马克思主义的“活的灵魂”。在马克思主义哲学研究中，我最为重要的研究方向，是关于辩证法的研究，特别是对马克思、恩格斯、列宁、毛泽东的辩证法的研究。

在马克思主义发展史上，马克思、恩格斯、列宁和毛泽东等经典作家都对辩证法予以特别的关切，并为我们提供了极其宝贵的辩证法理论遗产。他们的成果，既有一脉相承的发展脉络，又有各自独特的理论贡献。在这种一脉相承的发展脉络中探索他们各自独特的理论贡献，不仅能够展现马克思主义辩证法的丰富性，而且能够为在当代推进马克思主义辩证法提供更为开阔和更为开放的理论视野。

1.关于马克思的“批判的和革命的”辩证法

马克思对辩证法的独特贡献，首先在于他深刻地揭示和论述了辩证法的“批判的和革命的”本质，并由此展开“对现存的一切进行无情的批判”，特别是集中地展开对资本主义社会的批判。

早在写于1843年的《〈黑格尔法哲学批判〉导言》中马克思就提出：“真理的彼岸世界消逝以后，历史的任务就是确立此岸世界的真理。人的自我异化的神圣形象被揭穿以后，揭露具有非神圣形象的自我异化，就成了为历史服务的哲学的迫切任务。于是，对天国的批判变成对尘世的批判，对宗教的批判变成对法的批判，对神学的批判变成对政治的批判。”在写于1872年的《资本论》第二版跋文中，马克思更为明确地指出：“辩证法，在其神秘形式上，成了德国的时髦东西，因为它似乎使现存事物显得光彩。辩证法，在其合理形态上，引起资产阶级及其空论主义的代言人的恼怒和恐怖，因为辩证法在对现存事物的肯定的理解中同时包含对现存事物的否定的理解，即对现存事物的必然灭亡的理解；辩证法对每一种既成的形式都是从不断的运动中，因而也是从它的暂时性方面去理解；辩证法不崇拜任何东西，按其本质来说，它是批判的和革命的。”正是在这种批判中，马克思展现了自己的哲学批判、政治经济学批判和空想社会主义批判的统一，并把这种批判凝聚为他的理论巨著《资本论》。

列宁指出：“虽说马克思没有遗留下‘逻辑’（大写字母的），但是他遗留下《资本论》的逻辑，应当充分利用这种逻辑来解决当前的问题。”列宁还特别强调：“在《资本论》中，唯物主义的逻辑、辩证法和认识论［不必要三个词：它们是同一个东西］都应用于一门科学，这种唯物主义则从黑格尔那里吸取了全部有价值的东西并发展了这些有价值的东西。”深入地探索马克思所揭示和论证的辩证法的“批判的和革命的”本质，特别是具体地研究马克思以“批判的和革命的”辩证法所展开的资本主义批判，无论是对于理解和把握马克思主义辩证法的“活的灵魂”，还是“充分利用这种逻辑来解决当前的问题”，都是马克思主义理论工作者极为重要的历史任务。

2.关于恩格斯的“理论思维”的辩证法

恩格斯对辩证法的独特贡献，集中地表现在他系统地论证和阐发了辩证法的思维方式。恩格斯明确提出，辩证法是“一种建立在通晓思维的历史和成就的基础上的理论思维”。他在自己重要的哲学著作——《自然辩证法》《反杜林论》《路德维希·费尔巴哈和德国古典哲学的终结》《家庭、私有制和国家的起源》中，全面地概括和总结了科学史、哲学史和人类史及其所体现的思维方式的历史演进，深入地探讨和阐发了经验思维与理论思维、科学思维与哲学思维的关系，具体地揭示和论证了辩证法与理论思维方式、辩证法与哲学基本问题、辩证法与自然科学成果、辩证法与历史唯物主义、辩证法与科学社会主义等一系列重大理论问题，为后人提供了作为“理论思维”的辩证法的概念系统。

正是通过对辩证法的思维方式的论证和阐发，恩格斯在作为哲学基本问题的“思维和存在的关系问题”的意义上，深入地批判了旧唯物主义和唯心主义的世界观，揭示了形而上学思维方式的根源和实质，厘清了“不再是哲学”的马克思主义的世界观与全部旧哲学的关系，阐发了马克思所开辟的哲学道路。恩格斯说：“每一时代的理论思维，从而我们时代的理论思维，都是一种历史的产物，它在不同的时代具有完全不同的形式，同时具有完全不同的内容。”沿着马克思和恩格斯所开辟的哲学道路而探讨我们时代的理论思维，这是恩格斯为我们提出的历史任务，也是恩格斯为我们展现的研究辩证法的开阔和开放的理论空间。

3.关于列宁的“三者一致”的辩证法

列宁对辩证法的独特贡献，主要是从发展观内部推进辩证法理论，特别是从辩证法、认识论和逻辑学的“三者一致”深入地阐释辩证法的思维方式。

恩格斯逝世以后，马克思和恩格斯所创建的辩证法遭到两个方面的严重歪曲：一是把“发展”当作时髦的旗号搞庸俗进化论；二是把辩证法从自觉形态降低为素朴形态，即“实例的总和”。为此，列宁自觉地承担起相互联系的两个方面的历史任务：一是从发展观内部区分辩证法和形而上学这两种思维方式，在理论思维的层面上阐述辩证法的实质；二是从马克思主义辩证法与黑格尔辩证法的批判继承关系上坚持自觉形态的辩证法，阐发辩证法、认识论和逻辑学的三者一致，反对从黑格尔那里倒退，进一步探索从黑格尔那里前进的理论道路。列宁极为尖锐地指出：“对于‘发展原则’，在20世纪（以及19世纪末叶）‘大家都已经同意’。是的，不过这种表面的、未经过深思熟虑的、偶然的、庸俗的‘同意’，是一种窒息真理、使真理庸俗化的同意。”“如果一切都发展着，那么这点是否也同思维的最一般的概念和范畴有关？如果无关，那就是说，思维和存在不相联系。如果有关，那就是说，存在着具有客观意义的概念的辩证法和认识的辩证法。”列宁在马克思《资本论》与黑格尔《逻辑学》双重语境的互动中，在《哲学笔记》中深刻地阐述了辩证法、认识论和逻辑学的三者一致，系统地论述了辩证法的实质、特征和要素，既以辩证法的“批判的和革命的”本质展现了作为“理论思维”的辩证法，又在“理论思维”的层面上展现了辩证法的“批判的和革命的”本质，从而在发展观内部推进了辩证法理论。

作为无产阶级革命家，列宁把辩证法视为“革命的代数学”，运用辩证法分析自己的时代，分析革命的战略和策略，特别是承继马克思《资本论》的资本主义批判而撰写了《帝国主义是资本主义的最高阶段》等一系列运用辩证法“解决当前的问题”的理论著作，展现了马克思主义辩证法的现实力量。

4.关于毛泽东的“实践智慧”的辩证法

毛泽东对辩证法的独特贡献，突出体现在他把辩证法的思维方式变为指导行动的实践智慧。毛泽东辩证法的实践智慧或实践智慧的辩证法，具有三个方面的重大意义：一是在世界观的意义上阐发了辩证法的思维方式和方法论，实现了辩证法的世界观和方法论的统一；二是在实践论的意义上总结和升华了以矛盾分析方法为核心的辩证智慧，使辩证法成为指导行动的现实力量；三是在中国化、时代化和大众化的意义上构建了具有中国特色、气派和风格的马克思主义辩证法理论，从而以历史悠久的中华文明和创新实践的中国经验丰富和发展了马克思主义的辩证法。

以《实践论》和《矛盾论》为主要标志的毛泽东哲学思想，既是实践论的辩证法，又是辩证法的实践论；既揭示了从实践到认识、再从认识到实践的辩证的认识规律，又展现了把握矛盾的普遍性与特殊性、矛盾的同一性与斗争性、主要矛盾与次要矛盾、矛盾的主要方面与次要方面、矛盾的绝对性与相对性的实践智慧。作为实践智慧的辩证法，毛泽东的哲学思想不仅体现在《实践论》《矛盾论》等哲学著作之中，而且生动地体现在《中国社会各阶级的分析》《中国的红色政权为什么能够存在?》《反对本本主义》《关心群众生活，注意工作方法》《中国革命战争的战略问题》《论持久战》《战争和战略问题》《新民主主义论》《〈农村调查〉的序言和跋》《改造我们的学习》《关于正确处理人民内部矛盾的问题》《读苏联〈政治经济学教科书〉的谈话》《人的正确思想是从哪里来的?》等文本中。这些文本展现了辩证法的实践智慧，使辩证法获得了现实力量，并引领了马克思主义辩证法理论的中国化、时代化和大众化。

深入研究马克思主义经典作家对辩证法的各自独特的理论贡献，具有重要的时代意义。在当代中国的马克思主义辩证法研究中，西方马克思主义的辩证法，特别是卢卡奇的总体性的辩证法、萨特的人学的辩证法、阿尔都塞的结构主义的辩证法、阿多尔诺的否定的辩证法，以及奥尔曼的内在关系的辩证法，得到学界日益广泛的关注和不断深入的研究，这对于破除对马克思主义辩证法的教条主义的简单化理解，对于在当代的生活境遇中推进辩证法理论研究，无疑是重要的。但是关于西方马克思主义辩证法的研究，并不能代替对马克思主义经典作家辩证法的研究；恰恰相反，只有深入研究马克思主义经典作家辩证法，才能更为准确地理解西方马克思主义的辩证法，才能更为深刻地把握“我们时代的理论思维”。因此，在探讨西方马克思主义辩证法的过程中，我们应在把握马克思主义辩证法发展脉络的基础上，着力研究马克思主义经典作家的辩证法，以经典作家所提供的“批判的和革命的”辩证法、“理论思维”的辩证法、“三者一致”的辩证法、“实践智慧”的辩证法去研究当代的重大理论和现实问题。

（五）

塑造和引导新的时代精神的马克思主义哲学

马克思曾经把“任何真正的哲学”比喻为“时代精神的精华”和“文明的活的灵魂”。这个比喻精辟地显示了哲学的人类性与时代性不可割裂的统一性：哲学作为文明的活的灵魂，它总是凝结为时代精神的精华；哲学作为时代精神的精华，则总是凝聚为文明的活的灵魂；而哲学作为时代精神之精华与文明之活灵魂的统一，则不仅是反映和表达自己时代的时代精神，而且尤为重要的是塑造和引导新的时代精神。进入21世纪的马克思主义哲学，其根本的使命与价值就是用文明的活的灵魂塑造和引导21世纪的时代精神。

早在19世纪40年代中期，马克思就对时代的变革与哲学的使命及其相互关系作出这样的论述：“真理的彼岸世界消逝以后，历史的任务就是确立此岸世界的真理。人的自我异化的神圣形象被揭穿以后，揭露具有非神圣形象中的自我异化，就成了为历史服务的哲学的迫切任务。于是对天国的批判变成对尘世的批判，对宗教的批判变成对法的批判，对神学的批判变成对政治的批判。”

马克思的这段论述，既总结了近代哲学的基本状况，又提出了现代哲学的历史任务，这就是两个“消解”与两种“归还”：近代以来的哲学是消解人在“神圣形象”中的自我异化，把异化给“神圣形象”的人的本质归还给人；现代哲学的使命则是消解人在

“非神圣形象”中的自我异化，把异化给“非神圣形象”的人的本质归还给人。这两个消解的对象与任务是不同的，因此这两种归还的内容与使命也是不同的。

近代以来的西方历史，从经济形态上说，是以市场经济取代自然经济的过程；从人的存在形态上说，是人从人对人的依附性存在转化为“以物的依赖性为基础的人的独立性”的过程；而从文化形态上说，则是从“神学文化”转化为“哲学-科学文化”的过程。这个历史过程所构成的时代精神的变革，是哲学使命的历史性转换的最重要的生活基础。

如果说前市场经济的自然经济所要求的是经济生活的禁欲主义、精神生活的蒙昧主义和政治生活的专制主义，并从而造成“人的依附性”存在，即造成人在“神圣形象”中的自我异化，那么取代自然经济的市场经济则是反对经济生活的禁欲主义而要求人的现实幸福、反对精神生活的蒙昧主义而要求人的理性自由、反对政治生活的专制主义而要求人的天赋人权，从而形成了市场经济的三个基本取向的统一，即功利主义的价值取向、工具理性的思维取向和民主法治的政治取向的统一。市场经济的这种价值取向、思维取向和政治取向的统一，实现了马克思所说的“以物的依赖性为基础的人的独立性”，即消解了人在“神圣形象”中的自我异化，把人的存在方式从人对人的依附性存在转换成人对物的依赖性存在。这是人类从自然经济中的生存状态跃迁为市场经济中的生存状态所实现的历史性的飞跃，同时也是人类的自我意识从依附性的存在跃迁为“以物的依赖性为基础的人的独立性”的存在所实现的时代精神的飞跃。

人类存在的历史性飞跃以及由此形成的时代精神的飞跃，以理论的形态而构成哲学理念的飞跃，这就是从中世纪的“信仰的时代”的哲学跃迁为近代的“理性的时代”的哲学。从总体上看，近代以来的西方哲学，正是在“自我先于上帝、理性先于信仰”的哲学进军中，理论地表征了以“理性的时代”取代“信仰的时代”的过程，也就是理论地表征了人从依附性的存在到独立性的存在的历史性转化。

作为“信仰的时代”的中世纪哲学，它理论地表征着人在“神圣形象”中的自我异化，即人在上帝中的自我异化。人把自己的本质异化给作为“神圣形象”的上帝，上帝就成为无所不在、无所不知、无所不能的“神圣形象”，而人本身则成了依附于上帝的存在。马克思说：“宗教是那些还没有获得自己或是再度丧失了自己的人的自我意识和自我感觉。”这就深刻地揭示了以宗教的方式而表现的人的依附性存在的生存状态。而中世纪的哲学沦为神学的“婢女”，则恰恰是理论地表征着人在“神圣形象”中的自我异化。因此，自文艺复兴以来的西方近代哲学，它的根本使命就是消解人在“神圣形象”中的自我异化，把人的本质归还给人本身，由此便构成了贯穿整个西方近代哲学的上帝的自然化、物质化、精神化和人本化的过程，即上帝的人化过程。

近代西方哲学消解人在“神圣形象”中的自我异化的过程，从根本上说，是以理性代替上帝的过程。在以自然经济为基础的传统社会中，作为“神圣形象”的上帝凌驾于人的理性之上，窒息了理性对世界的求索，从而严重地阻碍了生产和科学的发展，因此表征近代精神的近代哲学，以其所弘扬的理性精神塑造和引导了长达数百年“理性的时代”的时代精神。黑格尔哲学在精神领域取得了独占的统治，除了理性，再也没有另一个凌驾于人之上的真正的上帝，他干脆宣布理性为上帝。

把理性变成上帝，也就是用理性这个“非神圣形象”去代替上帝这个“神圣形象”，这种代替集中地显示了以“理性的时代”为标志的近代哲学的深刻的内在矛盾：一方面，近代哲学实现了人在理性中的自我发现，即以理性消解了人在“神圣形象”中的自我异化，把人的本质归还给了人的理性；另一方面，近代哲学又使人在理性中造成了新的自我异化，即以理性构成了人在“非神圣形象”中的自我异化，把理性变成了凌驾于人之上的“本质主义的肆虐”。马克思在评论黑格尔的“绝对理念”即“无人身的理性”时，就极其精辟地阐释了这种“理性主义”哲学与整个近代以来的人类生存状况的关系，即黑格尔的“无人身的理性”是以“最抽象”的形式表达了人类“最现实”的生存状况——“个人现在受抽象统治，而他们以前是互相依赖的。但是，抽象或观念，无非是那些统治个人的物质关系的理论表现”。由此我们可以看到，把人的本质归还给理性的近代哲学，其实质是以理论的方式表达了正在受抽象统治的近代以来的人类生存状况，也就是人的独立性建立在对物的依赖性的基础之上的生存状况。

近代哲学的历史任务是消解人在“神圣形象”中的自我异化，即把异化给上帝的人的本质归还给人的理性；所谓的现代哲学，它的历史任务则是消解人在“非神圣形象”中的自我异化，即把异化给理性的人的本质归还给作为个体的个人。因此，如果我们把整个近代哲学所表征的时代精神称为“理性的时代”，那么我们可以把超越近代哲学的现代哲学概括为“理性的批判”，而把现代哲学所表征的时代精神称为“反省理性的时代”。

现代哲学中的两大思潮——科学主义思潮和人本主义思

潮——都是以反省理性、批判理性为使命的。所谓科学主义思潮，把近代哲学所弘扬的理性视为一种“狂妄的理性”，认为近代哲学，特别是作为其集大成的黑格尔哲学是把哲学自身当作无所不在、无所不至、无所不能的理性，从而把理性变成了上帝，造成了“理性的放荡”，因此它要求用“谦虚的理性”去改造“狂妄的理性”，也就是用科学去改造哲学，把哲学变成科学哲学；所谓人本主义思潮，则把近代哲学所弘扬的理性视为一种“冷酷的理性”，认为近代哲学，特别是作为其集大成的黑格尔哲学是把人异化为理性，用上帝一样的理性去规范人的存在，从而造成了“本质主义的肆虐”，因此它要求用“丰富的人性”去改造“冷酷的理性”，也就是用文化去改造哲学，把哲学变成文化哲学或人学。

同整个现代哲学一样，马克思主义哲学的历史任务，也同样是消解人在“非神圣形象”中的自我异化，把人的本质归还给人本身。应当指出的是，这个历史任务，正是马克思在《〈黑格尔法哲学批判〉导言》中明确提出的。但是我们特别关切的是，在下述三个方面，马克思哲学与作为现代哲学的科学主义和人本主义两大思潮具有不容回避的原则区别，并因此显示了马克思主义哲学的不容否认的当代价值。

第一，马克思认为，“对宗教的批判是其他一切批判的前提”，因为“反宗教的斗争间接地也就是反对以宗教为精神慰藉的那个世界的斗争”。由于现代哲学只是把“对宗教的批判”作为“其他一切批判的前提”，而不是把“宗教”当作唯一的批判对象，因此现代哲学的使命就不仅是消解人在“神圣形象”中的自我异化，而且必须致力于消解人在“非神圣形象”中的自我异化；现代哲学所面对的“非神圣形象”，也并非仅仅是抽象的理性，而且更为根本的是那些“统治个人的物质关系”，因此马克思要求把“对天国的批判”变成“对尘世的批判”，把“对宗教的批判”变成“对法的批判”，把“对神学的批判”变成“对政治的批判”，并具体地展开了对德国古典哲学、英国古典政治经济学，以及英、法空想社会主义的批判，从而实现了“凡是把理论导致神秘主义方面去的神秘东西，都能在人的实践中以及对这个实践的理解中得到合理的解决”，即实现了哲学史上的革命性的实践转向。

第二，以实践转向为标志的马克思主义哲学，既不是像科学主义思潮那样仅仅把近代哲学所弘扬的理性视为“狂妄的理性”，力图以“谦虚的理性”即科学去改造哲学，把哲学变成拟科学的哲学，也不是像人本主义思潮那样仅仅把近代哲学所弘扬的理性视为“冷酷的理性”，试图以“丰富的人性”即文化的多样性去改造哲学，把哲学变成拟文学的哲学，而是如恩格斯强调的那样，从“现实的人及其历史发展”出发，以实践观点的思维方式去揭示思维与存在、人与世界之间的无限丰富的矛盾关系，用“现实的理性”（实践）去批判“抽象的理性”（绝对精神），从而达到对思维与存在、人与世界之间的否定性统一的辩证理解，真正地扬弃了近代哲学所造成的人在理性这个“非神圣形象”中的自我异化。

第三，以实践转向为标志的马克思主义哲学，从人对世界的实践关系出发，不是把哲学视为凌驾于科学之上的“解释世界”的普遍理性，而是把哲学视为“改变世界”的世界观，即从总体上理解和协调人与世界的相互关系的理论，因此从根本上消解了人在以哲学为化身的普遍理性中的自我异化，从而把人的本质归还给人类以自身的实践活动及其历史发展所实现的人类自身的解放——“建立在个人全面发展”基础上的“自由个性”。正是在这个把“解释世界”的哲学变革为“改革世界”的哲学的意义上，恩格斯提出，马克思哲学已经不再是哲学，而只是世界观。正是这个以“改变世界”为己任的世界观理论，不仅消解了人在“神圣形象”中的自我异化，而且真正地消解了人在“非神圣形象”中的自我异化，使人从各种非人的关系中解放出来，特别是从人对物的依赖性中解放出来。这是马克思哲学的当代价值的集中体现，也是21世纪哲学的根本使命。

（六）

构建当代中国马克思主义哲学学术体系

中国特色社会主义进入新时代，哲学社会科学的重要使命是构建具有中国特色的哲学社会科学的学科体系、学术体系、话语体系，我的哲学研究也聚焦于如何构建当代中国马克思主义哲学的学术体系。

任何一门学科的实质内容、研究水平和社会功能，无不集中地体现为该门学科的学术体系。学术体系的系统性和专业性，是该门学科成熟的标志；学术体系的权威性和前沿性，是该门学科实力的象征；学术体系的主体性和原创性，则不仅是该门学科成熟的标志和实力的象征，而且是该门学科的特色、优势和自信的体现。加快构建具有主体性、原创性的当代中国马克思主义哲学学术体系，必须系统地总结和深入地探讨当代中国马克思主义哲学的范式转换和理念创新，特别是具体地分析和阐述当代中国马克思主义哲学研究中哲学命题、哲学思想、哲学观点的时代内涵和理论内涵，为推进马克思主义哲学研究提供新的阶梯和支撑点。这项工作具有为构建当代中国马克思主义哲学学术体系奠基的重大意义。

自1949年中华人民共和国成立以来，当代中国马克思主义哲学逐步形成了以哲学原理教科书为主要标志的马克思主义哲学的学术体系和教材体系，并在对马克思主义哲学的基本原理、基本范畴和马克思主义哲学经典著作，以及马克思主义哲学史的研究中，构建了以辩证唯物主义和历史唯物主义为基本理念和实质内容的马克思主义哲学学术体系。

作为马克思主义哲学学术体系的辩证唯物主义和历史唯物主义，其核心理念和解释原则，是把“哲学”定义为“理论化、系统化的世界观”，并把“世界观”解释为“关于整个世界的根本观点”，由此把马克思主义哲学阐释为关于自然、社会和思维发展的普遍规律的“科学世界观”，并形成了以“物质”“矛盾”和“规律”为核心范畴和实质内容的马克思主义哲学学术体系。这个学术体系主要包括四大部分：一是以“物质”作为核心范畴的唯物论部分，其主要内容是以物质与意识的关系来论述“世界的物质统一性”；二是以“矛盾”作为核心范畴的辩证法部分，其主要内容是以“三大规律”和“五对范畴”来论述“物质的运动规律”；三是以“反映”作为核心范畴的认识论部分，其主要内容是以意识对物质的能动反映来论述“认识的运动规律”；四是以“社会存在”作为核心范畴的唯物史观部分，其主要内容是以社会存在和社会意识的辩证关系来论述历史的发展规律。

关于辩证唯物主义和历史唯物主义的学术体系，首先需要认真思考的是，当代中国马克思主义哲学并不是照搬苏联模式的哲学教科书体系，不仅从马克思、恩格斯、列宁的哲学思想中梳理和提炼出一系列主要的学术命题、学术思想和学术观点，对其进行比较系统的阐述和论证，而且着力从毛泽东的《实践论》《矛盾论》等著作中梳理和提炼出一系列的哲学范畴、哲学命题和哲学原理，具体地阐发其学术思想和学术观点，初步形成具有中国特色、中国气派和中国风格的马克思主义哲学学术体系。

这主要体现在：一是以“一切从实际出发”“实事求是”“没有调查就没有发言权”“反对本本主义”“理论联系实际”“知行合一”等哲学范畴和哲学命题为核心理念，作为构建中国化马克思主义哲学学术体系的活的灵魂；二是以矛盾的“普遍性与特殊性”、矛盾的“同一性与斗争性”、事物矛盾的“内因与外因”、事物矛盾的“共性与个性”、复杂事物的“主要矛盾与次要矛盾”、把握矛盾的“主要方面与次要方面”、分析矛盾的“两点论与重点论”等为基本范畴，构建了具有世界观和方法论意义的唯物辩证法的学术体系和话语体系；三是以“认识和实践”的辩证关系为立足点和出发点，以“直接经验与间接经验”“感性认识与理性认识”“相对真理与绝对真理”“理论与实践”等一系列哲学范畴和哲学命题为基本内容，构建了“能动的反映论”的马克思主义认识论的学术体系和话语体系；四是以“人民群众是历史的创造者”为核心理念，以“历史的唯物主义与历史的唯心主义”的根本对立为出发点，以“生产力与生产关系”“经济基础与上层建筑”的辩证关系和矛盾运动为基本内容，构建了马克思主义唯物史观的学术体系和话语体系。

这表明：以毛泽东思想为标志的中国化马克思主义哲学，既赋予辩证唯物主义和历史唯物主义的马克思主义哲学学术体系以一系列新的哲学范畴、哲学命题、哲学思想和哲学观点，又为构建具有主体性和原创性的当代中国马克思主义哲学学术体系指明了中国化的前进方向并奠定了中国化的理论基础。因此，在对以辩证唯物主义和历史唯物主义为实质内容的马克思主义哲学学术体系的理解和阐释中，不能局限于对传统教科书的唯物论、辩证法、认识论和唯物史观这四大板块的理解和阐释，而应当深刻地把握以毛泽东哲学思想为典范的中国化马克思主义哲学的基本理念和思想内涵，着重地阐发中国化马克思主义哲学的哲学命题、哲学思想和哲学观点。

需要认真思考和深入探索的是：作为马克思主义哲学中国化的里程碑之作，毛泽东的《实践论》《矛盾论》并不是相互割裂的认识论和辩证法，而是"实践论的矛盾论"与"矛盾论的实践论"的统一。这个统一，是"尊重客观规律"与"发挥主观能动性"的统一，是"理论源于实践"与"理论指导实践"的统一，是"实事求是"与"解放思想"的统一。这个统一，既有生动鲜活的实践内涵，又有深刻睿智的哲学思想；既用现实活化了理论，又用理论照亮了现实，从而实现了以实践为核心理念，又以实践为根本目的的世界观和方法论的统一。这深切地启示我们：实践是马克思主义哲学中国化的毛泽东思想的基石和灵魂，也是构建当代中国马克思主义哲学学术体系的基石和灵魂。改革开放以来的中国马克思主义哲学，正是以实践观点的思维方式重新理解和阐释马克思主义哲学，实现了以"实践唯物主义"为标志的范式转换。这个转换，不是否定了以"辩证唯物主义和历史唯物主义"

为标志的马克思主义哲学学术体系，而是以实践为核心范畴和根本理念，重新建构了当代中国马克思主义哲学学术体系和话语体系。

“改革开放是我们党的一次伟大觉醒，正是这个伟大觉醒孕育了我们党从理论到实践的伟大创造。”在这个“伟大觉醒”和“伟大创造”的历史进程中，当代中国马克思主义哲学承担起了推进社会解放思想和实现自身思想解放的双重使命，并以“检验真理的实践标准”的大讨论为引导，形成了以实践为核心范畴和根本理念的马克思主义哲学的学术体系和话语体系。

这突出地表现在：一是从实践出发去理解人与世界的关系，而不是像马克思所批评的旧唯物主义那样，“只是从客体的或者直观的形式”去理解人与世界的关系，从而把作为“世界观理论”的马克思主义哲学阐释为“实践的唯物主义”；二是从实践出发重新理解和阐释作为哲学基本问题的“思维和存在的关系问题”，而不是像马克思所批判的全部旧哲学那样，把“思维和存在的关系问题”当作一个离开实践的“纯粹经院哲学的问题”，从而以实践观点的思维方式去阐释马克思主义哲学的哲学观和真理观；三是从实践出发去理解“主体和客体的关系”，以马克思的“全部社会生活在本质上是实践的”这个根本理念去阐释主体与客体的认知关系、价值关系和审美关系，从而以实践观点的思维方式实现了马克思主义哲学的存在论、真理论和价值论的三者一致；四是从实践出发去理解辩证法，以马克思的“在对现存事物的肯定理解中同时包含否定的理解”去阐释辩证法的批判本质，并以列宁的“辩证法也就是认识论”的学术命题去揭示人与世界、思维与存在、主体与客体、主观与客观、理论与实践的矛盾关系，从而以实践观点的思维方式实现了列宁所指认的辩证法、认识论和逻辑学的三者一致；五是从实践出发去理解“人的历史活动与历史发展规律”的辩证关系，以马克思的“历史不过是追求自己目的的人的活动”的学术命题为立足点，改变那种把历史规律视为超然于人的历史活动之外的东西的看法，着力探索“现实的人及其历史发展”的文明进程，从而实现了以马克思的实践理念为基础的世界观、认识论、价值论和历史观的唯物论与辩证法的统一。

一种哲学理论之所以具有研究范式的意义，其主要标志就在于它以自己的核心范畴为解释原则而构建了特定的、自洽的概念框架和范畴体系。确认和评价一种研究范式，主要是对其核心范畴确立的解释原则和概念框架的确认和评价。实践唯物主义的研究范式，凸显了实践的核心理念和解释原则，以实践观点的思维方式阐释和论证了人与世界、思维与存在、主体与客体、真理与价值、历史活动与历史规律、能动论与决定论等一系列重大的哲学问题，形成了一系列新的哲学命题、哲学思想和哲学观点，为构建当代中国马克思主义哲学学术体系奠定了具有研究范式意义的学术基础。

“哲学家们只是用不同的方式解释世界，而问题在于改变世界。”马克思的这句名言，深刻地揭示了马克思的哲学革命的实质，深切地体现了马克思主义哲学的鲜明特点，明确地展示了马克思开辟的哲学道路。构建当代中国马克思主义哲学学术体系，首要的就是切实地把握马克思主义哲学的鲜明特点，以“改变世界”的根本理念作为解释原则，系统地阐释和论证马克思主义哲学的学术命题、学术思想、学术观点的“术语的革命”，深入地揭示和展现它的精神实质和思想内涵。离开马克思主义的“改变世界”的哲学革命和鲜明特点，就会淡化马克思的哲学革命所实现的哲学“术语的革命”，就会模糊马克思主义哲学的学术命题、学术思想、学术观点所具有的革命性的理论内涵，就会丢失构建当代中国马克思主义哲学学术体系的灵魂，因而也就无法构建真正属于马克思主义哲学的学术体系。

马克思“改变世界”的世界观，是“在批判旧世界中发现新世界”的世界观，是以辩证法的批判本质为“活的灵魂”的世界观，是“在对现存事物的肯定理解中同时包含否定的理解”的世界观。批判性是马克思的“改变世界”的世界观的本质特征和鲜明特点。在《〈黑格尔法哲学批判〉导言》中，马克思就明确提出：“真理的彼岸世界消逝以后，历史的任务就是确立此岸世界的真理。人的自我异化的神圣形象被揭穿以后，揭露具有非神圣形象的自我异化，就成了为历史服务的哲学的迫切任务。”对此，马克思具体地指出：“对天国的批判变成对尘世的批判，对宗教的批判变成对法的批判，对神学的批判变成对政治的批判。”这就不仅为构建以“改变世界”为鲜明特点的当代中国马克思主义哲学学术体系提出了迫切任务，而且为构建这个学术体系提供了研究思路。从学术命题、学术思想和学术观点的角度看，构建当代中国马克思主义哲学的学术体系，就要在深刻阐释辩证法的理论思维、批判本质、合理形态的基础上，以现实的历史为对象，以现代化的反省为聚焦点，深入地揭示和阐发“现实的人”与“现实的历史”的辩证关系、“人的历史活动”与“历史的发展规律”的辩证关系、“文明的逻辑”与“资本的逻辑”的辩证关系、“人的存在方式”与“人的历史形态”的辩证关系、“人的全面发展”与“社会的全面进步”的辩证关系，以及“理论”与“实践”和“理想”

与“现实”的辩证关系，从而以“改变世界”的世界观构建当代中国马克思主义哲学的学术体系。

马克思的“改变世界”的世界观，是从“现实的历史”出发的世界观，是致力于从“物和物的关系”揭示“人和人的关系”的世界观，是“关于现实的人及其历史发展”的世界观。现实性是马克思的“改变世界”的世界观的真实基础和鲜明特点。马克思主义哲学的“改变世界”的现实性，集中地、深刻地体现于马克思的理论巨著《资本论》。哲学家们总是将其思想聚焦于破解“存在”的秘密，然而马克思所批评的哲学家们却总是把“存在”视为某种超历史的或非历史的存在，因而只能以追究“世界何以可能”而“解释世界”。与此相反，马克思则把“存在”视为“现实的历史”的存在，致力于探索“解放何以可能”而“改变世界”。马克思的《资本论》不是把“人和人的关系”归结为“物和物的关系”或“观念与观念的关系”，而是从“物和物的关系”和“观念与观念的关系”中揭示“人和人的关系”，从而构成了“关于现实的人及其历史发展”的马克思主义哲学。以马克思的“改变世界”的世界观构建当代中国马克思主义哲学学术体系，就要从“现实的历史”出发，以马克思的《资本论》为典范，以《资本论》所实现的“术语的革命”为理论思维的起点，着力地从当代世界的“物和物的关系”揭示当代人的“人和人的关系”，以新的哲学命题、哲学思想和哲学观点构建“关于现实的人及其历史发展”的马克思主义哲学。这是坚守和深化马克思主义哲学的“改变世界”的现实性的实质性内容。

马克思的“改变世界”的世界观，是作为“批判的武器”和“行动的指南”的世界观，“它提供的不是现成的教条，而是进一步研究的出发点和供这种研究使用的方法”。坚持问题导向是马克思主义的鲜明特点，不断地推进实践基础上的理论创新是马克思主义哲学的“改变世界”的世界观的生命力之所在。作为人类文明史上“最伟大的思想家”，马克思的最伟大的理论成果就是他的“两大发现”：“发现了人类历史的发展规律”，“还发现了现代资本主义生产方式和它所产生的资产阶级社会的特殊的运动规律”。对于整个人类来说，最为重大和最为艰巨的理论问题，莫过于发现人类历史的发展规律；对于现代人类来说，最为重大和最为艰巨的理论问题，莫过于发现资本主义的运动规律。马克思的“两大发现”，不仅深刻地体现了马克思的“改变世界”的世界观的创新性品格，也不仅强烈地显示了马克思的“改变世界”的世界观所取得的创新性成果的巨大价值，而且为我们以马克思的“改变世界”的世界观研究和回答时代性问题提供了强大的思想武器。

“我们的哲学社会科学有没有中国特色，归根到底要看有没有主体性、原创性。”构建当代中国马克思主义哲学学术体系，“活的灵魂”是马克思的“改变世界”的世界观，根本的目标是实现当代中国马克思主义哲学的主体性和原创性。

当代中国马克思主义哲学的主体性和原创性，首先是以“不忘本来”为坚实根基的，是以“守正创新”为建设方向的。当代中国马克思主义哲学的“本来”，从根本上说，就是我们所坚守的马克思主义哲学。马克思主义哲学不仅是“时代精神的精华”，而且是“文明的活的灵魂”，不仅反映和表达了我们时代的时代精神，而且塑造和引导了新的时代精神。中国特色社会主义进入新时代，意味着马克思所创建的“改变世界”的马克思主义哲学获得了新的时代内涵，当代中国的马克思主义哲学应当展现新时代的真理力量。这就要求我们以“守正创新”的哲学理念，重新阐释马克思的“改变世界”的哲学及其开辟的哲学道路，重新阐释马克思主义哲学所实现的哲学“术语的革命”，重新阐释马克思主义哲学经典著作中所提出的哲学命题、哲学范畴和哲学原理，重新阐释这些哲学命题、哲学范畴和哲学原理在马克思主义哲学史中的具体内涵和深化发展，重新阐释这些哲学命题、哲学范畴和哲学原理在当代中国马克思主义哲学研究的历史演进和范式转换中的时代内涵和思想内涵，从哲学理念、哲学命题、哲学范畴、哲学原理上，为构建具有主体性、原创性的当代中国马克思主义哲学学术体系奠定“守正创新”的阶梯和支撑点。

以“不忘本来”和“守正创新”为坚实基础和建设方向的当代中国马克思主义哲学的主体性和原创性，又必然和必须是以中华民族自己的哲学传统、哲学理念、哲学精神和哲学思想为根基的。“中华民族有着深厚文化传统，形成了富有特色的思想体系，体现了中国人几千年来积累的知识智慧和理性思辨。这是我国的独特优势。”中国哲学在中华文明的发展过程中，既形成了自己的特有的概念体系和表达方式，又凝练出了集中体现中华文明的中国哲学理念和中国哲学精神。以“究天人之际，通古今之变”和“为天地立心，为生民立命”为己任的中国哲学，构建了以天地、内外、物我、人己、理欲、仁智、义利、道器、性命、礼义、知行等为基本范畴的富有中国特色和中国风格的哲学范畴体系，形成了以天人合一的宇宙观、革故求新的发展观、自强不息的人生观、知行合一的实践观、人类大同的理想观为主要标志的中国哲学精神。中国哲学的范畴体系及其所体现的中国哲学精神，凝聚了中华民族对世界和生命的认知和感受，积淀了中华民族的精神追求和行为准则，形成了中国哲学的恢宏气派和深远影响，奠定了中华民族最为深沉和最为持久的文化自信，既是我国的独特优势，又是当代中国马克思主义哲学主体性、原创性的不可或缺的根基和源泉。作为理论形态的人类自我意识，中国哲学的范畴体系及其所蕴含的中国哲学精神，并非仅仅是中国哲学家个人的体悟和思辨，而且深层地蕴含着中华民族对人与自然、人与社会、人与自我的生命体验和理性思辨。高清海先生说："中华民族的生命历程、生存命运和生存理想具有我们的特殊性，我们的苦难和希望、伤痛和追求、挫折和梦想只有我们自己体会得最深，它是西方人难以领会的"，因此"应当把哲学研究的主要精力转移到创造中国自己的当代中国哲学理论方面上来"。这种转移，并不是简单地以中国哲学的范畴体系置换西方哲学的范畴体系，而是以中华民族的体验和思辨去寻求创建人类文明新形态的哲学理念，为实现中华民族伟大复兴和构建人类命运共同体提供精神指引和行为准则。

构建当代中国马克思主义哲学学术体系，不仅必须以"不忘本来"为坚实根基、以"守正创新"为建设方向，而且需要以"吸收外来"为重要的理论资源。我们所坚守的马克思主义哲学，绝不是离开人类文明发展大道的宗派主义，而是批判地继承了人类思想史、哲学史上的全部优秀成果；我们所继承的中华民族创建的哲学，并不是自我封闭和孤芳自赏的哲学，而是以海纳百川的博大胸怀与世界各民族创造的美美与共的哲学。在历史已经转变为世界历史的时代，构建当代中国马克思主义哲学学术体系，更需要以哲学对话的方式吸收世界哲学的研究成果，形成富有时代内涵的哲学命题、哲学思想和哲学观点。

进入21世纪以来，当代中国马克思主义哲学在“中、西、马”对话的过程中，不仅比较全面、比较深入地研究了现代西方哲学的科学哲学、文化哲学、语言哲学、价值哲学、政治哲学、经济哲学、生态哲学，以及以胡塞尔为代表的现象学、以海德格尔为代表的存在哲学、以伽达默尔为代表的解释学、以维特根斯坦为代表的分析哲学、以杜威为代表的实用主义哲学、以福柯和德里达等为代表的“后形而上学”，而且比较全面和深入地研究了自卢卡奇、葛兰西、柯尔施以来的西方马克思主义，具体地探讨了他们所提出的一系列哲学命题和哲学观点，深入地反思了这些哲学命题和哲学观点所体现的哲学理念和哲学思想，在回应当代各种哲学思潮中，升华了当代中国马克思主义哲学对包括哲学观、真理观、价值观、正义观、自由观等哲学基础理论的理解与阐释，推进了当代中国马克思主义哲学对人与自然、人与社会、人与自我关系的把握与研究。值得认真思考的是，在自觉地“吸收外来”的过程中，我们不仅需要以广泛而深刻的一致性去看待当代哲学所面对的时代性的哲学问题，而且必须以广泛而深刻的矛盾性去看待马克思主义哲学与其他当代哲学思潮对时代性的哲学问题的不同理解，坚守马克思主义哲学“改变世界”的哲学立场，并真正构建具有主体性、原创性的当代中国马克思主义哲学。

构建具有主体性、原创性的当代中国马克思主义哲学学术体系，不仅需要以“不忘本来”为坚实根基、以“吸收外来”为理论资源，更要以“面向未来”的视野和胸怀立时代之潮头、发思想之先声。20世纪中叶以来，特别是进入21世纪后，人类社会发生了空前的重大飞跃，人类文明实现了空前的重大发展，人类自身也面对着空前的重大挑战。社会信息化、经济全球化、政治多极化、文化多样化、个体社会化，正在以空前的速度和规模、空前的普遍性和深刻性，改变了人类生活于其中的世界和时代。怎样从哲学的高度把握以当代人类实践活动为基础的人与世界的关系、以当代人类的科学发现和技术发明为内容的世界图景、以当代人类的社会生活为根基的社会思潮和价值追求、以当代人类文明形态变革为导向的标准与选择，这是当代中国马克思主义哲学所面对的时代性的人类性问题。中国特色社会主义进入新时代，如何对“新时代”的时代内涵作出有学理性的理论概括，如何对“新时代”的伟大实践作出有规律性的理论升华，如何对“新时代”的发展理念作出有深度的理论阐释，如何对“新时代”的文明内涵作出有引领性的理论论证，这是构建具有主体性、原创性的当代中国马克思主义哲学学术体系的带有根本性的问题导向。习近平指出：“理论创新的过程就是发现问题、筛选问题、研究问题、解决问题的过程。”发现当代人类所面对的各种现实问题，筛选关乎人类前途命运的重大现实问题，研究这些重大现实问题所蕴含的重大理论问题，为解决这些重大现实问题和重大理论问题提供具有塑造和引导新的时代精神的哲学理念和哲学思想，这是“面向未来”的当代中国马克思主义哲学的历史使命。

“理论思维的起点决定着理论创新的结果。”构建当代中国马克思主义哲学学术体系，必须以马克思的“改变世界”的世界观为活的灵魂，彻底地改变以素朴实在论为代表的直观反映论的思维方式、以机械决定论为代表的线性因果论的思维方式、以抽象实体论为代表的本质还原论的思维方式，坚持“问题导向”的理论思维，不断地提升捕捉和把握时代性问题的理论洞察力、分析和提炼时代性问题的理论概括力、阐释和论证时代性问题的理论思辨力、回答和解决时代性问题的理论思想力，以恩格斯所说的“建立在通晓思维的历史和成就的基础上的理论思维”，形成具有时代内涵和思想力量的学术命题、学术思想和学术观点所构成的当代中国马克思主义哲学学术体系。以源于实践的哲学理论照亮当代中国和当代世界的现实，并塑造和引导新的时代精神，这是构建具有主体性、原创性的当代中国马克思主义哲学学术体系的根本方向。系统地总结和具体地研究当代中国马克思主义哲学研究的历史与逻辑，揭示其不同时期的研究范式及其转换的时代内涵和思想内涵，阐发其范式转换的哲学理念创新，具有为构建当代中国马克思主义哲学学术体系及其话语体系奠基的重大意义。

（七）

以科研支撑教学，用理论铸魂育人

在“跟随马克思”的思想人生中，在研究和讲授马克思主义哲学的教师生涯中，我对大学教师的教书育人有三点切身体会：一是“有理”才能“讲理”，二是“育人”重在“铸魂”，三是“钻研”而不“钻营”。这就要求大学教师以科研支撑教学，用理论铸魂育人，恪守为人为学之道。

1.“有理”才能“讲理”：以科研支撑教学

什么是大学？大学是“讲理”的地方：讲宇宙万物之理，讲社会人生之理，讲发现发明之理，讲文明进步之理。大学教师的教学就是“讲理”，而“讲理”的前提则是“有理”：不仅要系统地、透彻地掌握别人所讲的道理，而且要深切地、睿智地探索别人尚未讲过的道理。要让自己所讲的道理经得起追问、经得起质疑、经得起推敲，而不是把教学当作枯燥的条文、现成的结论和空洞的说教，就必须把“讲理”的教学过程奠基于“有理”的研究过程，真正做到“有理”“讲理”“以理服人”。

掌握和讲授任何一门专业性的科学理论都是十分艰难的。理论既是把握和解释研究对象的概念系统，又是规范人的思想和行为的概念系统，既凝结着人类对世界的规律性认识，又蕴含着人类认识世界的理论思维。作为理论的各种概念系统，不仅具有“向上的兼容性”和“时代的容涵性”，而且具有“逻辑的展开性”和“思想的开放性”，因而成为文明进步和文化传承的阶梯和支撑点。大学教学，既要在“讲理”的过程中让学生真实地掌握这些阶梯和支撑点，又要在“讲理”的过程中激发学生在已有的支撑点上有新的“发现”和“发明”，大学教师的责任就不只是“传道、授业、解惑”，而且要激发学生的理论兴趣，拓宽学生的理论视野，撞击学生的理论思维，提升学生的理论境界，引导学生学会学习，学会研究，转识成智，真实地提高学生的学习能力和研究能力，使之受益终生。

恩格斯说：“一个民族想要站在科学的最高峰，就一刻也不能没有理论思维。”理论思维是以理论把握世界的思维方式，集中地表现在捕捉、发现和提出问题的理论洞察力，抽象、凝练和提升问题的理论概括力，辨析、阐释和论证问题的理论思辨力，回应、拓展和深化问题的理论思想力。提高大学生的理论思维能力，是大学教学的“普照光”，是大学生未来做好任何一项工作的“活的灵魂”。这就要求大学教师在自己的切实的科研过程中，不仅“独上高楼望尽天涯路”“衣带渐宽终不悔”，而且要“众里寻他千百度”，在“灯火阑珊处”形成有真切体悟的思想。

真正做到“有理”，就能有理有据、充满信心地“讲理”。从宏观线索的勾勒、微观细节的阐述、逻辑分析的独白、讲解视角的转换、典型事例的穿插，到思想感情的交流、疑难问题的提示、人格力量的感染、理论境界的升华，以及恰到好处的板书，就会成竹在胸，挥洒自如，把“有理”实现为“讲理”，用科研引领教学，使知识变成力量。

2.“育人”重在“铸魂”：用理论铸魂育人

“教学”与“育人”不是相互割裂的，而是水乳交融的。“育人”的根本是“铸魂”，“铸魂”的核心是坚定理想信念，这就要求大学教师在教学中以透彻的学理分析回应学生，以彻底的思想理论说服学生，用真理的强大力量引导学生。

自1982年任教以来，我一直讲授马克思主义哲学。在教学的过程中，我深切地感到，马克思主义是最为有理的理论，最为讲理的理论，最为彻底的理论，因此是最能说服人的理论。作为讲授马克思主义哲学的大学教师，我一直努力做到四点：激发思想活力，引导学生“真学”马克思主义；启迪哲理智慧，引导学生“真懂”马克思主义；滋养浩然之气，引导学生“真信”马克思主义；坚定理想信念，引导学生“真用”马克思主义。马克思说：“理论只要说服人，就能掌握群众；而理论只要彻底，就能说服人。”为了把自己的学习心得和研究成果更为生动地转化为说服人的教学内容，我在近年来先后撰写并出版了《理想信念的理论支撑》《人生哲学读本》《人的精神家园》《有教养的中国人》《马克思与我们》等普及读物，其中《理想信念的理论支撑》获得“五个一工程”优秀作品奖，《马克思与我们》入围2018年“中国好书”，切实地取得了“用理论铸魂育人”的效果。

“铸魂育人”最为重要的是回应大学生的人生观、价值观问题。任何时代、任何国家、任何个人的人生观和价值观，都具有社会性质、社会内容和社会形式，都集中地体现为社会的价值理想、价值规范、价值导向与个人的价值期待、价值认同、价值取向这个主要矛盾。在这个主要矛盾中，社会的价值理想、价值规范和价值导向是矛盾的主要方面，它规范和引领整个社会的价值指向和价值追求，它培育和引导个人的价值期待、价值认同和价值取向。因此，在讲授马克思主义哲学的过程中，我着力研究和讲解具有社会性质的社会理想、政治制度、法律规范、道德伦理、人生意义问题，着力研究和讲解具有社会内容的个人与社会、理想与现实、理论与实践问题，着力研究和讲解作为社会意识形式的宗教、艺术、科学和哲学问题，使学生从价值观的社会性质、社会内容和社会形式上提升对价值观的理论自觉，从而为坚定理想信念提供坚实的理论支撑。

3.“钻研”而不“钻营”：恪守为人为学之道

“学为人师，行为世范”，这是对师德学风的生动诠释，也是对教师为人为学之道的凝练表达。那么大学教师何以“学为人师，行为世范”呢？我以为最根本的就是“钻研”而不“钻营”。

“钻研”与“钻营”虽然只是一字之差，却决定一名大学教师能否“学为人师，行为世范”。所谓“钻研”，最重要的是四个“真”字：一是“真诚”，有一种潜心教学科研的抑制不住的渴望；二是“真实”，有一种“板凳坐冷”的滴水穿石的积累；三是“真切”，有一种跟自己较劲的举重若轻的洞见；四是“真理”，有一种“爱智求真”和“以理服人”的追求。一个人选择了一种职业，也就是认同了一种生活方式。大学教师的生活方式，首先就是“乐于每日学习，志在终生探索”，这就要求大学教师“忙别人之所闲，闲别人之所忙”，把时间和精力用于“钻研”，从而做到“有理”和“讲理”，乃至“学为人师，行为世范”。

与“钻研”一字之差的“钻营”，则不仅无法“学为人师”，更不能够“行为世范”。鲁迅先生说过：“捣鬼有术，也有效，然而有限，所以以此成大事者，古来无有。”这短短的一句话，不仅是入木三分，而且是针砭时弊。无论是“为人”还是“为学”，“捣鬼”或“钻营”，也许会暂时有效，但终归是有限的。以“钻营”方式而争来几个项目，发表几篇论文，得到几个奖励，不仅终归是有限，而且败坏了师德和学风。

作为大学教师，谁都希望自己成为知名乃至著名的学者。然而学者的知名或著名，大体上是水到渠成的，而不是自吹自擂的。以“钻营”的方式而自吹，终归还是吹不响甚至是得骂名。反之，如果一名大学教师有了志存高远的大气，求真务实的正气，敢于创新的勇气，不仅会在“钻研”中成就自己，而且会在“钻研”中立德树人，生动地展现“学为人师，行为世范”的真正内涵。

三、
“前提批判”的哲学理论

(一)

“做哲学”的一种路径选择

追问哲学，并在这种追问中阐释和论证自己对哲学的理解，这是我的思想人生的重要内容。正是在这种追问中，我逐步形成了自己对哲学的理解：对思想的前提批判。

“做哲学”的前提是“有哲学”。如果没有一种可以被称为“哲学”的人类活动，就提不出如何“做哲学”的问题，也就不可能真正地“做哲学”。面对现代哲学的拟科学化或拟文学化的两种取向，我把哲学理解为对思想的前提批判，并将其阐释为一种“做哲学”的路径选择。

1.“做哲学”的“同中之异”与“异中之同”

一种游戏，可以而且应当有多种玩法。“多种玩法”是“一种游戏”的“同中之异”，“一种游戏”则是“多种玩法”的“异中之同”。如果没有“多种玩法”，这种游戏就会失去引人入胜和持久存在的生命力；如果不是“一种游戏”，“多种玩法”就会变成面目模糊甚至让人生疑的另类游戏。因此，在诉诸“多种玩法”的游戏中，人们总要不断地追问其何以是“一种游戏”。何谓哲学？哲学何为？就是对哲学的“异中之同”的追问。

哲学作为人类把握世界的“一种基本方式”，它应当并且肯定有自己的独特的活动方式，也就是区别于常识、宗教、艺术和科学等其他基本方式的活动方式；否则，它就不能成为人类把握世界的“一种基本方式”，就会把哲学混同为人类把握世界的其他基本方式。以追问哲学活动的“异中之同”为标准，现代哲学所尝试的拟科学化或拟文学化，就不是以“多种玩法”赋予哲学这种基本方式以生命力，而是以质疑哲学作为“一种游戏”即“一种基本方式”的可能性而消解哲学和终结哲学。

现代哲学所尝试的拟科学化或拟文学化的路径选择，既不是空穴来风，也不是奇思妙想，而是时代的产物。近代以来的科学发展及其技术应用，日益深刻地变革着人的生活世界以及人对世界的理解，由此对哲学提出的最为严峻和最为尖锐的问题就是：如果人类有效地解释世界的方式只能是科学，如果人类的现代世界图景只能是“科学的世界图景”，如果人类实现自己的目的和满足自己的需要的实践活动只能是遵循“科学规律”，那么人们对世界的种种哲学解释不都是“理性的狂妄”吗？人们所描绘的种种哲学图景不都是“语言的误用”吗？人们所设计的种种哲学理想不都是“虚幻的乌托邦”吗？这样的哲学不是应当而且必须予以治疗、消解乃至终结吗？哲学还何以作为人类把握世界的“一种基本方式”而存在呢？

在现代哲学中，逻辑实证主义的重要代表人物卡尔纳普以语言的两种职能为出发点对哲学的质疑，就是具有标志性的对哲学作为“一种游戏”或“一种基本方式”的挑战。在他看来，人类把握世界的语言具有“表述”或“表达”的两种基本职能，因此人类只能是或者以语言的表述职能而陈述经验事实，或者以语言的表达职能而展现情感意愿；前者构成的是表述的科学，后者构成的是表达的艺术。卡尔纳普由此提出：如果哲学试图承担语言的表述职能，而又不能像科学那样表述经验事实，就只能是“给予知识的幻象而实际上不给予任何知识”；如果哲学试图承担语言的表达职能，而又不能像艺术那样表达情感意愿，则只能是一首“蹩脚的诗”。这表明，卡尔纳普以语言的两种职能为立足点挑战哲学的逻辑，不仅拒斥了作为形而上学的传统哲学，而且封闭了现代哲学的拟科学化或拟文学化的路径选择，因此在实质上拒斥和封闭了哲学作为人类把握世界的“一种基本方式”的可能性。由此提出的最为严峻的问题就是：在哲学的“多种玩法”中，是否存在某种“异中之同”，并且可以将这种“异中之同”作为人类活动的“一种基本方式”？这是顽强地坚守“做哲学”的当代哲学必须回答的首要问题。

2. 哲学的“异中之同”与哲学的“基本问题”

探寻哲学的“异中之同”，追究哲学何以把握世界的基本方式，有一个至关重要和不可回避的切入点，这就是恩格斯所指认的哲学的“重大的基本问题”——思维和存在的关系问题。

思维和存在的关系问题，究竟是哲学活动中的“一个重大问题”，还是全部哲学活动中的“重大的基本问题”？对这个问题的不同回答，从根本上决定了对哲学活动是否具有“异中之同”的回答，也就是从根本上决定了对哲学能否成为人类把握世界的“一种基本方式”的回答。具体言之，如果认为思维和存在的关系问题只是哲学活动中的“一个重大问题”，那么它就只是某些哲学家或某个时代的哲学家特别关切的问题，而不是决定哲学的特殊的理论性质和独特的活动方式及其特有的社会功能的“重大的基本问题”，即不是决定全部哲学活动的“异中之同”的问题；反之，如果肯定思维和存在的关系问题是全部哲学的“重大的基本问题”，而并不仅仅是哲学活动中的“一个重大问题”，那么它就绝非只是某些哲学家或某个时代的哲学家特别关切的问题，而是决定哲学的特殊的理论性质和独特的活动方式及其特有的社会功能的“重大的基本问题”，即决定全部哲学作为人类把握世界的“一种基本方式”的“异中之同”的问题。由此提出的更为深层的理论问题就是：究竟如何理解哲学意义的思维和存在的关系问题？它何以成为哲学的“异中之同”的“重大的基本问题”？

人类的全部活动可以被归结为“知”与“行”，即在观念中实现思维和存在的统一和在行动中实现思维和存在的统一，因此思维和存在的关系问题是存在于人类活动的全部领域和贯穿于人类活动的全部过程的“重大的基本问题”。以人类实践活动为基础的人类把握世界的全部活动——认知活动、评价活动和审美活动，以人类实践活动为基础的人类把握世界的全部方式——常识、宗教、艺术、科学和哲学，从实质上说，就是在“知”和“行”中解决思维和存在的关系问题，实现思维和存在的统一。在这个意义上，思维和存在的关系，既是人类全部活动中的“重大的基本问题”，又是人类把握世界的全部方式中的“重大的基本问题”。由此提出的问题就是：为什么仅仅把思维和存在的关系问题归结为全部哲学的“重大的基本问题”？这是必须予以追究的更为重大和更为艰难的理论问题。

思维和存在的关系问题作为哲学的“重大的基本问题”，首先是与人类全部活动中的基本问题密不可分的；然而理解思维和存在的关系问题何以成为哲学的“重大的基本问题”的症结，又恰恰在于哲学以外的人类把握世界的各种基本方式，并不是把思维和存在的关系问题作为自己的“重大的基本问题”。思维和存在服从于同样的规律，因此人们才能以思维规律把握存在规律，才能以思维规定表述存在规定，才能构成具有客观性的关于世界的思想，这是理论思维的“不自觉的和无条件的前提”。这意味着，对待思维和存在的关系问题，有两种截然相反的思维取向：一种思维取向是把思维和存在服从于同样的规律作为“不自觉的和无条件的前提”，致力于以思维规律把握存在规律、以思维规定表述存在规定，从而构成关于世界的各种思想；另一种思维取向则是把理论思维的“不自觉的和无条件的前提”作为对象，致力于反思构成思想的前提。在前一种思维取向中，并不是把思维和存在的关系作为问题而予以反思，恰恰相反，它是把思维和存在的同一性作为前提而形成关于世界的思想；在后一种思维取向中，则不是以思维和存在的同一性为前提而形成关于世界的思想，恰恰相反，它是把思维和存在的关系作为问题而予以反思，探究理论思维的“不自觉的和无条件的前提”。

哲学作为人类把握世界的“一种基本方式”，这种基本方式的特殊的理论性质、独特的活动方式及其特有的社会功能，即它与常识、宗教、艺术和科学等其他基本方式的根本性区别就在于，哲学以外的人类把握世界的其他基本方式并不是把思维和存在的关系作为问题，而是把思维和存在服从于同样的规律作为“不自觉的和无条件的前提”，致力于实现思维和存在的统一。正因如此，存在于人类全部活动中的思维和存在的关系问题，只是哲学的“重大的基本问题”，而不是哲学以外的其他基本方式的“重大的基本问题”。把思维和存在的关系问题作为自己的“重大的基本问题”，从而反思蕴含于人类全部活动和人类把握世界的各种基本方式之中的思维和存在的关系问题，反思理论思维的不自觉的和无条件的前提，这是哲学作为人类把握世界的“一种基本方式”

的独特的活动方式和特有的社会功能，也就是“哲学之为哲学”的最为本质的规定性。

从人类把握世界的各种基本方式的相互关系上看，哲学以思维和存在的关系问题作为自己的“重大的基本问题”，这个“重大的基本问题”就具有双重含义：它是哲学的“专业”，但不是哲学家的“专利”。哲学的“专业”，是把思维和存在的关系作为问题而批判地反思构成思想的“不自觉的和无条件的前提”，引导时代性的思想观念变革和文明形态变革，从而使之成为“时代精神的精华”和“文明的活的灵魂”；由于哲学反思的思维和存在的关系问题，正是隐含于人类全部活动和人类把握世界的全部基本方式之中的不自觉的无条件的前提，人类在自己的历史活动和把握世界的各种方式中总要以哲学方式反思思维和存在的关系问题，因此反思思维和存在的关系问题又不是哲学家的“专利”。这表明，从“专业”而非“专利”的双重含义去理解哲学的“重大的基本问题”，既能够真正理解思维和存在的关系问题何以只是哲学的“重大的基本问题”，又能够真正理解哲学何以渗透于人类把握世界的各种基本方式中，从而实现其塑造和引导新的时代精神的社会功能。

需要深入思考的是，作为哲学的“重大的基本问题”的思维和存在的关系问题，既不是“思维和存在”的问题，也不是“思维和存在如何统一”的问题，而是“思维和存在”的“关系问题”。厘清这个问题，是理解“哲学之为哲学”的重大问题。人们之所以把哲学的世界观解释为“关于整个世界的根本观点”，从根本上说，是因为把哲学的“重大的基本问题”视为思维和存在的问题，而不是理解为思维和存在的“关系问题”，并由此把思维和存在视为哲学的研究对象，从而把提供关于自然、社会和思维的普遍规律作为哲学的历史任务，进而导致把哲学视为具有最高的概括性和最大的普遍性的科学。在这种理解中，“哲学”与“科学”的关系，是研究对象的整个世界与各个领域的关系，是理论内容的普遍规律与特殊规律的关系，而不是理论思维的两种基本方式的关系，即不是人类把握世界的两种基本方式的关系。从这种理解出发，“哲学”就只能是作为“科学”的延伸或变形而存在，只能是把自己变成具有最高的概括性和最大的普遍性的“科学”。这种理解，模糊了思维和存在的关系问题作为哲学的“重大的基本问题”的真实内涵和真实意义，也就是模糊了哲学作为人类把握世界的“一种基本方式”的特殊的理论性质、独特的活动方式及其特有的社会功能。因此，理解哲学的“重大的基本问题”，必须澄清“思维和存在的关系问题”与“思维和存在”的问题之间的原则性区别。

把“思维和存在的关系问题”视为“思维和存在”的问题，其后果是把“哲学”视为具有最高概括性和最大普遍性的“科学”；把“思维和存在的关系问题”视为“思维和存在如何统一”的问题，则会把“哲学”混同作为“实证科学”的广义的“思维科学”。哲学反思“思维和存在的关系问题”，不能离开对脑科学、心理学、语言学、逻辑学等的概括和总结，然而反思“思维和存在的关系问题”的哲学，却不是表述以思维规律把握存在规律的机制和过程，也不是研究人的认识如何实现“思维和存在的统一”，而是追究人的认识“何以可能”，批判地揭示构成思想的不自觉的和无条件的前提：人类究竟以何种信念为前提而构成思想？人类究竟以哪些基本方式而构成思想？人类究竟以哪些基本逻辑而构成思想？人类究竟以哪些基本观念而构成思想？人类究竟以怎样的世界观、历史观、人生观、价值观而构成思想？正是在对“思维和存在的关系问题”的反思中，在对人的认识“何以可能”的追问中，在对理论思维的“不自觉的和无条件的前提”的批判中，哲学才成为理论形态的人类自我意识，才成为“思想中所把握到的时代”，才成为塑造和引导时代精神的“文明的活的灵魂”。

3.“反思”的哲学与“思想的前提批判”

在哲学发展史上，德国古典哲学家黑格尔不仅明确地以“思维对存在的关系问题”去反观整个哲学史，把“思维的不淳朴”视为近代哲学的出发点，而且在与“表象思维”和“形式推理”的对比中提出哲学的“思辨思维”，明确地把“反思”指认为哲学所特有的思维方式。以黑格尔的“反思”为出发点而探寻哲学的独特的理论性质和特殊的活动方式，对于深入理解哲学把握世界的独特的基本方式，是至关重要的。

“反思”，就是思想以自身为对象反过来而思之，也就是“对思想的思想”。黑格尔提出人类思想活动中的“反思”，这意味着，思想本身有两个最基本的维度：一是“构成思想”的维度，也就是如何在思想中实现思维规定与存在规定的统一问题；二是“反思思想”的维度，也就是把思想本身作为对象而予以批判地考察。由黑格尔的“反思”而引发的必须予以追究的问题则是：哲学作为“对思想的思想”的“反思”，究竟“反思”的是什么？这应当是深究“哲学何为”或“如何做哲学”的具有根本性的重大问题。

哲学意义的“反思”，并不是对思想内容的反思，而是对构成思想的诸种前提的反思，也就是对“思想”的“前提批判”。对思想内容的反思，是人类把握世界的各种基本方式的不可或缺的活动方式；对思想前提的反思，则是把“思维和存在的关系”作为问题的哲学所特有的“反思”。思想的前提，既不是作为思想内容的思想，也不是作为思想活动的思想，而是思想构成自己的根据和原则，也就是思想构成自己的逻辑支点。人的任何思想，都蕴含着构成自己的前提。对思想的前提批判，既是哲学反思的实质性内容，又是哲学反思的艰巨使命。哲学反思的艰巨性，就在于思想前提所具有的隐匿性、强制性；哲学反思的必要性，就在于揭示和批判隐匿于思想之中的构成思想的诸种“前提”；哲学反思的现实性，则在于思想前提所具有的可选择性和可批判性；作为思想前提批判的必要性与可能性的统一，则在于思想前提的普遍性。

思想构成自己的前提，它作为构成思想的根据和原则，是思想中的“一只看不见的手”，也就是思想构成自己的“幕后的操纵者”。这意味着，思想构成自己的根据和原则虽然深深地隐匿在思想的过程与结果之中，但它作为思想中的“看不见的手”和“幕后的操纵者”，却深层地规范着人们想什么和不想什么、怎么想和不怎么想、做什么和不做什么、怎么做和不怎么做，即规范着人们的思想内容和思维方式、行为内容和行为方式，也就是规范着人们的全部思想和行为。这就是具有隐匿性的思想前提对构成思想的强制性。比如，在常识范围内，我们必须遵循经验的方式去构成思想，任何超验的思考，都是对常识的挑战；在宗教的范围内，我们必须遵循“信仰”的方式去构成思想，任何背离信仰的思考，都是对宗教的挑战；在科学范围内，我们必须遵循逻辑的方式去构成思想，任何违背逻辑的思考，都是对科学的挑战。同样，在人类把握世界的各种基本方式和各种特定的理论框架中，我们都必须以这些基本方式以及这些理论框架提供的基本原则为思想的前提，并依据这些思想前提去形成思想。这就是思想前提对构成思想的“逻辑强制性”。

思想前提的隐匿性和强制性，构成了哲学反思的必要性。这就是，只有通过哲学对“思维和存在的关系问题”的反思，才能超越对思想内容的反思，进而达到对构成思想的前提的反思；也只有通过对构成思想的前提的哲学反思，才能揭示出隐匿在思想的过程和结果中的前提，并以哲学批判的方式去解除这些思想前提的逻辑强制性，从而使人们解放思想，赋予思想以新的概念内涵、时代内涵和文明内涵，进而创立新的思想。

哲学对思想的前提批判的可能性，首先是因为任何思想的前提或思想的任何前提都具有可选择性。从文明史、思想史看，思想的前提总是具有二重性：一方面，在构成思想的特定过程和特定结果中，构成思想的前提是确定的、不可变易的，因而它的逻辑强制性是合理的；另一方面，在思想的历史发展过程中，在纷繁复杂和多种多样的思想领域中，构成思想的诸种前提又是不确定的、可以变易的，因而它的逻辑强制性又是应当和可以解除的。这意味着，构成思想的任何前提，既不是“绝对之绝对”，也不是“绝对之相对”，而是“相对之绝对”，即时代性的绝对性与历史性的相对性。思想前提的二重性，要求在对思想前提的肯定的理解中同时包含否定的理解。对思想前提的否定的理解就是对思想的前提批判。哲学自身作为理论形态的人类自我意识，它的理论思维和思想内涵同样具有历史性，因此，哲学的“反思”就包括对时代性的理论形态的人类自我意识的前提批判。在“思想的前提批判”中，哲学的逻辑强制性同样是应当和可以超越的，时代性的哲学同样是作为“相对之绝对”而存在的。

哲学对思想的前提批判的可能性，还因为任何思想的前提或思想的任何前提都具有可批判性。思想的前提在思想的过程和结果中是隐匿的，但人们却可以通过哲学的反思去揭示这些隐匿的前提，对这些前提进行思辨、分析或解释，使它们以文化传统、思维模式、价值尺度、审美标准和终极关怀等方式而成为哲学批判的对象。哲学史之所以是派别冲突的历史，并展现为哲学思想的“厮杀的战场”，就在于哲学在思想的前提批判中不仅批判地反思人类全部活动及其把握世界的其他基本方式中所隐含的思想前提，而且直接地指向哲学自身所隐含的构成思想的前提。在这个意义上，对哲学思想的前提批判，是最深层的思想前提批判。

哲学对思想的前提批判，其必要性与可能性的统一，在于思想前提的普遍性。在人的思想的过程和结果中，思想前提是无处不在和无时不有的。这种思想前提的普遍性，既构成了哲学对思想的前提批判的必要性（任何思想都隐匿着需要揭示和批判的前提），又构成了哲学对思想的前提批判的可能性（从任何思想中都能够揭示出予以批判的前提）。以思想为对象的哲学之所以能够“四海为家”，从根本上说，就在于思想的前提具有普遍性。

思想的前提具有隐匿性和强制性，因此以思想的前提为批判对象的哲学反思，就具有两个最根本的特点：一是揭示思想内容中隐匿的前提，即从哲学反思的思想维度去揭示思想构成自己的根据和原则，使思想的前提由“幕后的操纵者”变成“前台的表演者”；二是以哲学反思的逻辑去审视这个走上“前台的表演者”，迫使它对自身存在的合理性进行辩护，从而解除以原有思想的逻辑支点构成思想的逻辑强制性。哲学反思的这两个根本特点，决定人类思想的哲学维度在本质上是批判的。批判性，是哲学的本性；对思想的“前提批判”，则是“做哲学”的实质内容和根本使命。

哲学对思想的前提批判，并不是纯粹的思想的结果，而是以人类生活的历史发展为坚实基础的。按照马克思的概括，人类的存在方式已经和正在经历了两种基本形态：一是以自然经济为基础的“人的依附性”存在，由此造成的就是人在“神圣形象”中的自我异化；二是以市场经济为基础的“人对物的依赖性”的存在，由此造成的就是人在“非神圣形象”中的自我异化。哲学对思想的前提批判，从本质上说，就是对构成思想的“神圣形象”和“非神圣形象”的前提批判。近代哲学的前提批判，主要是对“上帝本体论”的批判，即对造成人的自我异化的“神圣形象”的批判；现代哲学的前提批判，则主要是对造成人的自我异化的“非神圣形象”的批判，也就是对尘世中的各种文化样式的批判。

人类进入21世纪，包括人与自然、人与社会、人与自我在内的人与世界的关系正在发生日益迅猛的变革，不仅作为“非神圣形象”的资本仍然是造成人的自我异化的社会根源，而且作为“非神圣形象”的信息化、数字化、智能化正在造成人的存在方式和思想观念的新形式的自我异化。当代哲学正在对文明的深切反思中，重新理解以文明为核心范畴的思想观念，重新阐释包括人与自然、人与社会、人与自我在内的人与世界的关系，重新构建规范人的全部思想和行为的思想前提。从近代以来的哲学史看，正是在对构成思想的“神圣形象”和“非神圣形象”的前提批判中，哲学历史性地揭示了人在“神圣形象”和“非神圣形象”中的自我异化，从而历史性地实现了人类的观念变革和文明进步。

这是哲学成为“时代精神的精华”和“文明的活的灵魂”的根基之所在。

4.“思想的前提批判”与哲学活动的“理论空间”

构成思想的前提，主要包括构成思想的基本信念、基本逻辑、基本方式、基本观念和哲学理念，因此哲学对思想的前提批判主要表现在下述五个方面：一是对构成思想的基本信念的前提批判，即对“思维和存在的同一性”的前提批判；二是对构成思想的基本逻辑的前提批判，即对形式逻辑、内涵逻辑和实践逻辑的前提批判；三是对构成思想的基本方式的前提批判，即对常识、宗教、艺术和科学等人类把握世界的基本方式的前提批判；四是对构成思想的基本观念的前提批判，即对规范人的思想和行为的基本理念、主要范畴、重要命题等基本观念的前提批判；五是对构成思想的哲学理念的前提批判，即对哲学本身的前提批判。这五个方面的前提批判，从总体上构成了哲学对思想的前提批判的理论空间。

思想前提的批判，主要注重以下四个方面：一是形成哲学反思的自觉，也就是形成一种自觉的前提批判意识，不停滞于对思想内容的反思，而是深入到对构成思想的根据和原则的反思；二是注重揭示思想中隐含的前提，也就是注重在“灯火阑珊处”发现和提出真正的哲学问题；三是消解思想前提的强制性，也就是以逻辑的力量去摧毁已有逻辑的强制性；四是修正和转换构成思想的前提，以新的思维方式、价值观念、审美意识等去建构思想的新的逻辑支点、实现思想的逻辑层次的跃迁，从而为人类的思想活动提供新的操作平台。

人类的历史活动，总是以构成思想的诸种前提来规范自己的全部思想和行为，又总是以批判性地反思和创造性地重构思想的前提而引领自己的全部思想和行为，从而塑造出新的时代精神和实现文明形态的变革。哲学作为理论形态的人类自我意识，不仅是时代性的理论形态的人类自我意识，而且必然是在对时代性的理论形态的人类自我意识的前提批判中实现哲学自身的发展。因此，对思想的前提批判，是行进中的哲学活动，而不是某种完成了的哲学理论。我把哲学理解为“思想的前提批判”，可能是偏颇的，甚至是偏执的，所以我以“做哲学”的一种可能的路径选择来看待和阐述我所说的“对思想的前提批判”的哲学。

（二）

《理论思维的前提批判——论辩证法的批判本性》：我的博士学位论文

我把哲学理解为“对思想的前提批判”，始于我的博士学位论文。

1990年，我在自己的博士学位论文《理论思维的前提批判——论辩证法的批判本性》中，以探讨辩证法的批判本性为出发点，提出并阐述了我对哲学的理解——哲学是对理论思维的前提批判。此后，在1997年出版的《崇高的位置》中，我把哲学的前提批判诉诸对人类所寻求的崇高的前提批判；在1998年出版的《哲学通论》中，把哲学的前提批判诉诸对哲学的思维方式、生活基础、主要问题和派别冲突的前提批判；在2001年出版的《超越意识》中，把哲学的前提批判诉诸对人的生活世界、精神世界、文化世界和意义世界的前提批判；在2002年出版的《马克思辩证法理论的当代反思》中，把哲学的前提批判诉诸对不同形态的辩证法的前提批判；在2016年出版的《哲学：思想的前提批判》中，又把哲学的前提批判诉诸对构成思想的基本信念、基本方式、基本逻辑、基本观念和哲学理念的前提批判，敞开了思想的前提批判的理论空间。

“辩证法的本质是批判的、革命的。”马克思的这个著名论断，经常被各种哲学论著广泛引证。但是关于这个论断的理论内涵及其真实意义，迄今尚无系统性的论著；在引证这一论断的哲学著作中，又往往是把辩证法的批判本质理解为它的一种理论功能，即从功能的角度去解释辩证法的批判本质，而不是从辩证法的批判本质去理解辩证法理论，即不是把批判性视为辩证法的最本质的规定性。那么究竟如何理解辩证法的批判本质？进一步说，从辩证法的批判本质出发，应该怎样理解辩证法本身？正是这种追问，促使我探索辩证法的批判本性，并形成了我的博士论文。

作为最抽象的规定，在马克思主义哲学范围内，似乎无人否认“辩证法的本质是批判的”这一命题；在把辩证法的批判本质解释为它的一种基本功能的意义上，也不妨碍人们对辩证法作出各自不同的理解和解释。这是因为，无论是把辩证法解释为本体论还是认识论，逻辑学还是实践论，或者是本体论、认识论和逻辑学的统一，都可以在原则上承认辩证法具有批判功能。但是只要对“辩证法的本质是批判的”这个最抽象的规定作出具体解释，特别是超出对辩证法批判本质的功能解释，而把批判性视为辩证法的本质或本性，就会显露出对辩证法的批判本质乃至辩证法理论本身的不同理解。

请看下述问题：为什么辩证法在本质上是批判的？辩证法的批判本质与哲学及其基本问题是何关系？辩证法的批判对象是什么？这种批判对象怎样规定辩证法的批判本质？作为发展学说的辩证法与它的批判本质是何关系？怎样从发展学说的视野去理解辩证法的批判本质？辩证法的思维方式与形而上学的思维方式的本质区别何在？怎样从辩证法的批判本质去理解辩证法与形而上学的对立？辩证法的批判本质是否是发展的？如果是发展的，这种发展是如何实现的，它的历史内容和具体形态是怎样的？辩证法的批判本质在马克思主义哲学中是怎样实现的？为什么说马克思主义的唯物辩证法是“合理形式”的、彻底的辩证法理论？现代西方哲学的辩证法思想表现在哪里？它如何实现辩证法的批判本质？它与马克思主义的唯物辩证法是何关系？

正是由于马克思关于辩证法的批判本质的论断还没有得到应有的重视和具体的研究，因而在有关辩证法的理论著作中，还没有从辩证法的批判本质出发，系统地提出和探讨上述问题。在我看来，恰恰是辩证法的批判本质构成辩证法理论的生命线，构成辩证法作为发展学说的实质内容，构成辩证法的思维方式与形而上学的思维方式的根本对立，因而需要从辩证法的批判本质出发深入理解辩证法。

在博士论文中，我把上述追问诉诸对辩证法与形式逻辑、常识、科学以及形而上学的相互关系的考察，诉诸对辩证法史和现代西方哲学的辩证法思想的考察，特别是诉诸对马克思主义的唯物辩证法的考察，从而提出关于辩证法的批判本质的一种理解，并进而提出探索辩证法理论的一种思路。这种理解和思路的中心思想是：辩证法之所以在本质上是批判的，就在于它是对恩格斯所说的“理论思维的不自觉的和无条件的前提”的自觉反思。

“理论思维的前提批判”，这个词组是由三个概念组成的：理论思维、前提和批判。解析这三个概念，并且把它们的顺序颠倒过来予以解析，对于说明这个词组的含义是必要的。

批判是人类所特有的活动方式。它包括观念形态的精神批判活动和物质形态的实践批判活动。在人类现实的历史发展过程中，否定世界的现存状态而把世界变成人所要求的现实的实践批判活动，既是精神批判活动的现实基础，又以精神批判活动为前提，在观念上否定世界的现存状态，并在观念中构建人所要求的现实的精神批判活动，构成实践活动中的理想性图景和目的性要求。

批判作为否定现状和实现理想的活动，它直接地表现为揭示、辨析、鉴别和选择的过程。但是作为活动过程的批判，它既不是批判的根据或出发点，也不是批判的目的或结果，而只是批判的一系列中间环节。批判的根据或出发点，是批判者用以观照现实的理想和要求。这种理想和要求，在批判者的批判活动中，是作为批判的根据、标准和尺度而存在的。依据某种设定的根据、标准和尺度而进行的揭示、辨析、鉴别和选择活动就是批判。

批判，总是对批判对象的批判，无对象的批判活动是不存在的。但是批判的对象却不仅是批判活动所指向的对象，而且包括批判活动的出发点——进行批判的根据、标准和尺度。这后一种批判，是推动人类思维、人类文明和人类社会发展的最为深刻的批判活动——它改变人类的思维方式、价值观念、审美意识和整个的生活样式。

在批判活动中，批判者之间总是出现相去甚远乃至迥然相反的歧见。这往往并不是由于批判者在揭示、辨析、鉴别和选择活动中所出现的偏差，而是由于批判的根据、标准和尺度发生了冲撞。当这种冲撞显露出来的时候，批判活动就超越了对批判对象本身的批判，而转向了对批判的根据、标准和尺度的批判。这种批判活动，就是对批判的前提的批判，即前提批判。

前提，通常被解释为推理中已知的判断。显而易见，这样的解释是把对前提的理解限定在形式逻辑的框架内了。作为批判活动的前提，它是对批判对象进行揭示、辨析、鉴别和选择的根据、标准和尺度。这种前提在批判活动中具有双重性：一方面，它作为批判活动的根据和出发点，对于据此进行批判活动的批判者来说，是一种“已知的判断”或“确定的标准”；另一方面，它作为批判活动中的不同批判者所采取的根据和出发点，对于不同的批判者来说，又只能是一种“或然的判断”和“可供选择的标准”。前提批判，必须以承诺前提的或然性和可选择性为前提。这样，就显示了前提批判的一个最本质的特征：它是一种无穷无尽的追问，现实地说，它是一种历史性的追问。前提批判具有历史的展开性。历史的发展表现为前提批判的深化，以及由此而实现的人类文明的进步。人类所进行的否定现状和实现理想的批判活动，特别是对批判的前提进行批判的活动，是以人类具有愈来愈发达的理论思维为前提的。

理论思维，在其直接的意义上，是与经验思维、表象思维、常识思维相区别的思维方式。它超越对世界的经验的、表象的、常识的把握、理解和解释，而形成对世界的普遍性的、本质性的、规律性的把握、理解和解释。它的具体表现形式是科学思维和哲学思维。

理论思维的本质在于它的超验性——超越生动的经验表象而

达到对经验对象的概念把握，并在概念的运动中把握对象的本质的联系，即达到对经验对象的规律性认识。那么人类的理论思维是否能够把握经验对象的本质和规律？思维的规律是否与存在的规律服从于同一规律？这就是理论思维的前提问题。理论思维的前提批判，就是对理论思维活动的根据的反思。这种对理论思维的前提批判，构成了哲学的基本问题，也决定了辩证法理论的批判本性。

我们首先分析恩格斯的两个著名论断。

一个是恩格斯关于哲学基本问题的论断："全部哲学，特别是近代哲学的重大的基本问题，是思维和存在的关系问题。"另一个是恩格斯关于思维和存在的关系问题的论断："我们的主观的思维和客观的世界服从于同样的规律，因而两者在自己的结果中不能互相矛盾，而必须彼此一致，这个事实绝对地统治着我们的整个理论思维。它是我们的理论思维的不自觉的和无条件的前提。"在这两个论断中，恩格斯既确认了思维和存在的关系问题在哲学中的地位——它是全部哲学的重大的基本问题，又对这个重大的基本问题给出了明确的回答——思维和存在在本质上服从于同一规律。不仅如此，恩格斯还以一种毋庸置疑的态度告诉人们，思维和存在在本质上服从于同样的规律，这不仅"统治着我们的整个理论思维"，而且是我们的理论思维的"不自觉的和无条件的前提"。

从表层上看，恩格斯的这两个论断似乎是自相矛盾的：如果承认思维和存在"服从于同样的规律"，并且认为这是"理论思维的不自觉的和无条件的前提"，那么哲学为什么要以思维和存在的关系问题作为自己的"重大的基本问题"？而如果认为思维和存在的关系问题是哲学的“重大的基本问题”，这就是说，思维与存在不仅是一种矛盾，而且是作为世界观理论的哲学所研究的根本矛盾，那么为什么又断定思维和存在的统一是“理论思维的不自觉的和无条件的前提”呢？简洁地说，思维和存在究竟是怎样一种关系？到底应当怎样理解理论思维的前提？

我认为，正是这两个似乎自相矛盾的论断，深刻地揭示了哲学的特殊性质及其在人类把握世界的诸种方式中的独特价值；也正是这两个似乎自相矛盾的论断，深刻地揭示了作为哲学世界观的辩证法理论的批判对象和批判本性。

恩格斯关于思维和存在服从于同样的规律的论断，有两层基本含义：其一，它作为“事实”而“绝对地统治着我们的整个理论思维”；其二，它以“不自觉的和无条件的”方式而构成理论思维的“前提”。

就第一层含义说，思维和存在服从于同样的规律，它既是最根本的人类生存的“事实”，又是最重大的科学成果的“事实”。在人类生存的意义上，如果思维和存在所服从的不是同样的规律，或者说，思维不能够认识存在，那么人类的一切目的性要求及其对象化活动就都不可能具有现实性，因而人类本身也就不可能存在和发展。人类以自己的目的性和对象化的实践活动的方式存在着和发展着，就证明了思维和存在服从于同样的规律。在实证科学的意义上，科学本身的发展不断深化地证明人及其思维是自然界的产物，思维的运动规律受到物质运动一般规律的支配。天体演化理论、生命起源理论、生物进化理论、人类起源理论，以及控制论、信息论、脑科学、人工智能等现代科学理论，已经和正在在愈来愈深刻的层次上证明了这个“事实”。

就第二层含义说，人在现实的思维活动中，并不是通过反省理论思维的“前提”——思维和存在服从于同样的规律——去实现思维与存在的统一，而是通过具体的思维活动——思维认识存在——来达到思维与存在的统一。因此，思维和存在服从于同样的规律这个前提，在理论思维活动中又是作为“不自觉的和无条件的”前提而存在的。

现在的问题是：既然思维和存在的统一性“绝对地统治着我们的整个理论思维”，并且是“我们的理论思维的不自觉的和无条件的前提”，为什么哲学还要把思维和存在的关系问题作为自己的重大的基本问题，还要对理论思维的这个“不自觉的和无条件的前提”进行批判呢？

所有的具体科学，有一个共同的根本特点：都把思维与存在的统一性作为“理论思维的不自觉的和无条件的前提”，运用理论思维去研究各种具体的存在，而不去研究理论思维的前提。或者说，在具体科学那里，不管是数学和自然科学，还是社会科学和人文科学，它们都不自觉地和无条件地把思维和存在的统一性当作自己认识世界的前提。不仅如此，在人类把握世界的诸种方式中，除哲学之外的其他各种方式也都把理论思维的前提当作不言而喻和不证自明的东西，而去进行生产劳动、经验累积、科学探索、技术发明、工艺改进、艺术创新、政治变革、道德践履等。就是说，它们的使命都不是研究理论思维的前提、探索思维与存在的关系，而是使思维和存在在观念和实践两个基本层面上获得现实的、具体的统一。它们现实地实现思维和存在的统一，但不去反思实现这种统一的前提——思维和存在的关系问题。

与此相反，专门以思维和存在的关系问题为对象的学科，则不是现实地实现思维和存在的统一，而是反过来追问思维和存在统一的根据，把理论思维的“不自觉的和无条件的前提”作为自己的研究对象，这个专门研究理论思维前提的学科，被称为哲学。

哲学研究理论思维的前提，这就是说，它既不是脱离人的思维去研究存在，也不是离开存在去研究人的思维，而是专门研究以人为中介的“思维和存在的关系问题”。恩格斯在提出关于理论思维前提的论断之后，接着就指出：“十八世纪的唯物主义……只就这个前提的内容去研究这个前提。它只限于证明一切思维和知识的内容都应当起源于感性的经验……只有现代唯心主义的而同时也是辩证的哲学，特别是黑格尔，还从形式方面去研究了这个前提。”这就是说，无论是唯物主义哲学，还是唯心主义哲学，它作为哲学，都是对理论思维的“不自觉的和无条件的前提”的自觉反思，尽管它们对这个前提的研究角度、研究方式及其研究结果是不同的。

哲学在对理论思维前提的追问和反思中，形成了自己的独特的问题领域：哲学与存在统一的根据何在？思维所表达的存在是不是自在的存在？思维怎样实现与存在的统一？思维与存在统一的现实基础是什么？思维与存在是否统一如何检验？存在的规律怎样用思维的概念运动来表达？人类的知、情、意在思维与存在的关系中如何统一？事实判断、价值判断和审美判断是何关系？区别真善美与假恶丑的根据和标准是什么？人类能否达到对存在的终极解释？人自身是一种怎样的存在？“人是万物的尺度”吗？“我思故我在”吗？“存在就是被感知”吗？“理性是宇宙的立法者”吗？“语言是世界的寓所”吗？“科学是世界的支点”吗？“世界就是人所理解的世界”吗？毫无疑问，哲学对理论思维前提的追问和反思，显示了它的特殊性质和独特价值。

人类作为改造世界的实践-认识主体，其全部活动的指向和价值，在于使世界满足人类自身的需要，把世界变成对人来说是真、善、美相统一的世界。因此，具有理论思维能力的人类，不仅仅是把思维和存在的统一当作“理论思维的不自觉的和无条件的前提”，去探索自然的、社会的和人生的奥秘，而且总是对前提本身提出疑问，力图在最深刻的层次上把握人及其思维与世界的内在统一性，并以人类所把握到的统一性去解释人类经验中的一切事物和规范人类的全部行为。哲学的特殊性质就在于，它是人类的这种最深层的渴望与追求的理论表达。哲学的独特价值就在于，它在反思理论思维前提的进程中，使人类不断地深化对思维和存在关系问题的认识，从而不断地更新人类的思维方式、价值观念和审美意识，并引导人类现实地变革自己的生存状态和生活方式。

当我们这样来理解哲学的时候，并不是说科学家、文学家、艺术家、政治家、军事家等都不去思考作为世界观矛盾的理论思维前提问题，恰恰相反，正因为思维和存在的关系问题是一切理论思维活动的前提，所以人们在理论思维活动的一切领域都会不可逃避地提出理论思维的前提问题。也正因如此，哲学反思的领域是极为广阔的，甚至可以说在人类活动的一切领域是无所不在的。问题在于：当人们在各种不同的活动领域中自觉地提出上述的前提问题，并试图对这些前提问题给予理论解释时，就超越了自己的特定的研究对象和研究领域，也就是进入了哲学的问题领域。

很明显，一个人可以既是科学家又是哲学家，或既是文学家又是哲学家，如此等等。这就正如一个哲学家可以同时又是一个科学家或文学家一样。但是一个人作为科学家所进行的研究，或作为文学家所进行的创作，与他作为哲学家所进行的哲学反思，具有不同的研究对象和研究方式。这种区别的根本标志就在于：只有当一个科学家或文学家不是把思维与存在的统一当作“理论思维的不自觉的和无条件的前提”，而是相反，把这个理论思维的前提本身当作反思的对象，他才进入了哲学的问题领域，他才进行哲学层面的理论思考。这是科学家、文学家、艺术家等与哲学家的区别，同样也是科学、文学、艺术等与哲学的区别。这就不难理解，为什么黑格尔说哲学是“反思”，是对认识的认识、对思想的思想。

实际上，由于科学的发展（革命性的飞跃而不是渐进性的累积）只能是由旧的思维方式跃升为新的思维方式、由旧的概念框架转换为新的概念框架，或者像托马斯·库恩所说的“范式”革命和伊姆雷·拉卡托斯所说的“研究纲领”更新，科学家总是自觉或不自觉地进入理论思维的前提问题，总要进行不同方向的、不同层次的哲学思考。但是这种情况所表明的是，科学活动不可能离开哲学活动（因为哲学所思考的正是包括科学活动在内的人类全部活动的前提），而不是说科学活动本身就是哲学活动（因为哲学是把科学作为前提而不予反思的问题当作自己的对象）。这表明，哲学既不是科学的延伸（把科学结论泛化或提升为某种普遍性的结论），也不是科学的变形（把科学范畴转化为哲学范畴），而是对科学的超越（反思科学活动的“不自觉的和无条件的前提”）。

由此我在自己的博士学位论文中提出一种初步的看法：以“思维和存在的关系问题”为基本问题的哲学，本质上是对理论思维前提的自觉反思，也就是把思维和存在的同一性作为反思的对象来考察；关于世界观矛盾的辩证法理论，就是研究理论思维前提的内在矛盾；而辩证法理论之所以在本质上是批判的，就在于它是对理论思维的前提批判。这篇以“理论思维的前提批判——论辩证法的批判本性”为题的博士学位论文，可以说是我的“前提批判”的哲学理论的奠基之作。

（三）

《哲学通论》的立意与追求

在我的思想人生中，以“思想的前提批判”而反思和阐述重大的哲学问题，构成了我自己的代表作——《哲学通论》。

1995年起，我为吉林大学“哲学基地班”的同学讲授一门新的课程，这就是我所设计的“哲学通论”。我的妻子李璐玮依据讲课内容，整理出一部八十余万字的讲课录音稿。在反复修改的基础上，一部六十万字的《哲学通论》于1998年出版。

为什么要以《哲学通论》而“通论哲学”？“通论哲学”的《哲学通论》的立意与追求是什么？在我看来，“通论”哲学，与“导论”哲学或“概论”哲学，是大不相同的。“导”是“导入”和“引导”，致力于把人们引入哲学思考；“概”是“概述”或“概论”，概略地叙述哲学的主要内容；“通”则是“疏通”或“通达”，以追问哲学本身为主旨，集中地阐发作者对哲学的理解。因此，“通论哲学”的《哲学通论》，就是并且只是对哲学本身的追问，它的灵魂就是一个“通”字。

何谓哲学？哲学何为？这不只是每个接触哲学的人都渴望回答又难以回答的问题，也是每位哲学家都苦苦求索又莫衷一是的问题。在哲学家那里，哲学观问题并不是他思考的一个问题，而是他必须首先回答的核心问题、灵魂问题。任何一位具有独立建树的哲学家，都有其对哲学的独到的理解，都有其具有特定思想内涵的“哲学观”。借用科学哲学家伊姆雷·拉卡托斯关于科学研究的“理论硬核”的说法，哲学观就是各异其是的哲学理论的“理论硬核”。维护和坚守一种哲学观，就是维护和坚守一种哲学理论；质疑和变革一种哲学观，则是质疑和变革一种哲学理论。哲学史上的所谓“哲学转向”，其首要的标志就是变革已有的哲学观并提出新的哲学观。《哲学通论》的立意和追求，就是在对哲学的追问中，形成对哲学的新的理解，并以这种新的理解去阐释哲学。

《哲学通论》的这个立意和追求，有着强烈的现实的针对性。这个针对性，主要有两个方面：一是当代中国的哲学研究，二是当代世界的哲学思潮。从当代中国的哲学研究说，自20世纪80年代中期以来的“哲学教科书改革”和“重新阐释中外哲学史”，特别是自20世纪90年代以来的“中、西、马”对话，引发出一个无法回避的根本性问题：究竟怎样理解我们所研究的哲学？具体言之，究竟怎样理解哲学是“理论化、系统化的世界观”？究竟怎样理解哲学的基本问题是“思维和存在的关系问题”？究竟怎样理解哲学与常识、宗教、艺术和科学的关系？究竟怎样理解哲学的“无用之大用”？究竟怎样理解中外哲学的“同中之异”与“异中之同”？这些就是改革开放以来中国哲学界追问哲学的重要问题。

正是在这种追问中，日益强烈地凸显了如何理解哲学的哲学观问题。

当代中国哲学界对哲学的追问，又是同20世纪80年代以来西方哲学各种思潮的涌入密不可分的。从当代世界的哲学思潮来说，从“拒斥形而上学”到“后形而上学”，“消解哲学”“终结哲学”似乎成了当代哲学的自我意识。面对当代西方哲学的“语言转向”“分析运动”“现象学”“解释学”“存在主义”“科学主义”“后现代主义”“后形而上学”，中国哲学界在引进、评介和反思当代西方种种哲学思潮的过程中，同样不可回避地提出这个根本性问题：究竟怎样理解我们所研究的哲学？哲学是“科学的逻辑”还是“思的事情”？哲学是“语言分析”还是“澄清思想”？哲学是“现象学”还是“解释学”？哲学是“文化批判”还是“文化对话”？哲学是“真理的追求”还是“合法的偏见”？在《哲学通论》中，我把当代哲学所理解的哲学概括为八种哲学观：普遍规律说、认识论说、语言分析说、存在意义说、精神境界说、文化批判说、文化对话说和实践论说，力图通过对这些大不相同的哲学观的批判性反思，形成对哲学新的理解。

我对哲学的追问，首先是与当代中国的“哲学教科书”改革直接相关的。通行的“哲学教科书”，是从哲学与科学的关系出发来阐释哲学的。这个阐释的基本逻辑是：哲学是“理论化、系统化的世界观”，而世界观就是“关于整个世界的根本观点”；科学所研究的是世界的“各个领域”，因而提供的是关于“各个领域”的“特殊规律”；哲学所研究的则是“整个世界”，因而提供的是关于“整个世界”的“普遍规律”。科学为哲学提供其形成普遍规律的知识基础，哲学则以其所概括的普遍规律为科学提供“世界观和方法论”。对于这个阐释逻辑及其结论，我向自己提出的追问是：如果哲学与科学的关系是一种研究对象的“整个世界”与“各个领域”的关系，是一种理论内容的“普遍规律”与“特殊规律”的关系，也就是“整体”与“部分”和“普遍”与“特殊”的关系，那么哲学不就是科学的延伸或变形，不就是一种具有最高的概括性和最大的普遍性的科学吗？哲学还有什么独立的特性和独特的价值呢？哲学又何以是与宗教、艺术、科学相并立的人类把握世界的“一种基本方式”呢？由于“哲学教科书”论述哲学与科学的关系的出发点是“思维和存在的关系问题”，因此对哲学本身的追问，直接引发我对哲学的“重大的基本问题”，即思维和存在的关系问题的追问。

“思维和存在的关系问题”，究竟是哲学研究中的“一个重大问题”，还是哲学研究中的“重大的基本问题”？如前所述，对这个问题的不同回答，决定了对哲学的不同理解。在《哲学通论》中，我对前者的质疑和对后者的论证，主要是提出和阐发了下述观点：人类把握世界的全部活动——以实践活动为基础的认知活动、评价活动和审美活动——都是实现“思维和存在”的统一，但是哲学以外的人类活动，都是把“思维和存在的同一”作为“不自觉的和无条件的前提”，致力于实现“思维和存在的统一”，而不是追究和反思构成人类全部活动的这个“不自觉的和无条件的前提”。与此相反，哲学并不是致力于“思维和存在的统一”，而是反思这个统一的“不自觉的和无条件的前提”，也就是把“思维和存在的关系”作为问题反过来而思之。正是对“思维和存在的关系问题”的反思，决定了哲学的特殊的理论性质和独特的社会功能，也就是决定了哲学是人类把握世界的一种基本方式。对思想的反思，就是以“思维和存在的关系问题”作为自己的“重大的基本问题”的哲学。这是我对哲学的根本性理解。

“思维和存在的关系问题”，既不是“思维和存在”的问题，也不是思维和存在“如何统一”的问题，而是思维和存在的“关系问题”。厘清这个问题，是理解哲学的深层的理论问题，也是我在《哲学通论》中着力阐发的问题。人们之所以把哲学视为“关于整个世界”的世界观，从根本上说，就在于把哲学的“重大的基本问题”当作“思维和存在”的问题，而不是将其理解为思维和存在的“关系问题”。如果把哲学的“重大的基本问题”当作思维和存在的问题，就会把“思维”和“存在”作为哲学的研究对象，就会把提供关于“自然、社会和思维”的最一般的知识作为哲学的历史使命，最后导致把哲学视为具有最大的普遍性和最高的概括性的科学。只有把思维和存在的“关系”作为“问题”，追究思维和存在的“关系”，揭示“思维和存在的关系问题”所隐含的“不自觉的和无条件的前提”，才能理解哲学何以是人类把握世界的一种基本方式，才能把握哲学的特殊的理论性质和独特的社会功能。重新阐释作为哲学的“重大的基本问题”的“思维和存在的关系问题”，并在这个重新阐释的过程中重新论述哲学，构成了《哲学通论》的主题和主线，也构成了《哲学通论》的灵魂和血肉。就此而言，《哲学通论》的“通”，就是以重新阐释“思维和存在的关系问题”为灵魂，“疏通”对哲学的理解。

在我已出版的作品中，《哲学通论》所产生的影响是最为广泛的，也是最为持久的。自1998年面世以来，该书先后被收入“中国文库”和“人民·联盟文库”，并获得国家图书奖提名奖和国家级教学成果一等奖。《哲学通论》之所以能够产生广泛而持久的影响，既是同它对哲学的追问密不可分，又是同它作为专著性的教材而流传于世密切相关的。

《哲学通论》的主题很鲜明，问题很集中，就是在对哲学的追问中阐述我对哲学的理解。我把《哲学通论》称为“专著性的教材”，既不是有意为之地标榜其“专著性”，也不是有意为之地强调其“教材性”，而是因为这本书的立意和追求本身是二重性的：其一，它以“追问哲学”为主线，针对古今中外的哲学家们对哲学的各异其是的理解和阐释，具体地探讨哲学的研究对象、思维方式、理论性质、社会功能和演进逻辑，系统地反思哲学的基本理论和基本范畴，并赋予这些基本理论和基本范畴以作者的独特的思想内涵，因而是一部具有很强的个体性的学术著作；其二，它以“追问哲学”为主线，针对通行的“哲学原理教科书”对哲学的教条化的理解和阐释，具体地分析教科书中唯物论、辩证法、认识论和历史观这四大板块对哲学基本理论的论述，系统地反思教科书对“哲学”“真理”“矛盾”“规律”“价值”“历史”等基本范畴的阐述，体系化地展现作者对哲学基本理论和基本范畴的理解，因而又是一部具有很强的教科书性质的教材。

《哲学通论》的“专著性”与“教材性”的二重性，直接地体现在它的内容与形式的二重性：从形式上看，《哲学通论》呈现给读者的是哲学的自我理解、思维方式、生活基础、主要问题、派别冲突、历史演进以及哲学的修养和创造，具有显著的教科书式的叙述方式；从内容上看，《哲学通论》所论述的全部问题，又是论证作者对这些问题的理解，赋予哲学的基本理论和基本范畴以新的思想内涵，变革了“教科书”所给定的哲学观念，因而又具有显著的学术专著的理论内容。《哲学通论》的内容与形式的二重性，决定了它是一部“专著性的教材”。作为“专著”，它变革了教科书的哲学观念；作为“教材”，它使变革了的哲学观念得以普及。以“教材”的形式而展现“专著”的内容，又以“专著”的内容而诉诸“教材”的形式，这大概就是《哲学通论》产生广泛影响的生命力之所在。

《哲学通论》的“专著性”与“教材性”，比较鲜明地体现在它的“形上”与“形下”之间的张力。《哲学通论》诉诸的是对哲学的基本理论和基本范畴的反思与论证，但是这种反思和论证所诉诸的叙述方式却不是抽象的、晦涩的哲学概念的罗列，不是“原理加实例”的解说，而是对人们所熟知的哲学观念的探究与追问。这集中地体现在以下三个方面：《哲学通论》所探讨的问题，几乎都是人们普遍关切的问题；《哲学通论》所研究的理论，几乎都是人们普遍熟悉的理论；《哲学通论》所分析的范畴，几乎都是人们经常使用的概念。《哲学通论》的出发点是黑格尔的那句名言：“人们经常挂在嘴边的名词，往往是人们最无知的东西。”具体言之：怎样理解哲学的“爱智”？怎样理解哲学的世界观？怎样理解真理的客观性？怎样理解价值的主观性？如何看待唯物主义和唯心主义？如何看待辩证法和形而上学？如何看待真善美与假恶丑？如何看待历史活动与历史规律？“思维和存在的关系问题”何以是“哲学的重大的基本问题”？哲学何以“使人作为人而成为人”？由“熟知”而追究“真知”，由“名称”而升华为“概念”，由“文本”而凝练为“思想”，从而超越“原理加实例”的教科书模式，把哲学的“学术”变为人们的“学养”，这就是《哲学通论》力求达到的“形上”与“形下”之间的张力。

《哲学通论》的“专著性”与“教材性”，还比较显著地体现在它的“文本”与“思想”之间的张力上。《哲学通论》力图以全部哲学史和当代哲学为背景来追问哲学，几乎每个哲学问题都要回应古今中外哲学家们所提出的重要理论观点，并因而触及数不胜数的哲学著述。“文本研究”应当是“通论哲学”的坚实基础。然而“通论哲学”的《哲学通论》并不是关于某种哲学理论或某种哲学思潮的专门研究，而是力图以哲学史为背景而疏通对哲学的理解，因此就需要自觉地保持文本与思想之间的张力，力求做到史论结合、以论带史、论从史出。在我看来，哲学是历史性的思想，哲学史则是思想性的历史。在《哲学通论》中，对于作为“思想性的历史”的哲学史，我着力概括其“思想性”，对于作为“历史性的思想”的哲学，则着力阐明其“历史性”，从而疏通对哲学的历史性的理解，并打通理解哲学的思想道路。《哲学通论》的叙述逻辑，就是把历史性的思想作为显性逻辑，而把思想性的历史作为隐性逻辑，以“纵向问题横向化”的方式，凸显理解哲学的重大理论问题，并赋予这些重大理论问题以新的思想内涵。“融通”古今中外哲学，“变通”各异其是的哲学观，“打通”哲学的理论空间，“开通”哲学的思想道路，这就是立意于“通”的《哲学通论》的主旨和追求。

（四）

《哲学通论》的“靶子”“灵魂”和“血肉”

我在自己的思想人生中，有一个深切的体会，创作或研究任何一部学术著作，都离不开对三个问题的追问：一是为何要写？这就是“靶子”问题。二是要写什么？这就是“灵魂”问题。三是写出什么？这就是“血肉”问题。没有明确的“靶子”，就是无的放矢，让人不知所云；没有鲜活的“灵魂”，就是文字堆砌，让人味同嚼蜡；没有丰满的“血肉”，就是面目狰狞，让人望而却步。由此我追问自己：为何要写《哲学通论》，它的“靶子”是什么？《哲学通论》要写什么，它的“灵魂”何在？《哲学通论》写出了什么，它的“血肉”是否丰满？为此，我以《哲学通论》的立意与追求为聚焦点，谈谈它的“靶子”“灵魂”和“血肉”。

1.关于《哲学通论》的“靶子”

《哲学通论》是在当代中国改革开放的历史进程中应运而生的。它有三个直接的针对性：一是如何理解哲学，二是怎样进行哲学研究，三是如何变革哲学教育。

首先是对哲学的理解。20世纪80年代中期以来，中国哲学界在“重新理解马克思主义哲学”“重新阐释中外哲学史”和“反思世界性的现代化”的聚焦点上，引发出一个无法回避的根本性问题：究竟如何理解我们所研究的哲学？对哲学本身的追问，并不是抽象地追问“什么是哲学”或“哲学是什么”，而是包含着一系列的重大问题：从“历时态”上看，关系到全部哲学史上对哲学的各异其是的理解；从“同时态”上看，关系到现代哲学对哲学的各执一词的理解；从“理论性质”上看，关系到对哲学与常识、宗教、艺术、科学等相互关系的理解；从“派别冲突”上看，关系到对人们所熟知的唯物论与唯心论、辩证法与形而上学等相互关系的理解；从“理论形态”上看，关系到对哲学的人类性与历史性、绝对性与相对性、普遍性与特殊性的理解；从“社会功能”

上看，关系到对哲学的理想与现实、理论与实践、历史与逻辑的理解。整部《哲学通论》的出发点，就是以上述问题为“靶子”，集中地论述了我对哲学的理解。

《哲学通论》开门见山地提出：“哲学不是宗教，为什么它也给予人以信仰？哲学不是艺术，为什么它也赋予人以美感？哲学不是科学，为什么它也启迪人以真理？哲学不是道德，为什么它也劝导人以向善？难道哲学什么都是又什么都不是吗？”这是每个接触哲学的人都渴望回答又难以回答的问题，也是每位哲学家都苦苦求索又莫衷一是的问题。由此切入，不仅回应和激发了人们追问哲学的渴求，而且直接地进入了“哲学之为哲学”的根本性问题——哲学与常识、宗教、艺术、科学的关系问题，特别是当代中国哲学语境中的“哲学与常识”和“哲学与科学”的关系问题。

正是在反思和辩证这两个关系的进程中，《哲学通论》提出和分析了人类把握世界的三个层次的概念框架，具体地探讨和辨析了常识、科学和哲学的世界图景、思维方式和价值观念，从而形成了哲学不是常识和科学的延伸和变形，而是对常识和科学的反思和超越的总体性结论。对于人们最为困惑的哲学与科学的关系问题，这个结论的基本点就是：科学以整个世界为对象，从而形成关于整个世界的全部思想；哲学则以科学关于整个世界的全部思想为对象反过来而思之，反思包括科学在内的人类全部活动中所隐含的“思维和存在的关系问题”，对构成思想的“不自觉的和无条件的前提”展开批判。因此，哲学就是反思，哲学的反思就是“对思想的前提批判”。这是《哲学通论》对哲学的根本性理解，也就是我所提出的关于哲学的“解释原则”。2016年出版的

《哲学：思想的前提批判》，以这个“解释原则”为灵魂而敞开了哲学的可能的“理论空间”：对构成思想的基本信念、基本逻辑、基本方式、基本观念和哲学理念的前提批判。从这两部著作的关系上看，《哲学通论》和《哲学：思想的前提批判》，构成了我的哲学研究的“解释原则”与“理论空间”的相互规定、相互阐释的上、下篇，系统地展现了我所理解的哲学。

其次是怎样进行哲学研究。《哲学通论》的导言是“进入哲学思考”，《哲学通论》的最后一章是“哲学的修养与创造”，它的“头”和“尾”的针对性，都是怎样进行哲学研究。

关于哲学，人们最为熟知的说法就是“爱智”。然而何谓“爱智”？“爱智”的哲学如何“爱智”？《哲学通论》的导言以辨析“智慧与爱智”“熟知与真知”“名称与概念”“有知与无知”为内容，具体地回答了哲学何以“爱智”和如何“爱智”的问题。这就是：“哲学智慧是反思的智慧、批判的智慧、变革的智慧。它启迪、激发和引导人们在社会生活的一切领域永远敞开自我反思和自我批判的空间，促进社会的观念变革、科学发现、技术发明、工艺改进和艺术创新，从而实现人类的自我超越和自我发展。”在《哲学通论》最后一章的开头，对于“爱智”的哲学又作出更为深切的概括：“哲学，它不是抽象的名词、枯燥的条文和现成的结论，而是人类思想的批判性的反思的维度、理想性的创造的维度。它要激发而不是抑制人们的想象力、创造力和批判力，它要冲击而不是强化人类思想中的惰性、保守性和凝固性，它要推进而不是遏制人们的主体意识、反思态度和创造精神。”学习和研究哲学，需要不断地激发自己的理论兴趣，拓宽自己的理论视野，撞击自己的理论思维和提升自己的理论境界。在具体地论述哲学的

"向上的兼容性""时代的容涵性""逻辑的展开性"和"思想的开放性",以及哲学的"求真态度""反思取向""批判精神""创新意识""分析方式"和"辩证智慧"的基础上,《哲学通论》把如何研究哲学概括为:"高举远慕的心态、慎思明辨的理性、体会真切的情感、执着专注的意志和洒脱通达的境界。"

《哲学通论》对哲学如何"爱智"的分析和论证,也就是对如何进行"哲学研究"的分析和论证。这个分析和论证,有着明确的、现实的针对性,这就是"原理加实例"的思考方式、研究方式和写作方式。以这种思考方式、研究方式和写作方式为"靶子"的根据就在于,反思的哲学是对思想的前提批判,特别是对构成思想的基本观念——存在、世界、文明、历史、真理、价值、正义、自由等——的前提批判。思想的前提批判,必须以文明史的"范畴化"作为反思的阶梯和支撑点,以自己时代的时代精神作为反思的对象和内容,赋予构成思想的基本观念以新的时代性内涵,实现哲学的"术语的革命",因此反思的哲学不是"以原理解说实例"或"以实例证明原理"。离开对"范畴化"的文明史的反省,离开对构成思想的基本观念的前提批判,所谓的哲学研究,就会成为凑句子、找例子、以"散漫的整体性"去堆砌词句的文字游戏。例如,把"我们时代的理论思维"有"章"、有"节"、有"目"地并列为"系统思维""辩证思维""实践思维""人本思维",乃至"信息思维""生态思维""和谐思维",就失去了黑格尔所说的"全体的自由性与环节的必然性"的统一,而是陷入了黑格尔所批评的没有"灵魂"的"散漫的整体性"。《哲学通论》所设定的关于哲学研究的"靶子",正是这种"原理加实例"的"外在的反思"。《哲学通论》正是针对这个"靶子",把哲学研究的工作方式概括为“时代精神主题化、现实存在间距化、流行观念陌生化和基本理念概念化”。

最后是如何变革哲学教育。反思的哲学，是对思想的前提批判，是以思想的前提批判推进人们的观念变革和人类的文明进步，因此哲学不是“枯燥的条文、现成的结论和空洞的说教”。在哲学教育中，书上写条条，老师讲条条，学生背条条，考试答条条，阅卷找条条，这是违背哲学本性的根本问题，也是哲学教育所面对的最大问题。

《哲学通论》提出，人们之所以常常把哲学研究当作“原理加实例”的凑句子、找例子，用原理解说实例或用实例论证原理，之所以常常把哲学教育变成“枯燥的条文、现成的结论和空洞的说教”，从根本上说，是因为不理解“人是哲学的奥秘”，不理解哲学是关于“人之为人”的学问。按照黑格尔的看法，哲学的意义就在于引导人们“尊敬他自己，并自视能配得上最高尚的东西”。按照冯友兰的看法，哲学以外的学科都是“使人成为某种人”，而哲学则是“使人作为人而成为人”。这些看法是意味深长的，它启发我们从“人之为人”的视野去理解哲学研究和哲学教育。

哲学问题总是人生在世的大问题，因此《哲学通论》把“哲学”归结为“以时代性的内容、民族性的形式和个体性的风格去求索人类性问题”。求索天、地、人的人与自然之辨，探寻你、我、他的人与社会之辨，反省知、情、意的人与自我之辨，追寻真、善、美的人与生活之辨，凝结为理解“人生在世”和“人在途中”的哲学范畴，凝结为恩格斯所说的“建立在通晓思维的历史和成就的基础上的理论思维”。离开对西方哲学的思维与存在、主体与客体、感性与理性、实然与应然、真理与价值的反思，离开对中国哲学的天与人、内与外、体与用、道与器、理与欲、人与己、义与利、仁与智、知与行的理解，特别是离开对马克思主义哲学的精神与物质、运动与规律、实践与认识、个人与社会、理想与现实、必然与自由的把握，哲学和哲学教育怎么能不变成"枯燥的条文、现成的结论和空洞的说教"？正是从"使人作为人而成为人"这一哲学研究和哲学教育的主旨出发，《哲学通论》把哲学的主要问题归结为"在""真""善""美""人"这五大问题，引导人们"尊敬他自己"，并致力于追求最高尚的东西——对真理、正义和更美好事物的追求。

《哲学通论》还提出，人们之所以把哲学研究和哲学教育当作用原理解说实例或用实例论证原理，又在于人们总是以抽象、深奥、玄虚甚至神秘的观念去看待哲学，而不理解哲学是最具体的、最平实的和最切己的。什么是哲学？哲学就是对"自明性"的分析，就是对"不证自明"的、"不言而喻"的和"毋庸置疑"的东西的反思，也就是追问人们不再追问的东西。《哲学通论》以作为哲学基本问题的"思维和存在的关系问题"为切入点，以我们面前的一张桌子为对象，引发出了无限丰富的哲学问题：为什么"我们"与"桌子"之间会构成认识的"主体"与"客体"关系？为什么我们的眼睛只能"看到"桌子的"现象"，而我们的思想却能"把握"桌子的"本质"？我们为什么能够把各式各样的"桌子"都把握为"桌子"？我们根据什么说这张桌子是"好的"，而另一张桌子是"不好的"？我们为什么不满足于眼前的这张桌子而设想乃至制造出更好用、更漂亮、更高级的桌子？这些问题，正是哲学所追究的"主体与客体""感性与理性""个别与一般""真理与价值”“理想与现实”“思维与存在”的关系问题。这些深奥的哲学问题，就隐含在我们每个人的现实生活之中，而不是远离生活的神秘问题。

《哲学通论》由此提出：科学是把复杂的东西变简单，从而以某种规律去解释千差万别的现象；哲学则是揭示看似简单的东西的复杂性，从而引发人们对构成思想的诸种前提进行批判性反思。由此，《哲学通论》还以调侃的语句提出：学科学，我不说，你糊涂，我一说，你明白；学哲学，我不说，你明白，我一说，你糊涂。为什么学哲学反而糊涂？就因为哲学是对“自明性”的分析，是对不证自明的问题的追问，是“对思想的前提批判”。思想的前提是隐匿于思想之中的，是“不自觉的和无条件的”，是规范人们的思想和行为的，是被人们视为天经地义和不证自明的，因此把本来是明明白白的东西当成问题，追究看不见、摸不着的“思想的前提”，当然会使人感到莫名其妙和无所适从。然而哲学的意义就在于使人由明白到糊涂再到明白，在对“自明性”的追问中由熟知而达成真知。这就是哲学的“对思想的前提批判”所实现的思想的“否定之否定”的辩证法。

思想的前提批判，是哲学的专业，但不是哲学的专利。哲学的专业就是把人类全部活动中的“不自觉的和无条件的前提”作为反思的对象，把“思维和存在的关系问题”作为自己的基本问题，不断地变革规范人们的思想和行为的各种前提。哲学以自己的专业把思想的前提批判渗透于人类把握世界的各种方式之中、渗透于人类的全部认识活动和实践活动之中，追究规范人类全部思想和行为的“思想前提”，就会以专业的而非专利的对“自明性”的反思而推进人类文明的进步。这种专业的而非专利的哲学教育，是最具体的、最平实的、最切己的，因而也是最亲切的。

哲学是历史性的思想，哲学史则是思想性的历史；哲学既是以个人的名义讲述人类的故事，又是以人类的名义讲述个人的故事；哲学问题既是关于“人之为人”的“大问题”，又是对“自明性”追问的最平实、最切己、最具体的“小问题”。因此，哲学和哲学教育既是凝重的又是亲切的，既是深沉的又是睿智的。《哲学通论》所针对的，就是以两极对立的思维方式、教条主义的研究方式和僵死枯燥的话语方式去看待哲学、研究哲学和讲授哲学；《哲学通论》所追求的，则是以平实、切己、具体的哲学反思，通情、达理、睿智的辩证智慧，深刻、厚重、优雅的内容和形式，深化对“自明性”的追问，深化对“人之为人”的理解。

2.关于《哲学通论》的“灵魂”

《哲学通论》的“靶子”是如何理解哲学，《哲学通论》的“灵魂”就是以这个明确的“靶子”为目标而阐发对哲学的理解，提出并论证了关于哲学的新的解释原则——对思想的前提批判。

《哲学通论》的“靶子”与“灵魂”是相互规定的，《哲学通论》的“破”与“立”是相辅相成的：“靶子”愈准确、愈艰难，则“灵魂”愈鲜活、愈凝重；“灵魂”愈真切、愈强大，则“靶子”愈明确、愈真实。以“靶子”激活“灵魂”，以“灵魂”击穿“靶子”，这就是《哲学通论》的“靶子”与“灵魂”的“破”与“立”的辩证法。

《哲学通论》的“灵魂”就是一个字——“通”。它之所以被称为“通”，首先就在于它立意于“通”，它追求于“通”，它要“通情达理”地疏通对哲学的理解。因此，“通论”既不是“导论”，也不是“概论”。“导论”，侧重于“引导”和“导入”，重在梳理和分析哲学的研究对象、主要特性、社会功能和学科状况等；“概论”，侧重于“概括”和“概述”，概略地介绍和评述中国哲学、西方哲学、马克思主义哲学或自然哲学、历史哲学、道德哲学、宗教哲学、文化哲学、政治哲学等。与“导论”“概论”不同，“通论”则致力于“通达”或“疏通”，批判地反思对哲学的各异其是的理解，集中地阐发作者所理解的哲学。这就是《哲学通论》的立意与追求，也就是“通论”的“灵魂”。

电视连续剧《红楼梦》《三国演义》总导演王扶林说，他的《三国演义》的“灵魂”就是三个字——“英雄气”。怎样拍出这个“英雄气”？王扶林说他就抓住两件事：一是显示“英雄气”的主题曲，二是展现“英雄气”的英雄形象。一曲《滚滚长江东逝水》，从始至终贯穿《三国演义》电视剧，英雄气概油然而生，让人心潮澎湃，热血沸腾。诸葛亮、关羽、曹操等英雄形象叱咤风云，以其或“智”或“勇”或“一代枭雄”的鲜活面容，展现出穿越历史时空的“英雄气”。电视剧《三国演义》的“英雄气”，既以“灵魂”构筑其“血肉”，又以“英雄形象”的“血肉”显示出“英雄气”的“灵魂”。与作为文艺作品的《三国演义》一样，作为学术著作的《哲学通论》的立意与追求，就是要以“通”的“灵魂”而构筑起“通论”的“血肉”，又以丰满的“血肉”而显示其“通”的“灵魂”。为此，《哲学通论》既谱写了自己的“主题曲”——黑格尔关于哲学的“七个比喻”，又书写了自己的“范畴化”的“英雄形象”——“在”“真”“善”“美”“人”这五大问题。

为何要以黑格尔关于哲学的比喻作为《哲学通论》的“血脉”？黑格尔的哲学史意义，借用马克思对其辩证法的评价，就是他“第一个全面地、有意识地”追问哲学，从而在哲学史上达成了哲学思维的理论自觉。黑格尔的理论自觉，形象地体现在他的关于哲学的“七个比喻”：哲学之于文明，犹如“庙里的神”；哲学的历史，好像是“厮杀的战场”；哲学史的真谛，则是犹如“花蕾、花朵和果实”的自我否定；哲学的深沉的反思，使得它犹如“密涅瓦的猫头鹰”；哲学对思维的自觉，并不是“教人思维”，正如“生理学”并不是“教人消化”；对哲学思想的理解，正如对“用一句格言”的理解，其含义是根本不同的；理解哲学，不能像“动物听音乐，听见了音乐中一切的音调，但这些音调的一致性与谐和性，却没有透过它们的头脑”。

体悟和品味黑格尔的“七个比喻”，进而引申和发挥黑格尔的“七个比喻”，《哲学通论》道出了对哲学的理解：哲学如同普照大地的阳光，它照亮了人类的生活世界，使得人类生活显现出意义的“灵光”；哲学作为“思想中所把握到的时代”，不同时代的哲学，以及同一时代的对生活意义具有不同理解的哲学，总是处于相互批判之中，哲学史便显得像一个“厮杀的战场”；哲学思想之间的相互批判，并不是一无所获的徒然的否定，而是如同“花蕾、花朵和果实”的自我否定一样，在否定中实现自身的发展，因而哲学的历史是哲学发展的历史；哲学是一种反思的智慧，它是“对认识的认识”“对思想的思想”，它需要深沉的思考和深切的体会，因此它如同“密涅瓦的猫头鹰”一样，总是在薄暮降临时才悄然起飞；哲学智慧并不是“教人思维”，而是使人自觉到“思维的本性”，掌握思想运动的逻辑，从而获得真理性的认识；真正掌握这些智慧，不仅需要慎思明辨的理性，而且需要体会真切的情感，需要丰富深刻的阅历，这就像“同一句格言”，在老人和孩子那里的含义不同一样；哲学不是现成的知识性的结论，如果只是记住某些哲学知识或使用某些哲学概念，那就会像“动物听音乐”一样，听到各种各样的音调，却听不到真正的音乐。真正的音乐会引起心灵的震荡，真正的哲学会引起思维的撞击。在思想的反思中走进哲学，在思维的撞击中扬帆远航，才会真实地感受哲学的魅力，才会进入通达的哲学境界。

通达的哲学之境，不是轻而易举的，也不是一蹴而就的。在黑格尔那里，既有展现精神历程诸环节的《精神现象学》，又有阐述文明演进诸环节的《哲学史讲演录》，更有反思概念规定诸环节的《逻辑学》。正是在《精神现象学》《哲学史讲演录》和《逻辑学》的相互规定和相互辉映中，在人类的精神历程、文明演进和概念规定的三者一致中，黑格尔才达成了“全体的自由性与环节的必然性”的哲学理论自觉。同样，《哲学通论》所追求的“通”，并不是抽象地追问何谓哲学，而是诉诸对古今中外哲学的“融通”，对哲学与生活的“贯通”，对各执一词的哲学理念的“变通”，对拓展哲学理论空间的“打通”，对寻找哲学思想道路的“开通”。“融通”“贯通”“变通”“打通”和“开通”，是《哲学通论》“通达”哲学的理论自觉，是活化《哲学通论》之“通”的多重变奏。

“通论”哲学，首先需要“融通”古今中外的哲学。哲学是历史性的思想，哲学史则是思想性的历史；历史性的思想构成思想性的历史，思想性的历史则展现历史性的思想；离开思想性的历史，哲学的历史性思想就是无源之水和无本之木；离开历史性的思想，哲学的思想性的历史就是“断杀的战场”和“死人的骨骼”的陈列。古代先贤和近代哲人都致力于对哲学本身的追问，都提出了关于哲学的独到的“解释原则”。反思哲学的历史与逻辑，“融通”古今中外的哲学理念，既是《哲学通论》关于“哲学的历史演进”的基本内容，也是《哲学通论》立论的哲学史依据。以论带史、论从史出、史论结合，这是《哲学通论》“融通”哲学史以“通达”哲学的最基本的方法论。

“通论”哲学，不仅需要“融通”古今中外的哲学，而且需要“贯通”哲学与生活。《哲学通论》第三章集中地论述了“哲学的生活基础”，分别阐发了“哲学与人的存在方式”“哲学与社会的自我意识”“哲学与时代精神的精华”。哲学为何存在？《哲学通论》提出：人是把人生变成有意义的生活的存在，是与世界的否定性统一的实践的存在，是把理想变成现实的超越性的存在。哲学根源于人类存在的矛盾性，根源于人类对自身存在的矛盾性的理论自觉。因此，哲学绝不是远离生活的玄思和遐想，而是“理论形态的人类自我意识”，并从而成为“时代精神的精华”和“文明的活的灵魂”。“贯通”哲学与生活，就会通情达理地“通达”哲学，《哲学通论》之“通”就有了鲜活的生命和灵魂。

“通论”哲学，不仅需要诉诸哲学史的“融通”和诉诸生活的“贯通”，而且需要辩证地看待各异其是的哲学观的“变通”。《哲学通论》第一章“哲学的自我理解”，以概述当代哲学八种主要的哲学观——普遍规律说、认识论说、语言分析说、存在意义说、精神境界说、文化批判说、文化样式说和实践论说——为主要内容，展现了当代哲学的多元性的解释原则和多样化的思想道路。列宁曾经提出：“哲学唯心主义是把认识的某一特征、方面、部分片面地、夸大地、发展（膨胀、扩大）为脱离了物质、脱离了自然的、神化了的绝对。”当代哲学的各异其是的哲学观，从根本上说，就是从人的存在的“某一特征、方面、部分”去构成关于人与世界关系的特殊的解释原则，并以其特殊的解释原则去构建其哲学体系。为此，《哲学通论》以马克思的《关于费尔巴哈的提纲》的新世界观反思当代的各异其是的哲学观，既“通达”地阐释这些哲学观，又批判地反思这些哲学观，从而深化对哲学的理解，并将这些哲学观升华为关于哲学的新的解释原则。

“通论”哲学，更为重要的是“打通”哲学的理论空间和“开通”哲学的思想道路。《哲学通论》把“对思想的思想”的哲学阐释为“对思想的前提批判”，就为哲学的反思提供了开阔的和开放的理论空间：一是对人类把握世界的各种基本方式的前提批判，特别是对常识和科学的前提批判；二是对哲学自身的前提批判，特别是对哲学的思维方式和存在方式的前提批判；三是对理论思潮的前提批判，特别是对理性主义和经验主义、科学主义和人本主义的前提批判。而在2016年出版的《哲学：思想的前提批判》中，我更为系统和更为深入地展开五个方面的前提批判：一是对构成思想的“基本信念”的前提批判，也就是对“思维和存在的同一性”的前提批判；二是对构成思想的“基本逻辑”的前提批判，也就是对形式逻辑、内涵逻辑和实践逻辑的前提批判；三是对构成思想的“基本方式”的前提批判，也就是对常识、宗教、艺术和科学的前提批判；四是对构成思想的“基本观念”的前提批判，也就是对存在、世界、历史、真理、价值、自由等的前提批判；五是对构成思想的“哲学理念”的前提批判，也就是对哲学的存在论、本体论、世界观、认识论、辩证法、历史观、人生观的前提批判。这五个方面的“思想的前提批判”，都是以“思维和存在的关系问题”为实质内容而展开的，本质上都是深化对哲学的追问，都是具体地论证前提批判的解释原则。因此，《哲学通论》“打通”的理论空间，也是“开通”哲学的思想道路。

《哲学通论》所“开通”的哲学思想道路，直接地是破解哲学的知识论立场，深层地是重新理解和阐释作为哲学基本问题的“思维和存在的关系问题”。这个问题的症结在于，它究竟是思维和存在的“关系问题”，还是“思维和存在”的问题？这两者的区别是根本性的和原则性的。前者是把思维和存在的“关系”作为“问题”来研究，考察和追究“思维和存在”的“关系”；后者则是把“思维”和“存在”作为研究对象，提供关于“思维和存在”的知识，从而形成哲学的知识论立场。这种哲学研究的知识论立场，其本质是把哲学视为具有最高的概括性和最高的解释性的知识，从而以知识分类表的层次性来区分哲学与科学，并因此把哲学视为科学的延伸和变形，当作“科学的科学”或“全部知识的基础”。这种理解和解释，从根本上模糊了“思维和存在的关系问题”的真实的哲学意义，并模糊了哲学作为人类把握世界的一种基本方式的独特的理论性质和特殊的社会功能。

哲学意义的“思维和存在的关系问题”，是“思维”把思维和存在的“关系”作为问题而予以反思；离开反思的思维，就不能提出哲学意义上的“思维和存在的关系问题”。然而究竟如何理解哲学意义上的反思？在对黑格尔的“对思想的思想”的反思中，我所提出的问题是：哲学所反思的“思想”究竟是什么？正是对这个问题的探索，构成了我的“思想的前提批判”的哲学解释原则：只有对思想的“前提批判”，才是哲学意义的“对思想的思想”，才是哲学意义的反思，才是真正意义的哲学。《哲学通论》由此所“开通”的哲学思想道路就是：揭示隐匿于思想之中并强制地规范人的全部思想和行为的“不自觉的和无条件的前提”，通过对构成思想的基本信念、基本逻辑、基本方式、基本观念和哲学理念的前提批判，历史性地变革构成思想的诸种前提，塑造和引导新的时代精神。哲学以思想的前提批判而构成“时代精神的精华”和“文明的活的灵魂”，这就是《哲学通论》所“打通”的哲学理论空间和“开通”的哲学思想道路。

3.关于《哲学通论》的“血肉”

《哲学通论》的“灵魂”是“通”，《哲学通论》的“血肉”就是以这个“通”字作为流动的“血脉”而构筑和滋养自己的躯体。具体言之，就是把《哲学通论》的“思想的前提批判”的“解释原则”作为根本性的、贯穿始终的研究主题，层层推进地“疏通”人们对这个“解释原则”的理解——哲学何以就是“思想的前提批判”?

把哲学理解和阐释为“思想的前提批判”，《哲学通论》既诉诸对哲学的“历时态”和“同时态”的哲学观的梳理，又诉诸对哲学的“理论性质”和“派别冲突”的反思，更诉诸对哲学的“思维方式”和“主要问题”的探究，从而在对哲学的层层追问中，把哲学界说为“思想的前提批判”。

在对哲学的“历时态”即纵向的考察中，《哲学通论》以三条线索透视哲学史：一是从哲学的基本问题，即“思维和存在的关系问题”的历史演进透视哲学史；二是从哲学的历史演进与人的历史形态的相互关系透视哲学史；三是从人类历史形态的文化内涵，即马克思所概括的人的自我异化及其消解透视哲学史。正是在对这三重线索的“复调式”的论述中，《哲学通论》阐发了把哲学界说为“思想的前提批判”的根据与意义。

哲学的历史演进是同作为哲学基本问题的“思维和存在的关系问题”的历史性深化密切相关的。古代哲学离开对人类意识及其与世界相互关系的认识论反省，单纯地从对象世界本身去寻求“世界的统一性”，没有自觉地提出“思维和存在的关系问题”，因而无法达到反思的哲学理论自觉；近代哲学则以追究“思维和存在的关系问题”为聚焦点，自觉地反思“思维和存在的关系问题”，在“认识论转向”中把哲学引向“对思想的思想”；现代哲学又在其“实践转向”和“语言转向”中，超越了近代哲学认识论转向中的主观与客观的二元对立，从思维与存在的现实基础（实践）或文化中介（语言）出发去反思“思维和存在的关系问题”，从而把哲学引向对规范人们的思想和行为的各种基本观念——真理、价值、正义、自由等——的“前提批判”。这就是《哲学通论》从对哲学基本问题历史演进的透视中所形成的基本观点：反思的哲学就是“对思想的前提批判”。

哲学作为理论形态的人类自我意识，它的基本问题及其理论形态的历史演进，直接地取决于人类关于自身存在的自我意识的历史性变化。关于人类存在的历史形态，马克思从宏观的历史视野将其概括为“人的依赖关系”“以物的依赖性为基础的人的独立性”和“以个人全面发展为基础的自由个性”这三大历史形态。人类存在的历史形态，具有各自特定的文化内涵，因而从根本上规定了哲学的历史任务。在“人的依赖关系”的历史形态中，哲学的历史任务就是确立某种“神圣形象”以表征“人的依赖关系”的自我意识；在“以物的依赖关系为基础的人的独立性”的历史形态中，哲学的历史任务则不仅要揭露人在“神圣形象”中的自我异化，而且要进而揭露人在“非神圣形象”中的自我异化，以实现“以个人全面发展为基础的自由个性”。正是由人的历史形态所决定的哲学的历史任务，构成了作为“理论形态的人类自我意识”的哲学的历史演进：从哲学的理论自觉上看，是从“不知其不可而为之”到“知其不可而不为之”，再到“知其不可而必为之”的“形而上学历险”；从哲学的社会功能上看，则是从“没有选择的标准的生命中不堪忍受之重的本质主义的肆虐”到“没有标准的选择的生命中不能承受之轻的存在主义的焦虑”，再到“保持必要的张力和达到微妙的平衡”的“本体论批判的辩证法”。哲学所追寻的本体，既不是某种“实体”的存在，也不是某种“逻辑”的存在，而是规范人的思想和行为的“根据、标准和尺度”。因此，哲学的“本体论批判的辩证法”，就是在“对思想的前提批判”中历史性地变革规范人的思想和行为的本体，为人类的新的理想性追求提供新的理论支撑。

以“对思想的前提批判”为“灵魂”而构筑《哲学通论》的“血肉”，最为重要的是明确哲学的存在方式。《哲学通论》提出，哲学作为历史性的思想，哲学史作为思想性的历史，既不是以“表述”的方式去“描述”或“叙述”人类的存在形态和人类的文明史，也不是以“表达”的方式去“讲解”或“阐发”关于人类存在形态和人类文明史的“体悟”或“理解”，而是以“表征”的方式去“呈现”或“绽放”人类关于自身存在的自我意识。“表征”是作为理论形态的人类自我意识的哲学的存在方式，也是《哲学通论》以“通”为灵魂而构成其自身的鲜活的生命和“血脉”。

哲学的派别冲突是哲学发展的基本形式。如何理解和看待这种基本形式，深刻地体现了对哲学的不同理解。《哲学通论》认为，哲学的派别冲突，既不是被“表述”的经验事实，也不是被“表达”的主观意愿，而是被“表征”的关于人类存在的矛盾性的自我意识。唯物主义与唯心主义的派别冲突，理论地“表征”了关于人类存在的自然性与超越性的矛盾的自我意识；辩证法与形而上学的派别冲突，理论地“表征”了关于人类存在的确定性与非确定性的矛盾的自我意识；理性主义与经验主义的派别冲突，理论地“表征”了关于人类的感性存在与观念存在的矛盾的自我意识；科学主义与人本主义的派别冲突，理论地“表征”了关于人类所追求的真理与价值的矛盾的自我意识。把哲学的存在方式理解为“表征”而不是“表述”或“表达”，不仅疏通和升华了对哲学的派别冲突的理解，而且通过对哲学派别冲突的“前提批判”而深化了“对思想的前提批判”的哲学解释原则的理解，也就是深化了对《哲学通论》的“灵魂”的理解。

《哲学通论》把哲学的主要问题概括为“在”“真”“善”“美”“人”这五大问题，然而《哲学通论》既不是“表述”关于这五个问题的知识内容，也不是“表达”关于这五个问题的主观意愿，而是通过这五个问题“表征”每个时代的时代精神。具体言之，“在”的问题，既不是“何物存在”的问题，也不是“说何物存在”的问题，而是理论地表征了人类对世界的统一性或终极存在的渴望和追求；“真”“善”“美”的问题，既不是“表述”某种经验事实，也不是“表达”对真善美的体验或体认，而是追究真善美的根据、标准和尺度，理论地“表征”了人类文明的时代精神；“人”的问题，既不是科学意义的对人的存在的“表述”，也不是文学意义的对人的存在的“表达”，而是理论地“表征”人类关于自身存在的自我意识。西方近代以来的哲学所提出的“我思故我在”“存在就是被感知”“因果习惯联想”“先天综合判断”“思维和存在的同一性”“语言是存在的家”“理解是人的存在方式”等诸多影响深远而又争论不休的哲学命题，并不是“表述”或“表达”了人的存在，而是理论地“表征”了文明进步中的时代精神——从“信仰的时代”到“冒险的时代”再到“理性的时代”“启蒙的时代”“思想体系的时代”乃至“分析的时代”的时代精神。离开对哲学的“表征”的存在方式的深切体悟和理解，而把哲学视为科学的“表述”或艺术的“表达”，就无法真实地理解哲学何以是“时代精神的精华”和“文明的活的灵魂”。

“表征”的理论自觉，活化了《哲学通论》的“灵魂”。哲学之“通”，就在于既不是把哲学视为“表述”经验事实的科学，也不是把哲学视为“表达”情感意愿的艺术，而是把哲学视为“表征”存在意义的理论形态的人类自我意识。这种理论形态的人类自我意识，就是人生在世和人在途中的人的目光。由人的目光所构成的世界观理论，既是“表征”时代精神的精华，也是“表征”人类文明的活的灵魂。这种反思和表征人类文明的哲学，就是《哲学通论》的立意与追求。

（五）
《哲学通论》与当代中国的哲学观念变革

作为一部“专著性的教材”，《哲学通论》有两个目的：一是变革通行的哲学观念，二是把变革了的哲学观念变为人们的哲学观念。因此，《哲学通论》的实质作用就是实现哲学观念的变革。

哲学是思想中所把握到的时代。时代变革必然引发哲学观念变革。在人类文明史上，世界性的现代化进程改变了人类的存在方式及其自我意识，并因此改变了作为理论形态的人类自我意识的哲学。改革开放以来，当代中国的哲学观念正在以“现代化”为标志的世界历史的进程中发生日益深刻的变革，并在建设中国特色社会主义的伟大实践中不断地深化哲学理念创新。这里，我想通过对哲学观、世界观、本体观，以及反思和表征等哲学基本观念的反省和解析，具体地探讨当代中国哲学观念变革的思想内涵。

1. 哲学观：人类文明的时代性问题的理论自觉

在当代中国改革开放的历史进程中，中国的经济生活、政治生活、文化生活、精神生活和全部社会生活，都发生了举世瞩目和空前深刻的变革。在这个社会变革的过程中，当代中国哲学既发挥了推进社会解放思想的作用，又经历了自身的思想解放。从总体上看，当代中国哲学自身的思想解放，主要体现在以下五个方面：一是变革通行的哲学原理教科书的哲学范式，从两极对立的思维方式当中解放出来；二是强化哲学研究中的问题意识和创造精神，从教条主义的研究方式当中解放出来；三是超越对哲学的经验化和常识化理解，从简单化和庸俗化的哲学倾向中解放出来；四是突破哲学与科学二元关系的解释模式，从哲学的知识论立场上解放出来；五是激励哲学家的主体自我意识，从哲学研究的“无我”状态中解放出来。这五个方面的思想解放，首先是体现在对哲学本身的重新理解，也就是变革哲学观。

当代中国哲学对哲学本身的关切，从根本上说，是对达成哲学自觉的关切，对哲学如何切中现实的关切，对哲学的当代理论创新的关切，对哲学塑造和引导新的时代精神的关切。世界性的现代化的历史进程，全面地改变了人与世界的关系，要求哲学以新的理念阐释人类面对的新问题：其一，从人与自然的关系说，现代化所构成的最为严峻和最为紧迫的时代性问题是可持续发展问题；其二，从人与社会的关系说，现代化所构成的最为严峻和最为紧迫的时代性问题是由资本的逻辑所构成的人“对物的依赖关系”问题；其三，从人与自我的关系说，现代化所构成的最为严峻和最为紧迫的时代性问题是虚无主义的文化危机问题。对“现代性”的反省，是对当代人类实践活动所构成的人与世界关系的全面反省；解决“现代性”问题，是对人类文明新形态的寻求。探索人类文明的新形态，则需要哲学理念创新。当代中国的哲学观念变革，从根本上说是以新的哲学理念去回应现代化所构成的人类文明新问题，是以新的哲学理念表征人类文明的新形态。世界性和时代性的哲学视野，引发当代中国哲学对哲学的重新理解。

以哲学观为聚焦点的当代中国哲学，激活了三个方面的比较研究：一是激活了对马克思主义哲学、中国哲学和西方哲学的比较研究，试图在“中、西、马”的对话中，深化对哲学的理解；二是激活了对科学主义思潮与人本主义思潮的比较研究，试图在两大思潮的对话中推进对哲学的理解；三是激活了对中国文化与西方文化的比较研究，试图在两种文化的对话中，反省对哲学的理解。正是在对哲学本身的“历时态”与“同时态”的纵横交错的比较研究和深切反思中，当代中国哲学界实现了哲学观上的变革。这就是：哲学作为人类把握世界的一种基本方式，既不能以宗教、艺术、科学等基本方式代替哲学方式，也不能以哲学方式代替宗教、艺术、科学等基本方式。对哲学的自觉就是对哲学以何种方式把握世界的自觉，也就是对哲学方式的特殊性质和独特价值的自觉。

关于哲学的特殊的理论性质和独特的社会功能，最为恰当和最为精辟的表达，莫过于马克思所说的“时代精神的精华”和“文明的活的灵魂”。所谓时代精神，就是标志人类文明不同发展阶段的、具有特定历史内涵的人的生活世界的意义；所谓时代精神的精华，则是关于时代意义的社会自我意识，也就是对时代性的生活世界的意义的理论把握。任何时代的生活世界的意义，都是人类以其把握世界的全部方式创造出来的，宗教、艺术、科学都是创造意义的“同一主旋律”的“众多变奏”，而“哲学的任务正是要使这种主旋律成为听得出和听得懂的”。这就是作为“时代精神的精华”的哲学，也就是作为意义的社会自我意识的哲学。这种真正的哲学，是对人类文明的时代性问题的理论自觉。

综观哲学史，不同时代的哲学、不同民族的哲学、不同派别的哲学、不同领域的哲学，它们之所以被称为“哲学”，首先就在于它们是以一种区别于宗教、艺术和科学的哲学方式把握世界，也就是以意义的社会自我意识的方式把握世界，以人类文明的时代性问题的理论自觉把握世界。这是哲学的“同中之异”和“异中之同”。片面地以时代、民族、派别或领域之“异”而拒斥其作为哲学之“同”，就会阉割哲学作为人类把握世界的一种基本方式的特殊性质和独特价值；反之，片面地以哲学之“同”而无视时代、民族、派别或领域之“异”，则会消解哲学作为历史性的思想的多样性、丰富性和创造性。只有在对哲学的“同中之异”和“异中之同”的辩证理解中，我们才能既深切地洞见每个时代的哲学所具有的广泛而深刻的一致性，又会真切地把握不同时代、不同民族、不同派别、不同领域，乃至不同风格的哲学的多样性、丰富性和创造性，从而达到对哲学本身的理论自觉。

哲学源于生活，源于对时代的迫切问题的理论自觉。每个时代的人都有自己的时代性的生存困境，都有自己的时代性的迫切问题。真正的哲学之所以是“自己时代精神的精华”，就是它自觉地体悟到自己时代的人类的生存困境，自觉地捕捉到自己时代的人类的迫切问题，并自觉地把人类文明的时代性的困境和问题升华为理论形态的人类自我意识。时代精神主题化，这是哲学切中现实的根本方式。这表明，源于现实生活的哲学，并不是对现实生活的经验描述，而是对现实生活的批判性反思和理想性引导。超越感觉的杂多性、表象的流变性、情感的狭隘性和意愿的主观性，全面地反映现实、深层地透视现实、理智地反观现实和理想地引导现实，哲学才能成为“思想中所把握到的时代”。

哲学作为“时代精神的精华”和“文明的活的灵魂”，并不只是反映和表达时代精神，更重要的是塑造和引导时代精神。塑造和引导时代精神，就要实现哲学的理论创新。任何一种新的哲学理论，都凝聚着哲学家所捕捉到的该时代人类对人与世界相互关系的自我意识，都贯穿着哲学家用以说明自己时代的人与世界相互关系的独到的解释原则和概念框架，都熔铸着哲学家用以观照人与世界关系的时代性的价值观念、审美意识和终极关怀。哲学创新，就是哲学家以新的哲学理念和思维方式为人类展现新的世界，提示新的理想，为人类文明的新形态提供新的理念。哲学创新蕴含着以否定性的思维对待人类的现实，揭示现实所蕴含的多种可能性；以否定性的思维检讨各种理论的前提，揭示理论前提的多种可能性；在现实与理论多种可能性的某种交错点上，揭示人类文明的时代性问题，展现人与世界之间的新的意义，提示可供人们反省和选择的新的理想。

对哲学来说，人类所形成的全部思想，从来都不是现成接受的对象，永远是批判反思的对象。作为人类所特有的批判性追问的自我意识，哲学反对人们对流行的思维方式、时髦的价值观念、既定的科学理论采取现成接受的态度，反对人们躺在无人质疑的温床上睡大觉，反对人们在思想观念和实践活动中采取非批判的实证主义态度。它通过自己的批判性反思，向人类已经获得的全部假定的确定性不断地提出新的挑战，并把这种批判意识变成全人类的自我意识。以人类文明的时代性问题为批判性的反思对象，以新的哲学概念、范畴揭示和展现当代人类的自我意识，从而塑造和引导新的时代精神，这是当代哲学的共同关切和哲学的当代使命，也是当代中国哲学观念变革的最为深刻的思想内涵。

2. 世界观：人生在世和人在途中的人的目光

哲学观念的变革不是抽象的，而是具体的。按照通常解释，“哲学是理论化、系统化的世界观”。就此而言，对哲学的理解，直接地取决于对世界观的理解；哲学观的变革，具体地体现在世界观的变革；当代中国的哲学观念变革，首先是集中地体现在重新理解和阐释哲学的世界观。

长期以来，关于世界观的通常解释是：“世界观就是人们关于整个世界的根本观点。”对此，改革开放以来的中国哲学界所提出的追问是：其一，这里所说的“人们”是历史性的还是超历史的存在？如果是历史性的存在，“人们”的“关于整个世界的根本观点”能否具有毋庸置疑的真理性？反之，如果是超历史的存在，“人们”的“关于整个世界的根本观点”是否还具有时代内涵？其二，这里所说的“关于整个世界的根本观点”，究竟是“人们”以“整个世界”为对象而形成的关于“世界”的“根本观点”，还是“人们”反思“人与世界的关系”而形成的“理解和协调人与世界关系”的“根本观点”？如果是以“世界”为对象而形成的“关于整个世界的根本观点”，这种世界观同常识或科学所提供的“世界图景”有何区别？反之，如果是在反思中所构成的“关于人与世界关系”的“根本观点”，又应当怎样理解哲学的世界观？其三，就世界观本身来说，这里的“世”是人生在世之世，还是与人无关的自然而然、无始无终的“世”？这里的“界”是人在途中之界，还是与人无关的自在天成、无边无际的“界”？这里的“观”是人生在世和人在途中的人的目光，还是无始无终和无边无际的、非人的或超人的“神”的目光？

值得深思的是，当我们这样向世界观提问时，不仅已经直接地包含了对诸如“世界”“历史”“理性”“真理”乃至“哲学”等基本观念的追问，而且深层地包含了时代性的世界观变革。这种世界观变革，如果借用美国“导师哲学家丛书”的概括，从中世纪的“信仰的时代”到20世纪的“分析的时代”，经历了文艺复兴时期的“冒险的时代”、17世纪的“理性的时代”、18世纪的“启蒙的时代”和19世纪的“思想体系的时代”的数百年历程。正是在世界观的时代性变革中，哲学不仅在“理性的法庭”中批判地反省构成思想的各种基本观念，而且深层地把“理性的批判”转化为对理性本身的批判，把揭露人在“神圣形象”中的自我异化（对“神”的批判）转化为揭露人在“非神圣形象”中的自我异化（对“理性”的批判）。正是在这种批判性反思的历史进程中，作为理论形态的人类自我意识，哲学已经从“狂妄的理性”

变为“谦虚的理性”，从“无限的理性”变为“有限的理性”。因此，哲学的“理论化、系统化的世界观”，已经不再被视为关于世界的永恒真理，而被理解为“人生在世和人在途中的人的目光”。这就是由传统到现代的世界观革命。

哲学的世界观变革，源于人类文明的变革；直接地说，哲学的世界观变革，源于人类文明从“前现代性”到“现代性”的变革。马克思提出：“必须把‘人类的历史’同工业和交换的历史联系起来研究和探讨。”只有在“人们”从“地域性的存在”转变为“世界历史性”存在的过程中，也就是在“地域性的个人为世界历史性的、经验上普遍的个人所代替”的过程中，“人们”的世界观以及哲学的理论化、系统化的世界观才会发生真正的革命。对于当代中国哲学来说，只有在解放思想、改革开放的现代化进程中，在邓小平所倡导的“面向世界，面向现代化，面向未来”的观念变革中，才能超越以自然经济为根基的世界观而逐步地形成以现代性为根基的新的世界观。

在人类文明的历史长河中，工业文明以前的文明是以自然经济为基础的地域文明，工业文明以前的历史是以民族为基本时空的民族历史，工业文明以前的个人是以“人对人的依附性”为存在方式的狭隘个人。地域文明、民族历史和狭隘个人，构成了人类数千年的有限的“属人世界”。值得深思的是，正是有限的“属人世界”造就了“无限理性”的人类自我意识——人的理性能够从有限的经验中构成对世界的终极解释。诉诸哲学史，我们会发现，无论是西方哲人所期许的对“最高原因的基本原理”的寻求，还是中国先贤所向往的对“究天人之际，通古今之变”的寻求，都不仅仅是一种期许和向往，而且是被这些哲人或先贤视为“可望而又可即”的真理——世界就是他们所理解和阐释的世界，真理就是他们所把握和论证的终极真理。这就是传统形而上学的关于“绝对之绝对”的世界观和哲学观。构成这种世界观的思维方式，就是真与假、善与恶、美与丑这种非此即彼、两极对立的形而上学的思维方式。这意味着，传统形而上学的世界图景、思维方式和价值观念是一致的，哲学意义上的存在论、真理观和价值观是一致的。超越传统形而上学的世界观，其根基在于人类文明实现了从农业文明到工业文明的转化，人类社会实现了从“前现代化”到“现代化”的转化。当代中国的哲学观变革和世界观变革，正是以当代中国的历史性变革为基础的。

现代化是世界性的历史过程，也就是马克思所说的“历史”变为“世界历史”的过程。在现代化的世界历史进程中，“过去那种地方的和民族的自给自足和闭关自守状态，被各民族的各方面的互相往来和各方面的互相依赖所代替了。物质的生产是如此，精神的生产也是如此。各民族的精神产品成了公共的财产。民族的片面性和局限性日益成为不可能，于是由许多种民族的和地方的文学形成了一种世界的文学”。19世纪后半叶以来的中国哲学，在西学东渐的过程中，吸纳了以“理性的时代”“启蒙的时代”“思想体系的时代”乃至“分析的时代”的西方哲学，不断深入地反省了传统形而上学的世界观。特别是20世纪80年代以来，中国哲学界在对通行的哲学原理教科书的反思中，凸显了以实践观点的思维方式重新理解马克思主义哲学的世界观，更为鲜明地赋予世界观以时代性内涵。其中，最为重要的是把世界观理解为“关于人与世界关系”的哲学理论，并且从人的历史性去理解“人与世界的关系”，从而在一定意义上形成了对世界观的具有革命意义的新的理解：人生在世和人在途中的人的目光。

人生在世和人在途中的人的目光，既不是关于“绝对之绝对”的终极真理，也不是关于“绝对之相对”的主观意见，而是关于“相对之绝对”的时代精神。具体言之，每个时代的世界观，既具有该时代的绝对性，又具有历史中的相对性；离开历史中的相对性而把时代性的绝对性予以夸大，就是世界观的绝对主义；离开时代性的绝对性而把历史中的相对性予以夸大，就是世界观的相对主义；以时代性的绝对性与历史性的相对性去看待世界观，才会形成“相对之绝对”的世界观，也就是把世界观理解为人生在世和人在途中的人的目光。

传统形而上学的世界观，在现代哲学的批判性反思中，暴露了其根深蒂固的病根——“不知其不可而为之”。在传统形而上学那里，虽然人的个体生命是有限的，但人的理性却可以对人的经验及其知识作出某种统一性的和终极性的解释；虽然历史事件是不断变换的，但“分久必合，合久必分”的历史经验是不断重复的，因此人的理性可以对历史作出某种统一性的和终极性的解释。对于传统形而上学来说，“相对”只是他人的“无知”，“绝对”则是自家的“真理”。“不知其不可而为之”，这是现代哲学家拒斥形而上学的依据，而绝不是传统形而上学的自觉。然而正如恩格斯所说：“一旦对每一门科学都提出要求，要它们弄清它们自己在事物以及关于事物的知识的总联系中的地位，关于总联系的任何特殊科学就是多余的了”，因此“不再需要任何凌驾于其他科学之上的哲学了”。重新理解和阐释哲学的理论化、系统化的世界观，就是在当代变革哲学观念、推进哲学发展的首要前提。

恩格斯曾经明确提出，马克思主义哲学是“关于现实的人及其历史发展的科学”。人的存在方式是历史性变革的，人对世界的现实关系是历史性变革的，人的世界图景是历史性变革的，人的思维方式、价值观念和审美意识是历史性变革的，因此作为理论形态的人类自我意识的哲学是历史性变革的。这就要求哲学必须以历史的解释原则提出和回答自己时代的世界观问题：以当代的人类实践活动为基础的人与世界的当代关系是怎样的？以当代科学技术为中介的当代人类的世界图景是怎样的？以当代文明为内容的当代人的思维方式、价值观念和审美意识是怎样的？以当代人类社会生活为根基的当代人类的自我意识及其理论形态即哲学是怎样的？这是当代中国哲学观念变革的现实基础，也是当代中国哲学观念变革的真实内容。

3. 本体观：规范和评价人的思想和行为的根据和标准

世界观的变革与本体观的变革是密不可分的，或者可以更为明确地说，离开本体观变革，世界观的变革就是不真实的、不彻底的。当人们把世界观界说为“关于整个世界的根本观点”时，已经制约和规范了对本体论的理解和阐释，这就是具有权威性的《辞海》所说的“本体论是哲学中研究世界的本原或本性的问题的部分”。而在通行的哲学原理教科书中，则在关于“哲学基本问题”的论述中，更为明确地把本体论解说为关于“精神和物质谁为世界本原的问题”，并由此把关于世界本原问题的本体论规定为世界观的首要问题。

把本体解释为“本原”，进而把本体论解释为关于世界本原的哲学理论，这是把作为理论思维的哲学还原为经验思维的常识的集中体现。它不是反思作为哲学基本问题的“思维和存在的关系问题”，而是从经验上断言世界本原问题。需要澄清的是，关于本体和本体论的这种理解和阐释，首先是与哲学史上通常所理解的本体和本体论不同。在反省和超越古希腊早期哲人关于“万物所由来、万物所复归”的“始基”“基质”等万物本原说的进程中，我们可以发现，哲学所追究的本体并不是经验的“在者”而是超验之“在”，哲学所探究的本体论并不是“世界的本原论”而是“关于一般存在或存在本身的哲学学说”。因此，当代中国哲学的本体观念的变革，对本体论的批判性反思，其锋芒所向主要并不是“世界本原论”，而是“关于一般存在或存在本身的哲学学说”。

在对这种本体论即“关于一般存在或存在本身的哲学学说”的批判性反思中，中国当代学者提出了一系列思想深刻、立论坚实的理论观点，深刻地变革了本体观。比如，高清海先生提出，所谓本体论，就是“认为我们感官所观察到的事物并非存在本身，隐藏在它的后面、作为它的基础的那个超感官的对象，才是真正的存在，即所说的‘本体’。经验存在与本体存在是一种决定论的演绎关系：经验现象中的一切都来源于本体的规定，所以只有从后者才能使前者得到理解和说明。相反地，本体却不受经验现象的规定，它本身是一个绝对自在的、具有终极始因的存在。把存在的事实和存在的本体分离开来、对立起来，是本体论思维的基本前提”。

由此我们可以看到，把研究“在”或“本体”作为哲学的立足点和出发点的本体论，有三个根本性的思想前提：其一，就其思想本质来说，是把存在本身同存在的现象割裂开来、对立起来，认为经验观察到的现象并非存在本身，存在本身是那种隐藏在经验现象背后的超验的存在；其二，就其思想原则来说，是把主观和客观、主体和客体对立起来，把哲学所追求和承诺的本体视为某种超出人类或高于人类的本质、与人类的历史状况无关的自我存在的实体，力图剥除全部主观性，归还存在的本来面目；其三，就其追求目标来说，是把绝对与相对分割开来，企图从某种直觉中把握了的最高确定性即作为支配宇宙的最普遍的原则或原理出发，使人类经验中的各种各样的事物得到最彻底的统一性解释，从而为人类提供一种终极的永恒真理。

从上述三个思想前提可以看到，以本体论为解释原则或理论硬核的哲学模式，是由于把本质与现象分离开来、主观与客观割裂开来、相对与绝对对立起来而产生的。它的实质，是要求哲学为人类揭示出宇宙的绝对之真、至上之善和最高之美。这是传统哲学关于“存在本身”的本体论，也是传统哲学关于“绝对之绝对”的世界观。这深刻地表明，传统哲学的本体论是其世界观的本质和灵魂；超越传统哲学的世界观，就必须超越传统哲学的本体论。当代中国的世界观变革与本体观变革是融为一体的。

本体论的哲学模式既把哲学追求永恒真理、探寻终极原因、表述世界本体的渴望推向了极端，同时也使本体论哲学走向了自我否定。离开存在的现象，人们如何认识存在本身？存在作为人类对象，它能否排斥认识的主观性？人类关于存在本身的认识，能否具有绝对的、至上的、终极的真理性质？当哲学家从对本体的追究而转向对人类认识的反省时，哲学研究的理论硬核发生了变革。“没有认识论的本体论为无效”，这是近代哲学的立足点和出发点。由于近代哲学的发展，以探寻存在本身为理论硬核的本体论哲学模式，就被以反省人类认识为理论硬核的认识论哲学模式所取代；以追求纯粹客观性为目标并把主观性与客观性绝对对立起来的形而上学的思维方式，就被探索思维与存在、主观与客观如何统一的辩证法理论所扬弃。独立存在的本体论哲学及其所代表的形而上学的思维方式，已经被德国古典哲学及其所代表的辩证法的思维方式所否定。这表明：本体论哲学作为一种世界观和理论思维方式，它本身只是人类思维在一定历史发展阶段上的产物，没有任何理由或根据把它当作永恒的解释原则或理论硬核去建构当代的哲学模式。对此，高清海先生发人深省地提出：“本体论作为对象的解释原则完全是属于人的，它表现的是人从人的观点以理解和把握对象世界的一种方式。抛开可见的现存世界，去追求一个不可见的本体世界，这是只有人才会具有的特性。人是一种从不满足于既有存在，总是追求未来理想存在的一种存在。这通常被称作人的‘形而上学’本性。本体论就是以探寻对象之外和之上的本真存在这种方式，来表达人的形而上学追求的。”值得注意的是，高清海先生在这里已经把“形而上学”与“形而上学追求”、“本体论”与“本体论追求”区别开来，既否定了传统形而上学和本体论的思维方式，又肯定了哲学的“形而上学追求”和“本体论追求”。这种区别对于当代哲学的观念变革是至关重要的。

马克思主义哲学认为，人类的社会实践活动，以及在实践基础上的人类认识活动，是一个不断发展的历史过程。在这个历史过程中，人类所获得的全部认识成果，包括哲学层面的本体论追求，总是具有相对的性质；但同时，人类的实践和认识又永远不会停留在一个水平上，总是向着全体自由性的目标迈进。因此，马克思主义哲学否定传统本体论占有绝对真理的幻想，但并不拒绝基于人类实践本性和人类思维本性的本体论追求。在对哲学本体论的当代理解中，我们应当达到这样一种认识：本体论作为一种追根溯源式的意向性追求，作为一种对人和世界及其相互关系的终极关怀，它的可能达到的目标，并不是它所追求的“本”或“源”；它的真实意义也不在于它是否能够达到它所指向的终极存在、终极解释和终极价值；本体论追求的合理性在于，人类总是悬设某种基于现实而又超越现实的理性目标，否定自己的现实存在，把现实变成更加理想的现实；本体论追求的真实意义就在于，它启发人类在理想与现实、终极的指向性与历史的确定性之间，既永远保持一种“必要的张力”，又不断打破这种“微妙的平衡”，从而使人类在自己的全部活动中始终保持生机勃勃的求真意识、向善意识和审美意识，永远敞开自我批判和自我超越的空间。这应当是本体观变革的最为深层的时代性内涵。

世界观和本体观是人类思维的产物。对于世界观和本体观的理解，必须诉诸对人类思维的反省。对此，恩格斯明确地指出，以人的实践为基础的人的思维，是“至上”与“非至上”的辩证统一，“按它的本性、使命、可能和历史的终极目的来说，是至上的和无限的；按它的个别实现情况和每次的现实来说，又是不至上的和有限的”。哲学的本体论追求正是根植于人类思维的“本性、使命、可能和历史的终极目的”，即根植于人类思维的“至上”性。对此，当代美国哲学家瓦托夫斯基在《科学思想的概念基础》一书中也指出：“不管是古典形式和现代形式的形而上学思想的推动力都是企图把各种事物综合成一个整体，提供出一种统一的图景或框架，在我们经验中的各式各样的事物能够在某些普遍原理的基础上得到解释，或可以被解释为某种普遍本质或过程的各种表现。”这种本体论的形而上学渴望之所以是不可拒绝的，是因为人类“存在一种系统感和对于我们思维的明晰性和统一性的要求——它们进入我们思维活动的根基，并完全可能进入到更深处——它们导源于我们所属的这个物种和我们赖以生存的这个世界”。在这个意义上，本体论的思维方式是必须批判和超越的，而哲学的本体论追求则既不可回避，也无法取消。

在对哲学本体论的理解中，值得深思的问题是，本体的寻求即是矛盾。这突出地表现在两个方面：其一，本体论指向对人及其思维与世界内在统一的基本原理的终极占有和终极解释，力图以这种基本原理为人类的存在和发展提供永恒的最高支撑点，而人类的历史发展却总是不断地向这种终极解释提出挑战，动摇它所提供的最高支撑点的权威性和有效性，由此构成哲学本体论与人类历史发展的矛盾；其二，本体论以自己所承诺的本体或基本原理作为判断、解释和评价一切的根据、标准和尺度，从而造成自身无法摆脱的解释循环，因此哲学家们总是在相互批判中揭露对方的本体论的内在矛盾，使本体论的解释循环跃迁到高一级层次，这又构成哲学本体论的自我矛盾。正是在如何对待哲学本体论的内在矛盾这个根本问题上，哲学从原则上被区分为“传统哲学”与“现代哲学”。“传统哲学”之所以“传统”，就在于全部的传统哲学总是力图获得一种绝对的、终极的本体，并因而把世界分裂为真与假、善与恶、美与丑的非此即彼、抽象对立、永恒不变的存在。这是一种统治人类几千年的非历史的、超历史的、僵化的本体论的思维方式，也就是当代哲学所自觉到的“形而上学的恐怖”。与此相反，“现代哲学”之所以“现代”，就在于现代哲学从思维方式上实现了“从两极到中介”的变革，从研究路径上实现了“从体系到问题”的变革，从基本理念上实现了“从层级到顺序”的变革，也就是从人类的历史发展出发去理解哲学所追寻的本体和哲学的本体论追求。这是以现代性为根基的“现代哲学”的基本共识，也是所谓的“后形而上学”的深层一致。

在现代哲学中，马克思主义哲学从“现实的人及其历史发展”出发去看待哲学，哲学的本体论就发生了真正的革命：人类在自身的历史发展中所形成的判断、解释和评价一切事物并规范自己思想和行为的本体观念，体现的既是一种历史的进步性，又是一种历史的局限性，因而它孕育着新的历史可能性。就其历史的进步性而言，人们在自己的时代所承诺的本体，就是该时代的人类所达到的关于人与世界的统一性的最高理解，它成为规范和评价该时代人的全部思想和行为的根据和标准，即该时代人类全部活动的最高支撑点，因此具有绝对性；就其历史的局限性而言，人们在自己时代所承诺的本体，又只是特定历史时代的产物，它作为人类全部活动的最高支撑点，即作为规范和评价人的全部思想和行为的根据和标准，正是表现了人类作为历史的存在所无法挣脱的片面性，因而具有相对性；就其历史的可能性而言，人们在自己时代所承诺的本体，它作为规范和评价人的全部思想和行为的根据和标准，正是人类在其前进的发展中所建构的阶梯和支撑点，它为人类的继续发展提供了现实的可能性。这深切地表明，本体作为规范人的思想和行为的根据和标准，它永远是作为中介而自我扬弃的。这种本体观，与把世界观理解为“人生在世和人在途中的人的目光”的解释原则是一致的，与把哲学理解为关于“相对之绝对”的“时代精神的精华”是一致的。这就是马克思主义哲学的“革命的和批判的”辩证法的世界观、本体观和哲学观。

4.反思：批判和重构人的思想和行为的根据和标准

哲学的世界观和本体观，是以哲学的思维方式构建的。关于哲学的思维方式，人们经常用“反思”这个概念来表述它的特殊性。然而正如人们对哲学所寻求的本体有不同的理解，人们对哲学的反思也有不同的理解。进而言之，正是由于人们对哲学的特殊的活动方式——反思——具有不同的理解，则必然导致对哲学的特殊的寻求对象——本体——形成不同的理解。就此而言，反思，应当最值得反思的是哲学观念。

哲学所追究的本体并不是知识性的“关于世界的根本观点”，而是构成这种根本观点的根据和标准。但是在人的思想过程中，作为思想的根据和标准的本体却是思想中的一只“看不见的手”。揭示和辨析这只“看不见的手”，也就是揭示和辨析构成思想的前提，并且进而批判和重构思想的前提，这就是哲学意义上的反思。这表明，哲学的反思的思维方式，与哲学的世界观、本体论的理论性质是密不可分的；哲学反思的对象和水平，与各个时代的世界观、本体论是融为一体的。

反思，其最直接的意义，就是思想以自身为对象反过来而思之，也就是黑格尔所说的“对思想的思想”。然而作为传统哲学的集大成者和辩证法大师的黑格尔，似乎早已洞悉理解反思的艰难，因此他在提出哲学的反思的思维方式时，就自觉地考察和对比了表象思维、形式思维和思辨思维这三种不同的思维方式。黑格尔在《精神现象学》中明确地提出：所谓“表象思维”，“可以称为一种物质的思维，一种偶然的意识，它完全沉浸在材料里，因而很难从物质里将它自身摆脱出来的同时还能独立存在”；所谓“形式思维”，“乃以脱离内容为自由，并以超出内容而骄傲”；所谓“思辨思维”，则是努力地把思想的“自由沉入内容，让内容按照它自己的本性，即按照它自己的自身而自行运动，并从而考察这种运动”。值得深思的是，在对哲学所寻求的本体的理解中，我们恰恰可以发现表象思维、形式思维和思辨思维这三种不同的思维方式。

把哲学所寻求的本体视为某种“经验”的存在，而不是“超验”的存在，这就是把经验的对象误作反思的对象，把表象思维误作反思的思维。在这种误解中，不是把反思理解为“思想以自身为对象反过来而思之”，而是把反思当成关于经验对象的思想。这种误解的结果，混淆了作为经验对象的“在者”与作为哲学对象的“在”，也混淆了作为经验思维的“反映”与作为哲学思维的“反思”。特别令人深思的是，当现代哲学家奎因以区分“何物存在”和“说何物存在”为标志而提出“本体论承诺”时，仍然是把本体理解为“物”，因而并没有真正超越表象思维，故而并没有真正理解哲学意义上的本体。哲学所寻求的本体，不是作为经验对象的“在者”，而是作为超验对象的“在”——规范人类的思想与行为的根据、标准和尺度。这种作为本体的根据、标准和尺度，蕴含于（隐藏于）人们的思想之中，因此只有“以思想自身为对象反过来而思之”，才能够反思到哲学所寻求的本体。

把哲学所寻求的本体视为某种关于经验对象的普遍性的“思想”（知识），并把哲学的反思视为从特殊性的“思想”（知识）中概括出具有最大的普遍性的“思想”（知识），这就是哲学研究中的知识论立场，也就是现代哲学研究中的科学主义思潮。这种哲学研究中的知识论立场或科学主义思潮，不是从哲学存在的人类性根据去追问哲学，而是简单化地从哲学与科学的二元关系中去界说哲学，从知识分类表的层级关系去解说哲学，因而把哲学与科学的关系解说为普遍与特殊、深层与表层的关系，从而把哲学的本体视为具有最大普遍性的亘古不变的普遍原理。在这种解释模式中，哲学只是科学的延伸或变形，只是具有最大普遍性的科学，而不是对科学的超越，即不是区别于科学的人类把握世界的另一种基本方式——哲学。这表明，理解哲学就必须理解哲学的反思；哲学的观念变革，就必须变革对哲学的反思的理解。

“思想”与“反思”的区别，意味人类的思维有两个相互区别的基本维度：一是“构成思想”的维度，也就是思维以人的认识活动为中介而实现“思维和存在”相统一的维度；二是“反思思想”的维度，也就是思维把“思维和存在”的关系当作问题而进行反思的维度。在“构成思想”的维度上，思想的任务是实现“思维和存在”的统一，而不是把“思维和存在的关系”当作问题；与此相反，在“反思思想”的维度上，思想的任务不是实现“思维和存在”的统一，而是把“思维和存在的关系”当作必须予以追究的问题。对此，恩格斯不仅明确地提出“思维和存在的关系问题”是哲学的基本问题，而且明确地提出思维和存在服从同样的规律是“理论思维的不自觉的和无条件的前提”。因此，哲学反思的使命，并不是以理论思维去“构成思想”，也不是在理论思维中达成“思维和存在的统一”，而是要寻求和揭示隐含在理论思维之中的这个“不自觉”和“无条件”的前提，进而批判地重构规范人的思想和行为的根据和标准。

在哲学史上，黑格尔曾明确地把哲学的反思解释为“对思想的思想”。然而究竟如何理解哲学是“对思想的思想”？作为反思对象的思想究竟是什么？它是思想的“内容”还是思想的“前提”？正是对反思的思想的追问，深化了对哲学的反思的理解，也深化了对反思的哲学的理解。思想的“前提”并不是一般的思想

“内容”，而是思想构成自己的根据和原则，也就是思想构成自己的逻辑支撑点。思想的“前提”作为思想中的“一只看不见的手”和思想构成自己的“幕后操纵者”，既具有规范思想的逻辑强制性，又具有“看不见”“摸不着”的隐匿性。思想的“前提”作为思想构成自己的根据和原则，它就是哲学所寻求的规范人的思想与行为的本体；哲学的反思则是以思想自身为对象反过来而思之，揭示和“审讯”构成思想的“前提”，即发现和批判哲学所寻求的本体。哲学的反思与哲学所寻求的本体密不可分；哲学的“基本问题”与哲学的“前提批判”相互规定。

哲学所寻求的本体最普遍地、最深层地制约、规范和引导人的全部活动，但它又是作为隐匿在思想中的“前提”——规范人的思想和行为的根据、标准和尺度——而隐含在人的全部活动之中，因此寻找本体的哲学的活动方式只能是批判的反思。超越表象思维和形式思维，超越哲学的知识论立场和科学主义思潮，对“假设”质疑，向“前提”挑战，这就是哲学的批判性反思的理论思维方式。反思的哲学，就是揭示“人生在世和人在途中的人的目光”，就是揭示“规范人的思想和行为的根据、标准和尺度”，也就是实现哲学的世界观和本体论的自我批判和自我超越，为人类提供自己时代的最高的支撑点。达到反思的哲学自觉，才能实现变革世界观和本体论的理论自觉，才能使哲学成为“思想中所把握到的时代”。把反思理解为对思想的“前提批判”，这是当代哲学的理论自觉，也是当代哲学的深层的观念变革。

5.表征：时代精神的精华和文明的活的灵魂

阐释哲学的特殊的理论性质和哲学的独特的社会功能，我们总是反复地引证马克思的这句名言：任何真正的哲学都是“时代精神的精华”和“文明的活的灵魂”。然而哲学究竟何以成为时代精神的精华和文明的活的灵魂？这就必须探讨哲学的特殊的存在方式问题。当代中国的哲学观念变革，深层地触及对哲学的特殊的存在方式的追问。

在现代西方哲学的“语言转向”中，逻辑实证主义的重要代表人物卡尔纳普曾以区分语言的两种职能即“表述”职能和“表达”职能为前提，为其拒斥形而上学作出了具有逻辑说服力的论证：如果哲学既不能像科学那样“表述”经验世界，又不能像艺术那样“表达”情感意愿，也就是既不能走拟科学的道路，也不能走拟文学的道路，那么哲学还有什么道路可走呢？面对卡尔纳普对哲学的挑战，当代哲学必须回答这样的问题：哲学是否具有既非“表述”、亦非“表达”的独特的存在方式？或者说，哲学是否具有既非拟科学、亦非拟艺术的独特的存在方式？这是当代哲学面对的哲学合法性问题，也是当代马克思主义哲学必须予以深切阐发的重大问题。

回应这个关乎哲学的存在方式及其合法性的重大问题，引发我们更为深切地理解和阐发马克思关于哲学的名言：哲学之所以区别于科学和艺术，真正的哲学之所以是“时代精神的精华”和“文明的活的灵魂”，就在于它既不是像科学那样“表述”时代状况和人类文明的经验事实，也不是像艺术那样“表达”个人对时代状况和人类文明的情感意愿，而是以自己的独特的存在方式构成“时代精神的精华”和“文明的活的灵魂”。在我看来，这个独特的存在方式，就是区别于科学“表述”和艺术“表达”的哲学“表征”。

所谓“表征”，并不是与“表述”和“表达”相并列的另一种语言职能，而是透过“表述”和“表达”而“表征”着“时代精神的精华”和“文明的活的灵魂”。或者更为明确地说，虽然哲学总是在“表述”什么或“表达”什么，但哲学却既不是单纯地对经验事实的“表述”，也不是单纯地对情感意愿的“表达”，而是体现着存在论、真理论和价值论相统一的“表征”，也就是体现着真、善、美相统一的“表征”。哲学的“表征”，是以价值诉求为目的而展开的对存在的反思和对真理的追求，因此不是孤立的、单纯的存在论或真理论或价值论，而是融真、善、美于一体的存在方式。正是这种统一，构成了哲学的独特的“表征”的存在方式，并以“表征”的方式构成了“时代精神的精华”和“文明的活的灵魂”。

理解哲学的区别于“表述”和“表达”的“表征”，关键在于理解哲学的存在论、真理论和价值论的统一，或者通俗地说，关键在于理解哲学所追问的“有没有”“对不对”和“好不好”的统一，即哲学所追求的真、善、美的统一。如果把哲学割裂为“表述”存在的存在论、“表述”真理的真理论和“表达”价值诉求的价值论，把哲学割裂为关于“有没有”“对不对”“好不好”的追问和回答，把哲学分割为“可信者不可爱”的“表述”或“可爱者不可信”的“表达”的两种存在方式，就只能是形成拟科学的科学主义思潮或拟艺术的人本主义思潮。这是当代哲学必须超越的理论困境。

哲学之所以是区别于“表述”和“表达”的“表征”，在于哲学是理论形态的人类自我意识，即以理论形态所体现的对人与世界关系的关切和回答、对人类生活意义的关切和回答。诉诸哲学史，我们会发现，哲学从寻求“万物的统一性”到寻求“意识的统一性”再到寻求“人类的统一性”，从来不是单纯地“表述”关于世界的经验事实和“表达”对世界的情感意愿，而是“表征”了对人与世界关系的历史性、时代性的理解。古代哲学把“水”“火”乃至“原子”作为万物所由来和万物所复归的“始基”“基质”，并不是“表述”或“表达”了万物的统一性，而是“表征”了人类对生活意义的最高支撑点的渴望和寻求；近代哲学以经验或理性来论证或否定思想的客观性，并不是“表述”或“表达”了人类意识的统一性，而是“表征”了人类力图把生活意义的最高支撑点奠基于“思维和存在的同一性”；现代哲学以语言、文化乃至实践来阐释人与世界关系，并不是“表述”或“表达”了人类的存在方式，而是“表征”了当代人类力图把生活意义的最高支撑点视为“相对之绝对”——时代性的绝对与历史性的相对的统一。哲学就是以这种“表征”的方式而构成了时代精神的精华和文明的活的灵魂。

哲学对时代精神的“表征”，是以派别冲突的方式实现的。这种实现方式，更加深刻地体现了哲学区别于“表述”和“表达”的“表征”的存在方式。贯穿于整个哲学史的唯物主义与唯心主义、经验主义与逻辑主义、绝对主义与相对主义等的派别冲突，并不是哲学派别之间的不同“表述”或不同“表达”之间的冲突，而是“表征”着对人类生活、人类文明、人类历史、人类未来的悖论性质的不同理解和不同期待。从哲学的主要的派别冲突看，哲学的唯物主义与唯心主义并不是单纯地“表述”或“表达”世界的本原问题，而是深切地“表征”着人类的自然性与超自然性的悖论；哲学的经验主义与逻辑主义并不是单纯地“表述”或“表达”把人的感性归结为人的理性或是把人的理性归结为人的感性，而是深切地“表征”着人类的感性存在与理性存在的悖论；哲学的绝对主义与相对主义并不是单纯地“表述”或“表达”人类认识的绝对性或相对性，而是深切地“表征”着人类存在的时代性与超时代性的悖论；哲学的辩证法与形而上学并不是单纯地“表述”或“表达”肯定或否定事物的矛盾运动，而是深切地“表征”着人类存在的确定性与非确定性的矛盾。在现代哲学中，本质主义与存在主义、理性主义与非理性主义、科学主义与人本主义、历史决定论与非历史决定论，更是以错综复杂的理论冲突方式“表征”着当代人类面对“现代性的酸”所构成的“意义危机”。因此，应当从“表征”人类存在的矛盾性去看待哲学的派别冲突，而不是把这些派别冲突归结为哲学的自我冲突；应当以“表征”的理念去看待哲学的“理论形态的人类自我意识”，而不是把“理论形态的人类自我意识”当成对人类文明的“表述”或“表达”。从哲学的“表征”方式去重新理解哲学的派别冲突，不仅能够深刻地理解哲学派别冲突的现实基础和真实意义，而且能够透过哲学的派别冲突深切地把握每个时代的时代精神。

从深层上看，哲学是以“理论形态的人类自我意识”而“表征”着人类存在的历史形态及其自我意识的时代性变革。这是哲学的“表征”的存在方式的集中体现。哲学的观念变革，直接地取决于人类关于自身存在的自我意识的历史性变革；而人类关于自身存在的自我意识的历史性变革，则深层地取决于人类存在本身的历史性变革。诉诸人类文明的历史与未来，马克思把人类存在的历史形态概括为“人的依赖关系”“以物的依赖性为基础的人的独立性”“以个人全面发展为基础的自由个性”这三大历史形态，并相应地把哲学的历史任务概括为人在“神圣形象”中的自我异化，揭露人在“神圣形象”中的自我异化和揭露人在“非神圣形象”中的自我异化。哲学的历史任务，就是以理论形态的人类自我意识而“表征”人类存在的历史形态及其发展趋向。人的存在形态的历史性变革与哲学的时代使命的历史性变革的统一，不仅显示了哲学的“表征”的存在方式，而且揭示了哲学发展的历史性的时代内涵。正是哲学以“表征”的方式所揭示的人类存在及其自我意识的时代内涵和历史变革，真正的哲学才不仅成为“时代精神的精华”，而且成为“文明的活的灵魂”。

哲学的存在方式决定哲学的工作方式。如果把哲学的存在方式界定为“表述”时代状况和人类文明的经验事实，就会把哲学混同为实证科学，并因而走向科学主义；如果把哲学的存在方式界定为“表达”个人对时代状况和人类文明的情感意愿，就会把哲学混同为文学艺术，并因而走向人本主义。把哲学的存在方式界定为“表征”，则要以“时代精神主题化、现实存在间距化、流行观念陌生化和基本理念概念化”的工作方式去凝练时代精神的精华和文明的活的灵魂。以理论形态“表征”当代人类在现代性中的存在方式及其自我意识，为创建人类文明新形态提供新的哲学理念，从而塑造和引导新的时代精神，这是当代哲学的实质内容和社会功能，也是当代中国哲学必须实现的观念变革。

（六）

《哲学：思想的前提批判》与当代哲学的理论空间

哲学的观念变革，实现于哲学对自身的“前提批判”。2016年出版的《哲学：思想的前提批判》，总结和升华了我的“前提批判”的哲学理论，开拓和敞开了“前提批判”的理论空间。这本书的主要目的是阐述哲学的特殊的理论性质和独特的活动方式，并通过具体论证哲学对构成思想的基本信念、基本逻辑、基本方式、基本观念、哲学理念的前提批判，展现哲学发展的自我批判的活力和永不枯竭的理论空间。

构成思想的前提，主要包括构成思想的基本信念、基本逻辑、基本方式、基本观念和哲学理念，因此对思想的前提批判主要表现在下述五个方面：一是对构成思想的基本信念的前提批判，即对思维和存在的同一性的前提批判；二是对构成思想的基本逻辑的前提批判，即对思想的外延逻辑、内涵逻辑及其实践基础的前提批判；三是对构成思想的基本方式的前提批判，即对常识、宗教、艺术和科学等人类把握世界的基本方式的前提批判；四是对构成思想的基本观念的前提批判，即对存在、世界、历史、真理、价值等基本观念的前提批判；五是对构成思想的哲学理念的前提批判，即对哲学本身的前提批判。

1.对构成思想的基本信念的前提批判

承诺“我们的主观的思维和客观的世界服从于同样的规律”，

这是构成思想的基本信念。因此，对构成思想的基本信念的前提批判，直接就是对“理论思维的不自觉的和无条件的前提”的批判。对构成思想的基本信念的前提批判，也就是对哲学自身的基本问题——思维和存在的关系问题——的前提批判。哲学对思想构成自己的基本方式、基本观念和基本逻辑的前提批判，都蕴含着对思想构成自己的基本信念的前提批判，从而使“思维和存在的关系问题”成为哲学自身的“重大的基本问题”。因此，对思想的前提批判，首要的是对构成思想的基本信念的前提批判，也就是对思维和存在的同一性的前提批判。

在对思维和存在的关系的理解中，思维和存在的抽象同一，与思维和存在的抽象对立，二者既是对立的两极，又是相通的两极。在思维和存在的抽象同一中，就隐含着思维和存在的抽象对立。这具体地表现为：在感觉层面上，映象与对象的抽象同一，就隐含着不同主体的映象与对象的抽象对立；在理性层面上，表象与思想的抽象同一，就隐含着不同主体的表象与思想的抽象对立；在价值层面上，实然与应然的抽象同一，就隐含着不同主体的价值判断的抽象对立；在规律层面上，思维和存在的抽象同一，就隐含着思维规律与存在规律的抽象对立。抽象的同一与抽象的对立，是思维中对立着的“正题”和“反题”。由对“正题”的前提批判而进入对“反题”的前提批判，就是对“思维和存在的抽象对立”的前提批判。正是在对思维和存在的“抽象同一”和“抽象对立”的前提批判中，由“思维和存在的逻辑同一”而进展为“思维和存在的历史同一”，不断地深化了对构成思想的基本信念的前提批判。

2. 对构成思想的基本逻辑的前提批判

思维和存在的关系问题，从根本上说，是思维规律与存在规律的关系问题，也就是思维和存在是否“服从于同样的规律”的问题。因此，哲学对思想的前提批判，不仅指向对思维和存在的同一性的基本信念的前提批判，而且必然指向对构成思想的基本逻辑即思维规律的前提批判，并具体地表现为对思维的外延逻辑和内涵逻辑的前提批判。

在人类的思想活动中，概念不仅是思维的“细胞”，而且是列宁所说的认识的“阶梯”和“支撑点”。由概念的外延所构成的外延逻辑或形式逻辑，由概念的内涵所构成的内涵逻辑或辩证逻辑，以及由概念的实践基础所构成的实践逻辑或生活逻辑，是构成思想的基本逻辑。对构成思想的基本逻辑的前提批判，主要是对形式逻辑、辩证逻辑和实践逻辑的前提批判。

3. 对构成思想的基本方式的前提批判

人的思想活动不仅遵循思维规律，而且是以自己把握世界的各种基本方式而构成关于世界的思想。常识、宗教、艺术、科学和哲学等，就是人类在实践活动的基础上所形成的与世界发生真实关系的“中介”，也就是人类把握世界的基本方式。人类的全部思想，都是由人类把握世界的各种基本方式所构成的，因此哲学对思想的前提批判必然包括对构成思想的各种基本方式的前提批判。

人类把握世界的各种基本方式，在其直接性上，首先是为人类提供了丰富多彩的世界图景，而它们之所以能够提供各种各样的世界图景，则在于它们本身是人类把握世界的不同方式，这些基本方式不仅为人们提供各种各样的世界图景，而且为人们的思想和行为提供各自的思维方式和价值规范。这样，人类把握世界的各种基本方式，就以世界图景、思维方式和价值规范的三重内涵而构成哲学反思的对象。在对思想的前提批判的意义上，哲学对人类把握世界的基本方式的前提批判，特别重要的是对常识、科学和哲学这三个层次的概念框架的前提批判。在对这三个不同层次的概念框架的前提批判中，构建了人类文明史上的新的“阶梯”和“支撑点”，实现了人的世界图景、思维方式和价值规范的历史性变革。

4.对构成思想的基本观念的前提批判

构成思想的前提，不仅包括构成思想的基本信念、基本逻辑和基本方式，而且更为普遍地表现为构成思想的基本观念，即人们用以构筑思想的存在、世界、历史、真理和价值等基本观念。对构成思想的基本观念的前提批判，展现了哲学的思想前提批判的开阔的和开放的思想空间。

在思想的前提批判的理论空间中，具有直接的生成性和历史性的思想前提，是构成思想的各种基本观念。但是对构成思想的基本观念的前提批判有三个方面的局限性：一是具有选择性，即局限于对某些构成思想的基本观念的前提批判；二是具有历史性，即局限于我们时代所达到的对这些基本观念的前提批判；三是具有意见性，即局限于发问者所把握到的我们时代对这些基本观念的前提批判。这表明对思想的前提批判是行进中的哲学活动，而不是完成了的哲学理论。

5.对构成思想的哲学理念的前提批判

每个时代的思想，都隐匿着构成其自身的基本观念，并深层地表现为该时代的哲学理念。因此，哲学对思想的前提批判，就不仅仅是对构成思想的基本信念、基本逻辑、基本方式和基本观念的前提批判，而且深层地指向对构成思想的哲学理念的前提批判。

对构成思想的哲学理念的前提批判，直接指向的是对哲学本身的前提批判，主要包括对哲学与哲学的基本问题、哲学与形而上学、哲学与哲学史、哲学与时代精神等重大问题的反思。尤其重要的是，哲学对自身构成思想的基本理念的前提批判，就是追究生活信念的前提，探寻经验常识的根据，反省历史进步的尺度，询问评价真、善、美的标准，从而变革人的世界图景、思维方式、价值观念、审美情趣和整个生存方式，塑造和引导新的时代精神。哲学的前提批判，是对思想构成自己的根据和原则的批判，因而必然指向对规范人的思想和行为的核心观念即世界观的前提批判。对世界观的前提批判是阐释哲学的理论性质的最为直接的切入点，也是展开哲学的前提批判的最为恰当的切入点。

以上，我粗略地表述了对哲学的“思想的前提批判”的理解，表述了哲学的“思想的前提批判”所开拓的广阔的理论空间。

（七）
理论思维：学术研究的“普照光”

“思想的前提批判”，是理论思维的生动体现，显示了理论思维的思想力量。自2020年秋，我承担了一项重要任务——为吉林大学文科青年骨干教师主讲理论思维，这促使我系统地思考和总结了我对理论思维的理解，并结合不同学科的内容展开了“对思想的前提批判”，同时也引导青年教师与我一起思考如何以理论思维提升我们的学术研究。

恩格斯说：“一个民族要想站在科学的最高峰，就一刻也不能没有理论思维。”然而什么是“理论思维”？学术研究为什么“一刻也不能没有理论思维”？按照我的理解，理论思维就是用理论把握现实、引领实践、推进文明的思维方式和思想力量。它是照亮学术研究的“普照光”。

学术研究的理论思维，集中地体现为捕捉、发现和提出问题的理论洞察力，总结、凝练和升华问题的理论概括力，激活、重组和创新问题的理论想象力，分析、阐释和论证问题的理论思辨力，拓展、深化和解决问题的理论思想力。自觉地提升理论思维的洞察力、概括力、想象力、思辨力和思想力，才能坚持问题导向的学术研究，不断地在学术研究中提炼出有学理性的新理论和概括出有规律性的新实践，赋予学术思想、学术观点、学术命题以新的思想内涵、时代内涵和文明内涵，实现理论创新和理论创造，推进人类文明的进步和发展。

1.学术选题与理论思维的洞察力

学术研究的首要任务是提出问题、确定选题。捕捉、发现和提出问题的理论思维的洞察力，直接决定学术选题的难度和深度、意义与价值。

一般而言，学术研究的问题，可以分为四大类：一是现实问题所蕴含的理论问题，二是学术史所遗留的理论问题，三是学界正在讨论的理论问题，四是学者独立提出的理论问题。在学术研究中，这四类问题总是相互纠缠、相辅相成的。理论思维的洞察力，不仅在于从各类问题中发现和提出问题，而且在于从各类问题的复杂联系中发现和提出问题，特别是独具慧眼地从学术思想、学术观点和学术命题的思想内涵、时代内涵和文明内涵中发现和提出问题。

理论是思想中的现实。任何真正的理论问题都源于真实的现实问题，任何真实的现实问题都蕴含真正的理论问题。理论思维的洞察力，不仅在于从“混沌的表象”中捕捉真实的现实问题，而且要从真实的现实问题中揭示出其蕴含的真正的理论问题，从而提出和确认具有思想内涵、理论深度的学术选题。

例如，关于“中国式现代化新道路”，就要求我们从这个最为重大的现实问题中提出、探索和回答下列重大的理论问题：中国是否必须走现代化道路？中国的现代化是否只能走西方的现代化道路？中国为何能够创造现代化的新道路？中国如何创造了现代化新道路？中国创造的现代化新道路如何创造了人类文明新形态？在这些被直接提出的重大理论问题的背后，又深层地隐含着更具普遍意义的重大理论问题：“现代化”是抽象的普遍性还是具体的普遍性？如何看待实现“现代化”的历史活动与历史条件？如何看待“现代化”的技术性表征与价值性选择？如何看待“现代化”的后果与对“现代性”的反省？如何看待“现代化”的道路选择与“人类文明”的形态变革？提出、探索和回答这些深层次的理论问题，在学术研究的意义上揭示“现代化”的思想内涵、时代内涵和文明内涵，阐明作为资本主义文明的现代化与作为社会主义文明的现代化的相互关系，才能从理论上回应和回答人们最为关切的重大现实问题：中国式现代化为什么“不是国外现代化发展的翻版”？中国式现代化为什么必须“坚持中国共产党的坚强领导”？中国式现代化为什么必须“坚持把马克思主义基本原理同中国具体实际相结合、同中华优秀传统文化相结合”？中国式现代化为什么必须致力于“更为完善的制度保证、更为坚实的物质基础、更为主动的精神力量”？中国式现代化为什么必须“推动物质文明、政治文明、精神文明、社会文明、生态文明协调发展”？中国式现代化为什么“创造了中国式现代化新道路、创造了人类文明新形态”？中国式现代化为什么具有弘扬“全人类共同价值”“推动历史车轮向着光明的目标前进”的世界历史意义？回答以上问题，要求我们从中国特色社会主义的理论和实践中，以理论思维的洞察力捕捉、发现和提出重大现实问题中所蕴含的重大理论问题，赋予“中国式现代化”以更为坚实和充满活力的思想内涵、时代内涵和文明内涵。学术研究的理论思维的洞察力，最为重要的就是从重大的现实问题中发现重大的理论问题并形成富有生命力的学术选题，又以重大的理论问题所形成的学术选题回应和回答重大的现实问题。

学术研究的重大理论问题，总是同学术史提供的理论成果及其遗留的理论问题密不可分的。任何理论都不仅具有其特定的思想内涵，而且在其特定的思想内涵中总是蕴含着特定的时代内涵和特定的文明内涵。这意味着：任何理论都是历史性的思想，历史性的思想总是展现在思想性的历史之中，离开思想性的历史就无力考察历史性的思想。在学术史中寻找理论资源和发现理论困难，“接着讲”学术史所遗留的问题，就必须以理论思维的洞察力揭示既有理论的思想内涵中所蕴含的时代内涵和文明内涵，从而提出和确认具有学术史意义的学术选题。

例如，在《哲学笔记》这部哲学巨著中，列宁批判地研究了哲学史上辩证思想的卓越代表人物的重要著作，提出了关于辩证法研究的一系列重大理论问题：怎样理解“逻辑不是关于思维的外在形式的学说”“思维的范畴不是人的用具”，范畴“是帮助我们认识和掌握自然现象之网的网上纽结”“是自身还包含特殊东西的丰富性的普遍”？怎样“从逻辑的一般概念和范畴的发展与运用”的观点去总结思想史？怎样“说明和发挥”对立统一是“辩证法的实质和核心”？怎样理解“聪明的唯心主义比愚蠢的唯物主义更加接近于聪明的唯物主义”？怎样理解“辩证法也就是（黑格尔和）马克思主义的认识论”？怎样理解辩证法、认识论和逻辑学是“同一个东西”？怎样理解和如何研究“构成辩证法和认识论的知识领域”？怎样理解和阐释“不钻研和不理解黑格尔的全部逻辑学，就不能完全理解马克思的《资本论》”？怎样理解和阐释马克思“从黑格尔那里吸收了全部有价值的东西并发展了这些有价值的东西”？列宁在《哲学笔记》中提出的这些重大理论问题，为推进和深化辩证法研究，特别是推进和深化马克思主义辩证法研究，提供了具有真实意义的学术选题。

源于现实的理论问题与源于学术史的理论问题，总是聚焦于学者所关切的学术界正在讨论的问题。“跟着讲”学术界所讨论的问题，就不仅是“对着讲”不同的学术观点，而且要揭示不同学术观点所隐含的背景知识、理论资源、概念框架和研究方法，特别是要深究不同学术观点所隐含的基本理念、解释原则、价值取向和思维方式，在“思想的前提批判”的意义上确认学术争鸣的学术选题。离开捕捉、发现和提出问题的理论洞察力，就难以发现真正的理论困难，因而也就难以提出推进学术争鸣的理论问题，“跟着讲”的学术讨论就会流于“对着讲”的自说自话，吸引眼球的学术争论就会变成热闹一时的过眼烟云。

例如，20世纪80年代以来，我国哲学界展开了此起彼伏的“科学哲学”“文化哲学”“社会哲学”“价值哲学”“经济哲学”“政治哲学”“生态哲学”研究，并构成了此消彼长的热点问题。推进和深化这些热点问题研究，就需要追究隐含在这些热点问题之中的深层次的理论问题：“部门哲学”之为“哲学”的根据何在？作为“哲学”的“部门哲学”的理论性质和实质内容是什么？凸显这些“部门哲学”的现实基础和时代特征是什么？这些“部门哲学”的真实的思想内涵、时代内涵和文明内涵是什么？这些“部门哲学”何以成为具有时代意义的“我们时代的哲学”？这些“部门哲学”的此起彼伏、此消彼长“表征”着怎样的现实需要和时代变革？这些“部门哲学”隐含着什么样的基本理念和解释原则？这些“部门哲学”构建了怎样的概念框架和学术体系？这些“部门哲学”实现了哪些“术语的革命”并提供了推进哲学研究的“标志性概念”？以“科学”“文化”“社会”“价值”“经济”“政治”“生态”为标志的这些“部门哲学”，为当代哲学研究提供了怎样的哲学方向和开辟了怎样的哲学道路？[①]提出和探索隐含在“部门哲学”之中的这些深层次的理论问题，就会形成具有深刻的思想内涵、时代内涵和文明内涵的学术选题，切实地推进学术争鸣中的重大理论问题研究。

无论是从现实问题中提出理论问题，还是从学术史和学术争鸣中提出理论问题，其实质内容都不只是发现问题，而是揭示问

① 倡导某种“部门哲学”，总是包含着把该种“部门哲学”视为“我们时代的哲学”，因此该种“部门哲学”就具有“做哲学”的路径选择的意义。在这个意义上，“部门哲学”是一个并不准确的表述。

题本身的特定的思想内涵、时代内涵和文明内涵，并赋予问题本身以新的思想内涵、时代内涵和文明内涵，从而以新的解释原则构成富有新意的学术问题。因此，无论是从现实问题还是从学术史和学术争论中提出具有真实意义的理论问题，都需要独具慧眼地提出具有创新性的理论问题并形成具有创新性的学术选题。有针对性的“靶子”与有创新性的“灵魂”，是相互规定、相辅相成的。在这个意义上，学术研究的“破”与“立”，既是“不破不立”的，又是“不立不破”的；学术选题的“取”与“舍”，既是“不舍不取”的，又是“不取不舍”的。没有独到的立意和追求，就没有富有创造性和建设性的学术选题。理论思维的洞察力就在于，独具慧眼地从具有隐匿性和强制性的“思想的前提”中找到“破”的难点，又独具慧眼地从具有“可批判性”和“可转换性”的“思想的前提”中找到“立”的根基，从而在“破”与“立”的辩证统一中提出具有创新性和创造性的学术选题。“众里寻他千百度，蓦然回首，那人却在灯火阑珊处。”这是对学术研究的理论思维洞察力的生动形象的表达，也是对学术研究的学术选题生命力的一语中的的表达。

2.学术命题与理论思维的概括力

学术命题是学术思想、学术观点的概括性的凝练表达，集中地体现了由学术选题而形成的学术成果的思想内涵、时代内涵和文明内涵。理论思维的概括力，最为重要的就是把学术思想、学术观点凝练为一系列重要的学术命题，高度概括地提炼和升华学术思想、学术观点的思想内涵、时代内涵和文明内涵，为构建具有学理性的学术体系提供逻辑化的命题系统。

一般而言，作为学术研究成果的学术命题，可以从总体上分为四大类：一是作为基本理念和解释原则的学术命题，此类命题是总体性的学术思想的理论结晶；二是作为基本范畴和基本原理的学术命题，此类命题是具体性的学术观点的理论升华；三是作为逻辑环节和理论论证的学术命题，此类命题是概念发展的学术体系的理论支撑；四是作为标志概念和术语革命的学术命题，此类命题是创新性、开放性的学术研究的新的阶梯和新的支撑点。总结、凝练和升华这四大类学术命题，集中地体现了学术研究的理论思维的概括力。

哲学社会科学各学科的学术研究，总是会不可回避地面对一个根基性的重大理论问题，这就是对该学科的总体性理解，也就是关于该学科的基本理念和解释原则的问题，因此哲学社会科学各学科的学术研究，总是在历史性地反思本学科的理论性质、研究对象及其学科使命的过程中，历史性地形成关于本学科的总体性学术思想理论结晶的学术命题，即作为该学科的基本理念和解释原则的学术命题。作为各学科的基本理念和解释原则的学术命题，并不是该学科的一个重要命题，而是照亮和引领各学科学术研究的普照光和活的灵魂。例如，以“哲学是理论化系统化的世界观”“哲学就是认识论”“哲学是理论形态的人类自我意识”“哲学是使人作为人而成为人”“哲学是对语言的分析”“哲学是对思想的前提批判”“哲学就是人学”等学术命题作为关于哲学的基本理念和解释原则，就构成了关于哲学的普遍规律说、认识论说、语言分析说、存在意义说、精神境界说、文化批判说、文化样式说、实践论说等关于哲学的总体性的学术思想，并构成了各自的理论空间，引领了不同的哲学方向。在关于“文学”“史学”“法学”“政治学”“社会学”“经济学”“管理学”“新闻学”的总体性的学术命题中，同样包含着关于该学科的基本理念和解释原则，并以此构成该学科的总体性的概念框架和思想的操作平台，规范并引领该学科的学术研究。学术研究的理论思维的概括力，首先就是集中地体现在凝练形成关于本学科的总体性学术思想的学术命题，并以其作为基本理念和解释原则而引领本学科的学术研究。学术史一再表明，能否形成关于本学科的基本理念和解释原则的创新性学术命题，是能否形成关于本学科总体性学术创造的首要前提和理论根基。

作为特定研究论域或特定学术选题的学术研究，总是自觉或不自觉地在某种总体性学术思想，即作为基本理念和解释原则的学术命题的规范和引领下，形成具体性的学术观点，即作为该论域或该选题的基本范畴和基本原理的学术命题。理论思维的概括力，生动地体现为凝练关于特定论域或特定选题的具体性的学术观点的学术命题。例如，恩格斯曾明确地把马克思创建的历史唯物主义概括为“关于现实的人及其历史发展的科学”。这个命题是关于历史唯物主义的基本理念和解释原则的总体性的学术命题。以这个总体性的学术命题作为基本理念和解释原则，就要诉诸关于历史唯物主义的基本范畴和基本原理的学术命题，即作为具体性的学术观点的学术命题：如何界说“现实的人”与“抽象的人”？如何界说“社会存在”与“社会意识”？如何阐释“现实的人”与“人的历史形态”？如何阐释“人的历史活动”与“历史的发展规律”？如何阐释“历史的发展规律”与“历史的发展趋势”？如何阐释“历史的必然性”与“历史的偶然性”？如何阐明“历史的辩证法”与“历史的唯物论”？只有以理论思维的概括力凝练形成关于具体性的学术观点的学术命题，并赋予这些学术命题以新的思想内涵、时代内涵和文明内涵，才能实现该学术选题研究成果的创新性和创造性。

3.学术创新与理论思维的想象力

学术研究是学者以理论思维总结、积淀和升华人类文明的研究过程。这个研究过程是不断地提出和探索新问题，进而不断地形成新的学术成果的学术创新和学术创造的过程。学术创新和学术创造，不仅必须奠基于坚实的文献积累、思想积累和生活积累，而且必须充分发挥理论思维的想象力。

一般而言，学者的学术研究，离不开两个东西：一是特殊的生存境遇及其独特的生命体验，二是特定的学术资源及其独特的理论想象。所有的学者无一例外地生活于特定的历史时代、特定的文化传统和特定的文明形态之中，生活于特定的国家、民族、地域、阶级、阶层、家庭之中，这构成了各个学者的特殊的生存境遇。这种特殊的生存境遇，不只是为不同的学者提出某些共同问题，而且会在不同学者的独特的生命体验中激发出独特的理论想象。这种独特的理论想象，又是同研究者占有的特定的理论资源及由此引发的独特的理论问题密不可分的。在特定的时代条件和特殊的生存境遇中，每个时代的学者都不仅面对共同的理论资源，而且会在个人已有的思想情境和生活情境中选择性地利用和活化自己占有的理论资源，从而在自己对理论资源的独到理解中激发出独特的理论想象。

在学术研究中，“想象比知识更重要”。从形式逻辑分析“知识就是力量”这个命题，“知识”只是“力量”的必要条件，而不是“力量”的充分条件，即没有“知识”就没有“力量”，有了“知识”并非就有“力量”。在学术研究中，没有坚实的专业知识基础，没有广博的相关知识基础，没有健全的经验常识基础，没有深厚的人文教养基础，就无法进行真实的学术研究；然而学术研究的“力量”却在于从文献积累中“得道于心”，从思想积累中“发明于心”，从生活积累中“活化于心”。在学术研究中，知识是由想象激发活化的，是由想象推动发展的，是由想象带入不断求索的。离开或失去想象，学术研究就会变成僵化的教条，学术思想就会陷入枯竭。在这个意义上，没有想象的学术研究是不可想象的。自觉地提升理论思维的想象力，才有真实的学术创新。

理论思维的想象力，集中地体现为学术研究中的“激活背景知识的能力”。在艰苦的学术研究中，让知识“退入背景”，让知识“进入问题”，让知识“创造重组”，让知识“浴火重生”，才能以理论思维的想象力赋予学术思想、学术观点、学术命题以新的思想内涵、时代内涵、文明内涵。激活背景知识，首先要让知识“退入背景”，在头脑中构建知识的分类框架、概念框架、检索框架。知识是历史文化和人类文明的“水库”，通过个人的学习和记忆而被个人占有。然而个人对知识的占有，特别是学术研究中的占有知识，主要地并不是储存知识，而首先是检索知识。检索知识，是在知识的分类框架和概念框架中调动、组织和重组知识。在学术研究中，每个研究者都有自己的井然有序的知识分类框架和概念框架，并在这种分类框架和概念框架中准确、迅速地调动“退入背景”的知识。让知识退入背景，而不是将知识作为外在的文本，这是发挥理论思维想象力的前提。

让知识“退入背景”，才能让知识“进入问题”，开展“问题导向”的学术研究。“从某种意义上说，理论创新的过程就是发现问题、筛选问题、研究问题、解决问题的过程。”学术研究的问题，从总体上可以分为两类：一是“理论”与“经验”之间的矛盾，这可以称之为理论研究的外部问题；一是“理论”与“理论”之间的矛盾，这可以称之为理论研究的内部问题。理论研究的内部问题总是源于理论研究的外部问题，理论研究的外部问题必然引发理论研究的内部问题。理论思维的想象力，就在于把“理论”与“经验”之间的外部问题升华为“理论”与“理论”之间的内部问题，并通过创造性地解决理论问题而创造性地回应和回答现实问题。

在学术研究中，理论思维的创造力具体地表现在三个方面：一是“观察渗透理论”，以思想把握表象，把“混沌的关于整体的表象”升华为具有概念规定的“感性具体”；二是发挥理论思维的抽象力，以思想蒸发表象，把“完整的表象蒸发为抽象的规定”，以各种片面的规定性去把握表象；三是发挥理论思维的想象力，以思想重组表象，以“许多规定的综合”和“多样性的统一”的理性具体为思想内涵“给自己构成世界的客观图画”。在以理论思维把握世界的概念运动中，思想表现为双重的否定和双重的超越：一方面，思想在理论思维的引领下，不断地超越概念的片面规定，使概念获得越来越具体、越来越丰富的规定性，不断地形成新的理性具体，这就是思想的自我构建过程；另一方面，思想又在理论思维的引领下，不断地反思、批判、超越已有的理性具体，在更深刻的逻辑层次上重新建构理性具体，这就是思想的自我反思和自我深化的过程。思想的双重否定和双重超越，深切地体现了人类思想运动的建构性与反思性、规定性与批判性、渐进性与飞跃性的辩证统一。理论思维的想象力，就在于不仅能合乎逻辑地思想，而且能批判地反思已有的思想，不断地实现思想在逻辑层次上的跃迁和升华，赋予思想以新的思想内涵、时代内涵和文明内涵，为学术研究提出具有创造性的理论问题和理论成果，从而为人类认识的拓展和深化不断地提供新的阶梯和支撑点。

4.学术体系与理论思维的思辨力

学术体系是由一系列的学术命题及其相互规定所构成的逻辑化的命题系统。真正的逻辑化的命题系统，必须超越黑格尔所指斥的“散漫的整体性”，而实现黑格尔所指认的“全体的自由性”与“环节的必然性”的统一，也就是构成概念深化发展的逻辑化的命题系统，形成马克思的《资本论》所示范的“完整的艺术品”。构建作为“完整的艺术品”的学术体系，就要不断提升理论思维的思辨力。

思辨力，就是辨析思想或思想辨析的能力。学术研究中理论思维的思辨力，集中地体现在四个方面：一是以理论思维揭示概念、范畴、命题的思想内涵、时代内涵和文明内涵的思辨力，二是以基本理念和解释原则构建概念相互规定的概念框架和思想平台的思辨力，三是以理论思维对学术思想、学术观点、学术命题进行逻辑分析、语言分析、心理分析、社会分析的思辨力，四是以理论思维构建由理性抽象到理性具体的概念深化发展的命题系统的思辨力。构建学术体系的理论思维的思辨力，就是既把“全体的自由性”诉诸“环节的必然性”，又以“环节的必然性”展示“全体的自由性”，从而用“许多规定的综合”和“多样性的统一”的理性具体构成作为“完整的艺术品”的学术体系。

学术研究中的理论思维的思辨力，不是一般意义的辨析思想的能力，而是辨析学术思想、学术观点、学术命题的思辨力，并集中地体现为揭示概念、范畴、命题的三重内涵——思想内涵、时代内涵、文明内涵——的思辨力。例如，恩格斯关于哲学的最为重要的学术命题，莫过于关于“全部哲学，特别是近代哲学的重大的基本问题，是思维和存在的关系问题”这个学术命题。以这个学术命题作为基本理念和解释原则构建哲学体系，首先必须辨析这个命题本身的思想内涵、时代内涵和文明内涵：

其一，究竟何谓“思维和存在的关系问题”？能否把思维和存在的“关系问题”混同为“思维和存在”的问题？能否把思维和存在的“关系问题”归结为思维和存在“如何统一”的问题？能否把“思维和存在的关系问题”等同于“精神和物质的关系问题”？

其二，“思维和存在的关系问题”作为哲学的“重大的基本问题”的真实内涵和真实意义究竟是什么？“思维和存在的关系问题”为什么是哲学的“重大的基本问题”而不只是哲学中的“一个重大问题”？以“思维和存在的关系问题”作为哲学的“重大的基本问题”，如何理解和阐释“全部哲学”的理论性质、活动方式和社会功能？以“思维和存在的关系问题”作为哲学的“重大的基本问题”，如何构建由这个“重大的基本问题”所形成的逻辑化的命题系统和哲学体系？

其三，怎样理解“思维和存在的关系问题”，“特别是近代哲学的重大的基本问题”？近代哲学如何十分清楚地提出这个“重大的基本问题”并使之获得了“完全的意义”？能否把“思维和存在的关系问题”仅仅归结为西方近代哲学“认识论转向”的“重大的基本问题”？“思维和存在的关系问题”到底是“全部哲学”还是西方“近代哲学”的“重大的基本问题”？

其四，“现代哲学”的“重大的基本问题”是否仍然是“思维和存在的关系问题”？马克思主义哲学是否以“思维和存在的关系问题”作为自己的“重大的基本问题”？马克思主义哲学赋予“思维和存在的关系问题”以怎样的思想内涵、时代内涵和文明内涵？如何以“思维和存在的关系问题”作为“重大的基本问题”坚持和发展马克思主义哲学？上述问题表明，只有以理论思维的思辨力深切地进行思想辨析，回应和回答上述理论问题，才能厘清“思维和存在的关系问题”的真实内涵和真实意义，才能深化对哲学的“重大的基本问题”的理解和阐释，进而阐释和论证构成哲学，特别是构成马克思主义哲学学术体系的基本理念和解释原则，从而使之真正成为构建哲学学术体系的“普照光”。

作为总体性的学术思想的理论结晶，构建学术体系的基本理念和解释原则，是统摄和照亮整个体系的“普照光”，也就是黑格尔所说的“全体的自由性”。这个作为“普照光”的“全体的自由性”，只有诉诸“环节的必然性”，才能成为由一系列学术命题及其相互规定所构成的逻辑化的命题系统，才能达到“许多规定的综合”和“多样性的统一”的理性具体。理论思维的思辨力，最主要地就体现在把“全体的自由性”诉诸“环节的必然性”。例如，高清海先生以“哲学是理论形态的人类自我意识”为基本理念和解释原则所创建的“类哲学”的学术体系，就是以这个根本性的学术命题为“普照光”，以“人是哲学的奥秘”这个学术命题为逻辑支点，以“人对世界的否定性统一”这个学术命题作为阐释人与世界关系的实践观点的思维方式，以“人的‘种生命’与‘类生命’的‘双重生命’”这个学术命题作为阐释“现实的人及其历史发展”的实质性内容，以“人的类意识觉醒”这个学术命题作为哲学的价值诉求和人类的未来指向，以“中华民族的未来发展需要有自己的哲学理论”作为中国哲学家的使命与担当所构成的“全体的自由性”与“环节的必然性”相统一的“类哲学”学术体系。

5. 学术经典与理论思维的思想力

学术经典是具有学术史、思想史、文明史意义的学术著作。作为学术经典的学术著作，不仅具有引领学科发展的学术史意义，而且具有跨越学科界限的思想史意义，并且具有超越学界范畴的文明史意义。习近平在哲学社会科学工作座谈会上的讲话中提出：“人类社会每一次重大跃进，人类文明每一次重大发展，都离不开哲学社会科学的知识变革和思想先导。”照亮人类文明的思想力，是学术经典的“活的灵魂”。

任何一部有价值的学术著作，都是自己时代的产物，都具有特定的思想内涵、时代内涵和文明内涵。一部有价值的学术著作之所以成为影响深远、经久不衰、彪炳史册的学术经典，首先就在于其“立时代之潮头、通古今之变化、发思想之先声”，赋予时代性的重大理论问题以新的思想内涵、时代内涵和文明内涵，不仅构建了“思想中所把握到的时代”，而且塑造和引领了新的时代精神。

学术经典的思想力，集中地体现在它所实现的“术语的革命”。这正如恩格斯在《资本论》英文版序言中所说：“一门科学提出的每一种新见解都包含这门科学的术语的革命。”对此，恩格斯还具体地指出：“不言而喻，把现代资本主义生产只看做是人类经济史上一个暂时阶段的理论所使用的术语，和把这种生产形式看做是永恒的、最终的阶段的那些作者所惯用的术语，必然是不同的。”正是“不同”的“术语”所具有的“不同”的思想内涵、时代内涵和文明内涵，彰显了马克思的理论思维的巨大的思想力，凸显了马克思的《资本论》与其所批判的“政治经济学”的原则性、本质性的“不同”。《资本论》之所以能够从根本上变革资产阶级政治经济学把资本主义生产方式“看做是永恒的、最终的阶段”的“术语”，并创造性地形成“把现代资本主义生产只看做是人类经济史上一个暂时阶段的理论”所使用的“术语”，从根本上说，就在于马克思以唯物辩证法的理论思维，从人的“现实生活过程”出发，不仅把“人和人的关系”诉诸“物和物的关系”，而且创造性地从“物和物的关系”揭示“人和人的关系”，深刻地阐述了“商品”“劳动”“货币”“资本”等一系列概念、范畴的二重性，赋予这些概念、范畴以革命性的新的思想内涵，实现了具有学术史、思想史、文明史意义的“术语的革命”。

资本主义的《资本论》，并非仅仅揭示了资本主义的发展规律，而且通过揭示“一个复杂的社会形式”即资本主义的社会形式，实现了对全部人类生活形式即历史过程的揭示。这表明，《资本论》不仅是关于“资本”的“资本论”，而且是关于“人类历史”的“历史唯物论”，即马克思主义的历史唯物主义。这就是《资本论》的范畴文明的“大写的逻辑”。这个“大写的逻辑”，以其巨大的理论思维的思想力，成为彪炳史册的学术经典，成为照亮人类文明和人类未来的活的灵魂。

（八）

“哲学心语”：我对“哲学”的理解

在四十余年的哲学研究中，我逐步地形成了对哲学的较为系统的理解和阐释，并形成了一些“格言”式的表述。

1.“何谓哲学”与“哲学何为”

·哲学是以时代性内容、民族性形式、个体性风格求索人类性问题。

·哲学是哲学家以人类的名义讲述个人的故事，又是哲学家以个人的名义讲述人类的故事。

·哲学探究的是人生在世的“大问题”，构建的是范畴文明的“大逻辑”，提供的是睿智通达的“大智慧”，传承的是启迪思想的“大手笔”。

·哲学是理论形态的人类自我意识，是时代性的理论形态的人类自我意识，是对时代性的理论形态的人类自我意识的前提批判。

·哲学既不是“表述”客观规律，也不是“表达”主观意愿，而是“表征”时代精神。

·哲学的反思，不是一般意义的“对思想的思想”，而是特殊意义的“对思想的前提批判”。

·哲学是“历史性的思想”，哲学史是“思想性的历史”，“历史性的思想”生成于“思想性的历史”之中。

·哲学作为“历史性的思想”，不是枯燥的条文、现成的结论和空洞的说教，而是反思的智慧、批判的智慧和创新的智慧。

·哲学要激发而不是抑制人们的想象力、批判力和创造力，要冲击而不是强化人类思维中的惰性、保守性和凝固性，要推进而不是遏制人们的主体意识、反思态度和批判精神。

·哲学不仅反映和表达时代精神，而且塑造和引导新的时代精神。哲学是文明的活的灵魂。

2.“哲学理念”与“哲学真理”

·哲学的“世界观”，不是“关于整个世界的根本观点”，而是“人生在世”和“人在途中”的“人的目光”。

·哲学的“本体”，不是世界的“本原”，也不是人类的“本性”，而是规范人的全部思想和行为的根据和标准。

·哲学的“真理”，既不是常识的“表象之真”，也不是科学的“本质之真”，而是“关于时代的真理”。

·哲学的“关于时代的真理”，既不是“绝对之绝对”，也不是“绝对之相对”，而是“相对之绝对”。

·哲学不是孤立的“存在论”，也不是孤立的“真理论”或孤立的“价值论”，而是存在论、真理论、价值论的三者统一，是关于真善美的“社会自我意识”。

·哲学的“形而上学”，经历了由“不知其不可而为之”的“形而上学的恐怖”，到“知其不可而不为之”的“形而上学的退场”，再到“知其不可而必为之”的“形而上学的追求”。

·哲学的“形而上学”，“表征”了人的存在方式的历史性变革，即从“人对人的依附性”，到“人对物的依赖性”，再到“自由人的联合体”的历史性变革。

·哲学的“形而上学”，“表征”了时代精神的历史性变革，即从“确立人在神圣形象中的自我异化”，到“消解人在神圣形象中的自我异化”，再到“消解人在非神圣形象中的自我异化”的历史性变革。

·哲学的“形而上学”，“表征”了人的现实自我意识的历史性变革，即从“没有选择的标准的本质主义的肆虐”，到“没有标准的选择的存在主义的焦虑”，再到“多元选择中寻求共识的现实主义的理想性追求”。

·哲学的历史，是“形而上学”的历险史，是“知其不可而为之”的探险史，是人类文明的思想史。

3.怎样“学习哲学”与“研究哲学”

·学习哲学，是训练理性思维、提高理论思维的过程，也是自觉转识成智、提升人生境界的过程，因而是“使人作为人而成为人”的过程。

·学习哲学，是把“学说”“学术”内化为“学养”的过程，也就是把“关于时代的真理”内化为“现实自我意识”的过程。

·学习哲学，需要“高举远慕的心态、慎思明辨的理性、体会真切的情感、执着专注的意志、洒脱通达的境界”。

·学习哲学，需要“平常心而异常思，美其道而慎其行”。

·学习哲学，需要“乐于每日学习，志在终生探索”。

·研究哲学，既要以文献积累而“得道于心”，又要以思想积累而“发明于心”，更要以生活积累而“活化于心”。

·研究哲学，要有“抑制不住的渴望、滴水穿石的积累、举重若轻的洞见和剥茧抽丝的论证”。

·研究哲学，需要捕捉、发现和提出问题的理论洞察力，总结、凝练和升华问题的理论概括力，分析、阐释和论证问题的理论思辨力，表征、塑造和引领文明的理论思想力。

·研究哲学，需要时代精神主题化、现实存在间距化、流行观念陌生化、基本理念概念化。

·研究哲学，既要“揭示”哲学概念、哲学范畴、哲学命题的思想内涵、时代内涵和文明内涵，更要“赋予”哲学概念、哲学范畴、哲学命题新的思想内涵、时代内涵和文明内涵，实现哲学的“术语的革命”。

·哲学创造，从根本上说，就是哲学家从新的视角、以新的方式、用新的综合为人类展现新的世界，提示新的理想。因此，哲学创造内含着以否定性的思维去对待人类的现实，揭示现实所蕴含的多种可能性；在现实与理论多种可能性的某种交错点上，揭示人与世界之间的新的意义，提示可供人们反省和选择的新的理想。任何一种真正的哲学，都为人们展现了新的世界和新的理想。

·独特的生命历程和独特的生命体验与独特的理论资源和独特的理论想象，造就独特的哲学和独特的哲学家。

·塑造新的“生命意义”，引领新的“时代精神”，创造新的“人类文明”，这就是哲学在人类“全部社会生活”中不可或缺和不可替代的意义之所在。

四、把“学说”和“学术”变为“学养”

（一）

从《现代教养》到《超越意识》

哲学不仅是一种“学术”，也不仅是各种“学说”，而且是以学术培养品质，以真理指导行为，从而使人作为人而成为人的“学养”。把哲学的“学说”和“学术”变为“学养”，从而使人“转识成智”，这是我的一项重要的哲学工作。

在我看来，对哲学的追问，并不是一种超然世外的抽象的精神活动，而是一种面向事情本身的现实的思想活动。哲学的基本问题即思维和存在的关系问题，在其现实性上，就是人与世界的关系问题，就是“人生在世”的问题。哲学的反思，是从人的存在方式出发去反思人与世界的关系，去寻求解释人与世界关系的各种“前提”：人如何构成同世界的主客体关系？人为何能把世界视为现象与本质的矛盾关系？人依据什么来改变世界？人根据什么来规范自己的思想与行为？人类所追求的真、善、美的根据、标准和尺度是什么？这种关于“人生在世”的“前提批判”，使我把哲学的目光聚焦于对真、善、美的求索。这种反思和求索的产物，首先就是我在1995年撰写的《现代教养》。

1995年春，吉林教育出版社的一位编辑约我写一本书，并明确地告诉我“写什么都行”。于是，我想到了对人生的“前提批判”，具体地说，就是对现代人的真、善、美的哲学反思。我在夫人李璐玮的协助下，仅仅用了半年时间，就完成了《现代教养》

这本书。但是这本书所包含的人生感悟，却远非一朝一夕形成的。从20世纪80年代从事哲学的教学与研究工作以来，我个人始终萦绕于怀的，一是对哲学本身的追问，二是由这种追问所形成的对人生的感悟和理解，并有志于把这种感悟和理解以雅俗共赏的方式讲述给人们，尤其是青年大学生们。

《现代教养》这本书集中地讲述了现代人的真、善、美，并相应地分为上篇"两极的消解：现代思维方式"、中篇"必要的张力：现代价值观念"、下篇"发现的渴望：现代审美意识"。上篇讲了现代人的求真意识、理论意识、创新意识、批判意识和主体意识，中篇讲了选择的困惑、生命的价值、多彩的世界和主体的力量，下篇讲了人类之美、真情之美、崇高之美、逻辑之美和自然之美。

由于《现代教养》这本书是以散文的风格写作的，把我对人生的感悟和理解，展现在对真、善、美的哲学阐释之中，因而引起了青年人，特别是青年大学生的共鸣。几个月的时间，这本关于人的现代教养的哲学书就销售一空了。但是我深知，对于一个长期以来习惯于哲学思辨的人来说，写好这样一本书，其实是勉为其难的。因此，在那本书的后记中，我老老实实地写下了自己的体会：

写好"现代教养"，大概需要三个东西：思想、知识和语言。

先说"思想"。这样的一本书，即使做不到"发人深省"，总要使人"受到启发"，这就需要"深沉"。而"深沉"是"玩"不出来的，这就需要长时期的"面向现实""面向本文"

“面向自我”的思想积累与升华。于是在写作中常常感到思想的贫乏。

再说“知识”。思想不够的时候还可以边想边写、边写边想；知识不够的时候，边写边“找”，边“找”边写，勉强凑上，也像是往新衣服上打补丁。于是感到“书到用时方恨少”。

再说“语言”。一本谈“教养”的书，语言总该生动一些，优美一些，使人增添一些语言方面的“教养”。但语言这东西却只能是水到渠成，如有意为之，反而做作了。于是慨叹于“言之无文，行而不远”。

既然是写“现代”教养，思想、知识和语言，当然都应该具有“现代性”。但是按照我们的理解，“现代”并不是历史的断裂。黑格尔曾经形象地把哲学的历史比喻为花朵否定花蕾、果实又否定花朵的自我“扬弃”的过程。人类的历史，人类的教养，也是如此。所以我们在写作此书的过程中，既力求其具有真切的“现代性”，又具有深厚的“历史感”。

2000年，我在清华大学做特聘教授期间，应吉林教育出版社之约，又写了《超越意识》一书。在这本书中，我首先提出一个命题：人是世界上最奇异的存在——超越性的存在。

世界就是自然。它自然而然地存在，存在得自然而然。然而从自然中生成的人类，却要认识自然、改造自然，把自然而然的世界变成“人化了的自然”，即“属人的世界”。为了让世界满足自己的需要，人类从这个自然而然的世界中去探索“真”（为何如此）、去寻求“善”（应当怎样）、去实现“美”（自在与自为的统一），把这个自然而然的世界变成对人来说是真、善、美的世界。“同天人”“合内外”“穷理尽性”“万物皆备于我”，这不正是人类对自然而然的世界的超越吗？

人生亦为自然。“人之生，气之聚也，聚则为生，散则为死”，生生死死，自然而然。然而本为自然的人类，却要认识人生、改造人生，把人的自然的生存变成创造“属人的世界”的生活。人类在对人生的认识与改造中，去寻求意义（为何生存）、去追求价值（怎样生活）、去争取自由（实现人生的意义和价值），把人类社会变成人类所憧憬的理想的现实。人生的困惑与奋争，理想的冲突与搏斗，社会的动荡与变革，历史的迂回与前进，绘制出人类自己创造自己、自己发展自己的色彩斑斓的画卷，这不正是人类对自然而然的人的生命活动的超越吗？

人类超越了自然而然的世界，超越了自然而然的生命，于是人类成为万物之灵——超越性的存在。

人类作为万物之灵，是有意识的存在。人不仅具有把世界当作自己的对象的“对象意识”，而且还有关于自己的感觉和知觉、欲望和目的、情感和意志、思想和理想的“自我意识”。在这种“自我意识”中，人类能够觉其所觉、知其所知、想其所想、行其所行，因而人类又能够超越自己狭隘的、有限的存在，在自己的意识世界中为自己创造无限广阔、无限丰富、无限发展的世界，给自己构成理想性的、真善美相统一的“世界”，这就是人的“超越意识”。人的意识是“超越”的，因此我又以“人无法忍受”为出发点，提出如下的想法：人无法忍受“单一的颜色”“凝固的时空”“存在的空虚”“自我的失落”和“彻底的空白”。

人无法忍受“单一的颜色”。

人类生活的世界，赤橙黄绿青蓝紫，是一个色彩缤纷的世界。如果只有一种颜色，哪怕是最艳丽的鲜红、最纯洁的雪白、最诱人的碧绿，都是人的眼睛无法接受的，更是人的心灵无法忍受的。人的心灵同人的眼睛一样，需要五颜六色。马克思说，在太阳的辉耀下，每一颗露珠都会闪烁出五颜六色的光芒，为什么人的精神却只能有一种颜色即“灰色”?

人类的意识有“联想”和“想象”，有“思想”和“理想”，有“灵感”和“直觉”；人类意识以自己的“联想”“想象”“思想”“理想”“灵感”和“直觉”，创造了人的文化的世界——神话的世界、宗教的世界、常识的世界、艺术的世界、伦理的世界、科学的世界和哲学的世界。人的世界，是人类意识创造的五彩缤纷的世界；人的意识，是把世界创造得五彩缤纷的超越性的意识。人的意识创造了色彩斑斓的精神的世界和文化的世界，人的意识又如何能够忍受“单一的颜色”?

人不能没有“联想”。“人类失去联想，世界将会怎样?”人不能没有“思想”。失去思想的躯壳，岂不成了天地间最为软弱的苇草?人不能没有“理想”。不把现实变成理想的现实，哪里来的人的历史与发展?人的“联想”“思想”和“理想”，把人的世界变成色彩缤纷的世界，人的意识又如何能够忍受“单一的颜色”?

人无法忍受“单一的颜色”，因而人无法忍受“凝固的时空”。

人的色彩缤纷的世界，是在人的创造性活动中生成的世界，又是在人的创造性活动中千变万化的世界。千变万化才有五彩缤纷。“太阳每天都是新的”，是因为人的心灵的创造每天都是新的。马克思提出，时间是人类存在的空间。人类以自己的创造性的活动过程（时间）来创造“属人的世界”（空间），人的世界（空间）

才成为色彩缤纷的世界；离开人类创造性的活动过程（时间），世界（空间）就只能是一个“每天都是旧的”即“单一的颜色”的世界。“半亩方塘一鉴开，天光云影共徘徊；问渠那得清如许？为有源头活水来。”因此，人无法忍受“凝固的时空”。

人无法忍受“凝固的时空”，因而人无法忍受“存在的空虚”。

人的存在是追求生命价值和生活意义的存在，人类的历史是追求自己的目的的人的活动过程，因而对人来说，无价值的生命和无意义的生活，是人的“存在的空虚”。时间成为人的存在的空间，现实的人总是不满足于人的现实，总是要使现实变成对人来说更有价值、更有意义的理想的现实。试想一下，人类世世代代的科学探索、技术发明、政治变革、艺术创新、工艺改造、观念更新……不正是现实的人对人的现实的超越吗？不正是人把“时间”作为“空间”而实现的人的自我超越吗？人的生活是创造的过程，也就是“异想天开”“离经叛道”“无中生有”“改天换地”的过程。人在现实中生活，人又在理想中生活；现实规范着理想，理想引导着现实；现实使理想获得“存在的根基”，理想则使现实超越“存在的空虚”。对于人类来说，只有追求生命的价值与生活的意义才是人的存在。因此，人无法忍受“存在的空虚”，人要“超越”现实的存在而创造理想性的存在。

人无法忍受“存在的空虚”，因而人无法忍受“自我的失落”。

人类通过劳动而自我创造、自我生成为认识世界和改造世界的主体，从而把“整个世界”（包括人自身）都变成认识和改造的对象即客体。这就是人与世界之间的主客体关系。马克思说：“凡是有某种关系存在的地方，这种关系都是为我而存在的；动物不对什么东西发生‘关系’，而且根本没有‘关系’；对于动物说来，它对他物的关系不是作为关系而存在的。”人作为“我”而存在，既形成了“我”与“世界”之间的主客体关系，又形成了“我”与“他人”之间的主体间的关系。在人类自己创造的人类社会中，人作为“类”而构成认识与改造世界的“大我”，人作为个体则成为独立存在的“小我”。因此，每个人便同时具有两种关于“我”的自我意识：其一，人类是“我”，个体只是人类“我”的类分子，个体只能作为类而存在；其二，个体是“我”，其他的存在（包括他人）都是“非我”，“我”只是作为个人而存在。这种人类“大我”与个体“小我”的矛盾，既要求“小我”不断地超越自我而融汇于“大我”之中，又要求“大我”以整体的进步而实现每个“小我”的发展。人无法忍受双重的“自我的失落”：既无法忍受“小我”的失落，更无法忍受“大我”的失落。

人无法忍受双重的“自我的失落”，因而人无法忍受“彻底的空白”。

每个“小我”的个体生命的存在都是短暂的、有限的，死亡，是人这种生命个体自觉到的归宿。死亡，消解了欢乐，也消解了苦难，消解了肉体，也消解了灵魂。死亡是彻底的空白。这种连灵魂都不复存在的空白是人所无法忍受的。面对死亡这个最严峻的、不可逃避的、却又是人所自觉到的归宿，人总是力图超越个体生命的短暂与有限，而获得某种方式的“永生”：人应当怎样生活才能使短暂的生命获得最大的意义和最高的价值？生命的永恒在于声名的万古流芳或灵魂在天国的安宁，还是在于以某种形式把个体的“小我”融汇于人类的“大我”之中？

哲人培根说，人的“复仇之心胜过死亡，爱恋之心蔑视死亡，荣誉之心希冀死亡，忧伤之心奔赴死亡，恐怖之心凝神于死亡”。

这就是人的心灵对死亡的超越。而在人类的历史上，饮鸩的苏格拉底、自沉汨罗的屈原、浴盆中的马拉、断头台上的谭嗣同、绞刑架下的伏契克、安乐椅上的马克思，这些伟人之死则为人的生命定格了最为辉煌的一幕。人的生命面对着死亡，人又以自己的生命的追求超越死亡，生与死的撞击燃烧起熊熊的生命之火，这不正是人的生命的自我超越吗？

人无法忍受“单一的颜色”和“凝固的时空”，人无法忍受“存在的空虚”和“自我的失落”，人更无法忍受连灵魂都不复存在的“彻底的空白”，因而人以自己的超越性的生命活动去实现人生的自我超越。西方人文学者马斯洛曾提出人的“层次需要”理论：从最低层次的“生存的需要”，到“安全的需要”“归属的需要”“尊重的需要”“审美的需要”，直至最高层次的“自我实现的需要”，既构成了人的多层次的需要，又实现了层次需要的自我超越。中国哲学家冯友兰则提出人生的四种境界：人作为超越自然的存在而自觉地使自然界满足自己生存的需要，这是最低层次的自然境界；意识到人的主体地位而追求个人目的的实现，这是较低层次的功利境界；自觉到人作为类而存在，并努力使“小我”融汇于“大我”之中，这是较高层次的道德境界；超越道德境界而自觉地达到人与自然的统一，才是最高层次的天地境界。

人类超越了自然，又在自身的发展中力图使自己在高级的层次上返归于自然，在弘扬主体与反省主体的高度和谐中实现个人与社会、社会与自然的统一，这就是现代人类所自觉到的“人类意识”“全球意识”，也就是现代人类的“超越意识”。人类心灵的创造是永无止境的，人类心灵创造的世界是日新月异的，人类的超越意识引导人类不断地实现自我超越。正是基于这样的认识，我在《超越意识》这部小书中，分别讲述了人的生活世界、人的精神世界、人的文化世界、人的意义世界和现代人的生活世界。“属人的世界”，构成这本小书的主要内容。

（二）

从《哲学修养十五讲》到《马克思主义哲学智慧》

2004年，应北京大学出版社之约，我又为“名家通识讲座”系列丛书撰写了《哲学修养十五讲》。按照出版社的要求，这本书保留了课堂讲授的口语化特点，分别讲述了我认为的哲学最重要的十五个问题：哲学与爱智、熟知与真知、人与世界、生存与生活、主体与客体、感性与理性、小我与大我、理想与现实、标准与选择、历史与文化、思维与存在、思想与反思、存在与本体、存在与表征、理念与境界。2007年，台湾五南图书出版公司又以《哲学修养的十五堂课》为题重版发行此书。

写这本书的出发点，主要是基于我的这样一个想法：一个现代公民，一个有教养的现代人，需要有多方面的修养，其中非常重要的是具有时代内涵的哲学修养。

这本书首先讨论了如何理解哲学。对此，我提出一个基本的看法，叫作“一纵、二横”。“一纵”是什么意思呢？就是你真要追问哲学，就要诉诸整个人类的认识史，诉诸哲学的发展史，知道古往今来的哲学家都是怎么理解哲学的。我特别欣赏恩格斯讲的一句话，他说，什么叫哲学？哲学就是“一种建立在通晓思维的历史和成就的基础上的理论思维”。所以，直接地看，哲学是对自明性的分析，似乎很简单；但是它真正的困难之处在于，它离不开哲学史，它必须以“建立在通晓思维的历史和成就的基础上的理论思维”去反思“自明性”的东西。所以什么叫哲学？哲学是一种历史性的思想，而哲学史是一种思想性的历史。哲学和哲学史是密不可分的。

那么什么是“二横”呢？第一个“横”，就是人类把握世界的各种基本方式之间的关系，也就是从哲学与宗教、艺术、科学等的关系中去追问哲学到底是什么；第二个“横”，是当代哲学对哲学的多姿多彩的理解，从各种哲学观的比较中去理解哲学究竟是什么。第一个“横”的关系，是哲学与宗教、艺术、科学等的关系。马克思把宗教、艺术、科学和哲学称作“人类把握世界的基本方式”。我在《哲学通论》《哲学导论》这两本书中都集中地讨论了哲学与常识的关系、哲学与宗教的关系、哲学与艺术的关系，特别是哲学与科学的关系。怎么理解哲学？必须从这些关系当中去理解。哲学同艺术，区别在什么地方？哲学同宗教，区别在什么地方？哲学同科学，区别在什么地方？只有把这些关系搞清楚了，才能够理解什么是哲学。这是我说的第一个“横”。

那么第二个“横”呢？就是当代的哲学家都怎样来理解哲学？我在《哲学通论》这本书里边，把它概括为八种哲学观。一是“普遍规律说”的哲学观，就是把哲学解释为“关于整个世界的普遍规律”的学说，这是大家最熟悉的一种通行的哲学观。改革开放以来，当代中国又出现了“认识论的哲学观”，就是从“思维与存在”“主观与客观”“主体与客体”的关系去理解哲学，把哲学解释成关于人如何认识世界的学问。现代西方哲学，一个叫作“语言分析的哲学观”，一个叫作“存在意义的哲学观”，这是同现代哲学的所谓的“语言转向”和“生存论转向”密不可分的。我们中国传统哲学，可以叫作“精神境界说的哲学观”，就是把哲学视为提升人的精神境界的学问，这在当代中国得到了新的阐释与发挥。当代西方哲学，又出现了“文化批判的哲学观”和“文化对话的哲学观”。这些哲学观是同所谓的“后现代主义”思潮密切相关的。我们把马克思的哲学叫作“实践论的哲学观”，就是从人的实践活动的存在方式出发去理解人与世界的关系、去理解作为世界观理论的哲学。

要真正理解哲学，就必须在哲学史的这个纵向的发展中，在人类把握世界的多种方式的横向比较中，在当代哲学给我们提供的各种各样的哲学观的横向比较中，才能够理解什么是哲学。

这种追问不是抽象的，而是要诉诸具体的内容。所以我下边要来谈第二个方面，哲学追问的主要内容。在《哲学通论》里，我主要讲七个问题：第一个问题是哲学的自我理解，也就是追问究竟什么是哲学。第二个问题讲哲学的思维方式。哲学同宗教、艺术、伦理、常识、科学的区别在什么地方？在于它是人类的一种特殊的思维方式。我们经常挂在嘴边的一个名词叫作“反思”，那么哲学的反思并不是一般意义上的再三思考、反复思考，它是思维把“思维和存在的关系”当作了“问题”，也就是说，思想以自身为对象，反过来而思之。这就是哲学的思维方式。哲学不是离开生活的，所以我讲的第三个问题是哲学的生活基础。我有一个说法，哲学是理论形态的人类关于自身存在的自我意识。这句话听起来不是很好理解，但是想说明的就是，哲学是对于人自身存在的一种思考，或者说是一种反思。第四个问题，我讲哲学研究的主要问题，就是哲学究竟研究什么？我把哲学研究的问题概括为五个字，叫作“在”“真”“善”“美”“人”。哲学研究的最重要的问题为什么是“本体论”呢？本体论就是研究“在”，存在的在。在这个基础之上，它研究什么是真、什么是善、什么是美，特别是它要思考究竟人是什么？只有理解了人自己，才能够理解什么是哲学。第五个问题，哲学的派别冲突。这个问题大家经常挂在嘴边，唯物主义和唯心主义、辩证法和形而上学，还有经验论和唯理论、科学主义和人本主义，如此等等。哲学，它自身的发展形式，是哲学的派别冲突。它只有在哲学的派别冲突当中，才实现了哲学自身的发展。第六个问题是哲学的历史演进。前边我说了，对于哲学的理解要“一纵、二横”，这就是一“纵”，即要理解哲学自身的发展，才能够理解究竟什么是哲学。我常愿意说一句话——什么是哲学呢？哲学是“以时代性的内容，民族性的形式和个体性的风格去求索人类性的问题”。哲学要研究的都是人类性的问题。但是它总具有自己特殊的时代性的内容。而正是在哲学自身的历史发展过程当中，我们对于哲学的理解就不一样了。学习哲学史就会知道，我们把近代哲学叫作“认识论转向”，而把现代哲学叫作“语言转向”和“实践转向”。当代哲学有一个非常时髦的说法，叫作“后现代主义”，这是哲学的新的发展。在哲学的发展过程当中，人们不断地深化了对哲学自身的理解。最后，第七个问题，我讲哲学的修养与创造，就是究竟我们怎样才能学好哲学。对此，我主要讲了三个内容，叫作“面向本文与悬置本文”“面向现实与拉开间距”“面向自我与超越自我”。这就是我在《哲学通论》中讲的主要内容。

在我们的这个关于哲学修养的系列讲座中，主要不是对哲学本身的追问，而是以对哲学的追问为前提，集中地和大家一起探讨一些哲学最为关切的关系问题：一是“人与世界”的关系，二是“生存与生活”的关系，三是“主体与客体”的关系，四是“感性与理性”的关系，五是“小我与大我的关系”，六是“历史与文化”的关系，七是“理想与现实”的关系，八是“标准与选择”的关系。这些“关系”都是通过对“人”的存在的反思而把握到的，从而真正在哲学的层面上理解哲学的世界观、历史观和人生观。在这个基础上，我们再展开对“存在”的反思，和大家一起探讨“思维与存在”“思想与反思”“存在与本体”“本体与表征”“理念与境界”的关系，从而以哲学所探寻的“存在”概念为核心，达到对哲学的本体论、认识论、逻辑学和辩证法的统一的理解。

每门学问的特点是不一样的，我们学习一门学问，一个最基本的出发点，是要按照这门学问的本性来学习。哲学是一个“爱智”的学问，是一个对自明性进行分析的学问。为什么原来大家不太愿意学哲学呢？就因为我们把哲学变成了一些枯燥的条文、现成的结论和空洞的说教了。其实恰好相反。哲学是一种爱智的智慧、批判的智慧、反思的智慧、创新的智慧，它蕴含着丰富的内容。所以我们需要按照哲学的本性来学习。

哲学之难，不在于你掌握它的各种具体的知识，而在于你能不能进入一种真正的哲学思考。我们作为一个正常的普通人，往往是在一种所谓的常识的层面上去理解哲学，或者说把哲学常识化了。按照经验常识去理解哲学，把哲学变成了冠以哲学名词的常识。就是说，说的是一些哲学的词句，其实讲的是一些常识的道理，这样，就把哲学变成了常识的延伸。其实不然，哲学不是常识的延伸，而是对常识的超越，或者说，哲学是对常识的批判。

对于哲学，还有一种理解方式，就是按照科学去理解哲学，认为哲学也应当是一门科学。这就是通常所说的，科学以世界的各个领域为对象，而哲学以整个世界为对象，科学提供关于世界的各种特殊规律，而哲学提供关于整个世界的普遍规律。按照这种理解，科学与哲学就是一种特殊与普遍的关系，哲学就是把具有特殊性的科学概念、范畴、定理提升为具有普遍性的哲学概念、范畴和定理。这样，就把哲学当成是科学的延伸，也就是把哲学当成具有最大普遍性和最大普适性的科学，从而取消了哲学与科学的区别，混淆了哲学与科学的关系。其实，哲学与科学是人类把握世界的两种不同的基本方式，它们之间不是特殊与普遍的关系。作为人类把握世界的两种基本方式，科学是以整个世界为对象，从而形成关于整个世界的科学思想，而哲学是以科学所提供的关于整个世界的思想为对象，形成理解和协调人与世界关系的世界观理论。所以哲学不是科学的延伸，而是对科学的反思，或者说是对科学的超越。

大家这样一想，我们走进哲学，就很艰难了！哲学不是常识，我们不能按照一般的经验常识去理解哲学；哲学又不是科学，我们不能按照一种科学的思维去理解哲学；那么究竟我们应该怎样去理解哲学呢？我们经常说，哲学是一种智慧，但哲学又不是一般的智慧，所以我就从哲学智慧入手，和大家谈谈怎样走进哲学，并由此形成了《哲学修养十五讲》这本书。

讲解哲学智慧，最重要的是讲解马克思主义的哲学智慧。2015年，应现代出版社之约，我撰写了《马克思主义哲学智慧》

这本书。

自1982年任教以来，我在研究和讲授马克思主义哲学的过程中，有一种越来越强烈的感动、震动和激动：被马克思的伟大人格和崇高理想所感动，被马克思主义哲学所具有的当代性所震动，让马克思主义哲学成为每个人的人生信念而激动。把马克思的“学说”和“学术”变为每个人的“学养”，让马克思主义哲学智慧成为人们的理想信念的理论支撑，是当代中国马克思主义哲学工作者的使命和责任。在这种感动、震动和激动中，我撰写和发表了一系列关于马克思主义哲学的论文，并以此为基础形成了《马克思主义哲学智慧》这本书。

这本书以马克思的哲学革命为总体线索，以“激发思想活力、启迪哲理智慧、滋养浩然正气”为主要目的，系统地阐述了马克思主义的哲学智慧。全书分为八章：第一章阐述了马克思的世界观变革，论证了马克思主义哲学的解放旨趣和道路；第二章阐述了马克思《资本论》的“资本批判”，论证了《资本论》的哲学智慧；第三章阐述了马克思主义的唯物史观，论证了历史唯物主义的哲学智慧；第四章阐述了马克思主义的辩证法，论证了唯物辩证法的哲学智慧；第五章阐述了马克思主义的认识论，论证了能动反映论的哲学智慧；第六章阐述了马克思主义的哲学观，论证了塑造和引导时代精神的哲学智慧；第七章阐述了当代中国的马克思主义哲学研究，论证了中国学者总结和概括的马克思主义哲学智慧；第八章阐述了马克思主义哲学大众化，论证了作为“学说”“学术”和“学养”的马克思主义哲学智慧。

在这本书中，我具体地讨论了作为“学说”“学术”“学养”的马克思主义哲学。在我看来，马克思主义作为无产阶级解放全人类的思想武器，它不仅是一种“学说”、一种“学术”，而且必须把这种学说和学术化为人民的“学养”。自改革开放以来，在当代中国的思想解放进程中，马克思主义的存在方式，不仅作为一种“学说”被重新阐扬，作为一种“学术”被切实研究，更是作为一种“学养”被人民接受。因此，作为“学说”“学术”和“学养”相统一的马克思主义，正日益成为亲近我们的彻底说服人的、改变世界的思想武器。

改革开放以前，马克思主义长期以来只是被当作“学说”而存在，并且只是把这个“学说”作为关于“自然、社会和思维发展的普遍规律”的“学说”而存在，至于这个“学说”的旨趣和特质则被淡化了。改革开放以后，马克思主义的旨趣与特质，日益受到人们强烈的关注，并且日益形成一种普遍的共识，这就是：马克思主义的学说是关于人类解放的学说，也就是关于实现人的全面发展的学说；这个学说既是对人的全面发展的价值理想的承诺，又是对人的全面发展的实现过程的揭示，也是对人的全面发展的价值标准的确立。因此，这个学说为人自身的发展提供了永不枯竭的理论资源，并且日益亲近把“发展”作为“硬道理”的当代中国人。

马克思主义的“学说”并不是自明的，它需要一代又一代的马克思主义者对其进行不断的研究和阐发，因此马克思主义的“学说”又是作为人类文明的伟大的“学术”成果而构成后人研究的“学术”对象。曾经有人诘难：“回到马克思”，难道我们“离开马克思”了吗？“重读马克思”，难道我们“误读马克思”了吗？其实，无论“回到”还是“重读”，都凸显了把马克思的“学说”作为“学术”对象来研究的理论自觉态度。特别是改革开放以来，我国的马克思主义“学术”研究真正出现了大发展、大繁荣的可喜局面。马克思主义并不是离开人类文明发展大道的宗派主义，而是人类文明的结晶，作为“一整块钢铁”的马克思主义“学说”是作为人类文明的伟大的“学术”成果而存在的。这具体地表现在马克思主义在各个领域中所形成的独到的见解，也就是在学科意义上所形成的学术成果。因此，马克思主义创新，必须诉诸学科意义上的学术研究，推进和深化马克思主义常说的学术内涵。正是在把马克思主义作为学术对象的“重读”的过程中，我们不仅“回到”了关于人类解放和人的全面发展的马克思主义，而且马克思主义经过切实的学术研究而亲近越来越多的当代中国人。

作为“学说”和“学术”的马克思主义理论，它与人民的亲近，主要是以“学养”的方式实现的。马克思主义从人类解放出发的理论旨趣和思想境界，决定了马克思主义本质上具有一种作为人民“学养”的社会功能。马克思本人就明确地指出：“人民最精致、最珍贵和看不见的精髓都集中在哲学思想里”，因而哲学才成为“时代精神的精华”和“文明的活的灵魂”。但无论旧的教科书还是后来新时期的理论界和学术界，都在某种程度上忽视了马克思的这一教诲，把马克思主义仅仅理解为科学的“学说”和纯粹的“学术”，而淡化回避其作为“学养”的社会功能。实践证明，不能承担“学养”功能的马克思主义，是无法真正成为人民大众改造世界的世界观的。如果把马克思主义当作枯燥的条文、现成的结论和空洞的说教而进行灌输，其结果就会像恩格斯所说的那样，把马克思主义变成“不过是可以用来在缺乏思想和实证知识的时候及时搪塞一下的词汇语录”。改革开放以来，我国马克思主义发展取得的巨大进步就是大力推进理论创新，不断赋予当代中国马克思主义鲜明的实践特色、民族特色、时代特色，把马克思主义“转化为人民的自觉追求”，这实际上正是毛泽东所强调的，“马克思主义必须和我国的具体特点相结合并通过一定的民族形式才能实现。马克思列宁主义的伟大力量，就在于它是和各个国家具体的革命实践相联系的。对于中国共产党来说，就是要学会把马克思列宁主义的理论应用于中国的具体的环境”，“离开中国特点来谈马克思主义，只是抽象的空洞的马克思主义”，因此，“使马克思主义在中国具体化，使之在其每一表现中带着必须有的中国的特性，即是说，按照中国的特点去应用它”，从而才能使马克思主义的思想贴近实际、贴近生活、贴近群众，变成“中国老百姓所喜闻乐见的中国作风和中国气派”。这其实就是努力追求和实现马克思主义的中国化、时代化和大众化。所以改革开放以来中国马克思主义发展的一个重要趋势就是：作为关于人类解放和人的全面发展的学说的马克思主义理论，愈来愈不是仅仅作为一种“学说”和“学术”而存在，而是作为愈益普及的人民“学养”而存在。

我国哲学家贺麟先生曾说：“哲学是一种学养。哲学的探究是一种以学术培养品格，以真理指导行为的努力。”在此意义上，任何一种哲学学理，只有当它成为人的精神生活的真实内容的时候，也就是只有当它成为人们的所思所想和所作所为的“学养”的时候，它才能够真正成为人民的世界观和人生观。作为智慧和“学养”的马克思主义，它是把人的全面发展的哲学理念实现为每个人的自觉追求，以实现其大众化。这样的理论“学养”，这样的哲学智慧，与当代中国人是最为亲近的。

（三）

从《理想信念的理论支撑》到《掌握“看家本领”》

2013年和2021年，应吉林人民出版社之约，我先后撰写了《理想信念的理论支撑》和《掌握“看家本领”》这两本理论读物，这也是把马克思主义的“学说”和“学术”变为人民的“学养”的两本小书。由于这两本小书以“有理”“讲理”的方式回答了人们关切的理论问题，先后获得了中宣部精神文明建设“五个一工程”的优秀作品奖。

撰写《理想信念的理论支撑》，主要是因为现实向我们提出三个必须回答的重大问题：一是我们要不要有坚定的理想信念，二是我们要有什么样的理想信念，三是用什么支撑我们的理想信念。这本书要回答的，就是用什么支撑我们的理想信念。

理想信念不会自发产生，坚定的理想信念必须有理论的支撑。围绕理想信念的理论支撑，这本书主要讲了六个问题，并相应地分为六章：第一章，用理论支撑理想信念，主要是讲理想信念的理论自觉、理论自信和理论支撑；第二章，理想信念与人的精神家园，主要是讲如何以理想信念变革和构筑人的精神家园；第三章，理想信念与人的社会生活，主要是讲人的主体性、社会性和历史性；第四章，理想信念与人的成长方式，主要是讲教育、科学、艺术和文明与人的理想信念；第五章，理想信念与人的价值追求，主要是讲人的价值、人的需要、人的理想、人的信仰和人的解放；第六章，理想信念与“中国梦”，主要是讲理想信念与“中国梦”的关系。

马克思说：“理论只要说服人，就能掌握群众；而理论只要彻底，就能说服人。”理论的自觉，是要建立理论的自信，用理论支撑我们的理想、信念。我把我们的理论自信概括为四句话：我们的理论自信是对马克思主义理论宗旨的信仰，我们的理论自信是对马克思主义基本原理的信服，我们的理论自信是对马克思主义伟大实践的信心，我们的理论自信是对马克思主义转化为人民的自觉追求的信念。理论自信绝不是一个抽象的口号和一句空洞的套话，它有非常丰富的内涵。我从信仰、信服、信心和信念四个方面谈了理论自信。

第一个方面——信仰。我们的理论自信是对马克思主义理论宗旨的信仰。什么是信仰？信仰是人类特有的精神现象和精神状态，是人们关于最高价值的信念，是人们进行价值判断和行为选择的最根本的依据、标准和尺度。毛泽东有一句名言：“领导我们事业的核心力量是中国共产党，指导我们思想的理论基础是马克思列宁主义。”那么究竟什么是马克思主义？马克思和恩格斯在《共产党宣言》里边有这样一句话：“过去的一切运动都是少数人的或者为少数人谋利益的运动，而社会主义的运动是绝大多数人的，是为绝大多数人谋利益的运动。”马克思在论述人的历史形态时，深刻地揭示了人从“人对人的依附性”的存在到“以物的依赖性为基础的人的独立性”的存在，再到以“每个人的自由发展为条件的一切人的自由而全面的发展”，因而把自己的理论定位于关于“人类解放”的理论。因此，非常明确，马克思主义就是关于人类解放的学说，就是为人类谋幸福的理论。

第二个方面——信服。我们的理论自信是对马克思主义基本原理的信服。我们的理论自信源于我们对马克思主义基本原理的信服，就是我们打心眼儿里信服它。没有这样一种信服，就没有真实的理论自信。什么是马克思主义的最基本的道理呢？恩格斯《在马克思墓前的讲话》中说，马克思的一生有两个伟大的发现：一是发现了人类历史的发展规律，二是发现了资本主义的运动规律。人的理想信念的根基，是人类历史的发展规律。只有奠基于历史发展规律的理想信念，才是值得人们追求、得到人们信服的理想信念。人是一种历史的存在。恩格斯曾经说过，他和马克思所创建的这个理论，是“关于现实的人及其历史发展的科学”。因此，马克思主义这种理论，是能够使我们掌握人类历史发展的规律，能够帮助我们确立一种正确的历史观，以及建立在一种正确历史观基础上的正确的人生观和价值观。我们学习马克思主义理论，从根本上说是掌握人类历史发展的规律。

第三个方面——信心。我们的理论自信源于我们对马克思主义伟大实践的信心，源于对中国特色社会主义伟大实践的信心。马克思说：“理论在一个国家的实现程度，取决于这种理论满足这个国家需要的程度。”马克思主义在当代中国的生命力，就在于它满足我们建设中国特色社会主义的需要。回顾改革开放四十多年所走过的历程，我们会对中国特色社会主义的伟大实践树立起更加坚定的信心，会对源于这个伟大实践的中国特色社会主义理论树立起更加坚定的信心。

第四个方面——信念。我们的理论自信是对马克思主义转化为人民的自觉追求的信念。大家关注人的精神家园建设，共同思考理想信念问题，这表明了大家思考人生、思考社会、思考历史，因而要学习理论的要求。马克思主义从根本上说，就是赋予人的生活以理想和信念，对于我们的生活给予一种理论的支撑。我们现在讲社会主义核心价值观，其中的重要问题是发挥社会的价值导向作用，引导人们认同社会主义核心价值观。这个导向的基础在于，个人的价值期待、价值取向和价值认同，是同社会的价值理想、价值规范和价值导向密不可分的。每个人的价值观，都具有社会形式和社会内容。特别是在信息时代、网络时代，人们对现实的认知和评价，更是与社会性的导向密切相关。个人与社会之间的关系，表现在社会的价值体系中，构成社会的价值理想、价值导向和价值规范与个人的价值目标、价值取向和价值认同之间的矛盾。这是任何一个社会的价值体系中都存在的相互矛盾的两个基本方面。社会的价值导向与个人的价值取向之间的矛盾，在其最本质的意义上，就是“我们到底要什么”与“我到底要什么”的矛盾。所谓的价值导向，就是以社会的名义提出的价值要求，又以社会的名义引导每个个体认同这种价值要求。

在社会的价值导向与个人的价值取向的矛盾关系中，社会的价值导向是矛盾的主要方面，它从总体上规范个人的价值取向。从社会现象看，每个个人的价值目标及其价值取向总是千差万别、千变万化的，似乎每个人的价值取向只是取决于个人的利益、欲望、兴趣、情绪甚至是嗜好等纯粹与个人相关的因素。因此，人们往往把个人价值取向的基本特性视为主观性、任意性和随机性。所谓主观性，就是认为个人的价值取向取决于个人的主观意愿，个人愿意选择哪种价值目标，就选择哪种价值目标。所谓任意性，就是认为个人的价值取向可以随意改变，今天选择这个价值目标，明天就可以选择那个价值目标。所谓随机性，就是认为个人的价值取向的选择与改变，完全可以脱离社会的各种条件的制约，只是个人的随机选择与变更。透过每个个人千差万别、千变万化的价值选择，我们就会发现：个人的价值目标总是取决于社会的某种价值理想，个人的价值取向总是趋向社会的某种价值导向，个人的价值认同总是认同社会的价值规范，个人的价值选择总是依据某种社会的价值标准。这表明，在社会的价值体系中，个人的价值目标、价值取向、价值认同和价值选择，总是具有社会性包含个人价值取向的社会性内涵，主要表现在个人的价值取向中的社会内容、社会性质和社会形式三个方面：从个人的价值取向的内容上看，总是具有社会性质的社会正义、政治制度、法律规范、道德伦理、人生意义等问题，而绝不是没有社会内容的所谓纯粹的个人问题；从个人的价值取向的性质上看，总是具有社会性质的真与假、善与恶、美与丑、集体利益与个人利益、整体利益与局部利益、长远利益与暂时利益等问题，而绝不是与社会无关的所谓纯粹的个人问题；从个人价值取向的形式上看，总是表现为作为社会意识形式的宗教、艺术、伦理、科学和哲学，而绝不是与社会意识形式无关的所谓纯粹的个人表现。

改革开放以来的中国，人的存在方式及其自我意识正在社会转型过程中发生深刻的变化，不可避免地形成相互冲突的社会心理和社会思潮，从而形成了各不相同的个人价值取向。但是透过这些五花八门的个人价值取向，我们却可以发现蕴含在这些价值取向中的社会性内涵。正是因为个人的价值取向具有不可逃避的社会性内涵，所以社会的价值导向才能够对个人的价值取向具有导向的作用。社会生活表明，个人的价值取向的总体趋向，总是取决于社会的基本的价值导向；个人的价值取向的困惑，总是源于社会的价值坐标的震荡。因此，解决个人价值取向问题，最根本的是解决社会的价值导向问题。通俗地说，要解决“我到底要什么”的问题，关键要解决“我们到底要什么”的问题。如果“我们到底要什么”扑朔迷离，“我到底要什么”必然模糊不清。“我们到底要什么”是当代中国面对的根本性问题。毛泽东在《矛盾论》里讲，看问题要分清主要矛盾和次要矛盾、矛盾的主要方面和次要方面。在个人的价值期待与社会的价值理想、个人的价值认同与社会的价值规范、个人的价值取向与社会的价值导向的矛盾中，社会的价值理想、价值规范和价值导向是矛盾的主要方面，它规范和制约整个社会的价值观的基本性质。这是把马克思主义转化为人民自觉追求的深层根据。

由此我想到，我们要用马克思主义支撑我们的理想信念，要把马克思主义作为自己的“看家本领”，就必须做到三点：一是理直气壮，二是有理有据，三是言行一致。首先是理直气壮，而不是遮遮掩掩。马克思主义是为人民谋幸福的理论，是指导我们思想的理论基础，为什么要遮遮掩掩？为什么不能理直气壮？其次是有理有据，而不是含糊其词。还是马克思的那句话：“理论只要说服人，就能掌握群众；而理论只要彻底，就能说服人。”以理服人，就要真讲道理；真讲道理，就要真把道理搞明白。“有理”才能“讲理”，“讲理”才能“服人”。要理直气壮，要以理服人，最重要的是言行一致，而不是表里不一。如果一个人说的是一套，做的是另一套，会上讲为人民谋利益，会下捞取私利，人们怎么会相信你讲的道理？理直气壮，有理有据，关键在于言行一致。

2021年，在中国共产党建党百年之际，应吉林人民出版社之约，我又撰写了《掌握“看家本领”》一书。

近些年来，在撰写《马克思与我们》《马克思主义哲学智慧》《理想信念的理论支撑》等理论读物的过程中，特别是在为全国思政课教师讲授“读经典、悟原理”的学习体会的过程中，我逐步地形成了撰写《掌握“看家本领”》的基本理念、总体思路和主要内容，并在迎来中国共产党建党百年之际完成了这部书稿。

围绕掌握“看家本领”这个主题，针对为什么和怎么样掌握“看家本领”这两大问题，这本书具体地阐述了五个问题：一是马克思主义的巨大真理威力和强大生命力，二是系统地钻研马克思主义经典著作，三是真切地领悟马克思主义基本原理，四是生动地展现马克思主义真理力量，五是把“读经典、悟原理”当作生活习惯和精神追求。

学习掌握马克思主义的“看家本领”，关键在于真学、真懂、真信、真用马克思主义。真信、真用，首先是真学、真懂。因此，在阐述这五个问题中，这本书以“读经典、悟原理”为主要内容，着力地论述了怎样系统地钻研马克思主义经典著作和如何真切地领悟马克思主义基本原理这两个问题，对马克思主义的自然观、社会观、历史观、实践观、真理观、价值观、理想观，特别是对习近平总书记关于学习和实践马克思主义的重要论述，作出了较为系统的分析和论证。

掌握马克思主义的“看家本领”，首先是要系统地钻研马克思主义经典著作。习近平指出：“马克思主义经典作家眼界广阔、知识丰富，马克思主义理论体系和知识体系博大精深……不下大气力、不下大功夫是难以掌握真谛、融会贯通的。”真学、真懂、真信、真用马克思主义，必须在学懂弄通上下大气力、下大功夫。

系统地钻研马克思主义经典著作，需要阅读《马克思恩格斯全集》、精读《马克思恩格斯选集》、深研“名篇”、探究“观点”、掌握“方法”：一是阅读《马克思恩格斯全集》，从整体上把握马克思主义理论体系；二是精读《马克思恩格斯选集》，从思想上领悟马克思主义基本原理；三是深研“名篇”，从重点上掌握马克思主义核心思想；四是探究“观点”，从理论上弄通马克思主义思想内涵；五是掌握“方法”，在实践中运用马克思主义理论思维。

学习马克思主义，最为重要的是把马克思主义作为“伟大的认识工具”，在“改变世界”的实践活动中具体地运用马克思主义的理论思维。马克思主义的唯物辩证法，就是“建立在通晓思维的历史和成就的基础上的理论思维”，就是我们认识世界、改造世界的“伟大的认识工具”。在阅读《马克思恩格斯全集》、精读《马克思恩格斯选集》、深研“名篇”、探究“观点”的学习过程中，我们要努力掌握唯物辩证法的理论思维，不断地提升捕捉和把握时代性问题的理论洞察力、分析和提炼时代性问题的理论概括力、阐释和论证时代性问题的理论思辨力、回应和解决时代性问题的理论思想力，用现实活化理论，用理论照亮现实。

掌握马克思主义的“看家本领”，最为重要的是真切地领悟马克思主义的基本原理。习近平指出：“马克思主义经典著作蕴含和集中体现着马克思主义基本原理，是马克思主义理论的本源和基础。”这就要求我们，在系统地钻研马克思主义经典著作的过程中，以问题导向理论思维，学懂、弄通马克思主义的基本原理。在纪念马克思诞辰200周年大会上的讲话中，习近平从九个方面高度概括了我们所要学习和实践的马克思主义的基本思想、基本原理：关于人类社会发展规律的思想、关于坚守人民立场的思想、关于生产力和生产关系的思想、关于人民民主的思想、关于文化建设的思想、关于社会建设的思想、关于人与自然关系的思想、关于世界历史的思想、关于马克思主义政党建设的思想。这九个方面，应当是我们在理论联系实际地钻研马克思主义经典著作中着重领悟和掌握的马克思主义基本原理，也应当是我们在系统地阐发马克思主义基本原理中逐项地深入论述的实质内容。

学习和实践马克思主义，不断从中汲取科学智慧和理论力量，才能坚持“实事求是”的思想路线、提升“矛盾分析”的理论思维、增强“战略思维”的实践智慧、夯实“制度自信”的理论根基、强化“理想信念”的理论支撑。把马克思主义变为我们的“伟大的认识工具”，既用现实活化理论，又用理论照亮现实，这是真正掌握“看家本领”的生动体现。

真学、真懂、真信、真用马克思主义，就要把马克思主义内化于心、外化于行。习近平一再强调，“领导干部应该把学习作为一种追求、一种爱好、一种健康的生活方式，做到好学乐学”；“共产党人要把读马克思主义经典、悟马克思主义原理当做一种生活习惯、当做一种精神追求，用经典涵养正气、淬炼思想、升华境界、指导实践”；“我们的干部要上进，我们的党要上进，我们的国家要上进，我们的民族要上进，就必须大兴学习之风，坚持学习、学习、再学习，坚持实践、实践、再实践”。我们要在把读经典、悟原理当作生活习惯和精神追求的过程中，用马克思主义激发我们的思想活力、启迪我们的哲理智慧、滋养我们的浩然正气，提升我们的治国理政能力，“让马克思、恩格斯设想的人类社会美好前景不断在中国大地上生动展现出来”。

（四）

从《马克思与我们》到《为历史服务的哲学》

2016年，我为大学生作了一场题为“马克思与我们”的讲座，讲座的录音整理稿被《光明日报》刊发，后来又被《新华文摘》转载。中国人民大学出版社对此深感兴趣，并约我以同名写一本书，收入“走近马克思”小丛书。

我在《马克思与我们》的引言中，首先提出了四个问题：在当代中国，几乎没有人不知道马克思的名字，然而你真的了解马克思吗？你真的理解马克思的思想吗？你真的懂得马克思的当代价值吗？你认真地思考过马克思与我们的关系吗？

关于马克思的当代价值，我在书中提出：马克思揭示了人类历史的发展规律，揭示了作为现实的历史的资本主义的运动规律，以他的名字命名的马克思主义不只是“时代精神的精华”，而且是“文明的活的灵魂”。只有跟随马克思的思想，继承马克思的事业，才能洞悉人类的过去、现在和未来，才能创建实现人的全面发展的文明新形态。生活要有理想，人生需要选择，而理想和选择必须有思想的指引和理论的支撑。美国学者宾克莱在《理想的冲突》一书中提出：“一个人在对他能够委身的价值进行探索时，要遇到许多竞相争取他信从的理想，他若要使这种探索得到满足，就必须对各种理想有所了解。”“一个人除非对供他选择的种种生活方向有所了解，否则，他不能理智地委身于一种生活方式。”面对当代的扑朔迷离、各异其是的理论和理想，马克思的思想和理想，放射出最引人入胜的光芒。法国学者德里达在《马克思的幽灵》一书中说：“不能没有马克思，没有马克思，没有对马克思的记忆，没有马克思的遗产，也就没有将来”；“地球上所有的人，所有的男人和女人，不管他们愿意与否，知道与否，他们今天在某种程度上说都是马克思和马克思主义的继承人”；“并且不论我们喜欢与否，不论我们对它具有一种什么样的意识，我们都不能不是它的继承人”。只有“重读马克思”“走进马克思”，我们才能真正地了解马克思，真正地理解马克思的思想，真正地懂得马克思主义的当代价值。

从“马克思与我们”这个主题出发，我在书中讲了七个问题：一是马克思与我们的人生观，二是马克思与我们的历史观，三是马克思与我们的时代观，四是马克思与我们的科学观，五是马克思与我们的宗教观，六是马克思与我们的文明观，七是马克思与我们的理想观。在书的后记中，我还深有感慨地说：“在纪念马克思诞辰200周年之际，我把这部《马克思与我们》献给人类文明史上的这位‘最伟大的思想家’，献给沿着这位‘最伟大的思想家’所指引的道路继续前行的人们。”大概是由于这些问题是人们所关切的问题，是人们渴望从理论上讲清楚的问题，所以这本书产生了较为广泛的影响，并入围了2018年的“中国好书”书目。

以马克思的名字命名的马克思主义，不是枯燥的条文，不是现成的结论，不是空洞的说教，而是关于“现实的人及其历史发展的科学”，是关于“人类解放”和“人的全面发展”的学说。对于人类来说，最为重大和最为艰难的问题，莫过于求索和揭示人类历史的发展规律；对于个人来说，最为重大和最为艰难的问题，莫过于求索和确立值得为之奋斗终生的理想信念。“走进马克思”，我们不仅会把握到人类历史的发展规律，而且会确立起人生的理想、信念和追求。

《马克思与我们》的立意和追求，就是与读者一起了解马克思的生平和事业，理解马克思的学说和思想，领悟马克思主义的意义与价值，展现马克思主义在当代的真理力量。如果这部书能够使读者更加热爱马克思，更加热爱马克思创立的马克思主义，更加热爱马克思为之奋斗终生的人类解放事业，更加自觉地投身于新时代中国特色社会主义的伟大事业，我就感到无比欣慰了。

2018年，为纪念马克思诞辰200周年和庆祝中国改革开放40周年，中央编译出版社策划出版一套“马克思主义研究文丛”，并“按照相同主题不同观点、不同主题相互激荡的对话原则”，“挑选北京大学、南京大学、吉林大学、武汉大学等全国著名高校老、中、青三代马克思哲学研究专家、团队的代表性作品”，收入此套丛书。《为历史服务的哲学》就是我为这套丛书撰写的一本书。这本书可以说是比较集中地阐述了《马克思与我们》一书所提出的一个重要问题：究竟怎样理解马克思的哲学？

1843年，在《〈黑格尔法哲学批判〉导言》中，马克思明确地提出，理论的彻底性，在于抓住事物的根本，而“人的根本就是人本身”。正是从这个“根本”出发，马克思对哲学的历史使命作出这样的概括：“彼岸世界的真理消逝以后，历史的任务就是确立此岸世界的真理。人的自我异化的神圣形象被揭穿以后，揭露非神圣形象中的自我异化，就成了为历史服务的哲学的迫切任务。”“为历史服务”，这是马克思为“新哲学”提出的历史任务，也是马克思所实现的哲学革命。

什么是“为历史服务的哲学”？在《关于费尔巴哈的提纲》中，马克思明确地提出：“哲学家们以不同方式解释世界，而问题在于改变世界。”以“改变世界”为宗旨的马克思主义哲学，就是从“现实的人”出发，以“现实的历史”为对象，把人从“非神圣形象”的自我异化中解放出来的哲学，也就是把人从“非人”的存在中解放出来的哲学。马克思的关于“现实的人及其历史发展”的哲学，即马克思的关于“人类解放”的新世界观，就是马克思的“为历史服务的哲学”。

人类解放何以可能的新世界观与哲学的本质性区别到底是什么？马克思和恩格斯在《德意志意识形态》中已经作出明确回答：“德国哲学从天国降到人间；和它完全相反，这里我们是从人间升到天国。这就是说，我们不是从人们所说的、所设想的、所想象的东西出发，也不是从口头说的、思考出来的、设想出来的、想象出来的人出发，去理解有血有肉的人。我们的出发点是从事实际活动的人，而且从他们的现实生活过程中还可以描绘出这一生活过程在意识形态上的反射和反响的发展。”这明确地告诉我们，马克思主义的世界观与以往的全部哲学的根本性区别就在于，作为世界观的马克思主义哲学是以“实际活动的人”为自己的出发点，而以往的哲学则是以“想象出来的人”为出发点。

正是以“实际活动的人”而不是以“想象出来的人”为出发点，马克思和恩格斯进一步明确地指出：“在思辨中止的地方，在现实生活面前，正是描述人们实践活动和实际发展过程的真正的实证科学开始的地方。关于意识的空话将中止，它们一定会被真正的知识所代替。对现实的描述会使独立的哲学失去生存环境，能够取而代之的充其量不过是从对历史的发展的考察中抽象出来的最一般的结果的概括。这些抽象本身离开了现实的历史就没有任何价值。”这就更为明确地告诉我们，区别于“独立的哲学”的马克思主义哲学，它的实质内容是“从对历史的发展的考察中抽象出来的最一般的结果的概括”，也就是关于历史规律的理论。正因如此，恩格斯在晚年所著的《路德维希·费尔巴哈和德国古典哲学的终结》中，对马克思主义哲学作出这样的论断：“关于现实的人及其历史发展的科学。”

马克思认为，科学社会主义与空想社会主义的根本区别在于，后者只是揭露“现实的不合理”，而前者则是批判“不合理的现实”。马克思的资本主义批判的立足点是人的“现实的历史”。“历史”是追求自己的目的的人的活动过程，也就是实现人的自身发展的现实过程。马克思在社会有机体众多因素的交互作用中，在社会形态曲折发展的历史进程中，在社会意识相对独立的历史更替中，揭示了生产力在人类历史中的最终的决定作用，在最本质的意义上发现了人类历史的运动规律，从而为人类实现自身全面发展的价值理想展现出一条历史必然道路。这就是马克思的“为历史服务的哲学”的真实内涵和真实意义。

正是在争取人类自身解放和实现自身全面发展的历史过程中，马克思自觉地承担起“为历史服务”的哲学使命。从哲学史看，近代以来的哲学是揭露人在“神圣形象”中的自我异化，把异化给“神圣形象”的人的本质归还给人；现代哲学的使命则是揭露人在“非神圣形象”中的自我异化，把异化给“非神圣形象”的人的本质归还给人。由对“神圣形象”的批判而发展为现代哲学对“非神圣形象”的批判，理论地表征着人类存在的历史形态的变革。在“以物的依赖性为基础的人的独立性”的历史形态中，虽然个人摆脱了人身依附关系而获得了独立性，但这种独立性却是“以物的依赖性为基础”的，人在对“物的依赖性”中再度丧失了自己，这就是人在“非神圣形象”中的自我异化。马克思不仅从人的历史形态中提出哲学的历史任务，而且从哲学的历史任务中揭示人的历史形态的文化内涵，从而不仅反映和表达了不同时代的时代精神，而且塑造和引导了新的时代精神。人类的当代使命，绝不仅仅是使人的独立性奠基于对“物的依赖性”，而且必须使人从对“物的依赖性”中解放出来。

马克思在对“非神圣形象”的揭露和批判中，明确地承担起把人从“抽象”的“普遍理性”中解放出来的使命，把人从“物”的普遍统治中解放出来的使命，把人从“资本”的普遍统治中解放出来的使命，把“资本”的独立性和个性变为人的独立性和个性的使命。由马克思自觉地承担起的“为历史服务”的哲学使命，不仅理论地表征了我们今天的时代精神，而且理论地塑造和引导了21世纪的新的时代精神。这就更加凸显了马克思的“为历史服务的哲学”的当代意义。

这本书主要讲了五个方面：一是马克思开辟的哲学道路，二是马克思创建的历史唯物主义，三是马克思主义的唯物辩证法，四是马克思的理论巨著《资本论》，五是马克思主义哲学研究的理论创新。这是我以“为历史服务的哲学”为题，对马克思的哲学思想较为集中的论述。

（五）

从《人的精神家园》到《教育：与文明为伴》

2012年，教育部启动实施哲学社会科学研究普及读物项目，“组织动员高校学者开展哲学社会科学优秀成果普及转化，撰写一批观点正确、品质高端、通俗易懂的科学理论和人文社科知识普及读物”。作为这套普及读物的一种，我撰写并出版了《人的精神家园》这本小书。

这部《人的精神家园》，从生活、文化、教育、科学、艺术、哲学、理论、心态和理想等方面，比较完整地讲述了精神家园的生活基础，构建精神家园的文化内涵和充实精神家园的重要途径，有针对性地探讨了精神家园建设中的现实问题和理论问题。希望这本小书对读者涵养、提升和塑造自己的精神家园有所助益。

构建精神家园，最为重要的是形成以理想、信念为灵魂的世界观、人生观、价值观。这使我们非常自然地想到《钢铁是怎样炼成的》这部小说，想到这部小说中的保尔·柯察金的名言：“人最宝贵的是生命。生命对每个人来说只有一次。人的一生应当这样度过：当他回首往事时，不会因虚度年华而悔恨，也不会因碌碌无为而愧疚。这样，在临死的时候，他就能够说：我已把自己的整个生命和全部精力都献给了世界上最壮丽的事业——为人类解放而奋斗。”

在默诵这句名言的时候，我们的头脑中也会浮现出这部小说的作者尼古拉·奥斯特洛夫斯基令人终生难忘的形象：乌黑的头发，瘦削的面庞，宽宽的额头，高高的颧骨，深陷的眼眶，特别是那双虽然已经失明却似乎仍在逼视着我们的大大的眼睛……那瘦削的面庞和高高的颧骨，使我们想到作者历经磨难却从不向苦难低头的一生；那宽宽的额头和深陷的眼眶，使我们想到作者对人生的苦苦求索和无怨无悔的追求；那双虽已失明但却逼视着我们的大大的眼睛，使我们感受到心灵的震颤并激发我们对人生价值的求索……

奥斯特洛夫斯基的一生，是光辉而短暂的一生。他饱尝了贫穷的艰辛，他经历了战争的考验，他承受了感情的折磨，他遭受了病魔的摧残。他在人生最宝贵的年华双目失明，全身瘫痪。他在举枪准备结束自己生命的时候，却为自己的怯懦而感到深深的愧疚。于是他扔掉了准备结束生命的手枪，拿起了赞美生命和求索人生的笔。不向苦难屈服，不向病魔屈服，不向死神屈服，这就是奥斯特洛夫斯基的人生，显示人的钢铁一般的意志的人生；不因虚度年华而悔恨，不因碌碌无为而愧疚，这就是奥斯特洛夫斯基的人生格言，赋予每个人的生命以意义的人生格言。

毫无疑问，人生活在这个世界上，不是为了饱受苦难的蹂躏，不是为了经受疾病的折磨，不是为了迎接死神的降临。然而在每个人的一生中，有谁能躲避种种苦难的考验、种种病魔的缠绕和最终死亡的归宿呢？在这样的时刻，我们会特别强烈地感受到奥斯特洛夫斯基的力量，会特别强烈地意识到生命的宝贵和人生的尊严。人生是人的生命显示自己的尊严、力量和价值的过程。虚度年华和碌碌无为是人的生命的枯萎与否定。人们所需要的，不是回首往事时的悔恨和愧疚，而是生命过程中的奋斗与光彩。生活可以不是“英雄主义的时代”，但人生不可以失落“英雄主义的精神”。奥斯特洛夫斯基的名言，对于每个热爱生活的人，都是显示人生真谛的座右铭。

英雄主义精神，首先是一种人的尊严。把自己当作人，而不是“千万别把我当人”。有了人的尊严，才能活得堂堂正正、坦坦荡荡。在遭受冷遇的时候，敢于对自己说：“天生我材必有用。”面对可畏的人言，敢于对自己说：“吾善养吾浩然之气。”在条件艰苦的时候，敢于对自己说：“斯是陋室，惟吾德馨。”在受到委屈的时候，敢于对自己说：“莫愁前路无知己，天下谁人不识君。”在坎坷的人生之旅中，敢于对自己说：“莫听穿林打叶声，何妨吟啸且徐行，竹杖芒鞋轻胜马，谁怕？一蓑烟雨任平生。”在病魔缠身，死神逼近的时候，敢于对自己说：“自信平生无愧事，方敢死后对青天。”这是人的傲骨，这是人的尊严。“贫贱不能移，富贵不能淫，威武不能屈。”是什么不能使之移、不能使之淫、不能使之屈？就是人的尊严！

英雄主义精神，又是一种使命意识。人是真正的类的存在，使命意识则是真正的类的意识。人的性、情、品、格，是在个人与人类的关系中显现出来的。世纪之交，在西方民众评选的千年思想家中，马克思名列榜首。马克思的崇高形象，是由于他“目标始终如一”地“为全人类而工作”塑造起来的。我们并不否认，在平平淡淡、从从容容的日常生活中，“生活是根据下一步必须要解决的具体问题来考虑的，而不是根据人们会被要求为之献身的终极价值来考虑的”；然而似乎谁也无法否认，“一种终极价值是那种最终目标或目的，所有较小的目标都是为达到它而采取的手段——它也是对一切较小目标进行衡量的标准”。在平凡的生活中融入和洋溢着英雄主义的使命意识，生活才有亮丽的色彩，而不是平平淡淡得只剩下单一的灰色。

英雄主义精神，是主体自我意识的灵魂。它支撑人的自立和自主，它维护人的自爱和自尊，它激励人的自律和自省，它把主体挺立起来。失去英雄主义精神，而高谈主体自我意识，就只能是任意妄为的意识、哗众取宠的意识、投机钻营的意识。主体的自我意识，是发挥潜能的意识、实现价值的意识、全面发展的意识。它需要英雄主义精神的支撑、维护和激励。有一部书的名字叫作《活出意义来》。作者提出，人在任何处境中，都应该也能够“活出意义”。他还具体地指出“活出意义”的三种不同的途径：第一种途径是创造和工作，这是功绩和成就之路；第二种途径是通过体认工作、文化、爱情等的价值来发现生命的意义；第三种途径是在苦难之中，借助于受苦受难来获得生命的意义。“人们在绝境中不能选择生死，但可以选择面对它的态度，这正是大写的人的力量，超越外在命运的力量。”

生命属于个人且只有一次。热爱生命，这是一切人生座右铭的基调和底色。然而人所热爱的生命和珍视的生命，并不仅仅是指人的自然生命，而是指水乳交融的自然生命、精神生命和社会生命构成的人的完整的生命。“生命诚可贵，爱情价更高，若为自由故，二者皆可抛。”这似乎是把人的自然生命、精神生命和社会生命区分开来，为人的三重生命列出了价值的等级表。然而这首诗的震撼心灵的魅力，却恰恰在于它揭示了人的生命的真谛：对人来说，生命，不只是所有的生物都具有的自然生命，而是所有的其他生物都不具有的精神的生命、社会的生命。如果失去了精神的和社会的生命，自然的生命就失去了人的生命的意义。正因如此，人的三重生命具有了价值的不同等级，为了捍卫精神的和社会的生命可以舍弃自然的生命。

英雄主义精神并不是光荣的梦想。它是人之为人的尊严，它是人之为类的使命，它是在滚滚红尘中挺立人的主体意识的支柱，它是在物欲横流中反媚俗的安身立命之本，它是人活出意义的无怨无悔的追求，它是人所向往的幸福的真谛。以英雄主义精神构建人的精神家园，才有幸福生活，才会梦想成真。

构建人的精神家园，最为根本的是用文明铸造人的精神世界，最为主要的是用教育传承和创生文明。作为长期从事教育工作的大学教师，我把自己对教育的体悟诉诸文字，形成了一部《教育：与文明为伴》。

教育，首先是一种历史文化的传递活动，执行着社会遗传的特殊功能。人之为人，不仅在于生物学意义上的遗传性的获得，更在于社会学意义上的获得性的遗传。每个时代都以教育的方式使个人掌握前人的经验、常识，以及各种特殊的知识与技能；以教育的方式使个人掌握该时代的价值观念、道德规范和各种行为准则；以教育的方式使个体丰富自己的情感、陶冶自己的情趣和开发自己的潜能；以教育的方式使个人树立人生的信念和理想，形成健全的人格。教育既是个体向历史、社会和时代认同的基础，又是历史、社会和时代对个体认可的前提。教育是个体占有历史文化与历史文化占有个体的中介。

教育，又是一种历史文化的创生活动，执行着社会发展的特殊功能。教育是形成未来的最重要因素。它激发个体的求知欲望，拓宽个体的生活视野，撞击个体的理论思维，催化个体的生命体验，升华个体的人生境界。教育不仅仅是历史文化的传递活动，也是历史文化的批判活动。它赋予个体以批判地反思文化遗产和创造地想象未来的能力。它激励个体变革既定的世界图景、思维方式、价值观念和审美意识，从而创建人的新的生存状态。

毫无疑问，教育并不是万能的。从形式逻辑上说，教育只是使人成为人的必要条件，而不是使人成为人的充分条件。尤其值得人们反思的是，由于对教育的种种误解与误导，教育还没有充分地发挥它的根本功能——使人成为“人”。对教育的最大误解，莫过于把教育当作培养“某种人”的手段。这里所说的“某种人”，是指从事某种特定职业、具有某种特定身份、扮演某种特定角色的人。为了培养“某种人”，当然就需要教育——传授经验、知识与技能。然而仅仅从培养“某种人”去理解教育，就会把教育等同于“职业教育”甚至是“职业技能教育”，以至于用短训班、轮训班的方式去实施教育，从而模糊甚至是丢弃了教育培养“人”的根本目标和根本功能。教育的根本目标是培养全面发展的人，需要全面地培养人的德性、智能、情感、意志、理想、信念和情操。教育具有崇高的人文理想和深刻的人文内涵。从现代教育说，其具体内涵，就是使人成为具有现代教养的“现代人”。

教养，是指人的综合素质与能力。它包括如何观察、判断和理解事物的思维方式，如何评价、选择和取舍事物的价值观念，如何看待、鉴赏和仿效事物的审美情趣，等等。它表现为人的自尊与自律、信念与追求、德性与才智、品格与品位等。现代教养，就是指现代人的综合素质与能力。它包括现代的思维方式及其所建构的现代世界图景，现代的价值观念及其所规范的现代行为方式，现代的审美意识及其所陶铸的现代生活旨趣。它表现为现代的求真意识、理论意识、创新意识、批判意识、效率意识和辩证意识，它表现为现代的自尊意识、自律意识、自强态度和自主境界，它表现为现代的审美情趣、审美体验、审美追求和审美反省。现代教养就是现代人的真、善、美。

在现代教育中，高等教育具有特殊的意义。人类的历史是文化的传承与创新的历史，高等教育作为“优秀文化传承的重要载体和思想文化创新的重要源泉”，它在人类文明史上的重要作用，就在于它既是历史文化的传递活动，又是历史文化的创新活动；它既执行文化的社会遗传功能，又执行文化的时代变革功能。高等教育既为受教育者认同历史、社会和时代，形成具有文明史内涵的世界观、人生观、价值观奠定基础，又为历史、社会和时代认可受教育者，形成具有时代内涵的世界图景、思维方式和价值规范创造条件。在优秀文化的传承与创新中，践行“育人为本”的高等教育的核心理念，才能从根本上提高高等教育的质量。

2003年9月9日，教育部在庄严的人民大会堂隆重举行新中国首届高等学校教学名师奖表彰大会，并由我代表百名获奖者发言。我给自己的发言起了个题目——“站在大学的讲台上”，真切地表达了我所理解的高等教育的使命和大学教师的担当。我把这个发言抄录下来，与大家共勉。

站在大学的讲台上，我们能够直接地感受到莘莘学子的渴望与要求。大学生在人生最美好的年华走进大学，他们渴望获得人类文明的精华，他们也渴望求解人生的意义与价值，因此他们期待自己仰慕的学者在课堂上为他们传授科学理论与知识，他们也期待自己敬佩的教授在课堂上为他们展示人生的典范。我们作为大学教师，特别是作为学术象征的大学教授，怎么能逃避大学生的焦灼期待的目光，怎么能不殚精竭虑地为学生讲好每一门课和每一堂课？作为大学教师，我深深地感到，教师是我们的职业，教学则是我们的生活方式。教学既是我们对社会的贡献，更是我们的自我实现。教学受到学生的喜爱与欢迎，这是我们人生的最大的幸福。

站在大学的讲台上，我们能够真切地领悟教育在人类文明的传承与创生中的巨大作用，能够强烈地体会教育在富国强民、振兴中华中的重大意义。教育是历史文化的传递活动，也是历史文化的创生活动，它执行着文明的社会遗传的功能，又执行着文明的时代变革的功能。教育是个体向历史、社会和时代认同的基础，又是个体批判性地反思历史遗产和创造性地构建现实与未来的前提。教育是把学生培养成掌握和运用专业知识的专门人才，更是把学生培养成具有现代教养的现代人。因此，我自己的教学改革的基本思路是"激发学生的理论兴趣，拓宽学生的理论视野，撞击学生的理论思维，提升学生的理论境界"，让大学生在继承和创生文明的大学校园里度过人生中最值得珍惜的青春年华，并为自己的全面发展奠定坚实的基础。

站在大学的讲台上，我们能够切实地理解教学是一门艺术，更是一种境界。在教学中，宏观线索的勾勒，微观细节的阐述，逻辑分析的独白，讲解视角的转换，典型实例的穿插，恰到好处的板书，思想感情的交流，疑难问题的提示，人格力量的感染，理论境界的升华，所有这些必须是成竹在胸，水乳交融，挥洒自如，引人入胜。我在讲授马克思主义哲学的过程中，深深地感到，讲好这门课程，不仅要求教师具有坚实的理论功底、广博的知识背景和灵活的教学艺术，而且要求教师具有融理想、信念、情操和教养于一身的强烈的人格力量。有了这种人格力量，讲起马克思主义哲学，才能充满自信，精神饱满，神采飞扬，富有魅力，才能把学生带入马克思主义哲学的气势恢宏、博大精深、睿智通达的理论境界。

站在大学的讲台上，我们尤其能够强烈地感受到社会的发展、科技的进步和时代的变革。我们常常把当今的时代称作“信息时代”“网络时代”或“知识经济时代”，这意味着人类文明形态的历史性转换，意味着人的生存方式的社会性变革，也意味着人的思想观念的时代性震荡。如果我们仍然在传统的意义上把“教育”定位为“传授知识”，把“教材”定位为“标准答案”，把“教学”定位为“照本宣科”，我们怎么能适应和推进时代变革，把当代的大学生培养成创造性人才和全面发展的人呢？大学教师作为人类文明的传承与创生的活的载体，实事求是，解放思想，与时俱进，这不仅应当是每一个大学教师的最为强烈的自觉意识，而且应当是每一个大学教师的思想与行为。把高等学校办成科技创新、体制创新和理论创新的教育园地，这是我们每位大学教师所承担的时代使命和历史责任。

（六）
从追问哲学到反思宗教

近年来，常常听到有人说他自己或他认识的人“信教”了。

对此，我感到很困惑，并由此向自己提出这样的问题：究竟怎样理解哲学和宗教及其关系？究竟怎样看待哲学和宗教在人类精神生活中的作用？这种思考的结果，促使我写出了《超越人在宗教中的“自我异化”》一文，并发表于2017年第9期的《哲学研究》。

关于宗教，我的基本想法是，宗教具有神秘感，但具有神秘感的宗教本身并不神秘。这是因为，“人创造了宗教，而不是宗教创造人”。从人的存在出发去理解和阐释宗教，就是对宗教的哲学反思。

1. 宗教的根源：人的无法忍受

“宗教根源于人跟动物的本质区别：动物没有宗教。”人之所以创造宗教，是因为人无法忍受无意义的动物式的生存。

人是具有自我意识的存在，是向死而生的存在，是寻求意义的存在。有意义的生命活动，超越了动物的本能的生存，构成了人类的特殊的生活。“为何生存”和“如何生活”是人生的两大主题；追问“为何”和思考“如何”，就是寻求存在的意义。有意义的生活才是人的存在，无意义的生存则是人生的否定。因此，人之为人，就在于人无法忍受无意义的生存，总是向往和追求有意义的生活。

然而对于具有自我意识和追求生命意义的每个生命个体，最具有挑战意义的却是人生苦短，命运多舛，理性有限，未来难卜。无论“此岸世界”的人如何求索和奋争，个人的命运似乎并不是掌握在自己的手中，生活的意义似乎并不是存在于现实生活之中。因此，人又总是活在“没有获得自我”或“再度丧失自我”的自我意识和自我感觉之中。正是这种困扰人生的人生悖论，催生了人类把握世界的一种具有神秘感的基本方式——宗教。

宗教产生的根源，就在于人无法忍受无意义的人生：人无法忍受有限的人生，人无法忍受自我的失落，人无法忍受现实的苦难，人无法忍受冷峻的理性，人无法忍受彻底的空白。宗教之所以成为人类把握世界的一种基本方式，之所以成为“这个世界的总理论”“包罗万象的纲要”和“具有通俗形式的逻辑”，就在于它以自己的“总理论”“纲要”和“逻辑”，表达了人对无意义的人生的无法忍受，表达了人对有意义的人生的向往：有限对无限的向往，渺小对崇高的向往，此岸对彼岸的向往，存在对诗意的向往。在宗教的语境和情境中超越有限的人生和自我的失落，挣脱现实的苦难和死亡的恐惧，并在宗教的语境和情境中达成精神的抚慰和灵魂的安顿，这是宗教产生和持续存在的人性根源，也是宗教之于人类的真实意义。

从总体上说，人创造宗教，既有人无法忍受的“形上”根源，又有人无法忍受的“形下”根源，更有人无法忍受的社会–历史根源。

宗教产生的“形上”根源，在于人无法忍受彻底的空白。世界就是自然，人生亦为自然，生生死死，自然而然。然而源于自然的人类，却总是向往超自然的存在——超越死亡的存在。每个人的生命存在都是短暂的、有限的。死亡，不仅是所有生命无法逃避的归宿，而且是向死而生的人自觉到的归宿。正是对生命归宿的自觉，不仅构成人对死亡的恐惧，也构成人对超越死亡的向往。在人的生命自觉中，死亡，消解了欢乐，也消解了苦难，消解了肉体，也消解了灵魂——死亡是彻底的空白。这种连灵魂都不复存在的空白是人所无法忍受的。面对死亡这个最严峻的、不可逃避的，却又是人所自觉到的归宿，人总是力图超越个体生命的短暂与有限，从而获得某种方式的“永生”。“宗教，就这个词的最广泛和最根本的意义而言，是指一种终极的关切。”在“想象的真实”中达成“灵魂”在“彼岸世界”中的“永生”，从而超越人无法忍受的彻底的空白，这是人所能想象的关于死亡的最大的，甚至是唯一的精神慰藉，因而是宗教得以产生和持续存在的最深层的人性根源。宗教是死亡的“形上”的避难所。

宗教产生的“形下”根源，在于人无法忍受的“苦难的现实”。人是生理的、心理的和伦理的存在，因而人的现实的苦难是三重的：生理的苦难（生、老、病、死），心理的苦难（压抑、孤独、空虚和无奈），伦理的苦难（被压迫、被歧视、被抛弃和被凌辱）。面对“苦难的现实”而又无力挣脱“现实的苦难”，因此人在“想象的真实”中把“现实的苦难”异化给“彼岸世界”的存在。“宗教里的苦难既是现实的苦难的表现，又是对这种现实的苦难的抗议。”渴望富裕的物质生活、充实的精神生活、和谐的伦理生活，解脱人的生理的、心理的和伦理的三重苦难，是宗教产生的现实根源。“宗教是被压迫生灵的叹息，是无情世界的心境。”正是由于人无法忍受而又无力挣脱“现实的苦难”，因而在“想象的真实”中，把这种“叹息”和“心境”构成自己把握世界的一种基本方式——宗教。

宗教产生的社会-历史根源，在于“人的依赖关系”是“最初的社会形态”。在这种社会形态中，人的存在方式的根本特征在于个人依附于群体，个人不具有独立性，只不过是“一定的狭隘人群的附属物”。个体的存在依附于群体的存在，因此个体生命的意义，就是对群体的崇拜。在对群体的崇拜中，被崇拜的群体则被异化为某种超人的“神圣形象”（从“图腾”到“上帝”）。人从自己创造的“神圣形象”中获得存在的意义，并把自己创造的“神圣形象”作为规范自己的观念和行为的根据、标准和尺度，从而维系自己所依附的“群体”的存在，这是宗教产生的深层的社会-历史根源。就此而言，宗教中的“神圣形象”，并不是某种“超凡”的“个体”，而恰恰是被“抽象”化的“群体”；人对“神圣形象”的信仰，也不是信仰某种“超凡”的“个体”，而恰恰是对被“抽象”的“群体”的依赖。马克思说：“费尔巴哈把宗教的本质归结于人的本质。但是，人的本质不是单个人所固有的抽象物，在其现实性上，它是一切社会关系的总和。”宗教是被神圣化的“群体”的“抽象”，从根本上说，则是对构成现实的人的“一切社会关系的总和”的“抽象”。正是在这个被神圣化的“群体”的“抽象”中，在对人的“一切社会关系的总和”的“抽象”中，个人获得存在的意义，获得生存的依赖和精神的慰藉。人类存在的社会性，是宗教产生和持续存在的社会-历史根源。

2. 宗教的本质：人的自我异化

人之所以创造宗教，之所以塑造“神圣形象”，是因为人无法忍受无意义的生存，是因为人追求有意义的生活。然而人在自己创造的宗教的语境和情境中所达成的灵魂的安顿和精神的抚慰，并不是人的现实的“自我实现”，而是现实的人的“自我异化”。

人无法忍受有限的人生，则把自己对意义的向往异化给“上帝”的“启示”；人无法达成自我的实现，则把自己对崇高的向往异化给“万能”的“神灵”；人无法击破理性的逻辑，则把自己对诗意的向往异化给“彼岸”的“天堂”。赞美上帝，信仰奇迹，渴望启示，达成不朽，在“想象的真实”中实现人对无限、崇高、彼岸和诗意的向往，这就是无法忍受无意义的人类为自己创造的

“宗教”。马克思说，“宗教”是人在“神圣形象”中的自我异化，真可谓一语中的。

人在“神圣形象”中的自我异化，是以“信仰”的方式实现的。“虔诚地信仰”是宗教的灵魂。这个灵魂得以成立的前提有三：其一，确立“神圣形象”；其二，信仰“神圣形象”；其三，内化“神圣形象”。确立、信仰和内化“神圣形象”，就是把人对无限、崇高、彼岸和诗意的向往，异化给“想象中的真实”——作为“神灵”的“神圣形象”。这就是人以“信仰”的方式在“神圣形象”中的自我异化，也就是人在宗教中的自我异化。

人在“神圣形象”中的自我异化，首先是确立“神圣形象”。宗教中的“神圣形象”是超越“一切”的“一”的存在。“上帝在宗教中不是一切，而是一，宇宙是多。”宗教把各种各样的智能统一为洞察一切的智能，把各种各样的情感统一为至大无外的情感，把各种各样的价值统一为至善至美的价值，把各种各样的力量统一为至高无上的力量。这样，宗教中的“神圣形象”，就成为一切智能的根据、一切情感的标准、一切价值的尺度、一切力量的源泉。由此，就构成了无所不在、无所不知、无所不能的“神圣形象”，而人则从这个“神圣形象”中获得存在的意义，实现自己对无限、彼岸、崇高和诗意的向往。因此，构成宗教之“灵魂”的“虔诚地信仰”，其首要前提是人以自己的向往塑造了应当而且必须顶礼膜拜的“神圣形象”。离开这个人给自己创造的至真、至善、至美、至高无上的“神圣形象”，就无法构成人在宗教中的“虔诚地信仰”。凡属宗教，无不以确立某种“神圣形象”为其首要前提。

人在“神圣形象”中的自我异化，体现为人对自己所塑造的

"神圣形象"的信仰。信仰是人类所特有的精神现象，是人对某种观念抱有虔诚的信任感、依赖感的精神状态，是由虔诚的信任感和依赖感所形成的为之献身的精神力量。不容置疑的信任感和别无选择的依赖感，才能构成虔诚的信仰。从词源上说，西文的"宗教"一词，是指人与神的联结和人对神的敬重；汉语的"宗教"一词，是指人对神的尊崇和对天道的遵循。由信仰"神圣形象"而敬畏"神圣形象"，又由敬畏"神圣形象"而愈加信仰"神圣形象"，从而把人的向往变成对"神圣形象"的敬畏和信仰，实现了人在"神圣形象"中的自我异化。因此，"虔诚地信仰"的另一个前提，必须是信任、依赖和敬畏"神圣形象"的精神状态。

人在"神圣形象"中的自我异化，绝不仅仅是外在的对神灵的顶礼膜拜，也绝不仅仅是信任、依赖和敬畏神灵的精神状态，而是必须把"神圣形象"内化为规范人的思想和行为的根据和标准。没有内化，就没有信仰。"感性对象存在于人以外，而宗教对象却存在于人以内。"对此，深切地思索下述三点是至关重要的：其一，"上帝"的存在，并不是外在于人的"形象"的存在，而是内在于心的"规范"的存在；其二，"上帝"的意义，并不是外在于人的"他律"，而是内化于心的"自律"；其三，"上帝被杀死了"，并不是抹去了外在于人的"神圣形象"，而是失去了的思想和行为的"内在的根据"。这意味着，"不是信仰一部《圣经》的人有宗教，而是那个无需《圣经》，但自己能够创造一部《圣经》的人有宗教"。"神圣形象"是内化于心的根据、标准和尺度。因此，对"神圣形象"的"虔诚地信仰"的又一个前提，必须是内化于心的规范人的全部思想和行为的"自律"。"上帝即真理""无上帝即无真理"才是彻底的人在"神圣形象"中的自我异化。

人在自己的精神生活中确立、依赖和敬畏“神圣形象”，并把“神圣形象”内化为规范自己的思想和行为的根据、标准和尺度的本体，从而在作为本体的“神圣形象”中获得生命的意义，这就是宗教的本质。生命的意义不在于人而在于神，这就是人在“神圣形象”中自我异化的宗教。

3. 宗教的悖论：人的精神焦虑

人所创造的一切，都是为了满足人自己的需要。宗教也是如此。宗教之所以能够成为人类把握世界的一种基本方式，之所以能够成为关于世界的总理论，在于宗教在人的精神生活中具有不容回避的特殊作用——精神上的自我抚慰和幻想中的自我实现。

面对生命的有限和现实的苦难，人的灵魂需要安顿，人的精神需要抚慰。“一切宗教都不过是支配着人们日常生活的外部力量在人们头脑中的幻想的反映，在这种反映中，人间的力量采取了超人间力量的形式。”在这种“幻想的反映”中，人在“彼岸世界”的“神圣形象”中寻求灵魂的安顿和精神的抚慰，并在宗教的语境和情境中达成灵魂的安顿和精神的抚慰。这是宗教的社会功能，也是宗教的真实意义。

想象“彼岸世界”的存在，灵魂就有了安顿，生命就获得了永生，死亡就不是“彻底的空白”，生活就不是无法忍受的“苦难的现实”。这种“想象中的真实”，具有个体的和社会的双重意义：对于个体来说，这是最彻底的解脱；对于人类来说，这是最伟大的普度。宗教，既是在“神”的“普度众生”中达成“人”的“自我解脱”，又是在“人”的“自我解脱”中达成“神”的“普度众生”。“普度”中的“解脱”与“解脱”中的“普度”，达成了人在宗教中的灵魂的安顿和精神的抚慰。

作为对“现实的苦难的抗议”，宗教是人给“现实的苦难”“所虚构的花朵”。而人之所以要给“现实的苦难”戴上“虚构的花朵”，则是表达了人“要求抛弃那需要幻觉的处境”。因此，虽然“宗教只是虚幻的太阳”，但是“当人没有围绕自身转动的时候”，宗教“总是围绕着人转动”。人的“需要幻觉的处境”与人给自己“虚构的花朵”，构成了人的无法挣脱的精神焦虑。

人创造了宗教，是为了从宗教的“神圣形象”中获得存在的神圣意义；然而只有从“神圣形象”中才能获得存在的意义，又只能是人在“神圣形象”中的自我异化。这是人生的悖论和宗教的悖论，也是人对生命意义的悖论性的自我意识。

宗教的“神圣形象”，直接造成了“人”与“神”的对立，也就是人跟自己的分裂。费尔巴哈说：“上帝并不就是人所是的，人也并不就是上帝所是的。上帝是无限的存在者，而人是有限的存在者；上帝是完善的，而人是非完善的；上帝是永恒的，而人是暂时的；上帝是全能的，而人是无能的；上帝是神圣的，而人是罪恶的。上帝与人是两个极端：上帝是完全的积极者，是一切实在性之总和，而人是完全的消极者，是一切虚无性之总和。”正是这种两极对立、非此即彼的思维方式，构成了人的自我意识中的关于生命意义的悖论。

宗教的“神圣形象”，“让虔敬的心灵感到一切都是神圣的、有价值的，甚至连不神圣的和粗鄙的东西也是如此”。由此所造成的悖论就在于：如果生活的意义来源于宗教的神圣意义，这意味着人把自己的本质力量异化给了“彼岸世界”的“神圣形象”，因而构成人还没有获得自我或再度丧失了自我的自我感觉和自我意识；如果揭露和消解掉宗教的神圣意义，人的生活就失去了规范自己的思想和行为的根据、标准和尺度，这意味着人的生活本身不再具有神圣的意义，人就是宇宙中的匆匆“过客”，死亡就是不可再生的永逝。生活的意义，究竟是源于“彼岸世界”的“神圣形象”的启示，还是源于“此岸世界”的“自我决断”的选择，这就是悖论性的关于意义的自我意识。

宗教的“神圣形象”的真实意义，并不在于它是人们顶礼膜拜的“形象”，而在于它是规范人的思想和行为的“本体”。由此所造成的悖论就在于：如果生活意义的根据在于宗教的神圣意义，人的全部思想和行为就是被“彼岸世界”的“神圣形象”所规范，并且被“洞察一切”的“神圣形象”所监视，人就生活于“没有选择的标准的生命中不堪忍受之重的本质主义的肆虐”之中；如果生活意义的根据离开宗教的神圣意义，人的全部思想和行为就只不过是自己在思想和行为，并且这种思想和行为就失去了最高的标准和尺度，人又生活于“没有标准的选择的生命中不能承受之轻的存在主义的焦虑”之中。要么是“没有选择的标准”，要么是“没有标准的选择”；要么是“不堪忍受之重”的“肆虐”，要么是“不能承受之轻”的“焦虑”——这是人给自己创造的宗教的悖论，是悖论性的关于意义的“标准”与“选择”的人生困境。

4.宗教的反思：超越人的自我异化

宗教的根源，在于人无法忍受无意义的生存；宗教的本质，在于人的无法忍受所造成的人的自我异化；宗教的悖论，则在于人无法在自己所创造的宗教中超越人的自我异化，也就是无法在自己所创造的宗教中挣脱“苦难的现实”。因此，由对宗教的反思，直接引发我对哲学与宗教关系的反思。

同宗教一样，哲学的本质也是人的向往，哲学的根源也是人的无法忍受，哲学的意义也是向往中的“诗意的栖居”。然而作为区别于宗教的人类把握世界的另一种基本方式，哲学的向往是基于理性的向往，哲学的无法忍受是对有限理性的无法忍受，哲学所向往的“诗意的栖居”是活生生的生命的“诗意的栖居”，哲学所追寻的本体是理性化的思想和行为的根据和标准。因此，我认同的是哲学而不是宗教，我热爱的是“形上之思”而不是“虔诚的信仰”，我追求的是“批判的反思”而不是“神灵的启示”，我向往的是生命的“诗意的栖居”而不是天国的“灵魂的安顿”。就此而言，我对宗教的解说，就是对超越人的自我异化的寻求。这既是对宗教的哲学批判，也是对反思宗教的哲学的赞美。

在任一民族的精神生活中，有两种可以互相替代的精神力量，这就是哲学和宗教。哲学和宗教都是以文本的方式而展示的体系化、系统化的人类自我意识，因而才能构成人的思想和行为的精神力量，并因而才能具有互相替代的社会功能。每个民族在其文明的形成和演进的过程中，作为人类自我意识的宗教和哲学，在不同民族的社会生活和精神生活中，占有的位置和发挥的作用是不同的，因此可以从总体上把某个民族归结为宗教的或哲学的。在任一民族的精神生活中，宗教或哲学都是作为该民族的精神生活中的本体——规范人的思想和行为的根据、标准和尺度——而存在的。如果说宗教是原本意义的“庙里的神”，那么哲学则是作为人类文明的“庙里的神”——有文化的民族的精神生活的“普照光”——而存在的。正因如此，宗教或哲学才成为人类精神生活中可以相互替代的最为深沉的精神力量。

作为人类精神生活的本体，宗教和哲学都会造成人的自我异化：宗教，会造成人在“神圣形象”中的自我异化；哲学，则会造成人在“非神圣形象”中的自我异化。近代以来的西方哲学，在“上帝”人本化的演进中，以哲学代替宗教，以“理性”代替“上帝”，从而造成了人在“理性”——“非神圣形象”——中的自我异化。哲学与宗教的区别则在于，它是在自我批判中而构成时代精神的精华和文明的活的灵魂。在西方哲学的发展历程中，从中世纪的“信仰的时代”演进到文艺复兴时期的“冒险的时代”，从17世纪的“理性的时代”演进到18世纪的“启蒙的时代”，从19世纪的“思想体系的时代”演进到20世纪的“分析的时代”，哲学在以“理性”代替“上帝”并进而反省“理性”的发展进程中，不仅引领人类文明从“神学文化”走向“后神学文化”，而且引领人类文明从“理性主义时代”走向了“反省理性”的时代。这表明，以“虔诚地信仰”为灵魂的宗教，是以“神圣形象”的超历史性所构成的“彼岸世界的真理”，因而是人所无法企及的“神的目光”即“绝对之绝对”；以“认识你自己”为灵魂的哲学，则是以“思想中的时代”的历史性所构成的“此岸世界的真理”，因而是人生在世和人在途中的“人的目光”即“相对之绝对”。

哲学作为“相对之绝对”的“人的目光”，它的真实使命是引领人类挣脱“苦难的现实”，超越人的自我异化，追求现实的幸福。人的个体生命是短暂的、有限的。短暂之于永恒，是微不足道的；有限之于无限，是不可企及的。这意味着，有限对无限的向往，也是有限对无限的无奈。既然“无可奈何”，又何妨“重思向往”呢？人无法改变自然的规律，但是人可以改变苦难的现实；人无法获得终极的真理，但是人可以获得生活的意义；人无法达到精神的完满，但是人可以追求精神的充实；人无法超越生命的有限，但是人可以超越自我的异化。哲学之于人类的真实意义就在于它引领人类改变现实的苦难，就在于它启迪人类追求生活的意义，就在于它引导人类超越自我的异化。

关于哲学与宗教，特别是关于中国人的哲学与宗教，冯友兰先生在人们所熟悉的《中国哲学简史》一书中，有过发人深省的论述。他提出："哲学在中国文化中所占的地位，历来可以与宗教在其他文化中的地位相比。"对此，他具体地指出，"儒家不是宗教"，"道家，它是一个哲学的学派；而道教才是宗教"，"作为哲学的佛学与作为宗教的佛学，也有区别"，因此，"中国人即使信奉宗教，也是有哲学意味的"。"他们不大关心宗教，是因为他们极其关心哲学。他们不是宗教的，因为他们都是哲学的。他们在哲学里满足了他们对超乎现世的追求。他们也在哲学里表达了、欣赏了超道德价值，而按照哲学去生活，也就体验了这些超道德价值。"由此，冯友兰先生提出了"哲学意味"的人生四境界说："自然境界、功利境界的人，是人现在就是的人；道德境界、天地境界的人，是人应该成为的人。前两者是自然的产物，后二者是精神的创造。""一个人可能了解到超乎社会整体之上，还有一个更大的整体，即宇宙。""有这种觉解，他就为宇宙的利益而做各种事。他了解他所做的事的意义。自觉地正在做他所做的事。这种觉解为他构成了最高的人生境界，这就是我所说的天地境界。"正是基于这种理念，冯友兰先生还作出这样的展望："在未来的世界，人类将要以哲学代替宗教。这是与中国传统相结合的。人不一定应当是宗教的，但是他一定应当是哲学的。他一旦是哲学的，他也就有了正是宗教的洪福。"冯友兰先生的这些想法和看法，对于我们思考哲学与宗教的关系，特别是思考如何构建文明新形态的人的精神家园，是富有启发性的。

在《〈黑格尔法哲学批判〉导言》中，马克思提出："废除作为人民的虚幻幸福的宗教，就是要求人们的现实幸福。要求抛弃关于人民处境的幻觉，就是要求抛弃那需要幻觉的处境。因此，对宗教的批判就是对苦难尘世——宗教是它的神圣光环——的批判的胚芽。"在《关于费尔巴哈的提纲》中，马克思进一步指出："费尔巴哈是从宗教上的自我异化，从世界被二重化为宗教的、想象的世界和现实的世界这一事实出发的。他的工作是把宗教世界归结于它的世俗基础。"问题在于，宗教的世界与现实的世界的分裂，"只能用这个世俗基础的自我分裂和自我矛盾来说明"。因此，马克思提出："真理的彼岸世界消逝以后，历史的任务就是确立此岸世界的真理。人的自我异化的神圣形象被揭穿以后，揭露具有非神圣形象的自我异化，就成了为历史服务的哲学的迫切任务。"揭露人在"神圣形象"中的自我异化，这就是哲学反思宗教的真实意义；揭露人在"非神圣形象"中的自我异化，则是由对宗教的哲学批判而进到哲学的自我批判。马克思说："任何真正的哲学都是自己时代的精神上的精华，因此，必然会出现这样的时代：那时哲学不仅在内部通过自己的内容，而且在外部通过自己的表现，同自己时代的现实世界接触并相互作用。""哲学正在世界化，而世界正在哲学化。"在哲学的自我批判中敞开人类自我批判和自我超越的理论空间和实践空间，这是哲学反思宗教的历史任务，更是哲学作为文明的活的灵魂的生命力之所在。

（七）

我对“幸福”的理解

2012年和2013年，各有一个流行的话题：“你幸福吗？”这是2012年流行的话题；“你的梦想是什么？”这是2013年流行的话题。

这两个话题都很亲切：谁没有生活的梦想？谁不梦想生活得幸福？这两个话题又很难回答：怎样生活才是幸福？如何才能梦想成真？这两个话题还不能分开：梦想就是渴望幸福的生活，幸福的生活就是成真的梦想。“梦想”和“幸福”，就是生活的理想和理想的生活。构建以理想为灵魂的精神家园，才会有梦想成真的幸福生活。

什么是幸福？有人说，幸福就是我吃得饱，穿得暖，住得好，要什么有什么；还有的人说，幸福就是平平淡淡、从从容容、快快乐乐，所以在20世纪80年代还流传着一句话，叫作“高官不如高薪，高薪不如高寿，高寿不如高兴”，幸福就是高高兴兴每一天；还有的人说，幸福就是和大家都相处得很愉快，痛苦的时候有人来分担，快乐的时候有人来分享。可能大家会对幸福作出这样的一些回答。

我说什么是幸福呢？幸福是对人的生活状态的肯定性的总体评价。如果按照这个说法，幸福就同人的生活联系在一起。如果具体地分析幸福的话，我们要从人自身出发。人是一种生理的、心理的、伦理的存在。大家想一下，如果你对人的存在作一个高度的概括的话，我想逃不出这三个方面：生理的、心理的和伦理的存在。

从这样的一种角度来看，什么是幸福呢？幸福就是对人的生理需要、心理需要和伦理需要的满足。所以一般而言，幸福应当是比较富裕的物质生活对人的生理需要的满足，比较充实的精神生活对人的心理需要的满足，比较和谐的社会生活对人的伦理需要的满足。只有有了物质生活、精神生活、伦理生活这三个方面的满足，我们才会有一种真实的幸福感。

我觉得有些人可能是把幸福说得过于抽象、过于神秘了，他把幸福归结为一个字——“感”。幸福是一种“感”，但是这种“感”是具体的，是我们的生理的、心理的、伦理的需要的满足。而且这种满足不是相互割裂的，不是获得某个单一方面的满足。所以我想，如果说叫作“幸福感”的话，它应当是一种安心、顺心、放心的感觉，而不是一种担心、操心、烦心的感觉。改革开放以来，中国发生了翻天覆地的变化。我自己常用这样一句概括，原来我们是“穿布衣，吃粗粮，住平房，骑自行车”；可是我们现在呢？“穿时尚，吃细粮，住楼房，开私家车”了。这不是我们生活的一种翻天覆地的变化吗？但是幸福并不只是富裕的物质生活对生理需要的满足，还必须有充实的精神生活对心理需要的满足，和谐的社会生活对伦理需要的满足。一个人只有感受到生理需要、心理需要和伦理需要的满足，才能有真实的而不是虚幻的、稳定的而不是短暂的幸福感。这种幸福感，体现在人们对生活的放心和顺心，而不是对生活的担心和烦心。

幸福感是对生活的放心，而不是对生活的担心。物质生活的改善，生理需要的满足，使中国人有了前所未有的幸福感。但是我们现在总是担心吃了地沟油，穿了致癌服，住了倒塌楼，开了缺陷车，总是担心被人宰了、被人骗了、被人拐了、被人忽悠了。担心像雾霾一样笼罩人的心灵。改变这种生活状况，放心地吃，放心地穿，放心地住，放心地行，放心地与陌生人说话，放心地按规矩办事，对他人、对社会、对“公权力”有充分的信任感，一句话，放心地生活，才有真实的幸福感。

幸福感是生活中的顺心，而不是生活中的烦心。顺心的基础是社会生活的和谐，烦心的根源则在于社会公正的缺失。据中国社会科学院的报告，中国社会的总体信任度已跌破60分底线，在进入“陌生人”社会的当代中国，超过七成人不敢相信陌生人。社会存在城乡歧视、贫富歧视、身份歧视、行业歧视，执法不公、执法不严、随意侵害公民权利的现象，“耻言理想、蔑视道德、拒斥崇高、不要规则、怎么都行”成为一种社会思潮，不满、失落、无奈和沮丧的心态互相传染，造成了集体性的烦心。改变这种烦心的社会生态，才有顺心、舒心的幸福感。

对于每个人来说，丰裕的物质生活、充实的精神生活、和谐的社会生活，既是不可或缺的，又是相辅相成的。没有丰裕的物质生活，终生为温饱而操心；没有充实的精神生活，整天为琐事而烦心；没有和谐的社会生活，时时为人际关系而闹心。这怎么会是幸福的生活？人又怎么会感受到生活的幸福？只有操心变为放心，烦心变为顺心，闹心变为安心，这才是幸福的生活，人才会感受到生活的幸福。

放心、顺心、安心的幸福，急需两个方面的建设：一是制度建设，二是文化建设。在制度建设上凸显社会的公正、公平和正义，切实地解决收入分配严重不公平、贫富差距过分悬殊，切实地解决行政权力对公民权利、公众权益的侵害，才能为顺心的幸福生活奠定现实基础。在文化建设上凸显人的精神家园建设，增强人们的自信心和自尊感，合理地表达自己的诉求，合法地维护自己的权益，和谐地处理人际关系，才能为顺心的幸福生活创造现实条件。在建设中国特色社会主义的进程中，不仅要切实驱散自然的雾霾，而且要着力驱散笼罩在社会和心灵的雾霾，人们才能放心、顺心、安心地生活。

放心、顺心、安心的幸福感，总是同“心”分不开的；国家富强，民族振兴，人民幸福的“中国梦”，也是同“心”分不开的。中国人说的“心”，指的就是人的“精神”，就是人的精神活动的家园，也就是人的精神家园。建设人的精神家园，不只是充实人的精神生活，而且会促进和改善人的丰裕的物质生活，协调和完善人的和谐的社会生活。人的物质生活、精神生活和社会生活，人的生活的理想和理想的生活，都离不开人的精神家园。

人对生活的期待、向往和憧憬，既源于生活的现实，又源于人对生活的理解。生活的现实与对生活的理解，构成了每个人的生活的理想。在特定的生活境遇中，人们总会产生某些共同的愿望和理想。在饥寒交迫的生活境遇中，人们总是期待有饭吃、有衣穿、有房住的温饱生活；在人际关系紧张的生活境遇中，人们总是向往相互理解、相互信任、相互宽容的和谐生活；在崎岖坎坷的生活境遇中，人们总是渴望平平淡淡、安安静静、从从容容的纯净生活；而在闲适安逸的生活中，人们则会憧憬波澜起伏、雄浑壮阔的生活。

如何面对现实，如何看待现实，如何对待现实，却是因人而异的。有人直面现实，勇往直前；有人逃避现实，自暴自弃；有人理性地思考现实，对现实作出较为全面和深刻的理解；有人感性地看待现实，对现实作出以偏概全或囿于己见的理解。在当代社会生活中，人生价值选择的困惑，源于当代社会的价值坐标的震荡，源于“我们到底要什么”的历史与现实的多元冲撞，源于“我们到底要什么”的价值理想、价值规范和价值导向与“我到底要什么”的价值期待、价值认同和价值取向的矛盾。面对选择的困惑，最为重要的是学习。

人的精神家园是在学习的过程中充实和升华的。学习是精神家园的源泉。学习必须要有兴趣，没有兴趣就学不下去，学不踏实。古人说：“知之者不如好之者，好之者不如乐之者。”乐在其中，才能从“要我学”变为“我要学”，从“学一阵”变为“学一生”，使学习成为自己的最基本的生活需求，使学习成为自己的健康的生活方式。

学习必须善于思考，没有思考就学不深入，浅尝辄止。古人说，“学而不思则罔，思而不学则殆”。束书不读，当然就谈不上学习；买书而不思考，就不会得道于心。勤于思考，才能读出人家的好处，看出人家的问题，悟出自家的道理，使学习的过程变为构成自己的精神生活的过程，使学习的成果变为自己的充实的精神家园。

学习必须“转识成智”，把知识变为自己的学养。缺乏文学修养，就没有情感的深度；缺乏艺术修养，就没有美的发现；缺乏科学修养，就没有科学的世界图景；缺乏哲学修养，就没有理论思维的洞察力和思想力。自觉地追求真、善、美，才能不断地充实自己的精神生活，不断地提升自己的人生境界。

学习必须严于律己，没有对自己的约束就学不持久，就会玩物丧志。古人说，读书人要“忙别人之所闲，闲别人之所忙”。学习首先是要有真诚的态度，要有抑制不住的渴望。鲁迅说，“时间就像海绵里的水，只要你愿意挤，总还是有的”。别人“玩”的时间你用于“学”，就会不断地充实自己的精神家园。

学习必须学以致用，没有应用就只是纸上谈兵，就会空谈误国。古人说：“博学之，审问之，慎思之，明辨之，笃行之。”笃行不只是将学习的成果转化为行动的指南，而且是在践履中真正地构建自己的世界观、人生观、价值观。在知行合一的学习过程中成就自我，这才会有真实的幸福。

五、学问之道的自我领悟

读书、思考和写作，构成了我的生命历程和心路历程，也形成了我对学问人生的体验和感悟。撰写学术论著之余，或是有感而发，或是应人之约，又讲了或写了一些做学问的心得体会，这就是所谓的“学问之道的自我领悟”。

（一）

做学问的五对范畴

学问是“做”出来的。自觉地做学问，我感到有五对范畴值得认真地思考和深切地体会：一是名称与概念，二是观察与理论，三是苦读与笨想，四是有理与讲理，五是学问与境界。

1.名称与概念

黑格尔有句名言：人们经常挂在嘴边的名词，往往是最无知的。这是因为，人们用以指称和把握对象的任何一个名词，都既可能是关于对象的规定性的概念，也可能是关于对象的经验性的名称。名称只是一种熟知、一种常识，概念则是一种真知、一种理论。熟知不需要专业性的研究，真知则需要专业性的研究。把熟知的名称升华为真知的概念，就是把非专业的常识上升为专业化的理论。因此，所谓专业地做学问，其实质内容就是把名称变为概念。

比如，非物理学专业的人，也总是使用声、光、电、分子、原子、微观粒子这些名词，但这些名词只是用以指称对象的经验性的名称，而不是用以把握对象的规定性的概念。同样，非哲学专业的人，也总是使用存在、物质、规律、真理这些名词，但这些名词同样只是用以指称对象的经验性的名称，而不是用以把握对象的规定性的概念。例如，究竟什么是“存在”？在用以指称对象的经验性的名称中，“存在”就是“有”，“有”就是存在，“没有”就是不存在。然而在用以把握对象的规定性的哲学概念中，“存在”成为全部哲学思想的聚焦点。从巴门尼德的存在与非存在到康德的物自体与现象界，从黑格尔的“纯存在”到马克思的“现实的生活过程”，“存在”这个名词获得了历史性的和开放性的哲学内涵，从而构成积淀和结晶着全部哲学史的哲学范畴。因此，在哲学专业的意义上使用“存在”这个概念，就必须是以“建立在通晓思维的历史和成就的基础上的理论思维”去辨析这个概念，深化对这个概念的理解。

列宁说，概念、范畴并不是认识的工具，而是认识的阶梯和支撑点。这就是说，在人类认识的历史进程中，概念、范畴既是认识的积淀和结晶即认识的结果，又是认识的阶梯和支撑点即认识的前提。作为认识的结果，它是以经验为基础的专业化的研究成果；作为认识的前提，它直接地构成专业化研究的不可或缺的基础性前提。

概念、范畴作为专业化的认识的结果和前提，它蕴含着相互依存的两方面内容：一是它积淀和结晶了人类的认识史，二是它包含着“整个世界”和“全部生活”。人类的认识史，既是对“整个世界”的规定性的不断拓展和深化的认识，又是对“全部生活”的意义的不断拓展和深化的理解；而对“整个世界”和“全部生活”的认识和理解，又构成人类的认识史。因此，真正把名称升华为概念，也就是从非专业的熟知升华为专业性的真知，就必须形成两个方面的自觉意识：一是必须寻找理论资源，“通晓思维的历史和成就”，以概念作为专业性研究的阶梯和支撑点；二是必须把握本学科关于对象世界的规定性，以及本学科已有的对“全部生活”的理解。从名称到概念，这是专业做学问的基本前提。

对于“做哲学”来说，要把名称升华为概念，“通晓思维的历史和成就”，与对“全部生活”的体悟和思辨，是同等重要的。首先，哲学是历史性的思想，哲学史则是思想性的历史，离开思想性的历史，就无法形成历史性的思想。哲学从名称到概念，就是在思想性的历史中不断地结晶为历史性的思想。不熟悉思想性的历史，哲学名词就只能是常识性的名称，而不可能是哲学概念。其次，哲学作为理论形态的人类自我意识，它的历史性的思想，只能是每个时代的哲学家对生活的体悟和思辨的产物。历代的哲学家都既是以人类的名义讲述个人对生活的理解，又是以个人的名义讲述人类生活的意义。理解他们对生活的理解，特别是超越他们对生活的理解，就必须注入我们的体悟和思辨。否则，我们所接受的就是没有生命的名称，而不是活生生的概念。学习和研究哲学，慎思明辨的理性和体会真切的情感，是不可或缺的。黑格尔说，同一句格言，在一个饱经风霜的老人那里，与在一个未谙世事的孩子那里，其含义是完全不同的。辛弃疾说，同一个“愁”字，少年是“为赋新词强说愁”，而老人则是“却道天凉好个秋”。这是值得深长思之的。

2. 观察与理论

概念、范畴作为认识的阶梯和支撑点，它在做学问的过程中的重要作用，直接地表现在它是阅读文本和观察现实的理论前提。由此就提出做学问中的观察与理论的关系。

人是历史、文化的存在，人们对文本的阅读和对现实的观察，必须并且只能以已有的概念、范畴、知识、理论构成基本的主体条件。用现代科学和现代哲学的说法就是：观察渗透理论，观察负载理论，没有中性的观察，观察总是被理论“污染”的。借用哲学家黑格尔的说法就是：没有概念把握的对象，对象只能是“有之非有”“存在着的无”——对象存在着，但对认识的主体来说并不存在。生活中的简单事实就可以说明这个道理：体检时的胸片和心电图，被体检的人如果没有相应的医学知识，虽然胸片和心电图放在眼前，但根本无法知道自己的肺和心脏是否有毛病。同样，如果没有物理的、化学的、生物的、地质的或天文的相关知识，各种的物理现象、化学现象、生物现象、地质现象或天文现象，对观察主体来说也是“有之非有”“存在着的无”。

这个常识性的道理，对于做学问来说是至关重要的。理论既是把握和解释观察对象的概念系统，又是规范人的思想和行为的概念系统。首先，理论具有解释功能。它的概念系统凝结着人类的认识史，结晶着人类对世界的规律性的认识，因而能够对事物即观察对象作出超越经验性描述的规律性的解释。离开理论的观察，只能是对观察对象的经验性的描述，也就是把名词当作指称对象的名称。其次，理论具有规范功能。它以自己的概念系统规范人们想什么和不想什么、怎么想和不怎么想、做什么和不做什么、怎么做和不怎么做，也就是规范人们的思想内容和思维方式、行为内容和行为方式，即规范人们的所思所想和所作所为。离开理论的观察，就难以在问题的意义上去想什么和做什么，更不知道应当怎样想和怎样做。许多人之所以提不出真实的问题，理解不了真实的问题，其重要原因就在于缺乏应有的理论。再次，理论具有批判功能。它以自己的概念系统审视和反省人的思想和行为，质疑和矫正人的思想和行为。在这个意义上，理论就是实践的反义词，理论就是对实践的反驳。正是理论的批判功能，才能引导做学问的人发现理论困难和创新理论思路。离开理论的批判，既难以触及问题的实质，更难以作出有说服力的批判。一些质疑或商榷文章之所以言不及义或难以服人，其重要原因也在于缺乏相应的理论。最后，理论具有引导功能。理论是构成目的性要求和理想性图景的深层根据，它的概念系统引导人们认同新的价值目标和世界图景。因此，有没有阅读文本和观察现实的相应的概念系统，有多少和什么样的参照的概念系统，直接地决定做学问的层次和水平。

3. 苦读与笨想

做学问必须“读”和“想”，但仅仅是“读”和“想”，对于做学问来说却是远远不够的。真正地做学问，必须是“苦读”和“笨想”。

做学问需要两个积累：一是文献积累，了解和熟悉别人的相关的研究成果，“得道于心”；二是思想积累，形成和论证自己的独到见解，“发明于心”。前者主要是寻找理论资源，后者则重在发现理论困难。前者需要“苦读”，后者需要“笨想”。

所谓“苦读”，强调的是一个“苦”字——不一目十行，不浮光掠影，不寻章摘句，不只过目而不过脑。首先要知道人家到底说些什么，人家到底怎样论证自己的说法，人家的这些说法到底有什么根据和意义。总之，读书首先要发现人家的好处。如果发现不了人家的好处，大概有两种情况，或者是因为它确无价值，或者是因为自己没读进去。如果是前者，可以由此引发自己对问题的思考；如果是后者，这书就等于白读了。读进去，读出人家的好处，才能成为自己的理论资源，才是“得道于心”。

“读”，又不只是为了寻找理论资源，而且是为了发现理论困难。这不只是说要发现阅读对象的问题，更重要的是发现阅读对象为什么会出现这种问题，他所面对的真实的理论困难是什么。借用王国维的读书三境界，读书首先是“独上高楼，望尽天涯路”，博览群书，开拓心胸和视野，修炼性情和品位；其次是“衣带渐宽终不悔”，钻研问题，呕心沥血，磨炼意志和毅力，施展体悟和思辨；第三境界则是“众里寻它千百度，蓦然回首，那人却在灯火阑珊处”，于别人未见之处找到真实的问题。要达到第三境界，仅仅“苦读”又不够了，还必须“笨想”。

所谓“笨想”，强调的是一个“笨”字——不投机取巧，不人云亦云，不耍小聪明，抛开一切文本，悬置一切成说，面向事情本身——到底是怎么回事？在这种“笨想”中，“人云”的一切都化作退入背景的知识，都不再是“想”的立足点和出发点，乃至“笨”到只是追问谁都不认为是问题的问题——这到底是怎么回事？比如，通常都把哲学定义为“理论化的世界观”，然而究竟什么是“世界观”？世界观是人站在世界之外“观”世界，还是人在世界之中“思”世界？具体言之，什么是世界观的“世”？是与人无关的自然而然的“世”，还是人生在世之“世”？什么是世界观的“界”？是与人无关的无始无终的“界”，还是人在途中之“界”？什么是世界观的“观”？是与人无关的物的目光和神的目光，还是人生在世和人在途中的人的目光？对世界观的不同理解，构成了对哲学的不同理解；发现关于世界观的不同的解释原则，才会发现各种哲学的根本分歧。只有“笨”到追问各种似乎是不言而喻、不证自明、毋庸置疑和天经地义的问题，才会形成振聋发聩的真知灼见。

笨想既是以“钻进去”的苦读为基础，又是以超越苦读的“跳出来”为目的。不以“钻进去”的苦读为基础，所谓“笨想”就只能是没有根据的突发怪想或胡思乱想，要么什么也想不出来，要么想出来的没有意义。但是如果只是“钻进去”的苦读，也难以形成“跳出来”的思想。这就要求做学问必须有两个积累：一个是苦读所形成的文献积累，一个是笨想所形成的思想积累。没有扎实的文献积累，就不会形成真实的思想积累；仅仅有文献积累，却不一定形成真实的思想积累。借用形式逻辑的道理，这就是：苦读及其所形成的文献积累，只是形成思想的必要条件，而不是形成思想的充分条件；形成思想的充分条件是复杂的，除了文献积累之外，至少还必须加上由笨想所形成的思想积累。思想积累多了，就形成了自己的有系统的思想。

4. 有理与讲理

苦读和笨想，目的只有一个，就是“有理”——不仅想清楚别人所讲的道理，而且想清楚别人没讲的道理。想明白的道理就是学问，想明白道理的过程就是做学问。做学问就是在苦读和笨想的过程中想清楚别人讲过的，特别是别人没讲过的道理。

由此提出的问题是：别人所讲的道理，自己是否真的明白了？特别是别人没讲的道理，自己是否真的清楚了？或者说，自己觉得“有理”，是否真有道理？这就需要“讲理”——把自认为清楚和明白的道理讲出来、写出来，让它们成为自己和他人的批判对象，看看这些道理是否经得起追问、经得起质疑、经得起推敲。我把这个“讲理”的过程，称作“基本理念概念化”的过程，也就是对自以为清楚的道理进行系统性的论证和辩证的过程。这个“讲理”的过程，同“有理”的过程是同等重要的。

黑格尔说，真理是“全体的自由性”与“环节的必然性”的统一。“全体的自由性”，可以有两种情况：一是没有“环节的必然性”，因而只是一种主观的、虚幻的、抽象的、空洞的“自由性”，只是一种“意见”，而不是“真理”；二是体现为、实现为“环节的必然性”的“全体的自由性”，因而是一种客观的、真实的、具体的、丰富的“自由性”，不只是一种“意见”，而且是一个“真理”。这个真理，是由抽象到具体的“许多规定的综合和多样性的统一”，也就是马克思所描述的“理性具体”。所谓做学问，即把学问“做”出来，就是要把“基本理念概念化”，要在“讲理”的过程中达到“理性具体”。黑格尔说哲学是最具体的，是最反对抽象的，就是要求把“全体的自由性”诉诸为“环节的必然性”，把无规定性的名称升华为规定性越来越丰富的概念。黑格尔的《逻辑学》是其基本理念概念化的理性具体，马克思的《资本论》也是他的基本理念概念化的理性具体。《逻辑学》为我们讲述了黑格尔的思想的内涵逻辑，《资本论》则为我们讲述了马克思的历史的内涵逻辑。这两部经典著作，都为我们提供了“讲理”的典范、做学问的典范。

“有理”是把道理想清楚，关键在于苦读和笨想；“讲理”是把道理讲明白，关键在于分析和论证。而是否真的想清楚了，又在于是否真的讲明白了。所以“讲理”不只是把“有理”系统化、逻辑化，而且是把“有理”引向清晰、确定和深化。因此，“讲理”不只是要说明白，更重要的是要写明白。在“做学问”的过程中，写是比说更重要的“讲”。

把“讲”当成“说”，往往会避重就轻，避难就易，轻描淡写，能说的就说，说不通的就滑过去。其结果就是，那个“全体的自由性”并没有实现为“环节的必然性”，那个“基本理念”并没有“概念化”，因此那个“基本理念”或“全体的自由性”是否真的“有理”，也就不得而知了。

把“讲”作为“写”，情况就大不一样了。“写”就必须把“基本理念概念化”，必须把“全体的自由性”诉诸为“环节的必然性”。这就是论证和辩证。在论证和辩证的过程中，任何一个名词都不能只是一个指称对象的名称，而必须是一个关于对象的规定性的概念；任何一个概念都不能只是孤立的观念，而必须在特定的概念框架中获得相互的规定和自我的规定、相互的理解和自我的理解；任何一个概念都不能只是抽象的规定，而是在由抽象到具体的概念运动中获得越来越丰富的规定，并由此构成“环节的必然性”。所谓辩证法，就是在概念的相互规定中达到理性的具体。马克思说，人们可以对《资本论》提出各种批评，但《资本论》作为一件“完整的艺术品”，他是引以为自豪的。作为“完整的艺术品”的《资本论》，就是运用辩证法的艺术，就是在“讲理”的过程中所实现的“全体的自由性”与“环节的必然性”的统一。

思想者是以思想为生的。用“痛并且快乐着”来形容学者的生活，大概是最恰当的。这个“痛并且快乐着”，不只是体现在苦读和笨想的过程中，而且更深切地体现在“讲理”即写作的过程中。好些人之所以不能“读”出“人家的好处”，之所以不能“想”出“自家的道理”，关键在于不能“写”出“自己的文章”。事非经过不知难。文学评论家何其芳曾说，《红楼梦》是把生活的大山推倒，又重塑了艺术化的生活的大山。学问家也是把观念的大山推倒，又重塑了理论化的思想的大山。“写”出“自己的文章”，是以苦读和笨想为基础的“讲理”的过程，是把“全体的自由性”诉诸为“环节的必然性”的过程，真正“讲理”的“专著”是“痛并且快乐着”的产物。许多的书籍之所以只能称之为“编著”，而不能称之为“专著”，就在于它的产生并没有真实的“痛并且快乐着”的过程，因而也就没有实现“基本理念概念化”，也就是没有实现“环节的必然性”。

“讲理”是艰苦的。“讲理”的过程，就是“跟自己过不去”的过程。作为人文学者，“讲理”有三个要素：一是思想，二是逻辑，三是语言。所谓思想，就是要有独立的创见，这就需要“在思想上跟自己过不去”，讲出别人没想到或没想清楚的道理；所谓逻辑，就是要有严谨的论证和睿智的辩证，这就需要“在论证上跟自己过不去”，讲出“环节的必然性”；所谓语言，就是要有清晰而优美的表达，这就需要“在叙述上跟自己过不去”，把道理讲明白、讲透彻。“有理”和“讲理”是艰苦而又快乐的创作过程，也就是做学问的学者的生活。

5.学问与境界

人们常把“为学与为人，其道一也”视为做学问的至理名言。然而人们对于这个“道”的理解并不一样。我觉得，为人之道和为学之道，都是达到一种“洒脱通达的境界”，因此“其道一也”。

为人和为学的境界，并不是玄虚的、神秘的，它具体地体现在为人和为学的“大气”“正气”和“勇气”之中。所谓“大气”，就是“立乎其大者”，有高尚的品格和品位，有高远的志向和追求，有高明的思想和见地；所谓“正气”，就是“真诚地求索”，有“抑制不住的渴望”，有“直面事情本身”的态度；所谓“勇气”，就是“异常地思考”，有“吾爱吾师吾更爱真理”的信念，有“语不惊人死不休”的理想。这种“大气”“正气”和“勇气”，就是为人、为学的境界。

大气，首先是志存高远，有强烈的社会责任感，有博大的人文情怀，有敏锐的问题意识。理论是思想中的现实，问题是时代的呼声。以强烈的社会责任感和博大的人文情怀去捕捉和发现时代性的重大问题，并以理论的方式直面现实，这是思想者的最为根本的大气。大气又是“先立乎其大者”。海德格尔说：“伟大事物的开端总是伟大的。”对于做学问来说，开端的伟大，就是在基础性的、根本性的问题上形成自己的基本理念和解释原则。它是照亮自己所研究的全部问题的“普照光”。一个搞哲学的人，没有对哲学本身的深切的追问，没有关于哲学的真切的体悟，是难以达到哲学境界的。例如，把哲学分解为若干二级学科进行专门研究是必要的，但是没有超越各个二级学科的哲学理念，就往往导致并不是在哲学的意义上提出和论证问题，乃至出现哲学常识化或哲学科学化的思潮。再如，把哲学研究具体化为对哲学家、哲学论著、哲学派别、哲学思潮的研究是重要的，然而没有研究者自己对哲学本身的总体性理解，没有研究者自己对哲学基础理论的系统性把握，既难以真切地理解研究对象的思想，更难以真实地提出超越研究对象的思想。研究者的学养、悟性和境界，深层地决定做学问的水平。

正气，就是真诚地求索。“文章千古事，得失寸心知。”自己有多少文献积累，自己有多少思想积累，自己有多少独立见解，自己是最清楚的。讲课时，什么时候理直气壮，什么时候惴惴不安；写稿时，什么地方酣畅淋漓，什么地方捉襟见肘；这些，有谁会比自己体会更深呢？叶秀山先生在《读那些有读头的书》一文中说，你对黑格尔提问，可以一直追问下去，他总有话对你说。我们的讲稿或论著，究竟能够回答多少追问，自己是清楚的。学问是老老实实的东西，做学问需要老老实实的态度。这就是做学问的正气，也就是做学问的境界。

勇气，就是异常地思，辩证地思，就是马克思所说的“在对现存事物的肯定的理解中同时包含对现存事物的否定的理解”。对于哲学来说，它要激发而不是抑制人们的想象力、创造力和批判力，它要冲击而不是强化思维的惰性、保守性和凝固性，它要推进而不是遏制人的主体意识、反思态度和创造精神，因此做哲学就是“对假设质疑，向前提挑战”，追究生活信念的前提，质疑经验常识的根据，反思历史进步的尺度，审核评价真善美的标准，反对人们对流行的生活态度、思维方式、价值观念、审美情趣采取现成接受的态度。这种异常之思，根植于长期的苦读和笨想，体现在切实的有理和讲理，因而实现为富有启发性和建设性的思想。学问的境界，就是有价值的思想。

（二）

学术研究的四个“真”字

在学术研究中，我强调四个“真”字：一是真诚，要有抑制不住的渴望；二是真实，要有滴水穿石的积累；三是真切，要有举重若轻的洞见；四是真理，要有抽丝剥茧的论证。

学术研究首先要有真诚的态度。从事学术研究，不仅仅是一种职业化的存在方式，而且是一种具有特殊意义并因而提出特殊要求的职业化的存在方式。学术乃天下之公器。传承和创新人类文明的强烈的社会责任感和敏锐的问题意识，应当是对从事学术研究的人的特殊要求，它要求学者具有传承和创新人类文明的抑制不住的渴望。

真诚是学术研究的态度，真实是学术研究的过程。学术研究的真实，首先是要有真实的积累过程。我自己的体会是，学术研究要注重三个积累：一是文献积累，得道于心；二是思想积累，发明于心；三是生活积累，活化于心。这三个积累既是不可或缺的，也是不可替代的。没有真实的文献积累，不能系统地掌握已有的研究成果，就失去了列宁所说的认识的阶梯和支撑点，就会把创造性的学术研究变成“无本之木”的重复性工作；没有真实的思想积累，不能在文献积累中发现真正的学术问题，不能形成自己有根据的独到见解，就会把创造性的学术工作变成“钻故纸堆”的技术性工作；没有真实的生活积累，不能以真实的生活体验活化已有的文献积累和思想积累，就会把创造性的学术研究变成“纸上得来终觉浅”的表面文章。理论是思想中的现实。任何重大的理论问题都源于重大的现实问题，任何重大的现实问题都深层地蕴含重大的理论问题。以真实的生活积累活化厚重的文献积累和深沉的思想积累，又以厚重的文献积累和深沉的思想积累激发切实的生活积累，哲学社会科学研究才会有富于启发性和创造性的研究成果。

“文章千古事，得失寸心知。”一个学者，自己有多少文献积累，有多少思想积累，有多少生活积累，自己是最清楚的。讲课时是理直气壮还是惴惴不安，写稿时是酣畅淋漓还是捉襟见肘，有谁比自己体会更深呢？学界强调理论创新，然而理论创新既不是一个口号，也不是一句套话，它既不能信手拈来，也不能刻意为之，而是在厚重的文献积累、深沉的思想积累和切实的生活积累的基础上，使人的思想在瞬间达到意想不到的境界，形成真切的、举重若轻的“洞见”。“众里寻他千百度，蓦然回首，那人却在灯火阑珊处”，这是学术研究有所发现的最为真切的写照。

学术研究不仅要形成独到的见解，而且要以理服人，这就需要“基本理念概念化”，对自己的思想进行逻辑化、系统化的论证，而不能避重就轻、避难就易、轻描淡写，能说的就说，说不通的就不了了之。就此而言，对学者来说，多写才是硬道理，论证才是真功夫。一些从事学术研究的人，之所以读不出人家的好处，之所以悟不出自家的道理，关键在于写不出自己的文章。许多书籍之所以不能称之为“专著”，而只能称之为“编著”，就在于它没有自家的道理，也没有对自家的道理作出逻辑化和系统化的论证。哲人黑格尔说，真理是“全体的自由性”与“环节的必然性”的统一。以抑制不住的渴望探寻真理，以滴水穿石的积累趋向真理，以举重若轻的洞见发现真理，以抽丝剥茧的论证阐述真理，这就是“用心于真”的学术研究。

很多人把文科想得非常简单，常常这样提出问题：文科不就是面向社会吗？不就是研究人吗？人不就是这样吗？社会不就是这样吗？书里不是都有答案吗？这种想法的产生，是同多年来的文科状况密不可分的，特别是把文科教材当成标准答案，更是强化了人们对文科的误解。这里，我还想着重地谈谈对“真实”即积累的想法。

其实从某种意义上说，搞文科比搞理科还要困难。我把搞文科概括为八个字：功夫、学养、悟性、境界。没有专业系统的功夫，没有广博知识的学养，没有很高的悟性，没有强烈的人格的魅力和境界，文科是搞不好的。现在存在一个巨大的误解，好像文科人人都能搞。我觉得搞文科是有前提条件的。我把它概括为四句话：一套概念系统，一套背景知识，一套研究思路，一套评价标准。

什么叫理论？理论就是规范人们的思想和行为的各种概念系统。不是概念系统的不可能称之为一门学科、一种理论。所以大家想一想，我们之所以能够叫作专业的教师、专业的研究人员，我们所具有的和别人不具有的，首先就是一套概念系统。有没有一套概念系统是专业和业余的区别。我经常收到业余的搞哲学的人给我寄来的研究成果，而且都比较自信，认为自己解决了全部的哲学问题。这样的人首先缺乏的就是一套概念系统，没有这套概念系统不可能是专业意义上搞这门学科。

真正的概念是蕴含着一套背景知识的。我最欣赏的是恩格斯关于哲学的说法，哲学就是一种“建立在通晓思维的历史和成就的基础上的理论思维”。哲学家必须“通晓思维的历史和成就”，所以哲学就是哲学史，哲学是一种历史性的思想，哲学史是一种思想性的历史，离开哲学史没有哲学。为什么其他专业的老师学了一遍又一遍的哲学，但并不理解哲学，总是认为哲学抽象呢？就是因为他们不知道古往今来的哲学家都说了些什么。那他们还说什么呢？所以我认为所有文科科研，第一是表现出来的东西，就是概念系统；第二是隐含着的东西，就是隐含在概念之中的背景知识。谁不都需要站在巨人的肩膀上吗？所有的学科全都如此。我最深刻的感受就是，我在讲所有的问题时，如果讲得好的话，脑海里都能浮现出众多哲学家关于这个问题都怎么看的，然后我再想出一个自己的想法。普希金说："跟随伟大人物的思想是一门最引人入胜的科学。"这是耐人寻味的。

背景知识是最关键的。文科研究难是难在我们有没有下苦功夫去占有一套背景知识。我特别欣赏列宁说的，"不懂得黑格尔的《逻辑学》就不懂得马克思的《资本论》"，这就要求背景知识。列宁又追加一句话，"阅读黑格尔的《逻辑学》，是引起头疼的最好办法"。《逻辑学》蕴含着全部的哲学史，用恩格斯的话说，黑格尔是"以最宏伟的形式概括了全部哲学的发展"，读《逻辑学》怎么能不头疼呢？

我们在研究过程当中应该自觉地形成一套研究思路，而不是随随便便进行研究。我把它叫作"三面向，三跳出"。文科的研究要面向本文、面向现实、面向自我。既要三面向又要三跳出，那就是面向本文与悬搁本文、面向现实与拉开间距、面向自我与跳出自我。这在我的研究当中是最重要的一种思路。

首先必须面向本文，要多读书。理科不做实验就不要搞自然科学了，文科研究如果不读书就没办法搞了。这可以叫作"理科在实验，文科在文献"。我们的老师首先要进得去，还要出得来。这就是从自在和自为到自在又自为的过程，要进得去，要出得来。不仅要学会面向本文，还要学会悬搁本文，不仅要注重文献积累，还要注重思想积累。这两个积累不能互相替代，也不能互相偏废。把读的东西放在一边，自己去冥思苦想，这是一种更重要的思想准备。

第二要面向现实。作为专业研究人员，究竟如何面向现实？许多人把面向现实理解为仔细地看、认真地听，似乎看的是什么样，就实事求是了。其实不然。我们现在最重要的说法，叫作“观察渗透理论”“观察负载理论”“没有中性的观察”“观察总是被理论污染的”。我们有什么样的理论才能看到什么样的现实。真正的从实际出发要有背景知识，所以又必须与现实拉开间距。之前我发表一篇文章，叫作《哲学如何面向现实》。广义地说，就是理论如何面向现实？只有和现实拉开间距才能深层地透视这个现实，才能理性地把握这个现实，才能批判地反思这个现实，才能理想地引导这个现实。否则现实不就变成了一系列的抽象的表象了吗？不就是马克思所说的“混沌的整体的表象”吗？这一点是比较重要的，就是既要面向现实又要拉开间距。

最后，既要面向自我又要跳出自我，既不囿于成见，又不流于空疏。当然，研究思路非常之多，以后有机会，可以再进一步讨论。比如，我非常愿意用自己的一个比喻，文科研究需要三个东西，叫作“靶子”“灵魂”和“血肉”。首先文科研究要有“靶子”，你针对什么。为什么有些人写的书多而论文少？书把一个东西叙述清楚就可以了，论文却必须针对某种或某些观点，有针对性地论证自己的观点。文科研究最重要的是要有靶子。第二就是“灵魂”。有的文章用谁都听不懂的话在讲一个尽人皆知的道理，我们应该用谁都能听懂的话讲一个谁都没有想到的道理。第三个是“血肉”。我常常愿意讲一句话，写小说的功夫不在故事而在细节，写论文的功夫不在观点而在论证。基本理念概念化，这是文科研究的真功夫，这是文科论著的“血”和“肉”。没有“血肉”，不就是毛泽东批评的“瘪三”吗？

虽然各个学科区别非常大，但是凡是面向人和社会的文科研究，我认为还是有某些共通的东西。我把文科研究的主要工作概括为：寻找理论资源，发现理论困难，创新理论思路，作出理论论证。

一是寻找理论资源。这和我上面所说的前提条件是吻合的、是一致的，就是要面向文本，我认为这是最主要的。其中，首要的是迫使研究生寻找理论资源，这是一项最基本的工作。我觉得研究生学习就是寻找理论资源的过程，多读一点经典的书。我们老师也是这样，在寻找理论资源上下功夫。现在有些教师，特别是青年教师在寻找理论资源上有一些偏见，表现为重洋轻中，很多人甚至公开标榜“中文的东西我不看”。我觉得我们毕竟是在中国搞学问，洋的东西是应当多看，谁的外文越好，可能越便利些。但是如果从形式逻辑的角度说，外文是一个必要条件而不是一个充分条件。这就表现在我们很多的研究成果上，很少有人说是引证了当代中国谁的研究成果。对于国内的学者，是你没有读人家的呢？还是不屑于读呢？这是包括学风在内的问题。怎么去寻找理论资源？寻找哪些理论资源？这需要结合具体的学科，但有一点是共同的，没有理论资源就没有文科研究。

二是发现理论困难。我们很多人的文科研究就是没看到理论困难。没有发现理论困难，怎么会有真实的理论问题呢？我举一个最简单的例子，说黑格尔是唯心论者，就批评黑格尔了，但是有没有人问一问：如此博学多才的黑格尔怎么搞唯心主义了呢？黑格尔是遇到了什么不可解决的理论困难了呢？如果你没有这么问，你研究的是什么黑格尔？你怎么能够理解那个唯心主义呢？又怎么能够理解列宁说的“聪明的唯心主义比愚蠢的唯物主义更加接近于聪明的唯物主义”？又如何坚持唯物论和反对唯心论？

我们不仅要发现理论困难，还必须把理论的外部困难转化为理论的内部困难，也就是把理论与经验之间的矛盾升华为理论内部的逻辑矛盾。我们现在许多搞研究的同志，把理论的外部困难自然而然地当成了理论的内部困难。这是理论研究的最大误区。看到理论和经验发生矛盾了，认为就是解决理论和经验之间发生的矛盾。其实，最大的困难是不能把外部的困难转化为内部的困难。如果你不能意识到理论的内部困难，就不可能有理论的创新。发现理论的内部困难，那就要“通晓思维的历史和成就”了。

三是创新理论思路。我把哲学的创新概括为三种：创造、创意和创新。生命叫创造，思想叫创意，理论叫创新。没有生命的创造就没有思想的创意和理论的创新。哲学、文学是一致的。没有生命的创造想谈理论的创新是不可能的。“慎思明辨的理性”与“体会真切的情感”是水乳交融的，“反思”和“体悟”是不可或缺的。如果你有这种自觉意识的话，确实有助于你做到理论创新。

四是作出理论论证。我认为文科研究当中最大的问题有两个：一个是没有发现理论困难，另一个是没有作出理论论证。公文是把一件事情说清楚，论文是把一个道理讲明白。所以论文在于论证，论证在于逻辑。所以我特别强调论文的逻辑之美。马克思说：“理论只要说服人，就能掌握群众，而理论只要彻底，就能说服人。”这就是论证的力量。我读马克思、恩格斯、列宁、毛泽东的书，总是被巨大的逻辑力量所震撼。我讲课特别提倡不用讲稿，这样才有利于你进行论证。旁征博引也好，逻辑分析也好，是在论证我的观点，而不是说这个问题分大一、二、三、四，还有小1、2、3、4。就是全记住了，有什么用呢？文科要达到的是一种境界，不是一种现成的知识。

我们为什么要进行文科研究？为了提职？为了赚钱？这是症结之所在。文科搞得好不好就取决于此。之前在北京召开的国际数学家大会，这些著名的数学家都在数学中获得了美的心理体验。常人看来一辈子陷在枯燥的数字堆里，实在没意思，而对于这些数学家说，我觉得没有比这更好的事了。不夸张地说，我搞哲学，我就觉得这个世界上没有比搞哲学更美好的事了。文科研究最根本的一点，就是抑制不住的渴望。什么是文科研究抑制不住的渴望？首要的就是要有强烈的社会责任感，这种抑制不住的渴望首先是一种博大的人文情怀，是一种关怀人类命运的渴望。第二种渴望是自我实现的渴望。骨鲠在喉，不吐不快。从教学说，我教故我在，我教书所以我存在。老师不就是讲课的吗？你的自我实现不就是在课堂上吗？另一个自我实现不就是在你所写的论著当中吗？我觉得这是一种抑制不住的渴望，把自己想清楚的道理告诉给别人的渴望。更深层的是一种审美愉悦的渴望。别的高峰体验都没有比研究的高峰体验更使人激动。在研究当中发现了理论困难，进而形成了自己的独到的见解，而且试图对它作出理论论证的时候，这种研究中的高峰体验，我把它看成一种审美愉悦的渴望。

正是因为有一种抑制不住的渴望，有这样一种和自己较劲的韧劲，才能在研究的过程中、在研究的结果中感受到不是一种痛苦，而是一种从未有过的、常人难以体会到的美的体验。我曾写过一篇短文，叫作《找感觉》。所有的感觉都能感受到人生的快乐，但很难有我们这样一种创造的心理体验，这样一种无可替代的人生的幸福。别看歌曲中唱“跟着感觉走，紧抓住梦的手”，但人的最大的幸福是“跟着理性走，紧抓住哲学的手”。的确是这样，理论研究能感受到常人无法体会到的美的喜悦。马斯洛说过，人的需要有不同的层次：生存需要、安全需要、归属需要、尊重需要、审美需要，而审美需要才是一种真正的自我实现。我想我们在文科的研究当中，如果有一种抑制不住的渴望，有一种跟自己较劲的韧劲，能够达到一种美的心理体验，那么我们的人生和工作就是快乐的。

（三）

学术标准与学术批评

在学术研究中，需要有某种共识性的学术标准，更需要有真实的学术批评。

1.分清层次与自觉定位

从20世纪80年代初恢复研究生培养制度，仅仅经过四十余年，我国已经成为“生产”博士的大国之一，因此暴露出来的突出问题是博士学位获得者的整体质量问题。这一现象呈现给我们的首要问题就是：我们是否分清了培养层次？是否对博士学位获得者的培养目标实现了自觉定位？

就文科情况看，在本科生、硕士生、博士生的培养中，我们逐步地实现了四个方面的分化：一是在学习领域上，本科生主要是在一级学科领域学习，硕士生主要是在二级学科领域学习，而博士生则是在特定专业方向领域学习；二是在学习内容上，本科生主要是形成广博的知识背景，硕士生主要是打下扎实的理论基础，博士生主要是开展专题研究；三是在学习方式上，本科生以讲授为主，硕士生以讲授和讨论并重，而博士生则以讨论为主；四是在考核方式上，本科生以闭卷答题为主，硕士生以课程作业为主，而博士生则以撰写文章为主。

这些分化是重要的，但是这些分化本身并不能保证培养层次的区分，因此也并不能保证培养目标的实现。博士生的培养目标是高级专门人才，关键是“高级”和“专门”。有人批评“博士不博”，如果是要求博士具有广泛坚实的专业基础，这当然是对的，而如果是要求博士什么都懂、什么都会，那就完全背离了高级专门人才的培养目标。博士不是“万金油”，恰恰相反，必须是“专门”家，是“高级”的“专门”家。从这种认识出发，上述的学习领域、学习内容、学习方式和考核方式的分化，就必须实现层次上的分化，而不仅仅是内容和形式上的分化。

我是教哲学的，我觉得哲学专业的本科教育是引导学生进入哲学，硕士生教育是引导学生领悟哲学，而博士生教育是引导学生研究哲学。这是三个不同层次的培养目标和培养模式。正是从这种分层培养的理念出发，我把本科生教育定位为“激发理论兴趣，拓宽理论视野，撞击理论思维和提升理论境界”。这里突出的是兴趣的培养、视野的开阔、思想的震撼和境界的升华，目的是提高学生的理论思维能力和培养学生的哲学的生活态度。与本科生不同，我把硕士生教育定位为“寻找理论资源，发现理论困难，坚持独立思考，作出理论论证”。这里突出的是文献的积累和思想的积累，特别是发现问题和论证思想的能力，目的是为进入研究状态奠定基础。与硕士生不同，我把博士生教育定位为“抓住基础理论，稳定研究方向，创新理论思路，进行课题研究”。这里突出的是理论性和专门化的培养，特别是研究能力的养成和创新意识的强化，目的是培养高级专门人才。

这种层次性的定位，意味着我们面对一系列严峻问题，其中最重要的是导师队伍问题。“导师”不同于“教师”，重点不在于“教”而在于“导”，也就是引导研究生（特别是博士研究生）学会研究。这就要求导师本身既有坚实的研究领域和丰厚的研究成果，又有丰富的研究经验和真切的研究心得，这两方面是缺一不可的。所以我想专门谈谈导师队伍问题。

2.重在引导与开展研究

博士生导师的引导，我以为主要有三个方面：一是学科引导，二是学术引导，三是学问引导。

首先是学科引导。每门学科之间都具有重大差异，能否理解和把握学科特点，是能否在本学科进行专门研究的前提。比如哲学，它是一种批判性的反思活动，而不是对经验对象的实证研究。引导博士生研究哲学，从根本上说，就是引导学生的思想在批判的、反思的、形而上的层面上进行。具体地说，哲学研究应当做到“时代精神主题化，现实存在间距化，流行观念陌生化，基本理念概念化”。一是“时代精神主题化”，注意发现和捕捉到具有时代意义的哲学问题并使之主题化；二是“现实存在间距化”，使关于现实的思想成为反思的对象；三是“流行观念陌生化”，使被反思的思想成为真正的批判对象；四是“基本理念概念化”，对基本理念作出系统化的逻辑论证。

其次是学术引导。不管学科之间具有怎样的差别，作为学术，却具有广泛而深刻的一致性。就文科说，学术研究的前提是两个积累，即文献积累和思想积累，二者缺一不可。一般来说，从事文科研究的人都能理解文献积累的重要性，但是着重哪些文献的积累，怎样积累文献，从文献积累中获得什么，却需要导师具有广阔的视野和深刻的思想。然而一些导师和学生所缺乏的恰恰是深厚的和深沉的思想积累。思想积累离不开文献积累，但文献积累并不直接就是思想积累。思想积累必须是在思想上和自己过不去，在思想上跟自己较劲，一点一滴地积累真知灼见。显然，这种思想积累是最为困难的，也是最为重要的。没有深厚的和深沉的思想积累，哪里来的理论创新呢？

最后是学问引导。搞学问不仅需要“十年磨剑”“板凳坐冷”，而且需要“平常心”和“异常思”，这是当代中国学人最喜欢的六个字。思想要“异常”，否则就没有思想的创新；心态要“平常”，否则就会失去真实的思想。但是我们有时会碰到这种情况，博士生不是用谁都听得懂的语言讲出富有独创性的思想，而是用谁都难以听懂的词句讲一个平淡无奇的道理。我感到，引导学生真实地研究、真诚地探索和真切地思考，这是导师最重要的和最基本的责任。有了这种真诚，博士生才不会漫无边际地问自己“写什么”，而是老老实实地问自己“能写什么”；不是挖空心思地琢磨若干新词，而是认认真真地酝酿一些思想；不是天马行空地表达一些想法，而是确有根据地作出论证。

3. 明确标准与鼓励创新

如果说人们对博士生的培养质量表示忧虑，可能比较直接地表现为对文科博士生培养质量的忧虑。这里面的一个突出问题，是对文科研究成果，其中包括文科博士学位论文，有无明确的评价标准的问题。比如，我们要求博士学位论文必须有创新，但究竟怎样理解和判断创新？我在从事文科研究和培养文科学生的过程中，有一个不成熟的想法，就是把文科研究成果（包括文科博士学位论文）分为五个档次：一是解释原则的创新，二是概念框架的构建，三是背景知识的转换，四是提问方式的改变，五是逻辑关系的重组。最重大的创新，是解释原则的创新，也就是库恩所说的“研究范式”的转换和拉卡托斯所说的“理论硬核”的变更。这样的学术论著和学位论文，具有实现学科变革的重大价值。第二是概念框架的构建，也就是依据新的理念所建构的概念逻辑体系，它往往具有一定的填补学科空白的意义。第三是背景知识的转换，依据新的背景知识形成某些新的结论，形成某些认识的转换或提升。第四是提问方式的改变，从新的角度提出问题从而拓宽或深化对问题的理解。最后是逻辑关系的重组，也就是把已有的知识和理论进行新的排列组合，以新的形式表达作者对已有知识和理论的论证与阐释。如果大体上有一种对学术论著和学位论文的评价标准，我们就可以更为深刻地理解创新，更为准确地把握创新，从而也就更为有力地鼓励创新，把更多的博士生培养成富有创新能力的“高级专门人才”。

以学者为主体的学术研究，是在学者之间的思想交锋——学术批评——中推进的；离开经常化的学术批评，就难以实现学术的繁荣。直面学术界的现状，我对学术批评有如下的一些想法。

（1）学术批评的出发点：“同情的了解”与“带有敬意的批判”

记得莫尔顿·怀特的《分析的时代》的第一句话是，“几乎二十世纪的每一种重要的哲学运动都是从讨伐黑格尔的观点开始的”，而这就是对黑格尔的“特别显著的颂扬”。一个世纪的各种哲学都以其作为建构自己的出发点，这表明了黑格尔哲学具有里程碑意义，当然也就是对其“特别显著的颂扬”了。

我在这里引证这句话的意思是，某种思想能够成为真正的“讨伐”对象，首先在于它是真正的思想，是引起学界广泛和持久关注的思想，因而是值得认真对待的思想；无须认真对待的思想，构不成真正的“讨伐”对象。对于值得认真对待的真正的思想的批判，当然只能是“带有敬意”的批判；而真正的“带有敬意”的批判，当然只能是以“同情的了解”为前提，即认真地研究这种思想构成自己的诸种前提和根据，深入地思索这种思想所具有的价值与意义，进而探讨这种思想的局限，并寻求解决问题的新的思路，这就是学术批评的出发点。

这个出发点对学术批评提出三点要求：一是必须看到人家的好处，二是应当发现人家的问题，三是形成新的思路，并以此展开自己的批评。这就要求学术批评在其出发点上首先应当是一种所谓的“无罪推断”，而不是“有罪推断”，即首先是努力探寻被批评对象的合理之处，进而在探索的过程中发现其不合理之处，并对其展开批评。

“同情的了解”并不是“在原则上的退却”，恰恰相反，只有出之于“同情的了解”或“无罪推断”，才有可能发现某种原则上的分歧，并由此展开深切的学术批评。“同情的了解”与“原则上的论争”，二者是一致的。

（2）学术批评的灵魂：“发现理论困难”与“创新理论思路”

对批评对象的“同情的了解”，其“同情”之处是被批评对象的“理论困难”，即被批判的思想何以是其所是——它陷入了怎样的理论困难而无法自拔。没有对被批评对象的理论困难的深切理解，就不可能形成真正的“同情的了解”和“带有敬意的批判”。

然而正如人们所看到的，许多的所谓学术批评，并不是着眼于被批评对象的理论困难，因而也就不是着力于被批评对象的理论困难；恰恰相反，这些所谓的学术批评，往往是把被批评的思想解说为某种“主观故意”，甚至是某种非学术的“主观故意”，并以被批评对象的“主观故意”为立足点而展开批评。其结果，往往是把严肃的和艰难的学术批评简单化、庸俗化了。

学术批评的严肃性自不待言，学术批评的艰巨性则需要澄明。如果不是把被批评的思想解说为“主观故意”，则必须揭示其特殊的理论困难。这是一项艰苦的学术工作。从一定意义上说，对任何学术思想的研究，都可以称之为学术批评。对先秦以来的全部中国思想的研究，对古希腊以来的全部西方思想的研究，都是如此。在这种“史”的研究或批评中，人们已经比较自觉地克服简单化倾向，力图以“同情的了解”而展开“带有敬意的批判”，因而能够着眼于并着力于发现被批判者的理论困难。例如，哲学界依据列宁对唯心主义哲学的分析，不是把哲学史上的唯心主义哲学视为“胡说”，而是致力于探讨各种唯心主义哲学究竟“夸大”了认识的哪种“特征”“方面”或“侧面”，这些哲学为什么会“夸大”这些“特征”“方面”或“侧面”，因此不是简单化地批判贝克莱和王阳明的主观唯心主义或黑格尔和朱熹的客观唯心主义，而是致力于发现他们所面对的理论困难，以及他们所陷入的理论困境。这种研究方式，有力地推进了当代中国的哲学史研究。

然而值得深思的是，对于当代思想，特别是对于当代中国学者的思想，似乎并未改变把被批评的思想视为“主观故意”的简单化的批评方式。例如，如何看待对通行的哲学原理教科书的批评，如何理解马克思主义哲学的哲学性与科学性，如何理解辩证唯物主义与历史唯物主义的关系，如何处理马克思主义哲学体系中的物质范畴与实践范畴的关系，如何理解和评价“回到马克思”或“重读马克思”，如何看待把马克思主义哲学定位为实践唯物主义或历史唯物主义等，都迫切需要以“同情的了解”来对待各种不同的理解，从而在百家争鸣中繁荣我们的学术研究。因此，在进行学术批评的时候，我们首先应当正视下述问题：这些探索究竟是某种“主观故意”，还是发现了某种“理论困难”？这些“理论困难”是真实的存在，还是虚假的设定？研究这些“理论困难”是阻滞了学术研究，还是推进了学术研究？所有这些问题都要求学术批评必须面对“理论困难”这个根本问题，并以“理论创新”的真诚、勇气和智慧去解决这些“理论困难”。

（3）学术批评的着力点：对“论据”和“论证”的批评

学术批评之难，不在于批评其论点，而在于批评其论据和论证。从逻辑学上说，这是一个极其简单的问题：驳斥其论点，不意味着驳倒其论据和论证；只有驳倒其论据和论证，才有可能驳斥其论点。从学术研究上看，只是驳斥论点，不仅未必驳倒论据和论证，而且往往把被驳斥的论点解读为某种“主观故意”，从而把学术问题非学术化；而要批评论据和论证，则需要认真地研究和深切地理解被批评的对象，自觉地发现被批评对象所揭示的理论困难。例如，究竟如何看待哲学与科学的关系？如果仅就“哲学不是科学”这一论点予以批驳，并引申为“不是科学”的“哲学”还有什么意义，其实并没有真正讨论问题本身——哲学与科学的关系问题。如果着眼于该命题的论据和论证，就会认真对待该命题所探讨的理论困难：哲学与科学作为理论思维的两种基本方式、人类把握世界的两种基本方式，能否把哲学归结为科学？

如果把哲学与科学视为“普遍”（以整个世界为对象的关于普遍规律的理论）与“特殊”（以世界的各个领域为对象的关于特殊规律的理论）的关系，哲学岂不是成了具有最大普遍性和最大普适性的科学？哲学自身还有什么独立存在的意义与价值？恩格斯在他的三部哲学名著中得出一个共同的结论，即哲学被“驱逐”出了它的“世袭领地”（自然和历史），这表明了哲学与科学是怎样的关系？通常认为哲学是对真、善、美的寻求，即哲学是存在论、真理观和价值观的统一，这又意味着哲学与科学的区别何在？当代哲学凸显对哲学自身的追问与反思，这表明在新的历史条件下哲学对人与世界关系的新的追问与反思，也就是寻求新的历史条件下的人的生存与发展之路。这种追问与反思，深化了对哲学自身的理解，从而也深化了对人与世界关系的当代理解。只有在对这些论证和论据的切实的批评中，才能深化对该问题的论点——哲学与科学的关系——的理解。

（4）学术批评的标准：“隔靴搔痒赞何益，入木三分骂亦精”

学术是在批评中发展的，学术创新是在研究范式转换和解释原则更新中实现的。学术批评的“入木三分”，就是发现被批判对象的真正的理论困难，为解决这种理论困难提出新的理论思路，并作出新的理论论证。这是学术批评的“破”与“立”的统一。与此相反，无论是“隔靴搔痒”之“赞”，还是“借题发挥”之“骂”，都构不成繁荣学术的学术批评。

就现实的重大问题而言，改革开放前后两个阶段的“得”与“失”，市场经济的“利”与“弊”，传统文化的“功”与“过”，都不是简单的“肯定”与“否定”所能回答的问题。历史本身是以“片面性”的形式发展的，是以“退步”的形式而实现其“进步”的；理论与实践的关系，也不仅仅是理论必须趋向于现实，而且必须是现实趋向于思想（马克思语）。理论和现实的复杂性，使得学者永远面对着深刻的理论困难，并总是陷入某种特殊的理论困境。所谓的理论创新，首先必须是对理论困难或理论困境的理论自觉。有了这种理论自觉，才能深刻地揭示我们所面对的理论困难，才能深切地思考我们所陷入的理论困境，才能创造性地提出新的理论思路，并形成具有重大价值的学术成果。对理论困难的深刻揭示和对理论困境的深切思考，这是真正的“入木三分”的学术批评。这种学术批评是理论创新的坚实基础。

（四）
哲学研究与赞美理论

恩格斯有一句名言：“一个民族想要站在科学的最高峰，就一刻也不能没有理论思维。”我们要想学好各门知识，能够站在科学的最高峰，要想建设好社会主义市场经济，提高中华民族的整体素质，就必须研究如何提高我们的理论思维能力。同时，我们还知道黑格尔的一句名言，他说：“我们经常挂在嘴边的名词，往往是我们最无知的东西。”这就是说，很多东西，虽然我们经常讲，但对于它应有的内涵，对于它的功能和作用，我们并不是很清楚。虽然大家对于“理论”这个名词是非常熟悉的，但究竟什么是理论，理论究竟有什么作用，我们究竟该如何学习理论，这些都是需要我们去加以研究和探索的。

1.理论“务虚”质疑

大家都知道，我们平时是把“理论”和“科学”这两个名词合在一起称作“科学理论”。然而，崇尚科学是我们这个时代的一股最强劲的潮流，漠视理论也是时下不容回避的一种社会心理，这确实是一种非常奇怪的社会现象。我提出的第一个问题就是理论“务虚”质疑，也就是说，我们为什么会把“理论”和“科学”分开，一方面崇尚科学，而另一方面又漠视理论呢？

其中一个最根本的原因就在于，人们通常认为，科学是务实的，而理论是务虚的。正因为是这样，所以人们才一方面崇尚科学，而另一方面却漠视理论。而造成这样一种漠视理论的原因，用一句时髦的话来说，就是在对“科学”和“理论”的理解上陷入了所谓的双重误区。一方面是对科学的理解陷入了一种误区，另一方面在对理论的理解上也陷入了误区。

所谓对科学的理解陷入了一种误区，就是说，我们为什么会认为科学是务实的，而理论是务虚的？这是因为，我们在相当大的程度上，把“科学”和“技术”当作一个名词了。科学与技术，特别是同技能，是有区别的。所谓科学，大家到学校里边无论是学习自然科学也好，社会科学也好，人文科学也好，思维科学也好，我们都怎么说？我们学习自然科学理论、社会科学理论、人文科学理论、思维科学理论。不管是哪一种理论，实际上都是由一系列的原理、公式、公理、定理、定义所组成的概念系统，在这个意义上，所有的科学不都是理论吗？为什么人们会把科学和理论区别开来，并且认为科学是务实的，而理论是务虚的呢？我想，有两个最主要的原因：一个原因就是我们通常一方面把科学区分为基础科学和应用科学，把所谓的应用科学当作狭义的科学而认为它是实的；另一方面又把基础科学当作一种纯粹的理论而认为它是虚的。还有一个原因，就是把所有的科学分为自然科学和人文社会科学，认为只有自然科学才是科学，才是实的，而人文社会科学是虚的，它是一种纯粹的理论。

我记得美国有一位科学哲学家曾经这样区分自然科学和社会科学。他说任何一种理论，如果它要想称得上是科学的话，那么它应该具备四个条件：第一，它具有客观性；第二，它具有一致性；第三，它具有可证伪性；第四，它具有可预见性。正是从这四点出发，他就对人文科学、社会科学提出疑问了，他说你们人文社会科学有没有客观性，你们人文社会科学家能不能取得在认识上的一致性，你们所提出的理论能不能被证实或者被证伪，你们的理论能不能有一种可预见性？如果没有，那么就是说你不能被叫作科学，而只能把这个词颠倒过来，叫作学科。这表明，人们崇尚科学、蔑视理论，首先是因为在对科学的理解上陷入了误区。

为什么认为理论是虚的呢？其中的一个重要的原因是理论同现实、同实践总是保持了一定的距离，用一个文雅一点的概念就是所谓的“间距”。理论同现实之间总是具有一定间距的，很多人因此就认为理论是虚的。但是事实上，如果我们对理论有一个全面的认识的话，大家就会看到，任何一种理论，它们都具有三个最基本的维度，或者说叫作向度。“维度”这个概念大家应该说很熟悉，比如说空间三维、时间一维。那么我借用“维度”这个概念来说明怎么去理解理论，这就是，任何一种理论，它都有三个基本的维度：第一个维度，我把它叫作向上的兼容性，也就是任何一种理论都是人类认识史的总结、人类认识史的积淀、人类认识史的结晶；第二个维度，就是它的时代的容涵性，也就是说，任何一种理论都是思想中的现实；第三个维度，都具有一种逻辑的展开性，也就是说，任何一种理论都是一种概念的发展体系。正因为理论具有这样三个维度，所以任何一种理论，都不是虚的。我分别来说一下。

第一个维度，理论都具有一种向上的兼容性。也就是说，任何一种理论都是认识史的一种总结、积淀、结晶和升华。恩格斯曾经讲过这样一句话，任何真正的哲学都是“一种建立在通晓思维的历史和成就的基础上的理论思维”。哲学理论如此，其他理论也都是如此。就是说，任何理论，都不是僵死的、枯燥的教条，而是蕴含着整个人类认识史的内容。正因为任何一种理论都具有这样一种向上的兼容性，都是人类认识史的结晶，所以它才能使我们更好地去观察现实，更好地去透视现实，更好地去指导人类的实践活动。比如，我们现在正在搞社会主义市场经济，那我们怎样才能把我们的市场经济搞好呢？怎样才能实现改革、发展、稳定的协调呢？其中一个重要的问题就是很好地去总结人类的认识史。这样就能够使我们避免在其他国家的现代化进程中、在他们建设市场经济的过程当中已经走过的弯路，能够使我们减少付出的代价。这个就是理论的第一个维度。

第二个维度，理论都具有一种时代的容涵性。也就是说，任何一种理论，不管是自然科学理论，还是社会科学理论，都是一种思想中的现实。也就是说，它都是运用理论的形态表现了现实的状态。我记得，马克思在评论黑格尔哲学的时候说过，黑格尔哲学绝不是一种超然于世界之外的玄思和遐想，而是以一种“最抽象的形式”表达了人的“最现实的生存状态”。我们在学校里边学习各种知识，大家在印象当中，最抽象的理论莫过于黑格尔的哲学了，然而看起来最抽象的黑格尔哲学，实际上是以最抽象的形式表达了人类最现实的生存状况。因为黑格尔是以他那个最抽象的绝对理念，表现了当时的人类正好受到抽象的统治，也就是受到资本的统治。因此，任何一种理论，不管它的抽象程度有多高，实际上，它都是一种思想当中的现实，它都具有一种时代的容涵性。所以当黑格尔讲哲学的时候，他说，什么是哲学，哲学就是思想中所把握到的时代；马克思说，什么是哲学，任何真正的哲学都是时代精神的精华。哲学如此，其他的理论也是以理论的形式表达了一种现实的状况。这就是说，任何一种理论，都具有它的第二个维度。

第三个维度，理论都具有一种逻辑的展开性。也就是说，任何一种理论都表现为一个概念发展的有机体系。马克思在谈到他的《资本论》的时候说，人们可以对《资本论》提出这样或那样的批评，但是《资本论》作为一件完整的艺术品，使我感到自豪和骄傲。大家在学习政治经济学的时候，如果读到马克思的《资本论》，有没有感受到它作为一件完整的艺术品所具有的那样一种逻辑的征服力？实际上，任何一种成熟的具有科学价值的理论，都具有三个最基本的维度：第一，向上的兼容性，它是认识史的总结；第二，时代的容涵性，它是一种思想中的现实；第三，逻辑的展开性，它是一种概念发展的有机体系。正因为是这样，我经常引用马克思的一句名言："理论只要说服人，就能掌握群众；而理论只要彻底，就能说服人。"理论具有巨大的征服力量，在这个意义上说，理论不是虚的，我们只有掌握了理论，锻炼了我们的理论思维能力，我们才能更好地去观察现实，去指导我们的各种各样的实践活动。

2.理论的三重内涵

“理论”这个名词，我们经常挂在嘴边，但是正像辩证法大师黑格尔所说的那样，我们经常挂在嘴边的名词往往是我们最无知的东西，用一句中国的俗话来说，就是“熟知非真知”。我们经常说理论，但究竟什么是理论？在词典或《辞海》中，有各种各样的定义，但是我觉得，从理论的功能的角度看，理论就是规范人们的思想和行为的各种概念系统。如果说得通俗一点的话，理论就是规范着我们想什么和不想什么、怎么想和不怎么想、做什么和不做什么、怎么做和不怎么做的概念系统。第一，理论决定着我们想什么和不想什么，也就是决定着我们每个人的思想内容；第二，理论决定着我们怎么想和不怎么想，也就是决定着我们的思维方式；第三，理论决定着我们做什么和不做什么，理论规范着我们的行为内容；第四，理论规范着我们怎么做和不怎么做，也就是规范着我们的行为方式。大家想一想，除了“想什么”和“做什么”，你还有什么？没有，除了“想”就是“做”。那么我说了，理论就是规范我们思想和行为的各种概念系统。但是通常认为理论只是一种知识体系，理论只是具有解释世界的功能，正是因为这样，我才要跟大家来谈第二个问题：理论的三重内涵。

在我看来，理论起码具有三重内涵：任何一种理论，首先都表现为一种知识体系，我们运用它来解释世界；其次，任何一种理论，它都不仅仅是一种知识体系，而且是一种思维方式；最后，任何一种理论，都不仅仅是知识体系和思维方式，更深层的，它又是一种价值规范。所以我说，任何一种理论，都具有这三重内涵，都是这三重内涵的统一。它既是一种知识体系，也是一种思维方式，又是一种价值观念。下面我分别来谈一下理论的这三重内涵。

首先来谈一下理论作为一种知识体系，它给予我们的是什么？大家学习各门知识，学习各门理论，学习各门科学，究竟从中获得了什么？我们学习各种课本，看到它都是各种知识体系，但是学过了以后我们获得的是什么东西？我们经常谈到要树立一种科学的世界观，但是大家回味一下，我们都是怎么看这个世界的？为什么我们看到的这个世界并不一样，古代人、现代人所理解的这个世界为什么不一样？大家想过没有，是什么改变了我们的世界观？或者这样说，我们怎样树立一种科学的世界观？没有科学的理论，能否有科学的世界观？理论的第一重内涵，它作为一种科学的知识体系，首先在于它给予我们一种具有科学性质的世界图景，也就是说，科学改变了我们对于世界的理解。大家想一想，如果没有哥白尼的日心说，你处于经验观察当中，你每天看到的都是太阳从东边升起，又从西边落下去了，那么你获得的太阳和地球的关系是什么关系？只能是地心说。在经验的水平上，你获得的经验常识永远是太阳围绕着地球旋转，因此只能是地心说。那么人们现在不接受地心说而接受日心说，为什么？因为大家学习了理论，知道哥白尼的日心说是科学的理论。同样的道理，如果没有爱因斯坦的相对论，那么我们怎么去把握这个世界？如果没有波尔的量子力学，我们如何去把握那个微观世界？所以大家都知道，特别是学习自然科学的人都知道，为什么能有爱因斯坦和波尔的关于量子力学的那个论战呢？那就是因为，我们只有通过宏观仪器的中介才能看到微观世界的存在，因此才又提出了一个问题，我们所看到的究竟是微观粒子本身还是宏观仪器对我们的一种显现？不管对这个东西作出什么样的答案，都提出了这样一个问题：如果你没有关于量子力学的理论，你再去观察，你能看到什么呢？或者我给大家举一个更通俗的例子，比如，你到医院去检查身体，给你透视，透视完了，你看片子上黑一道、白一道，你怎么知道肺部有没有毛病？做心电图不也是如此么，你只是看到心电图上一个弯一个弯，有没有毛病，不知道。那谁知道呢，医生知道。为什么医生知道？因为医生有医学理论。正因为这样，现在有一个说法，叫作观察渗透理论、观察负载理论、观察受理论的污染、没有中性的观察，实际上它都说了一个道理，这就是人们要想科学地认识这个世界，前提是必须具有科学理论；没有科学理论，就不可能科学地认识这个世界，这个世界给予你的就永远是一个经验的世界图景。

教育不是让学生单纯地获得某几方面的专门技能，而在于它首先是改变了他们的世界图景。等他们再看世界，就不是那个经验图景，而看到的是科学的世界图景。人们具有的科学理论越广博精湛，这个世界呈现的越丰富多彩。在这个意义上，是科学理论改变了我们的世界图景。所以我们必须学习科学理论，才能够使我们成为一个有教养的现代人。我经常愿意说一句话，到大学里边来受教育，不是为了简单地获得某种知识而来的，而是要使我们获得现代教养。这种现代教养的最基本的东西，首先就是它的科学的世界图景，通过科学理论所给予我们的世界图景。我们只有拥有了科学理论，才能真正地一切从实际出发，理论联系实际，实事求是。这是因为，我们有相应的科学理论作为背景帮助我们去透视现实存在。为什么理论能够帮助我们透视呢？这就是我前边谈到的，任何一种科学理论，都具有向上的兼容性，它是认识史的积淀和结晶，它把整个人类认识经过无数次实践检验了的那个理论给予了大家，我们经过教育这个中介接受了人类的亿万次实践的成果，我们用这个成果来看这个世界，当然就会形成一个科学的世界图景。所以我想这是理论的第一重内涵。它作为一种知识体系，给予我们一种科学的世界图景。我们现在特别强调要树立一种科学的世界观，那么怎么树立科学的世界观？首先就要具有科学理论。说到这里，我不由得想起了已经去世了的叶剑英元帅曾经对于“理论联系实际”作过的一个解释。他说理论联系实际，首先是要有理论，然后才是联系实际。如果你没有理论，你说要联系实际，你不是就事论事嘛！学生到学校来学习，之所以说是人生当中最大的幸福，就在于其用理论武装了自己的头脑，才有科学的世界观，有一种现代科学的世界图景。

任何一种理论，它都不仅仅是一种知识体系，不仅给予我们一种世界图景，决定着我们想什么和不想什么，也决定着我们怎样想和不怎样想。如果我们前边说到的第一重内涵，即给予我们知识体系，给予我们世界图景，决定着我们想什么和不想什么，那么现在我说的理论的第二重内涵，即决定着我们怎样想和不怎样想，也就是说，理论规范着我们的思维方式，这一点是需要大家认真加以思考的一个重要问题。我们学习任何一门知识，学习任何一门科学，都不仅仅是作为一种知识来掌握的，重要的是要改变我们的思维方式，也就是通过理论的训练，使我们能够科学地、辩证地去看待问题。

实际上，人们的思维方式是有重大区别的。我们一直强调坚持辩证法，反对形而上学，为什么实际上许许多多的人总是用形而上学的思维方式去思考问题呢？恩格斯曾经提出，所谓形而上学的思维方式，就是“在绝对不相容的对立中思维”；他还具体地指出，“是就是，不是就不是；除此以外，都是鬼话”，这就是形而上学的思维方式。那么为什么这种形而上学的思维方式会在人类思维中占据牢固的地位呢？恩格斯非常明确地回答：“初看起来，这种思维方式对我们来说似乎是极为可取的，因为它是合乎所谓常识的。”人们的日常生活，是一种依据和遵循共同经验的生活。在日常生活中，人作为经验的主体，以经验常识去看待事物和处理问题；各种事物作为经验的客体，以既定的存在构成人的经验对象。在这种日常生活的主客体关系中，人是既定的经验主体，事物是既定的经验客体，经验的主体与经验的客体，具有确定的、一一对应的关系。白的就是白的，黑的就是黑的，男人就是男人，女人就是女人，太阳就是太阳，月亮就是月亮，一清二楚，泾渭分明。因此，日常生活要求人们的思维保持对有与无、真与假、是与非、善与恶、美与丑的非此即彼的断定；任何超越非此即彼的断定，都是对常识思维方式的挑战，也就是对日常生活经验的挑战。两极对立、非此即彼，这就是常识的思维方式。常识的思维方式形成于并适用于日常活动范围。一旦人的思维超出日常活动范围，进入非日常活动的广阔的研究领域，就会发生恩格斯所说的“最惊人的变故”——必须改变两极对立、非此即彼的常识思维方式。

在现代社会生活中，首先是迅猛发展的科学技术超出了日常活动范围，进入了非日常生活的广阔的研究领域，从而深刻地改变了常识的思维方式。列宁有一句名言，他说什么是辩证法，“辩证法是活生生的、多方面的认识”。学生在学校里学习各门知识，学习各门科学，要是了解一点科学史的话，就会知道，科学的发展不仅表现在科学门类的增加，每门科学的拓展和深化，而且它更重要地表现在各门科学的交叉和渗透，以及某种带头学科的划时代的发现。大家都知道系统论、信息论、控制论，作为现代科学的划时代的发现，它改变了人们关于事物的认识的、理解的方式，也就是说，科学改变了人们的思维方式。

美国有一位哲学家叫作莫尔顿·怀特，他写了一本书，书名叫作《分析的时代》，评论整个20世纪的哲学。他说，18世纪机械学成为学问之王，19世纪的进化论和黑格尔的历史思想占有统治的地位，到了19世纪末和20世纪初心理学有可能重新占据科学的王位。大家琢磨琢磨这段话，18世纪人们是怎么思考问题的，为什么一位哲学家拉美特利有一个著名的命题，即人是什么？人是机器。为什么会说人是机器？因为机械学成为学问之王！人们曾经把西方的中世纪叫作“信仰的时代”，把文艺复兴时期叫作“冒险的时代”，把17世纪叫作“理性的时代”，把18世纪叫作“启蒙的时代”，把19世纪叫作“思想体系的时代”，而把20世纪叫作“分析的时代”。这是同科学的划时代的发现紧密联系在一起的，它改变了人们的思维方式。17世纪理性的时代，所以笛卡尔才说“我思故我在”。我想什么，我都得思考一下，我要怀疑一下。18世纪就成了机械的时代，想什么问题都要用那个经典力学去考虑一下它符不符合某种基本原理。到了19世纪，有了达尔文的进化论和黑格尔的哲学思想。恩格斯是怎么评论黑格尔哲学的？他说，黑格尔的一个“伟大的、天才的、基本的思想”就是“把整个自然的、历史的和精神的世界描写为一个过程”。这不就是一种历史的思想嘛！如果大家有兴趣，看一下19世纪的各种各样的作品，都具有进化论和历史的思想。现代科学一个突出的说法叫作结构主义，为什么结构主义在现代科学当中盛行起来了？那就是因为有一位伟大的语言学家索绪尔建构了一种结构主义的语言学，而这种结构主义的语言学影响了整个现代科学，人们都试图利用这种结构的方法去研究各门知识的领域，这就改变了人们的思维方式。每一种具有划时代发现的理论都改变了人们的思维方式。所以一位科学哲学家汉斯·赖欣巴哈说过，科学的发展改变了人们的思维方式，使得以前几个世纪最有教养的人都无法理解现代人的思维。科学改变了人们的思维。我们随口就可以说，系统论、信息论、控制论、自组织理论、耗散结构理论、突变论、协同论，可以说出一大堆。但是我们不应当仅仅把它们当作一个黑格尔所说的经常挂在嘴边的名词，而应当把它们当作一种我们的现代的思维方式。这就是理论的第二重基本内涵，它是一种思维方式，引导我们怎么样去想问题。

任何一种理论又都具有第三重内涵，它同时又是一种价值规范。这是我们平时想得更少的，尤其是学习自然科学的人，总认为科学是求真的，科学怎么还提出价值问题来了？其实不然，大家想一想，我说一个最简单的例子，比如两个同学一见面，争论一个问题，一个同学说，我这种回答是科学的，那另一个同学该怎么办？他说，那么我就服你了。这是什么意思？为什么一个同学说自己是科学的，那么另一个同学就得表示服气了呢？心悦诚服，五体投地，甘拜下风，为什么？因为科学给现代人提供了一种价值观念——科学的才是正确的。我们来判断一种是非，就是用科学来加以裁判的。这表明任何一种科学理论都具有一种更深层次的内涵，这就是它的价值规范，它不仅仅规范着我们想什么和不想什么、怎么想和不怎么想，而且规范着我们做什么和不做什么，以及我们怎么做和不怎么做。科学不仅仅告诉我们概念的内容，还告诉我们操作的程序，所以任何一种理论都同时具有肯定和否定的双重作用，它肯定了你做什么，同时也就规范了你不得做什么，所以具有一种价值规范的作用。当然，人文社会科学规范的意义对我们平时的思想和行为显得更加明显和突出。我曾经说过，人们越来越关注当前的一种社会思潮，我把它概括为六个词，叫作“耻言理想、蔑视道德、躲避崇高、拒斥传统、不要规则、怎么都行”。如何使我们的行为能够符合时代的要求，深层是由理论来规范的。大家想一想这个问题，就能想清楚这个道理。司汤达说，人在走向社会之前应当为自己选择几条座右铭。我不知道大家在迈入社会之前给自己选好座右铭没有。确实是这个样子，它确实是规范着你怎么想、你怎么做，特别是在转型时期。

理论的三重内涵不是互相割裂的，它表层给予我们的是一种知识体系，但它深层蕴含的，一方面是思维方式，另一方面又是一种价值规范，所以大家在学习理论的过程中，既改变了世界图景，又变革了思维方式，也形成了价值观念。正因为是这样，所以我要赞美理论，因为理论使我们整个人变化了，使我们成为一个有教养的现代人，一个社会主义现代化建设事业所需要的人。

3. 理论的社会功能

我和大家来谈第三点，就是理论到底有什么作用？和上一个问题相联系，正因为我们平常只是把理论当作了一种知识体系，所以在理解理论的功能的时候，只是看到了理论的解释功能。在我看来，理论起码具有四个方面的功能：第一，理论具有解释性功能；第二，理论具有规范性功能；第三，理论具有反思性功能；第四，理论具有理想性功能。首先，理论作为一种知识体系，它具有解释世界的功能，这个我就不多说了。科学哲学家赖欣巴哈曾经说过，什么叫知识？知识的本质就是概括，概括的目的是解释。所以我们通常理解的科学观是什么呢？我们通过观察和实验形成单称命题，然后再通过归纳的作用，形成全称命题或者说理论名词，最后是通过演绎的作用来作出预见和解释。因此任何一种理论，作为一种知识体系，直接的首先都表现为一种解释的功能。其次，任何一种理论都具有规范的功能，也就是我前边说的，规范我们想什么和不想什么，怎么想和不怎么想，做什么和不做什么，怎么做和不怎么做，它规范着我们的思想和行为。

这里，我想重点谈一下理论的反思性功能和理想性功能。我们平时很少注意到理论的反思的、批判的功能。大学生，我特别强调这一点，他不是接受现成的知识，而是要重新去思考已有的知识。伟大的科学家爱因斯坦有两句名言，一句叫作“提出一个问题比解决一个问题更重要”，另一句叫作“想象比知识更重要”。大家好好琢磨琢磨这个问题，提出一个问题比解决一个问题更重要，也就是说，我们到学校是来学习知识的，但知识能否成为你的，关键在于什么地方？在于你能不能批判地、反思地去进行学习。文学家莱辛有一句名言：“与其记住两个真理，不如弄懂半个真理。”所以我国的大学者王国维谈读书的三重境界。头两个境界都比较容易。第一个是“昨夜西风凋碧树，独上高楼，望尽天涯路”，登高望远，博览群书。第二个是“衣带渐宽终不悔，为伊消得人憔悴”，用处恋人的那种热情去读书，这不就行了么。这总还容易，难的是什么？——“众里寻它千百度，蓦然回首，那人却在灯火阑珊处”。你要想能够获得真知，就必须是见人所未见。理论的一个巨大的功能，就在于它能够启发我们批判地、反思地去看待问题。学习理论不仅仅在于记住某些现成的结论，更重要的是在于通过理论的训练，使人们能够批判性地思考问题，发现人所未见的真知。文学巨匠歌德曾经说过：“人们只是在知识很少的时候才有准确的知识，怀疑会随着知识一道增长。”知识少才有准确的知识，知识多了就会有自己的独立创新意识。如果一个大学生，没有一种批判的、反思的、创新的意识，怎么能够在科学领域里有所作为呢？我们学习理论，不仅仅要看到它的解释的、规范的功能，还必须看到它的批判的、反思的功能，能够通过学习理论重新去思考理论。清华大学的老校长梅贻琦先生曾经说过：什么叫大学？“大学者，非有大楼之谓也，乃有大师之谓也。”不是立几座大楼就是大学了，大学就是因为大楼里边有大师。什么叫大师？大师就是他能有创新的东西教给大家，同时启发大家都具有创新的意识，这样我们才能够有所作为！所以我们在学习理论的时候，一定要树立一种反思的意识、创新的意识，这样才能把理论学到手，学活，变成我们自己的思想内容、世界图景和思维方式。

任何一种理论都具有一种理想性的功能、引导性的功能。什么是理论？我们通常都说，理论是对现实的概括和总结，但是我们往往很少谈到理论是对现实的超越和引导。在经验的水平上，世界总是具有一种表象的杂多性和经验的流变性，只有上升到理论的层面，才能达到一种本质性的规律性的普遍性的必然性的认识，这就是对现实的一种超越！为什么我们总说，首先要进行一种理想性的试验呢？理论都具有一种理想性的功能，理论就是使不可能的东西变成可能的东西。当代的解释学大师伽达默尔有一句名言，他说，什么叫理论？理论就是实践的反义词，理论就是对实践的反驳，理论就是对实践的超越。我们经常强调实践的现实性，但很少谈到实践具有无限的指向性。我们通常这样给实践下定义：实践是人们有目的的、能动地改造世界和探索世界的具有社会历史性的客观物质活动。为什么我们这么说？首先就在于实践活动具有意识性、目的性。而这种意识和目的究竟是什么？就是理论。它不是我们单个人的想法，而是人类认识史的积淀。它提出一种理想性的要求，我们想攀登月球，将来我们攀登上月球了，想看看火星、木星、土星、天王星、海王星、冥王星，我们将来还想超出太阳系，超出银河系，所以人类的实践是具有无限的指向性，而理论给我们提供了一种实践的自我超越的理想性和引导性的功能。所以我们经常说哲学是时代精神的精华，更重要的是在于它塑造和引导了时代精神。所以我们强调理论建设，我们要赞美理论，就是因为理论能够引导我们不断地实现自身的超越，实现自我的超越，这才是理论的比较完整的功能。它不仅仅是解释世界，也不仅仅是规范着我们的行为，而且它又能够使我们达到一种思想和行为的自我反思和自我批判，又能够实现我们思想和行为的自我超越，从而使我们达到一种更加理想化的境界。所以人的存在是一种悖论性的存在，是一种二律背反的矛盾的存在，既是一种现实性的存在，又是一种理想性的存在，它总是不满足于自己的现实，而总用自己的实践活动去超越自己的现实。人是超越其所是的存在，永远不会停留在一个水平上。

我们怎么样才能不停留在一个水平上呢？就在于我们在实践的基础之上，不断地提出了新的理想性的理论，用这种理论来指导自己的行为。说一个最直接的例子，为什么我们都要学习习近平新时代中国特色社会主义思想？说到底，就在于它能够充分地表现了我刚才说的社会功能。它首先能更好地去解释我们中国和世界的现实。我们说，当今世界两大主题——和平和发展，我们用这样一种理论就能够更好地看清当代世界发生的变化，学习习近平新时代中国特色社会主义思想也能够看清中国现在正在发生着什么样的变化。同时它还具有一种反思的和引导的功能，它能使我们不断地去关照我们现在从事的事业，怎么样使人们的实践更加符合社会主义市场经济的要求。所以我经常谈这样一个问题，那就是马克思的一句名言。他说："理论在一个国家实现的程度，总是决定于理论满足这个国家的需要的程度。"我非常欣赏这句名言。今天之所以必须学习习近平新时代中国特色社会主义思想，就在于，我们当代的中国需要这样一种理论来指导我们，它满足了当代中国实践的要求。因此我想，我们只有更好地去理解理论自身所具有的社会功能，我们才能够更好地、积极地去学习和运用理论。

在谈到理论的社会功能的时候，我还想引证马克思的一段话，因为我们在极左思潮的情况下，曾经把理论夸大到了它不应有的程度，因此造成了"假作真时真亦假"。我们在搞社会主义市场经济的过程中，由于我前面谈到的那样一种社会思潮的出现，人们漠视理论，在这种背景下，我想我们重温一下马克思关于理论的功能的一段论述，对我们是非常有启发的。马克思在《资本论》跋文里边说，理论的作用究竟应当怎么看呢？他作了这样一个比喻，他说，理论的作用可以这样看，任何一个社会的发展，特别是在社会变革时期，它总要有一种生育的"阵痛"。社会要发展，要变革，就像生孩子一样，没有一个阵痛期，那是不可能的。由此马克思谈到理论的作用，他说任何一种理论都不可能把社会的"阵痛"取消，但是正确的理论能够"缩短"并且"减轻"社会生育过程当中的阵痛。我想这对于同学们学习理论不仅仅是具有启发的，而且是具有巨大的激励作用的。我们通过学习理论能够使社会发展进程加快。

对于我们每个人的生活来说，理论的作用同样是巨大的。李大钊曾经说过：“人们每被许多琐屑细小的事压住了，不能达观，这于人生给了很多的苦痛。”生活中总有那些躲不开、绕不过的沟沟坎坎，总有那些说不清、道不明的疙疙瘩瘩，总有那些剪不断、理还乱的恩恩怨怨，总有那些得不到、推不掉的争争夺夺。如果总是盯着这沟沟坎坎，想着这疙疙瘩瘩，说着这恩恩怨怨，做着这争争夺夺，人就会感到苦闷和悲哀。如果我们用科学的理论武装自己，我们就会心胸博大，视野开阔，活得堂堂正正，活得有滋有味。我国著名的哲学家贺麟先生说过：“哲学贵高明。”哲学就是以学术培养品格，以真理指导行为。通过理论学习，树立起科学的世界观、人生观和价值观，我们才能够对社会做出更大的贡献，也能够使我们每一个人生活得更有意义。

4.撞击理论思维

这是关于我们如何学习理论的问题。我常常愿意说这样四句话，叫作“激发理论兴趣，拓宽理论视野，撞击理论思维，提升理论境界”。

在我看来，一个人学习理论，首先需要激发理论兴趣，没有理论兴趣，你怎么能学得进去理论呢？列宁有一句话说：“阅读黑格尔的逻辑学，是引起头痛的最好的办法。”你头没痛，读一读黑格尔的逻辑学，你就头痛了。既然头痛了大家为什么还要读呢？因为学习理论会引起头痛，但它又是一种能够形成先进的理论思维的不二法门。每个人天生都是具有理论思维能力的，但是人的理论思维能力是需要锻炼和发展的。那么怎么锻炼和发展呢？只有激发自己的理论思维能力，才能深入到理论当中去。所以我想，我们要赞美理论，首先我们就应当热爱理论。如果同学们读一下关于马克思和恩格斯的回忆录的话，我想大家都能够感受到理论的魅力。李卜克内西和拉法格回忆马克思和恩格斯的时候曾经说过，恩格斯的头脑就像一艘军舰，无论谈什么问题，他都可以“驶向思想的任何一个港湾”。为什么？因为恩格斯有广博的理论知识，而且具有一种辩证的思维方式，并且还有一种为全人类工作的价值取向。在谈到马克思的时候，李卜克内西说，在那样一个夜晚，我和马克思谈起一个问题的时候，就像把窗帘的帷幕拉开一样，使我洞见到了整个历史的进程。这里是谈什么呢？就是《〈政治经济学批判〉序言》。大家都非常熟悉马克思的那段关于整个历史实现为有规律的发展进程的论述，我这里就不重复了。美国的著名诗人朗费罗说，“伟人的生平昭示我们，我们也能够生活得高尚”；俄国的著名诗人普希金也说过，“跟随伟大人物的思想，是一门最引人入胜的科学”。我自己走上理论的道路，我觉得很重要的原因就在这里。我在中学时代就特别愿意看传记，而且特别愿意看具有伟大思想的伟大人物的传记。大家要想激发自己的理论兴趣，我想读一些传记文章，想一想那些政治领袖、文学大师、科学巨匠、思想伟人的思想，会把你带到理论的汪洋大海。进入这个大海之后，你就会在这个海洋当中扬帆远航，乐而忘返。

学习理论首先是要激发我们的理论兴趣，其次就是要拓宽我们的理论视野。你要想有理论兴趣，这绝不是一句空话，你占有的东西越多，你的兴趣越浓；你占有的东西越少，你的理论兴趣就越淡薄。大家学习任何一种理论，都会有这样一种感受。所以我说要激发理论兴趣，还必须要拓宽我们的理论视野。但是这两点就像我前面谈读书的前两个境界一样，“昨夜西风凋碧树”也好，“为伊消得人憔悴”也好，都容易做到；难的是什么？“众里寻它千百度”！怎么能够在那个“灯火阑珊处”发现真正的最有价值的东西？撞击理论思维！就是说，我们在学习理论的过程中，不要采取一种简单接受的方式，而应当不断地向自己提出问题。就像我前边谈到的那样，爱因斯坦说的，“提出一个问题比解决一个问题更重要”，大家在学习的过程中都会深深地感受到这一点。就是说，你很难提出一个有意义的真问题，你提出的问题不是人们已经讨论过的，就是没有什么太大价值的问题。所以同学们到期末要答辩，为什么要求首先去谈国内外的研究概况？为什么要介绍选题的意义？就是看你有没有提出一个有意义、有价值的真问题。而要想提出一个有意义、有价值的真问题，必须得想到爱因斯坦说到的下一句话：“想象比知识更重要”！我们都知道有一句非常流行的广告词：“人类失去联想，世界将会怎样？”世界就是一个自在自然的世界。人是通过自己的联想、想象才能够创造出一个属于人的世界。列宁说：“世界不会满足人，人决心用自己的行动让世界满足自己。”实践活动就是这样。所以我们要想学习理论，就必须撞击我们的理论思维，充分发挥我们的想象能力，发挥我们的创造能力。

想要做到这一点，首先应当对我们的理论学习进行深刻的反思。我们首先想一下“记忆”。我们通常在学习知识的时候首先想到的是一种知识的储存，但是现代的心理学家、教育学家、认知科学家们都告诉我们，“记忆”的问题不是一个储存的问题，而是一个检索的问题，是一个激活我们的背景知识的能力的问题。我觉得，学习最重要的是能够激活我们的背景知识，把我们所占有的全部知识都能够调动到我们探讨的问题上来。因此我常讲，一个人理论水平如何，理论思维能力如何，就在于他激活背景知识的能力，他能不能够把学习到的理论作为一种退入背景的知识而储存到自己的大脑里，而当我们思考问题的时候，能够自如地把这些退入背景的知识调出来。就像大家都使用电脑，你想要什么，一输入文件名，就可以把它调出来。所以撞击理论思维是提高我们的理论思维能力，能够真正掌握理论的最重要的一点，就是不断地撞击理论思维。

真正地撞击理论思维，不是一般地思考理论给予我们的东西，而是要追究理论得以成立的那个前提是什么。大家想一下，科学史上的任何一个伟大的理论发现、发明和创造，都是对于原有理论的前提的反思的一种产物。大家在中学里都学习欧氏几何学，那么为什么会出现非欧几何学？如果我们总是承诺三角形三个内角之和等于180度的话，会不会有非欧几何学？不会。正因为他考虑到三角形三个内角之和等于180度是建立在以平面为前提的，如果超越了平面，是一个球形，那么三个内角之和就不再是180度了。我们今天听起来是这样，但是非欧几何学的创立是一种撞击理论思维、反思理论前提的产物。同样，爱因斯坦能够创立相对论，也是因为他对牛顿经典力学作为前提的那个理论的定理、公式及初始条件等进行了批判性的反思。同样，马克思能够创立他的政治经济学理论，能够创立《资本论》的宏伟的政治经济学体系，是因为他对英国的古典政治经济学进行了前提的批判。马克思创立他的哲学理论，也是对德国古典哲学进行了前提的批判。所以我想，撞击理论思维不是一般地想、一般地思考问题，而是我们要养成这样的一种思维习惯，形成这样的一种思维的能力，即对假设质疑、向前提挑战，这才是一种真正的撞击理论思维。

大学生要想成为有创见的人才，就必须不断地撞击自己的理论思维。而我们要想捕捉到理论的前提，就必须培养自己的思维能力。前面我谈到，我们每个人都天生具有理论思维能力，这种理论思维能力是需要不断地去锻炼和培养的，但是如何锻炼和培养呢，那就只有学习理论。只有在学习理论的过程当中，我们自觉地去撞击我们的理论思维，我们才能够提升自己的理论思维能力。有一句大家都熟悉的话，叫作“现代化首先是人的现代化，人的现代化最根本的是人的素质的现代化”。那么怎样提高人的素质呢？其中最重要的就是提高人们的理论思维能力。因此，我们就必须赞美理论、学习理论，并且在此基础上，不断地撞击我们的理论思维。

5.提升理论境界

学习理论，不仅仅要激发理论兴趣，拓宽理论视野，也不仅仅要撞击理论思维，最重要的是要提升我们的理论境界。任何一种理论都不是一种冷冰冰的学问，它都熔铸着理论家、思想家的情感、意愿、理想、情操。无论是人文社会科学，还是自然科学，都是一样，它们都熔铸着科学家、思想家、理论家一种非常强烈的社会责任感，非常强烈的理想性的要求，熔铸着他们的人格魅力。我们要学习理论，就必须有一种高举远慕的心态、慎思明辨的理性、体会真切的情感、执着专注的意志和洒脱通达的境界。说到底，理论是一种境界。我们现在都讲学习，特别是在学习哲学的时候说要形成一种科学的世界观和方法论。但是大家在学习的过程当中都能体会到，理论不是枯燥的条文，不是僵死的教条，理论不是拿来照本宣科的东西，理论是一种教养，是一种内化了的东西。所以恩格斯曾经说过这样一段话，当黑格尔去世之后，那些号称黑格尔学者的一些人，他们只是把黑格尔辩证法当作一种当缺乏思想的时候拿来到处套用的这样一些词句。就是说，当我缺乏思想了，我就“辩证”了：一方面是这样的，而另一方面是那样的，两面我都说。所以恩格斯曾经非常辛辣地进行了嘲讽，他说这是一种“搪塞的语录词汇”。理论不是一种外在的东西，它必须内化为你的思维方式，内化为你的价值规范，它才能够发挥出理论的社会功能。所以理论不仅仅是个思想体系。正因为是这样，理论是一种修养，理论是一个涵养的过程，理论是一个品味的过程。所以我说，学习理论不像学习一种技能，它既不能办“短训班”，也不能办“轮训班”，更不能办“突击班”。学习理论是一辈子的终身大事，需要一辈子进行学习和体会。

中国古代为什么强调“为学与做人其道一也”？同学们将来从事工作，特别是走上学术道路的话，就会越来越深切地感受到，人们是在做学问，但实际上是在比做人。一个学问大家，首先是要把人做好，人做不好不可能成为学问大家。爱因斯坦作过几次讲演，我不知道大家是否看过《爱因斯坦文集》的第一卷，有两篇讲演，其中有一篇是悼念居里夫人的。这些文章谈了同一个道理，当然它不是用我们中国的古文，但同一个道理，为学与做人其道一也。做人比做学问更重要。只有人做好了，学问才能做好，尤其是大家。所以爱因斯坦在悼念居里夫人时说，当我们去怀念居里夫人的时候，我们不仅应当看到她对人类的科学事业、对人类的文明做出的贡献，而且更应该看到居里夫人人格典范的作用。我觉得这对于我们理解理论、学习理论是至关重要的。理论不仅仅是给予我们的知识体系，也不仅仅是一种思维方式，更重要的是给我们提供一种人生的意义。我们要想成为一个真正具有现代教养的人，其中一个重要的内容就是需要有一种理论意识，因为人是一种历史的存在、文化的存在、自为的存在。作为当代的大学生，要想成为一个有教养的现代人，就必须用科学理论武装自己。这就要求我们不能把理论和科学分开，我们在崇尚科学的同时，还要大声地赞美理论，这才能够使我们成为一个真正的有教养的现代人，为我们国家的社会主义现代化建设做出应有的贡献。

（五）

哲学研究与哲学教育

作为从事哲学研究的学者和作为讲授哲学的教师，我想谈谈对哲学研究与哲学教育的理解。

1.关于哲学

黑格尔说，哲学的意义就在于引导人们“尊敬他自己，并自视能配得上最高尚的东西”，因此学习哲学也就是使“心灵沉入于这些内容，借它们而得到教训，增进力量”。冯友兰则在哲学与其他学科的对比中提出，哲学是一门“使人作为人而成为人”的学问，而哲学以外的学科，则是“使人成为某种人”。这些话意味深长，说明了哲学的“无用之大用”，即哲学的教育之用。

哲学之“无用”，是因为哲学不像其他学科那样，使人掌握某种专门知识或技能，从事某种专门职业，扮演某种特定角色，即成为某种专门人才；哲学之“大用”，则是因为哲学的使命是使人成为人，也就是使人认识自己，反省自己，尊重自己，涵养自己，

“自视能配得上最高尚的东西”。这表明，哲学之用，在于教化之用，在于哲学教育；或者说，离开哲学教育，哲学就失去了自己的重要的社会功能。

培养“某种人”，是通过教育使人掌握某种知识或技能，再去做具体的事情，因此教育在这里主要是一种中介或手段，而不是目的；培养人，是使人作为人而成为人，并不只是做好具体的事情，因此教育之于哲学，就不是中介或手段，而是目的本身。哲学是以教育的方式引导人们对人生的有系统的反思，从而觉解人生的意义，提升人生的境界，使人作为人能够成为人。

哲学的这种社会功能显示了一个重要道理，这就是：搞哲学的人，其实是搞哲学教育的人；对哲学教育的自觉，应当是搞哲学的人的自我意识。因此，如何进行哲学教育，就成为搞哲学的人不能不认真思考的问题。

2. 哲学和哲学教育是凝重的

哲学问题总是人生在世的大问题，即人类性问题。求索天、地、人的人与自然之辨，探寻你、我、他的人与社会之辨，反省知、情、意的人与自我之辨，追寻真、善、美的人与生活之辨，凝结为理解人生在世的哲学范畴。西方哲学的存在与非存在、本体与变体、主体与客体、感性与理性、经验与超验、思维与存在、自由与必然，中国哲学的天与地、内与外、体与用、道与器、理与欲、人与己、义与利、仁与智、知与行，无不凝聚了对人生在世的深层把握与理解，并因而构成人的安身立命之本或人生的最高的支撑点。对这些关乎人的安身立命的哲学范畴的思辨与体悟，不能不是哲学教育的基本内容；或者反过来说，离开对这些哲学范畴的思辨与体悟，哲学又何以“使人作为人而成为人”？

哲学和哲学教育的凝重，是同哲学思想的历史性密不可分的。用恩格斯的说法，真正的哲学是一种“建立在通晓思维的历史和成就的基础上的理论思维”。任何一种真正的哲学理论，都是人类认识史的结晶，都积淀着人类智慧的理论成果。哲学发展的最基本的逻辑，就在于哲学是历史性的思想，哲学史则是思想性的历史，哲学与哲学史是历史性的思想与思想性的历史的统一。史论结合，论从史出，这对于哲学和哲学教育来说，并不是某种外在的要求，而是一种内在的应有之义。

在论述黑格尔哲学时，恩格斯曾经一再强调，黑格尔的辩证法理论是以最宏伟的形式总结了全部哲学发展，是两千五百年来的哲学发展所达到的成果，黑格尔的每个范畴都是哲学史上的一个阶段。同样，列宁也强调，黑格尔的辩证法是思想史的概括，黑格尔在哲学中着重地探索辩证的东西，黑格尔是把概念、范畴的自己发展和全部哲学史联系起来了。这就十分清楚地告诉人们，黑格尔之所以能够在人类认识史上第一个创立自觉形态的辩证法理论，就在于这个理论本身是全部人类认识史的成果，是从人类认识史的总结中产生出来的。正因如此，在提出辩证哲学是“一种建立在通晓思维的历史和成就的基础上的理论思维”的同时，恩格斯尖锐地批评了“坏的时髦哲学”。恩格斯说：“官方的黑格尔学派从老师的辩证法中只学会搬弄最简单的技巧，拿来到处应用，而且常常笨拙得可笑。对他们来说，黑格尔的全部遗产不过是可以用来套在任何论题上的刻板公式，不过是可以用来在缺乏思想和实证知识的时候及时搪塞一下的词汇语录。”这就是缺少深厚的历史感的哲学，因而它必然会把历史性的思想变成枯燥的条文、现成的结论和空洞的说教，从而堕落成为僵化的教条主义的东西。恩格斯对这种“坏的时髦哲学”的批评，是值得每个学习、研究和讲授哲学的人深长思之的。

3. 哲学与哲学教育的凝重在于哲学的巨大的思想力

哲学的思想力量，是一种理论的逻辑力量、一种理论的说服力量、一种理论的批判力量。

哲学的思想力量，首先是一种撞击人的理论思维的力量。人类思维面对千差万别、千变万化的世界，总是力图在最深刻的层次上把握到世界的统一性，并以此去解释世界上的全部现象。宇宙之谜、历史之谜、人生之谜，对于具有理论思维能力和求知渴望的人类来说，是一种巨大的、不可遏制的精神上的诱惑和智力上的挑战。面对这种种的诱惑和挑战，人类以思维的逻辑去揭开笼罩着自然、历史和人生的层层面纱，并以思维的逻辑去展现自然、历史和人生的本质与规律。哲学的逻辑，是智力探险的逻辑、思维撞击的逻辑、理论创造的逻辑，它对人类智力具有巨大的吸引力。这就是人类的形上追求。同时，这种形上追求又构成人类自我反思与批判的逻辑、理论思维自我批判的逻辑。

批判是人类特有的活动方式。人类既以实践批判的方式现实地否定世界的现存状态，从而把世界变成自己所要求的现实，又以精神批判的方式在观念上否定世界的现存状态，为实践批判提供理想性图景和目的性要求。而哲学批判，则是对实践批判和精神批判的出发点——这两种批判活动得以进行的根据、标准和尺度——的批判。这样的批判，是对人类的全部活动——实践活动和认识活动——的前提批判。在哲学的前提批判中，改变了人类的思维方式、价值观念、审美意识和整个生活方式。

哲学的前提批判，是一种寻求、揭示和批判地反思人类全部活动的前提的逻辑，是一种把隐匿在思想之中的“看不见的手”揭露出来并予以批判的逻辑。这种前提批判的逻辑，具有推动社会进步的巨大的逻辑震撼力量。I.伯林有一句名言：“如果不对假定的前提进行检验，将它们束之高阁，社会就会陷入僵化，信仰就会变成教条，想象就会变得呆滞，智慧就会陷入贫乏。社会如果躺在无人质疑的教条的温床上睡大觉，就有可能会渐渐烂掉。要激励想象，运用智慧，防止精神生活陷入贫瘠，要使对真理的追求（或者对正义的追求，对自我实现的追求）持之以恒，就必须对假设质疑，向前提挑战，至少应做到足以推动社会前进的水平。”这种“向前提挑战”的哲学源于人的实践的存在方式。伽达默尔提出：“一切实践的最终含义就是超越实践本身。”实践活动作为追求自己的目的的人类历史过程，人类的历史发展过程也就是实践活动的自我超越，即历史地否定已有的实践方式、实践经验和实践成果，又历史地创造新的实践方式、实践经验和实践成果。在实践自我超越的历史过程中，哲学思想是作为实践活动中的新的世界图景、思维方式、价值观念和目的性要求而构成实践活动的内在否定性。这种内在否定性就是理论对实践的理想性引导。正因如此，伽达默尔又说：“理论就是实践的反义词。”理论作为实践的“反义词”，并不仅仅在于理论的观念性和实践的物质性，更在于理论的理想性和实践的现实性。人是现实性的存在，但人又总是不满足于自己存在的现实，而总是要求把现实变成更加理想的现实。哲学正是以其理想性的世界图景和理想性的目的性要求而超越实践，并促进实践的自我超越。哲学和哲学教育的重大意义就在于，它引导人们自觉地“对现存的一切进行无情的批判”，从而把现实变成更为理想的现实。

4. 哲学和哲学教育又是亲切的

任何一种哲学，都是具体的哲学家思考人类性问题的思想结晶。哲学家个人的体悟和思辨，与人类的思想和文明，熔铸于各异其是的哲学思想之中。在这个意义上我们可以说，哲学既是哲学家是以个人的名义讲述人类的故事，又是哲学家以人类的名义讲述个人的故事。水乳交融的人类故事和个人故事，对于讲故事和听故事的人来说，都应当是十分亲切的。

哲学作为社会的自我意识，哲学所讲述的当然是人类的故事，但它又只能是哲学家以个人的体悟与思辨所讲述的人类故事。哲学是经由哲学家思维着的头脑创造出来的理论。哲学创造，从根本上说，就是哲学家从新的视角、以新的方式、用新的综合为人类展现新的世界，提示新的理想。因此，哲学创造内含着以否定性的思维去对待人类的现实，揭示现实所蕴含的多种可能性；以否定性的思维去检讨各种理论的前提，揭示理论前提的多种可能性；在现实与理论多种可能性的某种交错点上，揭示人与世界之间的新的意义，提出可供人们反省和选择的新的理想。任何一种真正的哲学，都为人们展现了新的世界和新的理想。

作为思想性的历史，哲学史是高尚心灵的更迭和思想英雄的较量的历史。这里的每一次更迭和每一种较量，都蕴含着呕心沥血的理性的思辨和洗涤灵魂的心灵的体验。黑格尔说：“老人讲的那些宗教真理，虽然小孩子也会讲，可是对于老人来说，这些宗教真理包含着他全部生活的意义。即使这小孩也懂宗教的内容，可是对他来说，在这个宗教真理之外，还存在着全部生活和整个世界。”哲学作为“建立在通晓思维的历史和成就的基础上的理论思维”，它犹如一位饱经风霜的“老人”，不仅是在讲述那些真理，而且是在讲述这些真理所包含的全部生活和整个世界。哲学和哲学教育是亲切的，这亲切是源于它所包含的生活和世界。

作为历史性的思想，哲学的目光，不是神的目光，而是人的目光，它不仅诉诸人的慎思明辨的理性，而且诉诸人的体会真切的情感。冯友兰说，哲学作为“对人生的有系统的反思”，它的根本方法是“觉解”，它的根本目的是“境界”。学习哲学，并不是掌握某种永恒真理，而是更好地生活。人生在世，就要协调人与自然、人与他人、人与社会、人与自我的关系，就需要把这些关系从名称性的把握上升为概念性的理解。这种对人生在世的概念性的理解，就是以内含着全部生活和整个世界的历史性的思想去理解人的生活和人所创造的世界。

5.凝重而又亲切的哲学和哲学教育是睿智的

哲学的目光是人的目光而不是神的目光，这就意味着哲学的目光是现实的而不是超现实的、是历史的而不是非历史的。超现实和非历史的哲学和哲学教育，只能使人形成僵化的世界观；只有现实的和历史的哲学和哲学教育，才能使人形成凝重而又亲切的世界观，即睿智的、合理的世界观。如何理解世界观，这是哲学和哲学教育中的头等大事。

世界观的“世”，是“人生在世”的“世”；世界观的“界”，是“人在途中”的“界”；世界观的“观”，是“人的目光”的“观”。因此，世界观是“人生在世”和“人在途中”的“人的目光”，它是历史性的，因而是与时俱进的。

历史性的世界观拒斥形而上学——它否定“人生在世”和“人在途中”的“人的目光”能够以“神的目光”占有“终极真

理”，它反对把世界观视为某种超出人类或高于人类的“关于支配宇宙的最普遍原则的知识”。恰恰相反，它以中介的观点看待自己的全部思想，认为任何一种世界观都既是一种历史的进步性，又是一种历史的局限性，因而孕育着新的历史可能性；任何合理的“世界观”都不是绝对之绝对，也不是绝对之相对，而是相对之绝对——自己时代的绝对，历史过程的相对。正因如此，真正的哲学总是激发而不是抑制人们的想象力、创造力和批判力，总是冲击而不是强化人类思维中的惰性、保守性和凝固性，总是推进而不是遏制人们的主体意识、反思态度和创造精神。真正把哲学变成世界观的哲学，就是对现存的一切进行无情的批判的马克思主义哲学。它是真正的睿智的世界观。

历史性的世界观拒斥抽象的普遍性——它是“许多规定的综合”和“多样性的统一”的“理性具体”。“人在途中”的历史，总是以片面性的形式实现自身的发展；“人的目光”的世界观，则总是以全面性的理想去反驳实践而推进人的全面发展。正是立足对世界观的历史性理解，马克思在《〈黑格尔法哲学批判〉导言》中这样提出哲学的迫切任务，即“人的自我异化的神圣形象被揭穿以后，揭露具有非神圣形象的自我异化，就成了为历史服务的哲学的迫切任务”。揭穿人的自我异化的“神圣形象”，特别是揭露人的自我异化的“非神圣形象”，这不仅是对思维规定感性的形而上学的终结，也是对形而上学的人格化的历史的终结——英雄创造历史的英雄主义时代的终结。这是在历史的意义上对形而上学的终结。

对于这种终结，值得我们深思的是，“人们自己创造自己的历史”，既要求“英雄主义时代”的隐退，又需要代之以“英雄主义精神”的兴起。“英雄主义时代”的“英雄”，是黑格尔的“普遍理性”及其人格化；“英雄主义精神”的“英雄”，则是马克思的“自己创造自己的历史”的“现实的个人”。以“英雄主义精神”取代“英雄主义时代”，就是以“现实的个人”取代“普遍理性”的人格化，也就是让个人成为真正的现实——具有个性和独立性的个人，全面发展的个人。这是历史的辩证法，也就是马克思所揭示的历史规律。这个由人的历史活动所构成的历史规律，是“人生在世”和“人在途中”的“人的目光”所把握到的，因而它包含人的理性、人的目的、人的理想、人的追求。这是一种反形而上学的形上追求，是一种蕴含着形上追求的关于人的存在的辩证法。这种辩证法的世界观，以“人的目光”去看待人的“在世之在”和人的“途中之在”，就为人类提供了最为凝重、最为亲切、最为睿智的哲学。以这样的哲学所进行的哲学教育，才能体现水乳交融的凝重、亲切和睿智的哲学思想，才能“使人作为人而成为人”。

（六）

乐于读书与善于读书

人为什么要读书呢？这得从人生谈起。人生在世，按我的理解，主要是两件事，即想和做。想和做又各有两面，“想”包括“想什么和不想什么”，“怎么想和不怎么想”；“做”包括“做什么和不做什么”，“怎么做和不怎么做”。这些究竟是由什么决定的呢？毛泽东在《实践论》中说：“一个人的知识，不外直接经验和间接经验的两部分。”“一切真知都是从直接经验发源的。但人不能事事直接经验，事实上多数的知识都是间接经验的东西，这就是一切古代的和外域的知识。”那么古代的、外域的给予你的东西在哪里呢？就在书里。所以我想，人的一生要想问题、做事情，不外乎由直接经验和间接经验所决定，最重要的是由间接经验决定的，而间接经验最直接、最重要、最普遍的载体就是书籍。由此着眼，书籍决定人生，书籍决定命运。这一辈子，你读了些什么样的书？你读到什么样的程度？就决定着你想什么、做什么，你怎么想、怎么做。

过去常有毕业生找我题字，我每次都题一个字：实。具体地说就是三句话：态度要现实、工作要踏实、精神要充实。这三者都同读书联系在一起。不读书就不能够深刻地理解现实，不读书就不能有真实的本领做好工作，不读书更不能有充实的精神生活。一个人的精神生活怎么样，我认为最好的两个词是“充实”和“空虚”。充实，这个人的精神生活就健康；空虚，这个人的精神生活就无聊。可是怎么能够充实呢？充实最重要的来源就是读书。在有一年吉林大学的开学典礼上，谈及大学生在四年当中最重要的事，我讲的就是“读什么书”“做什么事”“交什么友”“想什么问题”，这决定着大学四年是怎么过来的，而这四年又决定着未来的一生是怎么样的。想什么和不想什么，我称之为思维内容；怎么想和不怎么想，我称之为思维方式；做什么和不做什么，我称之为行为内容；怎么做和不怎么做，我称之为行为方式。读书决定着我们的想和做，决定着我们每个人的思维内容和思维方式，行为内容和行为方式。

人之所以不一样，不是他的自然存在，而是他的社会存在。社会存在是怎么形成的呢？直接决定的就是你读了一些什么书。我们中国有句名言叫："君子坦荡荡，小人长戚戚。"西方人说"仆人眼中无英雄"。中国还有句话叫"不以小人之心度君子之腹"。为什么呢？为什么人不一样呢？因为他读到的东西、接受的东西不一样，想什么和不想什么也不一样……读书不是可有可无的东西，而是决定你一生成为什么样的人，你一生活得好不好的最根本的东西。从这个角度去想，我想大家可能才会有读书的动力、渴望。

现代哲学有个说法叫观察渗透理论，就是说人们在看世界的时候，因为理论背景不一样，所以对世界的理解和追求也不一样。我很欣赏一个美国心理学家说的一句话，一个人只有在适当的年龄受到适当的教育，他才是人。这句话看似并不惊人，但若把它颠倒过来说会很震撼，如果一个人没有在适当的年龄受到适当的教育，他就不是人。现在为何有那么多犯罪事件，非常重要的原因就是有些人没有受到很好的书籍的熏陶，对生活的理解出现了偏差。

很多人还未从人生的根基出发，去认识教育和读书的重要性，我想只有从对人一生的决定性作用的角度去认识，才能把读书从一种号召变成每个个体的一种追求。讲座、座谈会、读书会等都是必要手段，但最重要的是内化为人自身的认同、自觉的追求。人是一种文化、历史的存在，书籍是人类文明的一种载体，只有经过阅读，才能使自己从一个毛坯状态的人成为一个具有现代教养的现代人，才能在社会上生活得更好一些。

眼下的书籍多如牛毛，但仍可分成几大类。20世纪90年代，在一次座谈中，我把书分成八大类，即实用的、宗教的、政治的、八卦的、怡情的、引发思考的、人文社科的和自然科学的。值得思考的是，在人们的阅读中，这几类书的阅读量往往是递减的。

我还常把书分成实用的和非实用的、专业的和非专业的。实用的、专业的书，大家都能感受到它的用途。但是从全民阅读的角度来看，可能它更强调的不是实用的、专业的书籍，而是人们通常所说的“闲书”。怎么看待“闲书”呢？人是一种心理的、生理的、伦理的存在，最近我们最愿意问的两个问题：“你幸福吗？”“你的梦想是什么？”什么是幸福呢？幸福首先要生理健康，生理健康就需要心理健康，生理和心理的健康更重要的是取决于伦理生活的和谐。也就是说人生不仅仅需要实用的东西，更需要使自己的精神生活充实，能够更好地去面对现实，能够更好地去协调伦理关系的知识和书籍。我曾对学生讲：“大学生应该读哲学的书，提高哲学修养。”文学使我们看到了别人的生活，哲学使我们更深沉地去思考生活与人生。“闲书”能够充实人的生活，使人生得到升华。

有些人经常会说没空读书，但他并不是什么都不看。这就要说到人本主义心理学家马斯洛的层次需要理论，人不仅仅满足于生存需求、安全需求，人更需要归属需求、尊重需求、自我实现需求。比如说现在很流行的广场舞，人们一般认为跳广场舞就是健身，在一个群体里，得到呼应，也可谓之气场，大家得到一种心理满足。你再看那个戴白手套领舞的人，他可能这辈子没机会上舞台了，但就在那一刻，他得到了尊重和自我实现的满足。人都想充实自己，而真实的充实自己不是外在的，是内在的，从这个意义上说，“闲书”就不是“闲书”了，虚的可能就是最实的。

学了拧灯泡就会拧灯泡，学了做饭就会做饭，但都只属于技能，人生更重要的是要有精神，形成完善的精神生活，得到智力的提升、毅力的培养。

人若想进一步提升，除了读陶冶性情的书，还要读“引起头痛的书”。人的一生如果没读过几本“引起头痛的书”，这一生至少是不深刻的。作家张炜曾对大学生说：“如果在大学四年没有读过康德和黑格尔，你的四年大学就白读了。”倒不是说你非得读康德和黑格尔，而是说你要读较为深刻、能够引起思考的书。读过“引起头痛的书”，你就能活化那些陶冶性情的书；如果不读“让人头痛的书”，那些陶冶性情的书往往也会成为过眼烟云。

“讲理”不只是要“说”明白，更重要的是要“写”明白。在写作过程中，我最看重思想、逻辑和语言，所谓思想，就是要有独立的见解，这就需要“在思想上和自己过不去”；所谓逻辑，就是要有严谨的论证，这就需要“在讲理上跟自己过不去”；所谓语言，就是要有优美的表达，这就需要“在叙述上跟自己过不去”。我很欣赏苏珊·朗格在《艺术问题》中提出的美学问题。她说“艺术创造”。什么叫“创造”？舞蹈家创造了胳膊还是创造了腿？看一幅画，画家创造了油彩还是创造了画布？读小说，作家创造了语言还是创造了文字？什么也没“创造”嘛，但他创造了意义！我想说，优秀的学者，他的语言、理论也应该创造意义吧。我不会写诗，但总想简洁地表达自己对生活的感慨，所以写过些短章，说几条，算和大家共勉吧！

四十岁时，我写过几句话，“年过不惑亦有惑，爱智求真敢问真。是是非非雕虫技，堂堂正正方为人”。六十五岁时，我写下了名为《咏叹哲学》的几段文字，有一段是这样写的：“我常常在房间里踱步——被思想激动得不能安坐；我常常在窗台前眺望——以思想窥见澄澈的天光；我常常在书桌上疾书——让思想在笔端自由流淌。”在学术研究中，我强调四个“真”字：“真诚，要有抑制不住的渴望；真实，要有滴水穿石的积累；真切，要有举重若轻的洞见；真理，要有抽丝剥茧的论证。”还有四点体会：“一是乐于每日学习，志在终生探索；二是平常心而异常思，美其道而慎其行；三是忙别人之所闲，闲别人之所忙；四是人格上相互尊重，在学术上相互欣赏。”关于做人，也有两句：“谁都没有什么了不起，但是谁都可以了不起”；“当别人把你当回事的时候，你千万不要把自己当回事；当别人不把你当回事的时候，你千万要把自己当回事”。

“人无法忍受单一的颜色，所以我们的梦想是五彩缤纷的；人无法忍受凝固的时空，所以我们的梦想是汹涌澎湃的；人无法忍受自我的失落，所以我们的梦想是无法抑制的；人无法忍受存在的空虚，所以我们的梦想是饱满厚重的；人无法忍受彻底的空白，所以我们的梦想是指引未来的。”这是我在吉林大学讲《勇于担当，实现梦想》时的一段话，也在此与有梦想的朋友们分享。最后，我想把自己的读书体会概括为三句话：读出人家的好处，发现人家的问题，悟出自家的思想。

（七）

学术研究的“大气”“正气”和“勇气”

在纪念高清海先生逝世十周年之际，我曾用“大气、正气和勇气”概括先生的为人与为学，并以此激励我们在“爱智”的哲学之路上继续前行。

1. 大气：为人为学其道一也

无论是为人还是为学，中国人最崇尚的是“先立乎其大者”。

高先生的为人，如同他的伟岸的身躯，是直立的、挺拔的。他不屑于向权贵折腰，也不善于向弱者示强，而是爱憎分明，卓尔不群。先生所说的，就是他所想的和他所做的；他尊重自己的前辈、朋友和学生，他同样尊重他自己。和先生在一起，总会感到人应当像人那样直立地生活，而绝不能像动物那样爬行。这是他为人的大气。

为人的风骨与为学的风格是一致的。高先生的为学，亦如他伟岸的身躯，指点江山，激扬文字，高屋建瓴，势如破竹。对高先生来说，学问之“大者”，并不只是选题之宏大，而且主要是立意之高远。关于哲学，高先生提出“人是哲学的奥秘”，把哲学定义为“理论形态的人类自我意识”，把马克思主义哲学解释为“实践观点的思维方式”，把我们的哲学使命确立为“找回失去的‘哲学自我’”，进而为中华民族的未来而创造中华民族的“思想自我”。这又是他为学的大气。

为了这个宏伟的目标，他苦苦求索古代先贤对哲学的理解，写出了史论结合的《哲学的憧憬》；他独立钻研人类的文明史和哲学的思想史，写出了独树一帜的《哲学与主体自我意识》；他深入思考马克思和恩格斯的哲学思想，系统地阐述了《马克思主义哲学基础》；他深切地体悟人的历史、现实与未来，竭力达成《“人”的哲学悟觉》。高先生在这些选题重大、立意高远的著述中提出的见解独到、振聋发聩的哲学思想，不仅引领了20世纪80年代以来的我国哲学研究，而且为21世纪的哲学研究提供了不可或缺的思想资源。

尤为令人感动的是，在与病魔抗争的日子里，高先生写出了他一生中最为珍贵的论文《中华民族的未来发展需要有自己的哲学理论》。高先生提出：“中华民族是有着古老哲学传统的民族”，“学习西方先进的哲学理论，最终目的还是为了创建适于我们自己的当代中国哲学”。“中华民族的生命历程、生存命运和生存境遇具有我们的特殊性，我们的苦难和希望、伤痛和追求、挫折和梦想只有我们自己体会得最深。”“一个社会和民族要站起来”，“首先要在思想上站立起来”。“创建当代中国哲学理论，乃是中国人反思自己的生命历程、理解自己的生存境域、寻找自己未来发展道路的内在要求和迫切需要。”这是先生求索终生的思想箴言，也是先生临终的思想嘱托。为中华民族的未来而创造属于我们自己的哲学，这应当是我们从先生那里承继下来的最根本的大气。

2.正气：“面向事情本身”的“笨想”

做学问有各种路径，有各种方法，有各种门道，高先生只概括为两个字：“笨想”。

笨想，就是不投机取巧。对于哲学研究，高先生最认同的是他的老师刘丹岩教授所说的“抓住根子”，最强调的是“打牢基础”。他曾经语重心长地对自己的研究生说，他的某些同辈学者之所以没有形成自己独立的哲学思想，主要原因是在于没有机会系统地、认真地研究哲学史，没有形成恩格斯所说的“建立在通晓思维的历史和成就的基础上的理论思维”。为此，他还多次半开玩笑地说，他很“庆幸”自己在20世纪60年代被迫改行讲授西方哲学史，从而能够以史论结合的方式研究哲学，真正做到“以论带史、论从史出”。他要求自己的学生一定要认真地读书，认真地想问题，还为学生系统地讲授西方哲学史和亚里士多德的《形而上学》、马克思的《1844年经济学哲学手稿》、恩格斯的《路德维希·费尔巴哈和德国古典哲学的终结》、列宁的《哲学笔记》等著作，以及“认识论专题研究”“辩证法专题研究”等课程。在吉林大学的图书馆和马列主义教研部的资料室里，记载着高先生曾经借阅的图书，既包括当时已出版的全部的马列著作，还包括当时已面世的中外哲学家的著作。而在高先生的遗物中，最为珍贵的就是他日积月累的哲学笔记。“问渠那得清如许？为有源头活水来。”不投机取巧，不要小聪明，老老实实地读书，认认真真地研究，这是高先生治学的根基。

笨想，就是不回避问题。作为辩证法大家，黑格尔为何搞唯心主义？作为唯物论者，费尔巴哈为何不懂辩证法？人们不懈地追求真理，究竟是在追求着什么、要去追求什么？哲学家们都想“为天地立心，为生民立命”，为何马克思以前的哲学只是“解释世界”而不是“改变世界”？哲学和科学都研究世界，为什么它们是把握世界的不同方式？20世纪80年代中期，当学界普遍地以

“实践范畴”“实践转向”或“实践唯物主义”重新阐释马克思主义哲学时，高先生独树一帜地提出，要以“实践观点的思维方式”去理解马克思主义的哲学革命。他明确地提出：“对于马克思主义的实践观点，我们决不能把它看作仅仅是用来回答认识的基础、来源和真理的标准等认识论问题的一个原理，而必须把它看作马克思主义用以理解和说明全部世界观问题、区别于以往一切哲学观点的新的思维方式。只有认识到这一点，才能把握马克思主义哲学全部内容的实质。”正因为高先生所思考的问题总是“较真”“较劲”“和自己过不去”的问题，所以他总是能从问题的“根子”上提出问题和回答问题。

笨想，就是不囿于己见。每当论及学界状况时，高先生总是对学生们说，我们有自己的特点，人家有自己的优势，善于发现人家的长处，才会有所进步。高先生不仅认真研读和思考自己前辈和同辈学者的著述，而且真心实意地吸纳学生的研究心得。高先生指导研究生，从来不只是“讲”，而且是“听”——听学生讲相关的知识和他们的看法。20世纪80年代，我们几位“老学生”最为兴奋的事，就是每周到高先生家中讨论哲学。我还清晰地记得，孙利天讲中国传统哲学，孟宪忠讲社会发展理论，秦光涛讲现代西方哲学，邴正讲当代文化哲学，而我则主要是讲现代科学哲学。高先生认真地倾听，不时地记录，间或地提问，几个学生更是不以自己的“滔滔不绝”为“越位”，相互追问，相互诘难，抓住“软肋”，发现“硬伤”，互相切磋，共同成长。

笨想，就是不人云亦云。列宁说，概念、范畴并不是认识的工具，而是人类认识的阶梯和支撑点。在人类文明史上，概念、范畴的内涵不是僵死凝固的，而是与时俱进的。然而人们却往往把概念、范畴当作僵化的定义去把握和使用。高先生的笨想，从根本上说，就是对哲学基本观念的坚韧不拔的追问。特别是在对本体论思维方式的批判性反思中，高先生深刻地揭示了这种思维方式的实质：一是把事物的现象与本质割裂开来，二是把认识的主观与客观对立起来，三是把真理的相对与绝对分割开来，试图为人类提供绝对之真、至上之善和最高之美。对于这种思维方式和哲学理念，高先生从“人是哲学的奥秘”的解释原则出发，作出了自己的独到的论证：“本体论作为对象的解释原则完全是属于人的，它表现的是人从人的观点以理解和把握对象世界的一种方式。”“人是一种从不满足于既有存在，总是追求未来理想存在的一种存在。这通常被称作人的‘形而上学’本性。本体论就是以探寻对象之外和之上的本真存在这种方式，来表述人的形而上学追求的。”在这种批判性反思中，高先生不仅深刻地揭示了本体论思维方式的实质，而且富有启发性地肯定了哲学的“形而上学追求”。正是在对包括“本体”在内的“世界”“实践”“矛盾”“反映”“规律”“真理”等哲学范畴的批判性反思中，高先生突破了通常的“狭隘视界”，赋予这些基本范畴以新的思想内涵，为发展哲学提供了富有建设性的新的阶梯和支撑点。这是高先生哲学思想的真实意义。

笨想，就是不故步自封。1996年出版的《高清海哲学文存》第5卷，收录了高先生在20世纪80年代主编的《马克思主义哲学基础》的选辑。在该卷的前言中，高先生坦诚地指出：“现在读起来，这部著作的许多思想内容或许已经不很新鲜”，“我国理论界的认识和我们自己的思想，都已有了很大的提高和进展”。他还特别地指出，《马克思主义哲学基础》以“客体”“主体”“主体与客体的统一”这种逻辑框架和叙述方式来阐述马克思主义哲学，还没有真正体现马克思主义哲学的实践观点的思维方式。因此，在20世纪80年代后期，高先生明确地以“人与世界的否定性统一”来阐释实践，又以这种实践观点来阐释马克思主义哲学的思维方式，进而对马克思主义哲学作出新的系统论证。正是在这种自我反省和自我批判中，高先生不断地升华了自己的哲学思想。这种符合哲学本性的自我批判精神，应当是高先生留给我们的弥足珍贵的精神财富。

3. 勇气：思想解放与人的解放

思想解放，理论创新，这对高先生来说，绝不是挂在嘴上的名词或追赶时髦的口号，而是他的学术生命的生动写照。

不“唯上”，不“唯书”，敢于追问，勇于创新，这是高先生学术研究的基点。在为《哲学通论》所写的序言中，高先生针砭时弊地指出：“长期以来我们已经习惯了这种照本宣科的研究方式、写作方式，眼睛只看着别人、看着古人、看着洋人，却忘记了还有个‘自我’、自我的头脑”，“连马克思的本来属于解放人们头脑的哲学，我们也采取了这种‘灌输’的方式去束缚人们，我们怎能培养出哲学家来？”高先生以自己的理论勇气和强烈的社会担当意识，在历史、理论与现实的聚焦点上，不断地实现理论创新，并鼓励和引导自己的学生以哲学的方式面向现实，努力探索重大现实问题中所蕴含的重大理论问题，又以新的理论成果去回答重大的现实问题，切实地使哲学成为“思想中所把握到的时代”。

在学术研究中，高先生的思想解放，集中地体现在“哲学总体观念的变革”上。早在20世纪50年代，他就以《论辩证唯物主义与历史唯物主义的关系》一文重新理解马克思主义哲学，并因此被扣上“分家论”的帽子。自1980年起，高先生用六年时间主编完成了被学界称为“在众多教科书中独树一帜，自成一家之言”，“令人耳目一新”的《马克思主义哲学基础》，“开创中国哲学体系改革的先河”。高先生认为：“变革和创新，是哲学理论的常态，也是它固有的本质。”“哲学这种理论的一个突出特点，就是要以自身理论和观念的不断变革，才能反映历史和时代的变化，推动历史和时代的前进，从而发挥它特有的批判的和导引的理论功能。”“实践发展了，历史前进了，时代变化了，作为思想前导或理论升华的哲学便要改变自己的内容和形态，经历哲学观念的变革。”正是基于这种理念，高先生写出了关于哲学观念变革的系列“断想”，系统地提出了他对“世界观”“本体观”“实践观”“矛盾观”“真理观”“价值观”“人学观”的重新理解和阐释，并把哲学的思想解放与现实的人的解放熔铸在他的理论创新之中。

“人”的问题是高先生在20世纪90年代思考的主题。恩格斯提出，马克思和他所创建的哲学是“关于现实的人及其历史发展的科学”。高先生由此提出，“现实的人及其历史发展”，就是不断地在实践活动中实现“人与世界的否定性的统一”，也就是实现马克思所说的合规律性与合目的性的统一。因此，我们应当以实践观点的思维方式去看待人与世界的关系，并以这种思维方式去阐述和发展马克思主义哲学。高先生提出，按照马克思关于人的历史“三形态”理论，中国今日的落后就不只是表现在经济、社会、技术等方面，最根本的落后是在“人”的发展方面。由此，高先生高瞻远瞩地提出：“我国社会主义发展的现阶段，解放生产力首先就是解放个人，就要用实现每个人的全面发展的未来导引现实。”高先生的这一思想，从哲学的高度阐发了“以人为本”的发展观。

志存高远的大气、真诚求索的正气、敢于创新的勇气，这是高先生的为人为学之道，也应是所有学人的繁荣学术之道。高先生的墓碑矗立于苍松翠柏之中，高先生的思想将存留于人类文明的历史长河之中。

（八）

学术研究的“思辨”“体验”与“境界”

许多老师和同学都读过《哲学通论》。在那本书里，我把自己学习和研究哲学的体会概括为：“高举远慕的心态、慎思明辨的理性、体会真切的情感、执着专注的意志和洒脱通达的境界。”其中，最具有实质意义的，就是“慎思明辨的理性”和“体会真切的情感”的融合。也就是说，学习和研究哲学，离不开两个最主要的东西：一是思辨，二是体验。二者缺一不可，而且是相互融合的。

围绕这个题目，我讲三个问题：一是真道理与大实话，二是辨析思想与体悟经验，三是思想的陌生化与经验的人类化。

1. 真道理与大实话

好多同学听我讲过，有两类不同的文章：一类是用谁都听得懂的话讲出谁都没想到的道理，另一类则是用谁都听不懂的话讲一些谁都懂得的道理。前一类，可以叫作“真佛只说家常话”；后一类，可以叫作“俗人故作惊人语”。

恩格斯《在马克思墓前的讲话》中说，马克思的伟大发现是发现了“一个简单事实”：“人们首先必须吃、喝、住、穿，然后才能从事政治、科学、艺术、宗教等等。”邓小平在改革开放之初提出：贫穷不是社会主义，发展才是硬道理。鲁迅在评论世间百态时说：拉大旗作虎皮，包裹着自己去吓唬别人；捣鬼有术，也有效，然而有限；又说，如履薄冰，发抖尚且来不及，还谈何创造？黑格尔说，形而上学即哲学是“庙里的神”，是“密涅瓦的猫头鹰”。我在自己的哲学研究中，也努力用大实话来说出真道理。如“从两极到中介”“从体系到问题”“从层级到顺序”。提出真道理不容易，用大实话讲出真道理同样不容易。这就需要思辨与体验。

2. 辨析思想与体悟经验

思辨，从字面上解析，就是思想辨析或辨析思想，也就是以思想自身为对象反过来而思之，简言之就是反思；体验，从字面上解析，就是体悟经验或经验体悟，也就是以经验自身为对象反过来而悟之，简言之就是领悟。在哲学活动中，思辨与体验，或者说反思与领悟，二者可能有所偏重，但不能有所偏废。

思辨，在于具体地辨析思想，因而重在对概念的反思；体验，在于真切地领悟经验，因而重在对生活的体验。但是反思的概念有其经验内容，体悟的经验需要概念表达。经验无概念则盲，概念无经验则空。离开概念的经验内容，所谓的思辨就成了黑格尔所批评的纯粹的“形式推理”；离开表达经验的概念规定，所谓的体验又成了黑格尔所批评的单纯的“物质思维”。在真正的哲学活动中，思辨与体验总是融合在一起的，既不存在没有体验的思辨，也不存在没有思辨的体验。

在谈到“一般人所说的哲学的难懂性”时，黑格尔曾经明确地提出这是由于两方面的困难：“一部分由于他们不能够，实即不懂得作抽象的思维，亦不能够或不惯于紧抓住纯粹的思想，并运动于纯粹思想之中”；另一部分困难则在于“意识一经提升到概念的纯思的领域时，它就不知道究竟走进世界的什么地方了”。这就是说，人们之所以难以理解哲学，是因为他们把“概念”与“世界”割裂开了，把思辨与体验分离开了，以经验看待世界的时候，世界就只是经验的世界；以思想看待经验的时候，经验中的世界又不复存在了。其结果，人们或者以单纯的经验理解哲学，也就把哲学变成了经验常识；或者以单纯的思想理解哲学，也就把哲学变成了抽象的空洞的思想。

作为西方传统哲学的集大成，在黑格尔哲学那里，思辨与经验是同等重要、相互融合的。在结束《小逻辑》的全部论述之前，黑格尔充满感慨地指出：“老人讲的那些宗教真理，虽然小孩子也会讲，可是对于老人来说，这些宗教真理包含着他全部生活的意义。即使小孩也懂宗教的内容，可是对他来说，在这个宗教真理之外，还存在着全部生活和整个世界。”在这里，黑格尔正是借用对“同一句格言”的不同理解，深切地揭示了体验之于哲学的不可或缺的重要性。认真地研读黑格尔的《精神现象学》《历史哲学》《法哲学》《逻辑学》和《美学》，我们都会真切地懂得，哲学活动中的体验与思辨是难以分割地融合为一的。

同样，在中国传统哲学中，历代的哲学家们的哲学也绝不仅仅是对生活经验的领悟，而是对经验的领悟融汇于思想的辨析之中。自先秦以来，中国传统哲学多以天、地、道、德、性、命、礼、义、体、用、理、气、知、行等作为思考对象，而又以天地、道德、性命、礼义、体用、理气、知行等范畴为对象反过来而思之，从而以通达的辩证智慧对待天人、内外、人己、义利、仁智、道器、理欲、知行、荣辱、进退、生死等种种矛盾，形成了凝聚中华民族对世界和生命的认知和感受的哲学思想，积淀了中华民族的精神追求和行为准则。如果以体验来概括和表达中国传统哲学的特性，就会把睿智通达的中国哲学思想降为某种应对日常生活的经验常识。

长期以来，哲学界有一种流行的说法：中国哲学重体验，西方哲学重思辨。如果这种说法的含义仅为“重在”，或许是说得通的；如果这种说法的含义是指二者的差异或区别，则不仅是夸大了中西哲学的区别，而且是误解了哲学的特性，甚至会误导中国哲学的发展道路。

3.思想的陌生化与经验的人类化

思辨，是辨析思想或思想辨析。由此提出两个问题：一是在思辨中辨析什么？二是如何实现对思想的辨析？

体验，是体悟经验或经验体悟。由此，也提出两个问题：一是在体验中体验什么？二是如何实现对经验的领悟？

先谈思辨。辨析思想，是对具体的思想的辨析，而不是抽象地辨析思想，因此对思想的辨析，主要体现在两个层面：在表层上，是要辨析这个思想的含义究竟是什么；在深层上，则是要辨析这个思想的含义是如何构成的。前者从语言学上说，是一种语义、语境的分析活动；后者则是一种特有的哲学活动，即对思想构成自己的前提批判。因此，思想的辨析，并不是一般性的辨析思想，而是辨析思想构成自己的根据和前提。按照我个人的看法，构成思想的根据和前提，主要包括四个方面：一是思想构成自己的基本理念，二是思想构成自己的思想逻辑，三是思想构成自己的特定方式，四是思想构成自己的基本信念。思想构成自己的根据，是隐匿于思想之中的，把思想隐匿的前提或根据揭示出来，最为根本的方式，就是思想的陌生化——对思想的前提批判。

再谈体验。体验是对经验的体察、体会和领悟，是把经验升华为对生活的理解。高尔基在《我的大学》中曾写道："对生活的思考是比生活本身更痛苦的。"体验离不开特定的生活境遇，体验总是对特定生活境遇的体验。人们的生活境遇是不同的，这包括每个时代的生活境遇是不同的，每个民族的生活境遇是不同的，每个个人的生活境遇是不同的。体验，总是在对时代的生活境遇、民族的生活境遇和个人的生活境遇的体会和领悟中形成的。在《思想中的时代》的后记中，我写过这样一段话："人们对于哲学的理解是大不相同的。这是因为，哲学既是以个人的名义讲述人类的故事，又是以人类的名义讲述个人的故事，个人的思辨和体验与人类的文明和思想，熔铸于各异其是的哲学理论当中。"这是我对思辨和体验的理解，也是对哲学本身的理解。

（九）
学术著述的"深刻""厚重"和"优雅"

一篇好的学术论文，一部好的学术著作，既要有深刻的思想，又要有厚重的论证，还要有优雅的叙述。深刻、厚重和优雅，这是读者对学术论著的要求，也是作者对学术论著的追求。达到这个要求和实现这个追求，从事学术研究的学者就不仅要有坚实的文献积累、艰苦的思想积累和切实的生活积累，而且要有“跟自己过不去”的劲头：一是在思想上“跟自己过不去”，提出振聋发聩的创见；二是在论证上“跟自己过不去”，作出令人信服的阐述；三是在叙述上“跟自己过不去”，写出凝重而又空灵的论著。学术研究是对人类智力的挑战，做学问的学者就要在思想、论证和叙述上“跟自己过不去”。

1.深刻：在思想上“跟自己过不去”

学问是人类文明史在观念中的积淀和升华，做学问的根基是钻研古往今来的已有的学问。然而真正做出超越前人的学问，却不仅需要“读出人家的好处”，而且必须“发现人家的问题”，进而“悟出自家的思想”。这就是王国维所说的读书的最高境界：“众里寻他千百度，蓦然回首，那人却在灯火阑珊处”，于别人未见之处发现问题，于别人未思之处提出思想。

“读出人家的好处”，并不容易。缺乏人家的学识，达不到人家的见识，体会不到人家的困惑，把握不到人家的洞见，也就难以读出人家的好处。“发现人家的问题”，更不容易。人家苦心钻研出来的道理，怎么能让人轻易地发现问题。或许正是有感于此，爱因斯坦才深有体会地说：“提出一个问题比解决一个问题更重要。”在读出人家的好处和发现人家的问题的过程中，“悟出自家的思想”，当然是难上加难。人家之所以“有问题”，并不是人家没有绞尽脑汁地想问题，并不是人家没有瞻前顾后地看问题，而是后人（他人）在自己的上下求索中发现了人家的“问题”，从而提出了自家的思想。做学问的“不破不立”与“不立不破”是水乳交融的。“悟出自家的思想”，才能真正“发现人家的问题”；“发现人家的问题”，才能真正“悟出自家的思想”。读出好处，发现问题，悟出思想，都必须在思想上“跟自己过不去”。

2. 厚重：在论证上“跟自己过不去”

做学问，就是想清楚、讲明白别人没想清楚、没讲明白的道理。想清楚、讲明白的道理就是学问，想清楚、讲明白的过程就是做学问。想清楚，就是“悟出自家的思想”；讲明白，就是“论证自家的思想”。论证同样需要“跟自己过不去”

论证，不只是把悟出的思想条理化、逻辑化、系统化，更不是罗列章、节、目的“散漫的整体性”，而是要把想清楚的道理引向清晰、确定和深化。黑格尔说：“全体的自由性”必须诉诸“环节的必然性”。这就必须对思想进行有理有据的、环环相扣的、由浅到深的论证。在构成“环节的必然性”的论证中，展现思想的任何一个名词，都不只是一个指称对象的名称，而是一个具有确定的思想内涵的概念；构成思想的任何一个概念，都不只是一个孤立的观念，而是在特定的概念框架中获得相互的规定和自我的规定；推进思想的任何一个环节，都不是一个抽象的规定，而是在由抽象到具体的概念运动中获得越来越丰富的规定。文学评论家何其芳曾经这样评论《红楼梦》，说它是“把生活的大山推倒，又重塑了艺术化的生活的大山”。借用这个说法，做学问是要“把观念的大山推倒，又重塑了理论化的思想的大山”。不在论证上“跟自己过不去”，“理论化的思想的大山”就无法重塑起来。

3. 优雅：在叙述上“跟自己过不去”

“言之无文，行而不远。”学术论著的语言，既要凝重，又要空灵，既要准确，又要优美。学术论著的逻辑，既要严谨，又要跃动，既要坚实，又要活泼。学术论著的优雅，既是思维的撞击，又是心灵的震撼，既要使人得到哲理智慧的启迪，又要使人享受到震撼心灵的逻辑之美。

凡是读过《资本论》的人，都不仅会被它的理论力量所震撼，而且会被它的逻辑之美所折服。马克思说，思维的运动遵循着相互联系的两条道路：“在第一条道路上，完整的表象蒸发为抽象的规定；在第二条道路上，抽象的规定在思维行程中导致具体的再现。”正是得心应手地驾驭这个思维的逻辑，马克思首先是把资本主义作为“混沌的表象”予以科学地“蒸发”，抽象出它的各个侧面、各个层次的“规定性”。然后又以高屋建瓴的辩证智慧展开“商品”所蕴含的全部矛盾，循序渐进，层层推进，直至达到资本主义“在思维具体中的再现”。对此，马克思说，不管《资本论》存在这样或那样的毛病，但它作为一件“完整的艺术品”，却是可以引以为自豪的。

大文豪莎士比亚有这样的诗句：“给美的事物戴上宝贵的真理的桂冠，她就会变得百倍的美好。”让“真理”与“美”相伴，学术论著就能激发人们的思想活力，启迪人们的哲理智慧，滋养人们的浩然之气。这就不仅需要做学问的学者在思想上、论证上“跟自己过不去”，而且应当在叙述上“跟自己过不去”，让读者阅读到深刻、厚重、优雅的学术论著。

(十)

“人生在世”和“人在途中”的“人的目光”

“哲学的目光”，不是“神的目光”，而是“人的目光”，是“人生在世”和“人在途中”的“人的目光”。因此，“哲学的目光”，不是“绝对的绝对”，也不是“绝对的相对”，而是“相对的绝对”——时代性的绝对，历史性的相对。

哲学表征时代精神和人类文明，当然是在讲“人类的故事”；然而对人类故事的理解和对人类故事的讲解，却离不开讲解者对人类故事的体悟和思辨。因此，哲学既是哲学家以个人的名义讲述人类的故事，又是哲学家以人类的名义讲述个人的故事。个人的体悟和思辨与人类的思想和文明，熔铸于哲学家的各异其是的理论想象之中。

每个时代的人都有该时代的特定的人类历程和理论资源，由此构成该时代的哲学家的共有的人生历程和理论资源，并因而构成该时代哲学的广泛而深刻的一致性。然而时代性的人类历程又总是表现为哲学家的特殊的人生历程，以及哲学家对人类历程和人生历程的独特的生命体验；时代性的理论资源又总是表现为哲学家对特定的理论资源的占有，以及哲学家由其所占有的理论资源所形成的特殊的理想想象。特殊的人生历程和独特的生命体验，特殊的理论资源和独特的理论想象，二者的水乳交融构成了个性化的哲学理论。因此，我在《哲学通论》中提出：哲学是以时代性的内容、民族性的形式和个体性的风格去求索人类性问题。在这个意义上，哲学就是以“我”的名义讲述“我们”的故事。

以“我”的名义讲述“我们”的故事，这个故事就形成于“我”的思辨和体验的理论想象之中。在哲学的理论想象中，思辨与体验，或者说反思与领悟，不仅是不可或缺的，而且必须是融为一体的。没有体验的思辨，或没有思辨的体验，都不会产生“真实的想象”和“想象的真实”。

诉诸哲学史，我们会看到，哲学发展的基本形式是派别之间的相互批判。然而值得深思的是，哲学的派别冲突不仅根植于现实生活，而且与哲学家对人类文明和时代精神的生命体验和理性思辨密切相关。贯穿于哲学史的唯物主义与唯心主义、辩证法与形而上学、经验主义与逻辑主义、绝对主义与相对主义等的派别冲突，无不熔铸着哲学家的生命体验和理性思辨。哲学的唯物主义与唯心主义，深层地蕴含着哲学家对人类的自然性与超自然性的生命体验和理性思辨；哲学的辩证法和形而上学，深层地蕴含着哲学家对人类存在的过程性与确定性的生命体验和理性思辨；哲学的经验主义与逻辑主义，深层地蕴含着哲学家对人类认识的感性与理性的生命体验和理性思辨；哲学的绝对主义与相对主义，深层地蕴含着哲学家对人类文明的时代性与超时代性的生命体验和理性思辨。在现代哲学中，本质主义与存在主义、理性主义与非理性主义、科学主义与人本主义，乃至“分析”与“解释”、“结构”与“解构”，更是以错综复杂的派别冲突的方式，深层地蕴含着哲学家对“现代性的酸”所构成的“意义危机”的生命体验和理性思辨。正是这种深沉的生命体验和顽强的理性思辨，激发了哲学家的独特的理论想象，形成了各具特色的哲学理论，从而既以人类的名义讲述了个人的故事，又以个人的名义讲述了人类的故事。

哲学家以自己的生命体验和理性思辨所讲述的人类故事，究竟是关于人类文明的“真知”，还是关于人类文明的“偏见”？或者说，哲学家所讲的人类故事，究竟是“绝对的绝对”，还是“绝对的相对”？进而言之，哲学家所讲的人类故事，是否既不是作为“绝对之绝对”的“真知”，也不是作为“绝对之相对”的“偏见”，而是一种可以称之为“相对之绝对”的“合法的偏见”？这是我在1988年所写的《从两极到中介——现代哲学的革命》一文中提出的一个理论想象，也是我在2011年所写的《哲学的形而上学历险》一文中所论述的一个基本观念。

在传统形而上学那里，虽然哲学家个人的生命是有限的，但他的理性却可以对人类经验及其知识作出某种统一性和终极性的解释。因此，对于传统形而上学来说，“相对”只是他人的“无知”，“绝对”则是自家的“真理”。由此所构成的关于“绝对之绝对”的哲学，就是“不知其不可而为之”的“形而上学的恐怖”。现代西方哲学在“拒斥形而上学”的旗帜下，迫使哲学从“狂妄的理性”变为“谦虚的理性”、从“无限的理性”变为“有限的理性”。由此所构成的关于“绝对之相对”的哲学，就是“知其不可而不为之”的“形而上学的退场”。

在现代哲学的自我反省中，作为理论形态的人类自我意识，哲学已经在对人类思维的“至上性”与“非至上性”的辩证理解中，达成了某种新的共识：哲学既不是超时代的“绝对之绝对”，也不是纯个人的“绝对之相对”，而是人类性与时代性相融合的“相对之绝对”。由此所构成的哲学就是“知其不可而必为之”的

“形而上学的追求”；由此所构成的哲学的世界观，就是“人生在世”和“人在途中”的“人的目光”。这种“人的目光”，既不是“绝对之绝对”，也不是“绝对之相对”，而是“相对之绝对”。以时代性的绝对性与历史性的相对性去看待哲学，哲学才能批判性地反思人类文明，理想性地对待人类文明，并以“文明的活的灵魂”的自我意识去塑造和引导新的时代精神。

“人类的生活”正在途中，“哲学的目光”正在路上。人类的哲学活动，永远是一种探索和追求。

附录

主要著述辑目

（一）哲学文集

1.《孙正聿哲学文集》（第一版9卷本），吉林人民出版社2007年版。

2.《孙正聿哲学文集》（第二版16卷本），吉林人民出版社2023年版。

3.《孙正聿作品系列》（4卷本），北京师范大学出版社2016年版。

（二）学术著作

1.《理论思维的前提批判——论辩证法的批判本性》，辽宁人民出版社1992年版，中国人民大学出版社2010年版，北京师范大学出版社2017年版。

2.《崇高的位置》，吉林人民出版社1997年版，人民出版社2010年版。

3.《哲学通论》，1998年由辽宁人民出版社出版；2000年，该书被改编为《简明哲学通论》，由高等教育出版社出版；2005年，复旦大学出版社出版该书修订版；2007年，复旦大学出版社将该书收入“中国文库”出版；2010年，人民出版社将该书收入“人民·联盟文库”出版；2021年，该书被译成英文，由国际知名出版机构New Classic Press（UK）出版。

4.《超越意识》，吉林教育出版社2001年版。

5.《马克思辩证法理论的当代反思》，人民出版社2002年版。

6.《马克思主义辩证法研究》，北京师范大学出版社2012年版，北京师范大学出版社2017年版。

7.《思想中的时代》，北京师范大学出版社2004年版，北京师范大学出版社2013年版。

8.《哲学修养十五讲》，北京大学出版社2004年版，台湾五南图书出版公司2007年版。

9.《当代中国马克思主义哲学专题研究》（合著），吉林人民出版社2010年版。

10.《孙正聿讲演录》，长春出版社2011年版。

11.《马克思主义基础理论研究》（上下卷）（合著），北京师范大学出版社2011年版。

12.《人的精神家园》，江苏人民出版社2014年版。

13.《马克思主义哲学智慧》，现代出版社2016年版。

14.《哲学：思想的前提批判》，中国社会科学出版社2016年版；2021年，该书被译成英文，由国际知名出版机构Springer出版。

15.《为历史服务的哲学》，中央编译出版社2018年版。

16.《人类文明的哲学表征》，中国社会科学出版社2018年版。

17.《改革开放以来的当代中国哲学史》（合著），人民出版社

2019年版。

18.《辩证法与现代哲学思维方式》，长春出版社2019年版。

19.《用理论照亮现实》，吉林大学出版社2021年版。

20.《〈资本论〉哲学思想的当代阐释》（上下卷）（合著），北京师范大学出版社2022年版。

（三）理论读物

1.《现代教养》（合著），吉林教育出版社1996年版。

2.《有教养的中国人》，中国青年出版社2018年版。

3.《人生哲学读本》，吉林人民出版社2012年版。

4.《理想信念的理论支撑》，吉林人民出版社2014年版。

5.《辩证唯物主义党员干部读本》（合著），人民出版社2015年版。

6.《马克思与我们》，中国人民大学出版社2018年版。

7.《掌握“看家本领”》，吉林人民出版社2021年版。

8.《马克思主义哲学》（撰稿人之一），高等教育出版社、人民出版社2009年版，高等教育出版社、人民出版社2020年版。

9.《马克思主义哲学十讲》（撰稿人之一），党建读物出版社、学习出版社2013年版。

10.《中国高校哲学社会科学发展报告（1978—2008）·哲学卷》（主编），广西大学出版社2008年版。

（四）

《中国社会科学》（中英文版）论文

1.《对科学的人文主义理解——瓦托夫斯基的科学哲学观述评》，1990年第4期。

2.《辩证法的批判本质》，1992年第4期。

3.The Critical Nature of Dialectics，1995年第4期。

4.《寻找“意义”：哲学的生活价值》，1996年第3期。

5.Seeking Meaning：The Value of Philosophy for Life，1999年第2期。

6.《塑造和引导新的时代精神——面向新千年的马克思哲学》，2001年第5期。

7.《构建马克思主义政治哲学的前提性思考和理论资源分析》，2006年第6期。

8.《提出和探索马克思主义哲学研究中的重大理论问题》，2007年第2期。

9.《辩证法：黑格尔、马克思与后形而上学》，2008年第3期。

10.Dialectics：Hegel，Marx and post-metaphysics，2008年第11期。

11.《解放思想与变革世界观》，2008年第6期。

12.《“现实的历史”：〈资本论〉的存在论》，2010年第2期。

13.《列宁的“三者一致”的辩证法》，2012年第9期。

14.《当代中国的哲学观念变革》，2016年第1期。

15.《当代中国哲学的主体性与原创性》，2022年第3期。

16.《中华民族现代文明与中国自主哲学知识体系》，2023年第8期。

（五）

《哲学研究》论文

1.《认识的内容和形式的二重性》，1985年第7期。

2.《从两极到中介——现代哲学的革命》，1988年第8期。

3.《本体论批判的辩证法——探索辩证法理论的一种思路》，1990年第1期。

4.《论哲学对科学的反思关系》，1998年第5期。

5.《关于哲学教育改革的几个问题》，2000年第6期。

6.《怎样理解作为世界观理论的哲学?》，2001年第1期。

7.《“生存论转向”的哲学内涵》，2001年第12期。

8.《历史的唯物主义与马克思主义的新世界观》，2007年第3期。

9.《历史唯物主义的真实意义》，2007年第9期。

10.《历史唯物主义与哲学基本问题》，2010年第5期。

11.《哲学研究的理论自觉》（合著），2011年第3期。

12.《恩格斯的“理论思维”的辩证法》，2012年第11期。

13.《毛泽东的“实践智慧”的辩证法——重读〈实践论〉〈矛盾论〉》，2015年第3期。

14.《存在论、本体论和世界观：“思维和存在的关系问题”的辩证法》，2016年第6期。

15.《超越人在宗教中的“自我异化”》，2017年第9期。

16.《构建当代中国马克思主义哲学学术体系》，2019年第4期。

17.《从理论思维看当代中国哲学研究》，2020年第1期。

18.《从大历史观看中国式现代化》，2022年第1期。

19.《建设中华民族现代文明的“活的灵魂”——中国自主哲学知识体系的使命和担当》，2023年第7期。

（六）

《新华文摘》全文转载论文

1.《从两极到中介》，1988年第11期。

2.《哲学前提的现代文化批判》，1991年第3期。

3.《崇高的位置：徘徊于世纪之交的哲学理性》，1996年第10期。

4.《辩证法理论的当代反思》，1997年第5期。

5.《解放思想的哲学与哲学的思想解放》，2000年第3期。

6.《恢复“爱智”本性的哲学》，2000年第4期。

7.《反思：哲学的思维方式》，2001年第5期。

8.《哲学创新的前提性思考》，2002年第2期。

9.《当代人类的生存困境与新世纪哲学的理论自觉》，2004年第4期。

10.《努力实现马克思哲学的理论魅力》，2004年第19期。

11.《20世纪上半叶哲学观论争与当代中国哲学发展道路》，2005年第10期。

12.《哲学学科建设与哲学教育改革》，2006年第19期。

13.《以哲学的工作方式推进马克思主义哲学研究》，2007年第17期。

14.《前提批判的哲学理论》，2008年第10期。

15.《改革开放以来中国哲学发展的历史与逻辑》，2009年第1期。

16.《解放思想与变革世界观》，2009年第5期。

17.《理论及其与实践的辩证关系》，2010年第4期。

18.《“哲学就是哲学史”的涵义与意义》，2011年第9期。

19.《哲学的形而上学历险》，2012年第4期。

20.《马克思主义辩证法研究的当代课题》，2013年第2期。

21.《〈资本论〉与马克思主义哲学》，2014年第11期。

22.《辩证唯物主义的哲学智慧和实践智慧》，2015年第15期。

23.《标准与选择：我们时代的哲学理念》，2016年第6期。

24.《马克思与我们》，2016年第18期。

25.《哲学理念创新与文明形态变革》，2016年第22期。

26.《哲学的特性及其当代形态》，2017年第4期。

27.《时代精神主题化》，2018年第3期。

28.《哲学何以具有思想力》，2019年第3期。

29.《当代中国马克思主义哲学的使命与担当》，2020年第8期。

30.《用理论照亮现实：马克思主义哲学中国化的百年回顾与展望》（合著），2021年第8期。

31.《当代中国哲学的主体性与原创性》，2022年第15期。

32.《中华民族现代文明与中国自主哲学知识体系》，2024年第1期。

（七）

主要获奖成果

· 国家级教学成果奖

1.“哲学通论”课程和教材的建设与推广（2001年，一等奖）

2.国家精品课程“哲学通论”在非哲学专业中的普及与推广（2005年，二等奖）

3.哲学学科国家级教学团队建设（2014年，二等奖）

4.第二届杰出教学奖（2020年）

5.“用理论铸魂育人”的思政教育实践与创新（2023年，二等奖）

· 国家哲学社会科学成果文库

1.《马克思主义基础理论研究》（2011年）

2.《哲学：思想的前提批判》（2016年）

·“五个一工程”优秀作品奖

1.《理想信念的理论支撑》，（第十三届，2014年）

2.《掌握“看家本领”》，（第十六届，2022年）

·教育部人文社会科学优秀成果奖

1.《从两极到中介》，全国高等学校人文社会科学研究优秀成果奖二等奖，1995年。

2.《理论思维的前提批判》，普通高校第二届人文社会科学研究成果奖二等奖，1998年。

3.《思想中的时代》，第四届中国高校人文社会科学研究优秀成果奖二等奖，2006年。

4.《辩证法：黑格尔、马克思与后形而上学》，第六届高等学校科学研究优秀成果奖（人文社会科学）三等奖，2013年。

5.《马克思主义辩证法研究》，第七届高等学校科学研究优秀成果奖（人文社会科学）二等奖，2015年。

6.《哲学：思想的前提批判》，第八届高等学校科学研究优秀成果奖（人文社会科学）二等奖，2020年。

（八）

主要荣誉称号

1. 全国先进工作者（2000年）

2. 首届国家级教学名师（2003年）

3. 吉林骄傲人物（2009年）

4. 吉林大学终身成就奖（2016年）

5. 全国教材建设先进个人（2021年）

6. 全国教书育人楷模（2022年）

后记

芳华已逝，童心未泯

(一)

我喜爱喷薄的旭日和绚丽的夕阳，更喜爱清澈的夜空，并以《夜空》为题写下一首追忆呼伦贝尔草原之夜的小诗：

久违了，澄澈的夜空。
躺在广袤的草原上，
我看见满天的繁星。

夜空是那么洁净，
无边无际的湛蓝，
洗涤喧嚣的众生。

夜空是那么清冷，
洁白无瑕的星光，
浸透孤傲的心灵。

天边，泛起了微红。
坐在绿色的草原上，
夜空化为逝去的梦境。

（二）

与哲学为伴的人生，总是沉浸于对哲学的感悟之中。六十有五的我曾以《咏叹哲学》为题，表达了我对“形上”的哲学的追求：

“不知其不可而为之”，这是“形而上学的恐怖”；
“知其不可而不为之”，这是“形而上学的退场”；
“知其不可而必为之”，这是“形而上学的追求”。

形上的哲学并非“抽象”，它承载的是“理性的具体”；
形上的哲学亦非“神秘”，它求索的是“生活的意义”；
形上的哲学更非“无用”，它讲述的是“认识你自己”。

存在，不是存在者的现在，而是从过去走向未来；
思想，不是存在者的映现，而是从混沌走向澄明；
人生，不是存在者的年轮，而是从幼稚走向成熟。

哲学书写着各种各样的理想——像“我”这样向往生活；
哲学镌刻着各种各样的思想——像“我”这样理解生活；
哲学塑造着各种各样的存在——像“我”这样对待生活。

我常常在房间里踱步——被思想激动得不能安坐；
我常常在窗台前眺望——以思想窥见澄澈的天光；
我常常在书桌上疾书——让思想在笔端自由流淌。

（三）

哲学的目光，不是“狂妄的理性”，也不是“冰冷的逻辑”，而是“人生在世”和“人在途中”的“人的目光”。它以真诚唤醒真诚，以想象激发想象，以心灵震撼心灵，以生命点燃生命。

年届古稀，看花开花落，看云卷云舒，我又以《七十述怀》为题，表达了自己步入暮年的心境：

古稀之年复何求？惯看冬夏与春秋。
自诩平生无愧事，何须老来弄潮头。
野蛮体魄身尚健，文明精神志未酬。
栏杆拍遍天际远，青山依旧水自流。

2019年深秋，我和老伴在校园里漫步，一位老师为我们“偷拍”了一张可称作“背影”的照片，感叹之余，我为这帧颇为珍爱的照片写下一首幼稚的小诗：

夕阳的余晖／染红飘飘的白发；
迷濛的细雨／湿润苍老的面颊；

如泣的琴声 / 缓缓地飘向天涯；
缤纷的落叶 / 轻轻地带走芳华。

2022年的又一个深秋，面对满园秋色，感慨之余，又写了一首名为《咏秋》的小诗，表达了自己对人生的感悟：

花开花落一世花，
云卷云舒映晚霞。
拾得满院缤纷叶，
亦是浮生好年华。

芳华已逝，童心未泯。这本《哲学的目光——我的思想人生》，是对人生的感悟，更是对思想的赞美；是对过去的怀恋，更是对未来的向往。

孙正聿

2023年1月30日

我在呼伦贝尔草原